En nu de moraal ...

En nu de moraal...
Geschiedenis van het Nederlands cabaret
Wim Ibo

1936-1981

A.W. Sijthoff Alphen aan den Rijn

Omslag en vormgeving: Heidi Franke
Fotografie: Peter Franke

Opgedragen aan het Nederlands Theater Instituut te Amsterdam

Copyright © 1982 Wim Ibo
Alle rechten voorbehouden. Niets uit deze uitgave mag worden verveelvoudigd, opgeslagen in een geautomatiseerd gegevensbestand, of openbaar gemaakt, in enige vorm of op enige wijze, hetzij elektronisch, mechanisch, door fotokopieën, opnamen of op enige andere manier, zonder voorafgaande schriftelijke toestemming van de uitgever.

ISBN 90 218 2902 9

Inhoud

1. Eindelijk weer cabaret   **9**
Wedergeboorte van het Nederlandse cabaret na een artistieke crisis sinds de dood van Jean-Louis Pisuisse. Oprichting van het vooruitstrevende ABC-Cabaret in 1936 door Wim Kan en Corry Vonk. Spectaculaire ontwikkeling van cabaretleider tot cabaretsolist. Misverstanden van links en rechts.

2. Haal het doek maar op!   **43**
Leven en loopbaan van de uiterst veelzijdige kunstenaar Wim Sonneveld (1917–1974), die van 1943 tot 1959 een cabaretensemble van hoog niveau heeft geleid. Ontdekker van nieuwe cabaretauteurs. Van cabaretartistique naar show-business.

3. Lachen mag van God   **67**
Het baanbrekende werk van de schrijfster Annie M. G. Schmidt, die met haar enorme produktie niet alleen het cabaret heeft gediend maar ook de volwassen Nederlandse musical in het leven riep. Haar constante gevecht tegen bourgeoisie en hypocrisie.

4. Uit Liefde   **83**
De soms onderschatte activiteiten van de schrijfster-cabaretière Martie Verdenius, die tussen 1940 en 1950 een eigen gezelschap leidde en haar tijd ver vooruit was. In 1935 ontdekt door Louis Davids.

5. Een naam die je nooit vergeet   **95**
Hommage aan de ster-actrice Fien de la Mar (1898 – 1965). Samenwerking met Martie Verdenius. Haar stralende carrière en haar tragische zelfvernietiging.

6. De een wat meer, de ander wat minder   **103**
Toon Hermans, Conny Stuart, Lia Dorana, Hetty Blok, Cruys Voorbergh, Georgette Hagedoorn, Cor Ruys, Mary Dresselhuys, Willy van Hemert, Jules de Corte, G.G.-Cabaret, Utrechts Studenten Cabaret enz.

7. Terug naar de kroeg   **145**
Nieuwe stroming die een terugkeer betekende naar de oude cabaretformule, met Sieto Hoving als pionier. Na Tingel-Tangel opkomst, bloei en ondergang van Cabaret Lurelei met Jasperina de Jong en Guus Vleugel, en het Cabaret Jaap van de Merwe.

8. Een kwestie van mentaliteit   **167**
Principiële strijd tussen het realistische en romantische cabaret. Naast groepen en solisten uit hoofdstuk 7: Cabaret PePijn, Cabaret Shaffy Chantant, Cabaret Harlekijn, Cabaret Spot, Seth Gaaikema, Fons Jansen.

9. Neerlands hoop en wanhoop   **201**
Minder vraag en aanbod als reactie op de overdosering van het 'geëngageerde' cabaret in de jaren zestig. Nieuwe geluiden van Freek de Jonge en Bram Vermeulen, Cabaret Don Quishocking en Robert Long. Verschuiving van de kroeg naar Carré. Akademie voor Kleinkunst in Amsterdam.

10. En nu...   **232**
Overpeinzingen van een profeet die brood eet.

Register   **236**

Literatuur en andere bronnen   **240**

Verantwoording van de illustraties   **240**

Voorwoord

De inhoud van dit boek is voornamelijk gebaseerd op het door mij samengestelde – en al veel jaren uitverkochte – overzicht 'En nu de moraal van dit lied. 75 jaar Nederlands Cabaret', dat in 1970 werd uitgegeven door Rotogravure en Phonogram.

In deze nieuwe en herziene uitgave werd de geschiedenis van het vaderlandse cabaret in twee delen gesplitst: 1895-1936 en 1936-1981. Omdat het oorspronkelijke overzicht in de volksmond de 'cabaretbijbel' is gaan heten, hebt u nu het 'nieuwe testament' in uw handen, dat in 1936 – het geboortejaar van het ABC-Cabaret – begint en in 1981 eindigt, precies een eeuw nadat de cabaretkunst in Frankrijk is ontstaan.

De herziene versie is persoonlijker van aard dan de oorspronkelijke, hetgeen al duidelijk is gebleken uit mijn 'geloofsbelijdenis' in het eerste deel (hoofdstuk 1). Bovendien werden veel citaten en liedjesteksten bekort of weggelaten om het geheel beknopter en overzichtelijker te doen zijn. De beschrijvingen van buitenlands cabaret werden tot een minimum teruggebracht, omdat zij meestal slechts zijdelings met het onderwerp te maken hebben.

Uiteraard zijn – tien jaar na dato – nieuw verworven gegevens in mijn beschouwingen verwerkt en werden enkele fouten gecorrigeerd. Bij de behandeling van de laatste, toegevoegde periode (1970-1981) is – net als in alle andere hoofdstukken – niet gestreefd naar volledigheid; als maatstaf diende uitsluitend de artistieke inbreng en het professionele niveau.

Ik dank de uitgeverij Sijthoff – die in 1920 al een cabaretoverzicht van de journalist Edmond Visser heeft uitgebracht – voor de mij geboden gelegenheid mijn levenswerk opnieuw onder uw aandacht te brengen.

Amsterdam
Herfst 1982
Wim Ibo

1. Eindelijk weer cabaret (Wim Kan 1911)

De Nederlandse cabaretkunst dankt zijn ontstaan en zijn ontwikkeling aan het Franse cabaret-artistique en het Duitse Ueberbrettl. De initiatieven van Rodolphe Salis in Parijs (1881) en Ernst von Wolzogen in Berlijn (1901), hebben drie Nederlandse kunstenaars geïnspireerd om deze aparte vorm van theateramusement in onze eigen taal een eigen gezicht te geven: Eduard Jacobs in 1895, Koos Speenhoff in 1902 en Jean-Louis Pisuisse in 1909.

De herdenking van de honderdste geboortedag van de 'Académie Française de la Chanson, Le Chat Noir' kreeg in Parijs gestalte door een speciale tentoonstelling in het Musée de Montmartre, van mei tot december 1981. In Nederland ging dit – ook voor ons land zo belangrijke – historische feit onopgemerkt voorbij; zelfs de AVRO-correspondent Jan Brusse in Parijs liet verstek gaan. Maar er was één uitzondering: op 5 november 1981 mochten de leerlingen van de Akademie voor Kleinkunst het oude testament van de cabaretbijbel in ontvangst nemen bij een persbijeenkomst in het Nederlands Theater Instituut te Amsterdam. In de eerste vier hoofdstukken wordt uitvoerig beschreven welke betekenis de opening van het oer-cabaret Le Chat Noir voor onze vaderlandse ontwikkeling heeft gehad.

Na een hoopgevende beginperiode waarin onze drie cabaretpioniers op hùn beurt een groot aantal discipelen inspireerden, ontstond er na de dood van Pisuisse in 1927 een ernstige crisis waarin ook de cabaretkunst overleden scheen te zijn. Het waren uitsluitend de incidentele cabaretactiviteiten van Louis Davids – in samenwerking met de ge-

100 jaar cabaret

niale auteur Jacques van Tol – die tussen 1931 en 1938 de hoop op voortzetting van ons nationale cabaret levend hielden. Voor de rest kan de toenmalige situatie niet beter worden gekenschetst dan met een reclamefolder van het Speenhoff-Cabaret in 1936: '... Dat er geen sprake zal zijn van gewaagde of pikante gezegden of toespelingen, is verzekerd ... De onderwerpen van de dag zullen weer trouw bezongen en behandeld worden, zonder onaangename kritiek en zonder partij-kiezen ... Dat deze voorstellingen een Koningsgezinde en Vaderlandslievende strekking hebben, is vanzelfsprekend ...'

Een nieuwe bloei kondigde zich aan bij de geboorte van het ABC-Cabaret in dat zelfde jaar – op 15 augustus – met de vrij onbekende acteur en auteur Wim Kan als jonge en trotse vader. Alle andere pogingen in de jaren dertig waren tijdelijk (Lachhoek, Blokkendoos, Koekoek, De Onwijze Kater) en voor het merendeel verwaterd of middelmatig tot slecht (Toverbal, Spotvogel, Notenkraker, De Witte Molens, Cabaret der Eenvoudigen), maar na de première van het eerste ABC-programma met de profetisch gebleken titel: *Daar zit muziek in,* juichte de Nederlandse pers als één man: 'Eindelijk weer cabaret!' Op maandag 17 augustus 1936 kon men in *Het Volk* lezen: 'Dat is een sensationele gebeurtenis geworden, zaterdagavond. Een gebeurtenis die wij allerminst verwacht hadden op die op zichzelf zo wonderlijke zomerse avond: de wedergeboorte van het Hollandse cabaret.'
Wim Kan, de vijfentwintigjarige spil van het nieuwe gezelschap, werd op 15 januari 1911 in Scheveningen geboren. Hij was de jongste en de onrustigste uit een evenwichtig gezin van drie kinderen. Zijn sportieve en geestige vader was de later zo populair geworden minister J. B. Kan van binnenlandse zaken en landbouw (1926-1929). Wim voelde zich het meest aangetrokken tot een poppenkast met zelfgemaakte marionetten, miniatuurmensjes die bekende figuren uit zijn naaste omgeving moesten verbeelden en die hij ook met geslaagde stemimitaties tot leven bracht. Met regelmatige voorstellingen in hun huis aan de Cornelis Jolstraat kon hij zijn kinderlijke fantasie botvieren op poppen die aan zijn wil onderworpen waren met behoud van hun typerende karaktertrekken. Wim Kan trok aan de touwtjes in zijn eigen poppenkast en liet het publiek een wereld zien met zijn ogen. Zijn visie viel op door een volkomen persoonlijke benadering die afweek van de gebruikelijke Jan Klaassen-en-Katrijn-traditie en daardoor een schokeffect veroorzaakte. Dat effect heeft steeds de grootste rol gespeeld: figuren en situaties werden alleen maar benut om dat effect te bereiken. Zij waren voor hem het dankbare materiaal in dienst van zijn eigen filosofie, een procédé dat hij later in een volmaakte vorm toepaste in zijn nooit geëvenaarde conférences. Na de première van zijn programma *In een ommezien* – vijfenveertig jaar na zijn cabaretdebuut – getuigde Hans van den Bergh in *Het Parool*: 'De beproefde aanpak van de grootmeester van de conférence is nog steeds onovertroffen. Deze gewiekste theaterman in hart en nieren is nog altijd de intelligentste van onze tijd.' En in *Vrij Nederland* schreef Anton Koolhaas in 1981 onder de kop 'Stapellachen bij Wim Kan' de volgende behartenswaardige woorden: 'De tijd waarin cabaretiers in ons land altijd een onvoldoende behaalden wanneer niet elk woord of elke gedachte doordrenkt was van engagement is gelukkig zo goed als voorbij, de bevrijdende lach heeft gewonnen van de volstrekt humorloze, obligate gramschap. Vergeleken met die gramschap was het artiestendom van een man als Sonneveld overweldigend. Zijn vorm, die van het oude Franse cabaret, hield altijd nauwkeurig de

1936 zo waren we.....   1981 zo werden we.....

Wim Kan en Ank van der Moer op de toneelschool

Corry Vonk in een van haar eerste toneelcreaties

afwisseling van humor en leed in het oog. Wim Kan wordt door dezelfde nauwkeurigheid gedreven. Hij geeft maar af en toe een kritische noot, maar wat hij in zijn imitaties doet, vooral die van de vlerkachtige diplomaat Luns, is alleen al de moeite waard om die ene lach nog op de andere te stapelen.'

Als in 1920 professor J. E. de Quay minister-president zou zijn geweest, dan had Wim Kan hem toen al in zijn poppenkast ten tonele gevoerd. En al had zijn Haagse publiek zich afgevraagd: 'Gaat dit nu niet te ver?' zoals men dat in 1960 heeft gedaan, dan nòg zou hij hem juichend op zijn schouders hebben rondgedragen:

... Hoger Jan, hoger Jan,
Hoger met z'n allen,
Hoger tot je niet meer kan
En dan maar carnavallen ...

Uit zijn hele carrière blijkt dat veel toeschouwers niet of verkeerd begrepen hebben welk spel hij altijd heeft gespeeld en het moet voor hem vaak een teleurstelling zijn geweest dat niet iedereen om zichzelf kon lachen, zoals zijn eigen vader dat placht te doen; Wim werd extra beloond wanneer hij de toenmalige 'secretaris-generaal in Algemene Dienst' in zijn familiekomedie betrok ... zonder aanzien des persoons! De familie Kan toonde niet alleen veel belangstelling voor Wims poppenkast, maar wijdde ook alle aandacht aan zijn eerste toneelactiviteiten zoals Mephisto in *Faust* tussen de schuifdeuren en de hoofdrol in een kinderoperette in een stampvol Gebouw voor Kunsten en Wetenschappen in Den Haag. Dat hij na zijn gymnasium de toneelschool wilde bezoeken, was dan ook voor niemand een verrassing. Samen met onder meer Ank van der Moer ging hij, met Magda Janssens, Cor Hermus, Else Mauhs en Ko Arnoldi als docenten, van klas tot klas en struikelde vlak voor het eindexamen door zonder toestemming als figurant aan voorstellingen van het Centraal Toneel mee te werken. Dat betekende het einde van zijn opleiding en omdat hij ondertussen óók nog verliefd was geworden op Corry Vonk, raakten sommige ooms en tantes in lichte paniek: 'Wim is van de toneelschool getrapt en wil nu gaan trouwen met een meisje uit de revue.' Maar zijn ouders hielden het hoofd koel en het huwelijk werd voltrokken op 28 juni 1933, toen Wim Kan inmiddels als aankomend acteur verbonden was aan het gezelschap van Cor Ruys.

Corry Vonk (28 april 1901), een rasechte Amsterdamse volksactrice, debuteerde toen ze twaalf was bij Nap de la Mars operettegezelschap in theater Carré, met haar vader als toneelmeester. Later diende ze ook met veel succes 'het grote toneel', de revue, de film en diverse cabaretprodukties. Van haar beroemde werkgevers noemen we: Louis Davids, Meyer Hamel, Henri ter Hall en Eduard Verkade. In 1931 ontmoette ze Wim Kan tijdens een bal-masqué op De Kring in Amsterdam, zij als Chineesje, hij als Pierrot. Er werd die avond voor de grap een bruidspaar gekozen en dat waren toevallig Corry Vonk en Wim Kan, die elkaar toen nog nooit eerder hadden gezien. In dat zelfde jaar – op 1 oktober – debuteerde Wim Kan, de ontslagen toneelschoolleerling, bij Cor Ruys in de Haagse Princesse Schouwburg, in het stuk *Mijn zoon Etienne*. Hij kreeg zijn allereerste recensies:

● Wim Kan trof niet onaardig de wat ironisch-diplomatieke toon van de direkteur.
● Voor een debuut van een beginnend jong acteur was dit volmaakt goed en zeer veel belovend.
● Wim Kan was wat dilettanterig stijf in zijn rolletje als direkteur van het warenhuis.

Voor het eerst werd hij geconfronteerd met recensies die elkaar volkomen tegenspraken. Dat is altijd zo gebleven, maar hij zal er nooit aan wennen! Over zijn programma *Salto Mortale* schreven de kranten in 1947:
- Wij achten het noodzakelijk, dat van overheidswege de uitvoering van bepaalde nummers en het lanceren van bepaalde clauses, onverwijld wordt verboden. *(De Volkskrant)*
- Ik heb in geen jaren zo'n uitmuntend programma gezien. Het staat midden in onze tijd en het vat de problemen daarvan fiks bij de horens. *(Elsevier)*
- Cabaret zonder romantiek, sterk eenzijdig, met een uitgesproken volkse tendens, waardoor de politiek steeds weer de aandacht opeist. *(Haags Dagblad)*

Als Wim Kan bij het gezelschap van Cor Ruys vrijaf had, ging hij weleens in de Parijse theaters kijken of hij maakte uit liefhebberij eens een tekstje voor de grote revuester Corry Vonk die optrad in de Passage-bioscoop: *Hallo, opstaan!*, een revue die uitbundig werd aanbevolen: '2 uur aan één stuk lachen, iedere dag matinee, 's avonds 2 voorstellingen, 's zondags 4 voorstellingen'. Hij bleek als auteur een ontdekking te zijn en begon steeds meer revueteksten te schrijven, maar een pijnlijke mislukking zou hem de weg wijzen naar zijn ware bestemming: een poging om in 1933 in Carré 'de betere revue' te introduceren faalde. De voorstellingen van *Mag ik er ook op?* met Corry Vonk, Stella Fontaine, Truce Speyck, Isidore Zwaaf en Jan Hahn getuigden van een cabaretgeest die in een revuetheater niet thuis hoorde. Er volgde nog een revue, waaraan Wim Kan ook zelf meewerkte: *Hallo 1934* met Louisette en Armand Haagman. Bij die gelegenheid maakten ze kennis met een ambitieuze toneelmeester: René Sleeswijk. Daarna verhuisde het echtpaar Kan naar het Leidsepleintheater waar Henri Wallig op 15 juni 1935 zijn cabaret *De Lachhoek* presenteerde:
- Talentvolle jongere kunstenaars, waarvan Wim Kan een veelbelovend voorbeeld is, schreven sketches en liedjes, o.a. De familie De Bruin en De Wit.

... Wij zijn de familie De Bruin,
Wij hunkeren naar een fortuin.
Wij lopen gebukt van de zorgen,
We denken voortdurend aan morgen.
Wij zijn pessimisten, dat hindert ons niet,
Dat vinden we zelfs een zegen!
Al is er geen wolkje nog in het verschiet,
Wij kleden ons altijd op regen ...

... Wij zijn de familie De Wit,
Die diep in de schuldenlast zit,
Zodat we van deze en gene
Voortdurend een kleinigheid lenen.
We hebben geen sou,
We bezitten haast niks,
Toch zijn w'optimisten gebleven.
Wij lenen een tientje,
Betalen een riks,
Dan kunnen we weer een dag leven! ...

De tijdelijke onderneming van Henri Wallig werd gevolgd door weer een andere kortstondige produktie: cabaret *De Blokkendoos* onder leiding van Fientje de la Mar, dat op 15 september 1935 in première ging. Wim Kan had zich weer moeten melden bij Cor Ruys, maar Corry Vonk maakte samen met het pianoduo Beuker en Denijs deel uit van dit ensemble, dat artistiek meer te bieden had dan *De Lachhoek*. Niet alleen Fientje de la Mar, maar de hele *Blokkendoos* werd zeer gunstig beoordeeld. En Corry Vonk, 'de vrouwelijke Buziau', introduceerde een Wim Kan-liedje dat heel lang repertoir zou houden: 'Ai em de kurl, ai em de fijfde kurl van rechts,' een dolle parodie op dom-dansende revuemeiden.

Han Beuker en Wouter Denijs vormden het eerste Nederlandse pianoduo, geïnspireerd door het Frans-Belgische duo uit 1925: Jean Wiéner en Clément Doucet. Beuker en Denijs zijn voor ons cabaret lange tijd toonaangevend geweest en werden opgevolgd door Jo Spiers en Jo Kat, Wim de Vries en Wim de Soet, André de Raaff en Jacques Schutte, en Joop de Leur met Tonny Schifferstein.

De pioniers begonnen hun samenwerking in 1927 en maakten vijf jaar later een grote Europese tournee als begeleiders van Maurice Chevalier. Ze traden ook op met Cor Ruys en Louis Davids, waren kraamheren van het ABC-Cabaret in 1936 en hebben na de oorlog jarenlang het Sonneveld-ensemble begeleid. Na de dood van Han Beuker in 1958, werd Wouter Denijs zes jaar de vaste begeleider van Sieto Hovings Tingel-Tangel Cabaret. Han Beuker liet honderden composities na, waarvan zijn 'Lied van de liefde' door Fientje de la Mar beroemd werd gemaakt:

... Ze komt stil in het donker
    en legt dwingend zacht haar hand
Op onze wil, ons denken,
    en benevelt ons verstand.
Ze maakt ons blind terwijl we zien,
    ze doet ons dikwijls pijn,
Ze kan de vreugd van ons bestaan
    maar ook ons noodlot zijn.
Ze zingt door heel de wereld
    voor een elk hetzelfde lied,
Ze ruilt een uur geluk
    voor heel een leven van verdriet.
Ze bindt je, je verzet je nog,
Maar 't geeft je niet, ze wint het toch,
Want leven zonder liefde kun je niet ...

De cabaretverwachtingen die *De Blokkendoos* had gewekt, zouden een jaar later waar worden gemaakt. Eerst werkte Corry Vonk nog mee aan een Meyer Hamel-revue en daarna kon ze samen met haar man de plannen uitwerken waarmee beiden al zo lang hadden rondgelopen, ondanks de vaderlijke waarschuwingen van Cor Ruys: 'Je gaat toch geen domme dingen doen? Je kan zònder een eigen troep ook wel ergens een paar honderd zorgen vinden!' De toen vijfentwintigjarige Wim Kan en vijfendertigjarige Corry Vonk droomden van een permanent cabaretensemble, dat met steeds nieuwe programma's het hele land zou gaan bespelen. Geen tijdelijk gelegenheidsgroepje met toevallig vrij lopende acteurs, die vooral in de zomermaanden wel iets extra's wilden verdienen, maar een eigen vast gezelschap met speciaal voor dit doel te schrijven programma's dat ook de variété-elementen voorgoed zou verbannen. En vooral geen toevallige verzameling van allerlei solistische prestaties met een conférencier als bindend element. Het programma zou een lijn moeten hebben en niet alleen het sololiedje, maar ook ensemblenummers, duo's en sketches alle ruimte moeten geven.

Corry Vonk en Wim Kan waren bereid om alle zorgen voor hun cabaretkind op zich te nemen en ze bleken zo verstandig zich daarbij te omringen met ervaren vakmensen als Louis Gimberg, Cor Hermus (later Lau Ezerman), Tilly Périn-Bouwmeester, Fientje Berghegge (later ook Cissy van Bennekom en Lizzy Valesco) en het al genoemde populaire pianoduo Han Beuker en Wouter Denijs. Louis Gimberg kreeg in het nieuwe gezelschap de taken toebedeeld van leider en conférencier. Hij was een veelzijdig Haags acteur, met een Franse zwier en een Amerikaanse flair die zijn zoon John van Dreelen van hem heeft geërfd. Hij had bovendien een grote affiniteit met de Duitse emigrantencabarets, die hij al in Zürich en Bern had bewonderd.

In maart 1936 waren de plannen rond, maar

er stond nog geen letter op papier. Corry Vonk en Wim Kan lieten zich 'inspireren' door de Middellandse Zee tijdens een uitgestelde huwelijksreis. In een hotelkamer met uitzicht op de blauwe golven schreef de 'veelbelovende' en 'talentvolle' auteur Wim Kan in drie weken zijn eerste programma, waaraan enkele teksten van Louis Gimberg en Cor Hermus werden toegevoegd. En Corry Vonk vond dat het geheel 'ABC' moest heten. Ze weet nog steeds niet waarom, maar een feit is dat het ABC-Cabaret binnen enkele jaren een nationaal begrip was geworden.

Hoezeer de geboorte van dit ensemble beschouwd kon worden als de wedergeboorte van het cabaret in het algemeen, bleek uit een stroom van serieuze beschouwingen in de hele Nederlandse pers:

- Eindelijk een goed cabaret dat zich kan meten met wat op dit gebied het buitenland te zien geeft. De tijden van een Jean-Louis Pisuisse zijn teruggekeerd.
- De losse groepjes die Louis Davids ieder jaar om zich verenigt, hoe aardig ze ook waren, ze vormden geen ensemble, ze hadden dus ook geen stijl.
- Uit een aantal nummers zou een cabaret opgebouwd kunnen worden dat stijl heeft, dat modern is, waarin de satire op on-Hollandse wijze een plaats kan krijgen. Dat staat op het peil van Jooss en Schoop en Erika Mann.
- Gewaagde situaties beletten ons om een onverdeelde aanbeveling te schrijven.

Het waren voornamelijk de katholieke bladen (zoals *De Maasbode* en *De Tijd*), die morele bezwaren hadden tegen 'de wat pikante tendensen hier en daar'. Deze bezwaren golden vooral de scènes waarin luchthartig werd omgesprongen met driehoeksverhoudingen of met seksuele omgang voor het huwelijk. Men huldigde de stelling: 'Wat vies is, moet vies blijven.' Toch waren zij het er ook over eens dat het trio Gimberg-Vonk-Kan eindelijk weer echt cabaret had gebracht. Al was er dan een lichte vrees voor het satirische element ('met sommige satirieke sketches komt men op een gevaarlijk hellend vlak'), in de praktijk bleek dat maar één krant werkelijk geschokt was: 'Het meest van al hebben wij genoten van Beuker en Denijs, die het met twee vleugels op een dergelijke wijze zeiden, dat het ieders bewondering moest wegdragen.' (Breda)

En zelfs Koos Speenhoff moest toegeven dat hij iets bijzonders had gezien: 'Het banale en brutale gaat weer onder gelukkig. Er is weer kans op een Cabaret. Zie het ABC-Cabaret. Dat is wat anders dan het café-chantant van Davids te Scheveningen, ofschoon hij zelf een uitzondering maakte.'

Het meer dan gunstige lot heeft gewild dat het programma *Daar zit muziek in* tot 1939 werd gevolgd door zes (!) nieuwe succesprodukties, een benijdenswaardig geluk voor ieder jong gezelschap dat zich niet blind staart op een geslaagde eersteling.

In 1936 bepaalde de jonge Wim Kan, 'de fijnzinnige Bühne-journalist', de artistieke normen voor een nieuwe periode in onze vaderlandse cabaretgeschiedenis met een eigen vorm en een eigen stijl. Een periode waarin velen veel hebben beloofd en weinigen veel hebben gegeven. Naast de werkelijk grote, vooraanstaande theaterpersoonlijkheden waren er ongetelde hele en halve mislukkelingen en middelmatigen. In 1939 schreef Wim Kan 'Het lied der middelmatigheid', een tijdsbeeld dat helaas ook nu weer actueel genoemd kan worden:

... Wij zingen het lied van deze tijd,
Het lied der middelmatigheid,
Dat middelmatig liedje

Van Jantje en Marietje.
Maar Jantje en Marietje zijn
Dictators over stijl en lijn,
Orkesten spelen liedjes
En schlagermelodietjes
Van onze middelmatigheid.
Bazars verkopen prulligheid
Voor onze onbenulligheid.
In vele landen zelfs regeert
De middelmatigheid:
De massa-man wordt Koning dan,
De enkeling wordt drenkeling ...
Want onze middelmatigheid
Komt steeds meer in de meerderheid. ...

We kunnen ons nu niet meer voorstellen dat Wim Kan naast zijn auteurschap maar een kleine, bescheiden rol speelde als uitvoerder; zelfs van conférences was nauwelijks sprake.
● De conférences van Louis Gimberg, Lau Ezerman, Wim Kan en Wouter Denijs, waren vlot en gezellig, waarbij de twee eerstgenoemden echter uitmuntten.
● Wouter Denijs is een talentvol conférencier.
● Corry Vonk had zeker wel het meeste succes deze avond. Op haar volgen Louis Gimberg en Tilly Périn-Bouwmeester.

Tilly Périn-Bouwmeester, dochter van Louis Bouwmeester, stichtster van het theater De Kleine Komedie in Amsterdam, was tot 1939 een vaste medewerkster van het ABC-Cabaret, waarbij ze vooral opviel door het zingzeggen van Wim Kan-liedjes zoals het zo bekend geworden: 'Een man is precies wat z'n moeder in hem ziet, een baby, een kind, anders niet.'
De populairste figuur van het nieuwe ensemble was Corry Vonk, die met haar dienstbodencyclus, de creatie van 'Dokter Fokkema', haar parodieën op Hieronymus van Alphen-versjes en met de klassiek geworden monoloog ''t Konijn is dood' van haar veelzijdigheid blijk had gegeven.

... 't Konijn is dood.
't Lag vanmorgen zo ineens
  dood in z'n hok.
't Beest was zelfs al koud geworden,
Gek, dat ik toch effe schrok.
Wat zou dat nou eigenlijk zijn?
Morgen koop ik een nieuw konijn ...

De ouders van Wim Kan

Gelukkig werd, zelfs in die dagen, de auteur van al die grote succesnummers niet vergeten:
- Het ABC-Cabaret heeft hetzelfde voordeel van de Pfeffermühle en de Nelson-Revue: het heeft een behoorlijke tekstschrijver in zijn midden, Wim Kan.
- Het leeuwedeel der teksten werd geleverd door Jan Kan.
- De grote verdienste van Wim Kan is dat hij het solo-levensliedje dat ons zo gruwelijk begon te vervelen in alle cabarets, heeft omgewerkt tot duo- en trioschetsjes, soms tot een kwartet, zodat het levenloos geworden levensverhaal plotseling weer vibrant leven werd ingeblazen.

Een van de best geslaagde 'duoschetsjes' was het nummer waarin Corry Vonk en Wim Kan fragmenten toonden uit het leven van de Heer en Mevrouw Jansen, 'de mensen die nooit lachten'. Over dit geruchtmakende cabaretlied schreef een krant:
- De Jansens ... een echtpaar, welks burgerlijke middelmatigheid zo genadeloos en realistisch wordt geparodieerd, dat men bijna kan vrezen dat Wim Kan, als schrijver van de tekst, wegens belediging van een volksgroep zou kunnen worden aangesproken.

... Overal heerst onrust in de landen,
Nergens gaat het meer zoals het moet.
Landen waapnen zich tot aan de tanden,
Heel de wereld staat voor een bankroet.
Mensen zijn elkander aan 't vermoorden,
Revolutie staat al op de stoep.
Niemand durft het einde te voorspellen,
Maar de Jansens eten soep ...

Aangrijpend was ook het 'trioschetsje' van de mannen-zonder-boord, de gelaten klacht van vergeefs solliciterende werklozen, een lied dat het cabaretpubliek meer te zeggen had dan de melodramatiek van Willy Derby's 'Werkloze handen'.

... Wij solliciteren, wij solliciteren,
Wij wachten in de rij.
We spreken met beleefde heren
Die steeds heel beleefd beweren:
U hoort nog wel van mij.
Wij zeggen zo'n beleefde man
Die houdt beslist z'n woord.
Wij wachten en wij wachten dan,
Maar van die zo beleefde man
Wordt nooit meer iets gehoord ...

Een schrijnender tijdsbeeld van de donkere jaren dertig kan men zich nauwelijks voorstellen. Het is dan ook begrijpelijk dat er een affiniteit bestond met het werk van de cabaretière Martie Verdenius, die in 1935 haar officiële debuut had gemaakt in het Kurhaus-Cabaret van Louis Davids:

... 'Mens, durf te leven!'
Ja, goed, maar waarvan?
Met durf kun je niet veel beginnen.
En of je al staat
Voor 'n lege automaat
Daar haal je geen eten door binnen.
Je bent jong en sterk
*   en je houdt nog van werk,*
Je hebt nog illusies en dromen,
Maar je wacht al zo lang
En de tijd is zo wrang
En er schijnt nooit iets anders te komen ...

In het seizoen 1938-1939 was Martie Verdenius aan het ABC-Cabaret verbonden. Samen met Corry Vonk zong ze haar satirische liefdadigheidslied:

... Wij zijn in een vereniging
Voor hulp en steun en leniging
Aan armen en misdeelden.
En één of tweemaal in de week
(uitsluitend eerste kringen!)
Vergaderen wij met thee en cake
En zoute krakelingen ...

Op 5 januari 1937 had het jonge ABC-Cabaret al zo'n grote naam gekregen dat het werd uitgenodigd om Louis Gimbergs meesterstukje *Jalousie internationale* uit te voeren op de Haagse gala-avond ter gelegenheid van het huwelijk van prinses Juliana met prins Bernhard. Maar op het laatste ogenblik werden de organisatoren bang dat de Duitse gasten zich misschien gekwetst zouden kunnen voelen.

Het was niet de eerste keer dat het ABC-Cabaret in botsing kwam met de politiek en het zou daarna nog vele malen gebeuren. Met name Wim Kan zou door zijn politieke commentaar vaak bittere pillen moeten slikken: 'Als je een uur lang voor de radio alleen maar wouw-wouw zou zeggen, zou je nooit iemand kwetsen, hoewel ... misschien kwam er een meneer vragen: waarom maakt u mijn hond belachelijk?'

Al kon men het ABC-Cabaret geen politiek cabaret noemen, de politieke nummers vielen daardoor misschien des te meer op. En het streven van ons land in de jaren dertig om de neutraliteit angstvallig, nauwgezet, stipt, streng en consequent in acht te nemen en vol te houden, maakte van de politieke grap soms een gevaarlijk experiment. Typerend is dat de overheid een nieuwe werkvergunning voor de Pfeffermühle van Erika Mann had geweigerd, wegens de kritiek op het Duitse nationaal-socialisme. Er bestond géén bezwaar tegen het optreden van het neutrale Theater der Prominenten met de joodse cabaret-, film- en revuesterren Siegfried Arno, Otto Wallburg en Willy Rosen. Zij vervingen de getuigende Pfeffermühle. Naast de Prominenten in het Rika Hopper Theater (nu de bioscoop Desmet) en de Nelsons in La Gaîté, wist het ABC-Cabaret zich als enige vaste Nederlandse groep uitstekend te handhaven. Vooral *Dokter ABC*, het eerste programma met een duidelijke draad in de geest van Friedrich Holländer, was een schot in de roos. De ideeën van Wim Kan gingen een steeds grotere rol spelen en het afscheid van Louis Gimberg leek daarvan een logisch gevolg. Vorm en inhoud van *Dokter ABC* waren zo voorbeeldig, dat we niet aarzelen dit programma het beste te noemen uit de vooroorlogse periode. Kenmerkend voor onze naïeve instelling in die dagen was de idealistische finale waarin doktoren en verpleegsters 'de nieuwe mens' monteerden die opgewekt verklaarde:

... Ik ben de nieuwe mens,
ik werd vandaag geboren
uit 't grenzeloos vernuft
van enkele doktoren.
Met liefde ben 'k gevoed,
naar waarheid grootgebracht
en het vertrouwen gaf mij moed
en nieuwe levenskracht.
Laat ons de handen samen slaan
en naar een wereld streven
waarin de nieuwe mens voortaan
als mens zal kunnen leven! ...

In 1938 verschenen Corry Vonk en Wim Kan voor de eerste keer op de televisie, bij de allereerste demonstraties op de Utrechtse Jaarbeurs onder leiding van pionier Erik de Vries, 'de enige cameraman in ons land'. Nieuwsgierig kwam oud-minister Kan een kijkje nemen en hij constateerde dat zijn schoondochter zich vergiste in haar monoloog over 't Konijn en dat zijn zoon zich evenmin op z'n gemak voelde: 'Je tast maar in het duister en je kunt zelf nooit zien of je het goed doet of niet.' Het zou tot 1973 duren voor Wim Kan zijn televisie-angsten definitief overwon.

Met het Leidsepleintheater als constant uitgangspunt zwierf het ABC-Cabaret drie jaar lang door heel Nederland. Het hoogtepunt van het optreden buiten Amsterdam lag voor Wim Kan in de twee zomers dat Louis

Eerste televisie-uitzending in Utrecht met Han Beuker, Corry Vonk en Wim Kan. Aan de camera: Erik de Vries

Gerard Hartkamp, Wim Kan, Cor Lemaire, Lya Sten, Lizzy Valesco en Corry Vonk voor de radio in Nederlands-Indië

Davids het hele gezelschap voor zijn Kurhaus-Cabaret engageerde: 'Zonder het zelf te weten was hij, die toch al zoveel jaren op de planken had gestaan, ook voor onze hedendaagse begrippen zeer modern van stijl. Zijn grootste effecten bereikte hij zonder snorren, baarden of schmink, gewoon maar in dat blauwe pakkie met de steekzakken, gewoon maar (schijnbaar) met niets. Hij was ongetwijfeld de beste chansonnier die Nederland in die jaren bezat, een genie in de beperkte ruimte van zijn gegevens.'
Zo goed 't het ABC-Cabaret verging, zo slecht was Europa er aan toe met het trio Hitler-Mussolini-Franco. Een aanbieding van de bond van Nederlands-Indische Kunstkringen om een tournee te maken door de archipel, leek dan ook precies op tijd te komen om de Europese spanningen een tijdje te ontvluchten. Op 3 december 1939 vertrok het ABC-Cabaret optimistisch voor 'honderd dagen uit en thuis' naar de romantische gordel van smaragd. Maar niemand kon toen in de verste verte vermoeden dat het aantal dagen zou uitgroeien tot 2279, waarvan de meeste werden doorgebracht in de Jappenkampen.

Zelfs onder die onmenselijke omstandigheden hebben zij naar vermogen hun medegevangenen moreel gesteund met geïmproviseerde cabaretvoorstellingen, een verschijnsel dat zich ook in Nederland heeft geopenbaard in beruchte kampen als Westerbork, waar joodse artiesten als Marcel Barger, Johnny en Jones, leden van het Cabaret der Prominenten en de medewerkenden van de Fritz Hirsch-operette hun lotgenoten probeerden te vermaken.
Cabaret ondanks alles. Er zou een apart boek over geschreven kunnen worden: Humor achter prikkeldraad.

... Onder de bomen van het kamp,
Daar zit het 's morgens vroeg al stamp
Van kampbewoners, wijs en gek,
Die peinzend staren naar het hek.
Onder de bomen van het kamp,
Daar zit het 's avonds laat nog stamp.
't Is daar een Bronbeek in het klein
En iedereen bromt zijn refrein
Op dat verdomde kamp! ...

In het najaar van 1971 keken vele Wim Kan-fans wat verbaasd op, toen hun keizer van het cabaret via televisie, radio en kranten uiterst fel protesteerde tegen een 'onofficieel' bezoek van de keizer van Japan aan het Koninkrijk der Nederlanden. Sommigen beschouwden hem zelfs als een oude zonderling die oude koeien uit de sloot wilde halen, weinigen toonden begrip voor het feit dat door een tactloos regeringsgebaar oude wonden werden opengereten.
Dit gebrek aan begrip en medeleven kon voornamelijk worden verklaard uit onwetendheid. Wat wist men van de Japanse bezetting van Nederlands-Indië in het algemeen, wat wist men van de oorlogservaringen van het ABC-Cabaret in het bijzonder? Wim Kan zelf had er in de afgelopen vijfentwintig jaar nauwelijks aandacht aan besteed. Na zijn terugkeer uit Indië was men al verwonderd geweest over het ontbreken van commentaar in zijn nieuwe programma's. Ook zijn boek *100 dagen uit en thuis,* dat in 1946 verscheen, maakte in z'n totaliteit een vrij luchthartige indruk. Simon Carmiggelt schreef: 'Ik las dit boek met grote bewondering. Pathos is geheel vermeden. Maar juist omdat de schrijver het zwarte onderwerp op zijn eigen manier heeft benaderd, suggereert hij vaak meer dan een ander zou doen met de dikste woorden.'
Toen, kort na het bezoek van de Japanse keizer, de affaire over de vrijlating van 'de drie van Breda' heel Nederland emotioneel

beroerde en tot heftige Kamerdebatten leidde, kwam Wim Kans eenmansactie voor velen in een duidelijker licht te staan. Maar voor hem kwam dat begrip te laat; de betekenis van het woord 'kampsyndroom' drong toen pas tot de meeste mensen door.

Omdat de Amerikanen in 1945 uit politieke overwegingen hadden besloten de Japanse keizer niet op de lijst van oorlogsmisdadigers te plaatsen, bleef diens officiële status gehandhaafd. De wereld scheen met deze beslissing akkoord te gaan. Maar de slachtoffers van een misdadig bewind dat in zijn naam was gevoerd, voelden zich verraden. Toch kwamen ze niet in opstand, ze accepteerden met bitterheid de zaken zoals ze nou eenmaal waren. Ook in Nederland. Maar voor een minderheid bleef Hirohito nèt zo'n gruwelijk symbool als Hitler voor de meerderheid. Toen de regering-De Jong geen bezwaar bleek te hebben tegen een bezoek van deze omstreden figuur aan ons land en toen de daaropvolgende regering-Biesheuvel geen aanleiding zag om dit besluit ongedaan te maken, toen protesteerde Wim Kan.

Maar hij moest ontgoocheld vaststellen dat zijn noodkreet leidde tot 'weinig bijval en veel afval'. Bladen als *Elsevier, de Volkskrant* en *NRC-Handelsblad* keerden zich zelfs tegen hem. In een discussie met professor Röling (hoogleraar in het volkenrecht) in de VARA-tv-rubriek *Achter het nieuws*, werd hij geconfronteerd met een koel en zakelijk formalisme dat geen ruimte liet voor zijn gevoelsargumenten. En Phonogram weigerde om zijn protestnummer 'Railroadliedje 1971' op de plaat te zetten, uit angst daarmee de Philipsvestiging in Japan schade te berokkenen.

In deze emotionele periode wendde Wim Kan zich vaak in alle stilte tot een trouwe vriend: zijn dagboek. Bij hem kon hij veel van zijn opgekropte gevoelens kwijt, nadat hij zelfs op 31 augustus 1971 tevergeefs een beroep had gedaan op het begrip van koningin Juliana. '... Hirohito ... Hij kon er niets aan doen dat hij er niets aan doen kon. Hij had geen enkele macht en daarom liet Amerika hem na afloop van de oorlog aan de macht. Hij kwam pas 26 jaar na de oorlog naar Nederland. Hij heeft net zolang gewacht tot de laatste overlevenden te zwak waren om te protesteren. Als Japan gewonnen had, had hij op een wit paard vóór aan de troepen door Washington gereden, met professor Röling daar achteraan met een groot bord: Hij kon er niets aan doen!...'

Corry Vonk en Wim Kan moesten, met tranen in hun ogen, machteloos toezien hoe de keizer vrijwel ongestoord van zijn Nederlandse plezierreisje kon genieten. En ze gooiden al hun Hoge Koninklijke Onderscheidingen in de Westeinderplas. Zachtjes en zonder tamtam, de plons heeft niemand gehoord.

... En toch leeft er nog altijd één
die het navertellen kan,
Die de geschiedenis kent als geen:
de keizer van Japan.
Nou hij niet opgehangen is
Had op Soestdijk toen aan de dis
Tenminste toch eens iemand kunnen vragen
Hoe dat zat destijds in Burma,
Aan die railroad, met die doden,
En die zieken, en die honger,
En die cellen.
Wat had hij dat
Terwijl hij at
Mooi kunnen navertellen ...

Vijf maanden nadat Corry Vonk en Wim Kan zonder een cent op Schiphol waren geland, gaven ze op 1 augustus 1946 de première van hun eerste naoorlogse ABC-programma in het Haagse Diligentia: *De mooiste ogenblikken*. Het Nederlandse publiek bleek het herenigde echtpaar niet vergeten te zijn en las met een dankbare glimlach in het programmaboekje: 'Het is een poging om de bruiloftachtige pret van "Ome Piet heeft zich zwart gemaakt" en de brok in de keel van het wellustig wentelen in geleden leed, om te zetten in een paar mooie ogenblikken uit de meest tijdrovende liefhebberij die de mens er op na houdt: leven. Op één na hebben alle spelers die zo dadelijk het toneel zullen bevolken, drie en een half jaar bij onze stoute Japannertjes gelogeerd, maar van dit "uitje" hebben zij zó genoten, dat ze er vanavond tussen 8 en 11 uur met geen woord over zullen praten, te meer ook waar anders de titel van deze cabaretrevue moeilijk gehandhaafd zou kunnen blijven.'

In deze periode maakte Wim Kan kennis met twee jonge collega's die tijdens zijn afwezigheid hun debuut hadden gemaakt in het Leidsepleintheater: Toon Hermans (1942) en Wim Sonneveld (1943). Niemand had toen kunnen voorspellen dat zij in de jaren vijftig onder één noemer zouden worden samengevat: 'de grote drie'. Deze uitdrukking, oorspronkelijk ontleend aan het politieke trio Roosevelt-Churchill-Stalin, werd voor het eerst gebezigd voor het trio Arabesque in 1952 (Cruys Voorbergh-Hetty Blok-Cor Lemaire) en later tot vervelens toe voor Kan, Sonneveld en Hermans toen deze, met hun solistische prestaties, ons hele volk aanspraken. Zij hebben zelf deze 'bundeling' niet op prijs gesteld, omdat het publiek en de kranten er automatisch de vraag aan verbonden wie van deze niet vergelijkbare artiesten 'de grootste' was. Door de jaren heen is steeds weer gebleken dat ze drie verschillende werelden vertegenwoordigden, waardoor er nauwelijks sprake was van een competitie-element zoals dat vroeger bijvoorbeeld bestond tussen Lou Bandy, Willy Derby en Kees Pruis. Maar er kon ook niet gesproken worden van innige vriendschapsbanden, die sommige sentimentele artikelen uitstraalden. Daadwerkelijke samenwerking kwam tot stand in 1961, bij het vijfentwintigjarig jubileum van het ABC-Cabaret, toen Toon Hermans en Wim Sonneveld als gastregisseurs hebben meegewerkt; Hermans met een door hem voor

25 jaar ABC-Cabaret met Wim Kan, Corry Vonk, Wim Sonneveld en Toon Hermans

Corry Vonk geschreven nummer 'Zuster Corriola', Sonneveld met de mis-en-scène van '25 jaar ABC'. Typerend voor de collegiale verhoudingen die er steeds zijn geweest, waren ook de oprechte woorden die Wim Kan in zijn programmaboekje schreef bij de plotselinge dood van Wim Sonneveld in 1974: 'Hij was de meest allround artiest van ons allemaal. Hij kende het vak, zoals niemand van ons het ooit heeft gekend of ooit zal kennen. Zijn professor Higgings in *My Fair Lady* was uit theateroogpunt minstens even boeiend als zijn grandioze Frater Venantius. Eigenlijk is hij de enige held geweest in onze bange kleinkunstwereld. De enige die toneel, film, dans, mime en chanson niet alleen in z'n macht had, maar die op gezette tijden een nationaal succes als *Willem Parel* plotseling los durfde te laten om iets totaal anders te gaan proberen.' Over de privé-relatie zei hij in 1979 voor de VARA-microfoon: 'Ik zie hem voor me, zoals hij bij ons binnenviel, jasje uit, schoenen uit en meteen gaan liggen op de bank. Springend van de hak op de tak. Vol verhalen. Vervuld van wat er nog moest gebeuren. Tot de laatste dag zou zijn aangebroken. Altijd onderweg ergens heen, waar hij nooit is aangekomen. Bloedernstig, kwaad, woedend en schaterlachend om zijn eigen boosheid. Iemand waarvan je, onbewust, dacht: die sterft nooit! Met honderd medicijnen op zak, niet alleen voor zichzelf, maar vooral voor anderen, die hij van dienst wilde zijn met iets waar hij zelf geen baat bij had gevonden. Gastvrij! Behulpzaam! Overheersend in zijn omgeving, bemoederend, bezig, bedrijvig. Anecdotisch. Ondermijnend, opbouwend, hartelijk, hatelijk, roddelend, ratelend. Een vriend die alles voor je over had, maar als voorwaarde stelde – heel openlijk en eerlijk – dat hij dan wel over je mocht roddelen. Dat is de prijs die ik voor mijn vriendschap vraag, zei hij eens. Ik heb die prijs ontzettend graag betaald; voor méér geld is vaak veel minder te krijgen in deze wereld.'

Wim Kan zag zijn collega Toon Hermans ('bekend van de *Bonte Dinsdagavond Trein*') voor het eerst optreden in de Kleine Komedie in Amsterdam. Over deze kennismaking schreef hij in 1953: 'Om eerlijk te zijn: ik vond het wel leuk, maar nou ook weer niet om te zeggen Ja, dat is 'm! Vandaag denk ik nog wel eens: gek, dat ik het toen nog niet zag!'

In de loop van de jaren is men steeds meer van Wim Kan gaan verwachten dat hij als vakman tegelijkertijd profeet zou zijn, zodat men van hem onfeilbare uitspraken over nieuwkomers meende te mogen eisen. Het feit dat hij in 1959 mejuffrouw J. de Jong 'niet zag', wordt hem vaak met gretig leedvermaak verweten (behalve door Jasperina de Jong zèlf!), waarbij men bereid is te vergeten hoe goed hij heeft 'gegokt' met nieuwe, veelzijdige talenten als Ton van Duinhoven, Jenny Arean en niet te vergeten: Herman van Veen.

Zijn belangstelling voor de jongste generatie is onverflauwd gebleven, ook na de opheffing van het ABC-ensemble in 1970. Zelfs een grammofoonplaat die hem intrigeert (zoals de eerste lp van een onbekende Robert Long) kan hem doen besluiten op een van zijn weinige vrije avonden naar het theater te gaan om zich persoonlijk van een nieuwe aanwinst te overtuigen.

Van de jongeren die bij hem de kans kregen het ABC van het cabaret te leren – al grepen ze die kans niet allemaal – vermelden we nog: Maya Bouma, Teddy en Henk Scholten, Mimi Kok, Joop Vischer, Rijk de Gooyer, Pam Henning, Sylvia de Leur, Carry Tefsen, Jacco van Renesse, Margriet de Groot, René Frank, Sant Heijermans, Frits Lambrechts, Wieteke van Dort, Marnix Kappers en niet te vergeten: Sieto en Marijke Hoving, die na de school van moeder Vonk en vader Kan in 1957 hun eigen cabaret hebben gesticht dat nu al vijfentwintig jaar bestaat. Ook voor Henk Elsink en Frans Halsema is het ABC-Cabaret een opleidingsinstituut geweest.

Na de eerste verkenningen met *De mooiste ogenblikken* in 1946, werd het tot ieders verbazing duidelijk dat het – voornamelijk realistisch ingestelde – ABC-Cabaret van vóór de oorlog een elementaire verandering had ondergaan die het verschil met het – overwegend romantisch getinte – Sonneveld-ensemble accentueerde: Wim Kan had zich in de tussenliggende zeven jaar ontwikkeld tot een conférencier van een klasse zoals we die nog niet eerder in ons cabaret waren tegengekomen. Stijl en (politieke) inhoud weken beduidend af van de wijze waarop Pisuisse en Davids hun publiek hadden toegesproken. Hoewel Jacques Klöters in zijn interessante studie over *Abraham de Winter, de karakterkomiek uit Breda* (1973) terloops opmerkt dat men deze conférencier van rond de eeuwwisseling min of meer een voorloper van Wim Kan zou kunnen noemen, wordt het verschil uiteraard bepaald door het niveau van de conférences; het werk van de politieke moppentapper Abraham de Winter kan beter worden gerangschikt onder het hoofdstuk 'dolkomische voordrachten voor één Heer'.

Wim Kan, die zichzelf in 1946 annonceerde als 'jongleur met woorden en gedachten', werd door de pers als volgt ontvangen:

● Wim Kan was voor ons deze avond de grootste artiest, groter nog dan Corry Vonk, om zijn meesterlijke beheersing van de conférence.

● Wim Kan, als acteur een zwakker talent dan Corry Vonk, vindt toch in zijn conférence een eigen toon: vreemde mengeling van aarzelende onhandigheid, ironie, melancholie en waanzin. (Simon Carmiggelt)

● Bij sommige nummers vindt men het weleens jammer dat de conférencier plaats maakt voor het nummer dat hij aankondigt.

● Wim Kan zou eigenlijk best het kunststuk kunnen klaarspelen om een gehele avond aan het woord te zijn.

Deze laatste, profetische opmerking stamt uit 1948, uit een recensie in *De Groene Amsterdammer*. Het zou tweeëntwintig jaar duren voor Wim Kan zich rijp genoeg achtte dit grote kunststuk te volbrengen.

De geschiedenis van het ABC-Cabaret leert ons dat Wim Kan geleidelijk aan zo'n verheven positie in zijn eigen ensemble ging innemen, dat de rest van het programma steeds meer in de schaduw kwam te staan. Toch waren er in die na-oorlogse jaren veel gave produkties die juist van het tegenovergestelde schenen te getuigen.

Geassisteerd door kunstenaars als Cruys Voorbergh, Sophie Stein, Johan Elsensohn, Lia Dorana, Louis Borel, Cilly Wang, Chris Baay en choreograaf Albert Mol, leek het alsof de ensemble-eenheid van voor de oorlog gehandhaafd bleef: Salto Mortale, Meester ABC, ABC-Expres, De moordzaak ABC, Bibelonië.

Maar bijna ongemerkt begonnen de conférences in lengte en betekenis de vaak zwakkere nummers van de anderen te overwoekeren, zodat het evenwicht werd verstoord. Toen Wim Kan rond 1950 bovendien nog de bekende, ervaren krachten ging vervangen door de minder bekende, vaak pas beginnende jongeren, werden de verschillen nog sterker benadrukt. Voor het publiek hadden de namen van Corry Vonk en Wim Kan zoveel aantrekkingskracht gekregen, dat men alleen al voor hun aandeel in het programma (nog later alleen voor het aandeel van 'de beroemde radioconférencier') het ABC-Cabaret wilde bezoeken.

'Ik vertollek de gevoelens van het vollek'

Jacco van Renesse en Jenny Arean bij het ABC-Cabaret

IRIS MAN

HERMAN VAN EELEN

LYA STEN

PAM HENNING

MATTHIEU VAN EYSDEN

Het ABC Cabaret presenteert Wim Kan's nieuwste cabaret-comedie in 11 taferelen

DE MOOISTE OGENBLIKKEN

Composities: Han Beuker, Cor Lemaire, Joop de Leur en Iris Man · Kapwerk: Firma Michels, Amsterdam
Costumes: Firma Sarné, Amsterdam · Toneelaankleding: Pam Henning · Regie: Corry Vonk en Wim Kan
Aan de vleugel: Cor Lemaire

1 „BEGIN" (Conferencier: Matthieu van Eysden)
    De gele duivels · Een neutraal lied
    Het spook v.d. zwarte markt · Op de rand van 't oude kerkhof
    De onderaar bestaat niet... · Als je maar een stamkaart hebt

2 De mooiste ogenblikken komen terug (Corry Vonk)

3 Wees welkom, zegt Wim Kan

4 Nou moest er eens...
    Sketch in 5 tafereeltjes met Corry Vonk
    als de fantaserende Jan Kikker

5 Als je jong bent, heb je de wereld in je handen!
    Matthieu van Eysden - Lya Sten
    Herman van Eelen

6 Quatre Mains
    Gespeeld door Corry Vonk en Wim Kan
    De conferencier: Matthieu van Eysden

7 Terwijl de groten zich verkleden
    Pam Henning

8 OPA EN OMA IN TIEL (Het gehele ensemble)
    (een ware geschiedenis voor het cabaret bewerkt)

20 MINUTEN PAUZE

9 We beginnen weer, zegt Wim Kan

10 Wie krijgt de kinderen? Comedie in één acte
    De vader: Matthieu van Eysden
    De moeder: Lya Sten
    Flappie
    Flip   de drie kinderen: Corry Vonk
    Kato

11 Dat leuke leven toch!
    Gedachten-associaties en flitsen uit het
    leven zelf, gespeeld, gezongen en beleefd
    door het gehele gezelschap

EINDE

(Wij behouden ons het recht voor dit programma te wijzigen)
Vleugel van de Firma Mirani, Westermarkt 29, Amsterdam

COR LEMAIRE

TITIA BECK

"Ik vertolk - ik vertolk
de gevoelens van het volluk..."

Wie in alle objectiviteit probeert Wim Kans doelbewuste programma-politiek te overzien, is geneigd zich achteraf de vraag te stellen of hij heeft verwacht dat hij hiermee op de lange duur weleens zou kunnen vastlopen. Er schuilt een beetje tragiek in het feit dat hij, wàt hij ook probeerde, zijn eigen ABC-kind moest offeren aan zijn solo-optreden. Ook zijn uiteindelijke 'afscheiding' (in 1955 vulde hij voor het eerst het programmadeel na de pauze, mede beïnvloed door de eerste one-man-show van Toon Hermans *Voor U, Eva* in dat zelfde jaar) bleek als oplossing niet te voldoen, omdat het steeds moeilijker werd voor de ouder wordende Corry Vonk geschikte nummers te schrijven. Het meesterlijke liedje 'Met me vlaggetje, me hoedje en me toeter', dat Wim Kan schreef in de roerige dagen rond het huwelijk van prinses Beatrix, was een van de weinige uitschieters van Corry Vonk (als ster in het voorprogramma) die aan de gloriedagen van weleer deed herinneren:

... Ik vertollek, ik vertollek
De gevoelens van het vollek
Met me vlaggetje, me hoedje en me toeter.
Ik heb de hele monarchie
In m'n handen met die drie:
Me vlaggetje, me hoedje en me toeter! ...

Zelfs de beslissing van Wim Kan in 1966 om, net als vroeger, zich ook weer in het voorprogramma te vertonen, bracht geen uitkomst in de malaise die in 1968 met het programma *Hop, hop, hop!* een dieptepunt bereikte; de eenheid was en bleef zoek.
De tijd was gekomen om nu eindelijk over te gaan tot de nieuwe, moderne formule die zoveel mindere goden ten onrechte menen te moeten gebruiken: het eenmansprogramma. En Corry Vonk vond het volkomen logisch dat haar aandeel zich zou gaan beperken tot een bescheiden, dienende taak.
De tijd was er meer dan rijp voor dat Wim Kan alle energie voor zichzelf ging gebruiken in plaats van moeizaam te proberen allerlei min of meer geslaagde nummertjes te schrijven voor de allerjongste generatie van wie hij de taal niet sprak en de toon niet verstond. Het afscheid van het oude ABC-Cabaret heeft Corry Vonk en Wim Kan pijn gedaan en daarvan getuigden veel zware voetstappen in de Zwitserse sneeuw rond hun chalet in Graubünden, maar in het voorjaar van 1970 kwamen ze toch weer stralend in Nederland terug. Het drieëndertig jaar oude ABC-Cabaret had opgehouden te bestaan, het nieuwe was geboren: le roi est mort, vive le roi! En in augustus van dat jaar maakte Nederland kennis met hun nieuwe succesformule: Wim Kan alleen, met Corry aan zijn zijde en Ru van Veen aan zijn vleugel.

Opmerkelijk is dat de op- en aanmerkingen van de recensenten die het ABC-Cabaret van 1936 tot 1969 hebben 'verslagen', bijna altijd uitmondden in kritiek op de veronderstelde levenshouding van Wim Kan, waarvan ieder een eigen voorstelling bleek te hebben. Om de tien jaar heeft hij een crisis moeten doorstaan: in 1936 noemden velen hem pikant, in 1947 rood, in 1956 laf en in 1969 rechts. Deze laatste kwalifikatie kwam voornamelijk uit de extreem linkse hoek, toen bij de aanvallen op het 'establishment' gevestigde kunstenaars als Wim Kan, Wim Sonneveld, Toon Hermans en Annie Schmidt niet werden overgeslagen. Het duurde tot 1972 voor Anton Koolhaas in *Vrij Nederland* zou schrijven: 'Toen kwamen de tomatenjongens, die bij nader inzien niet veel anders dan tomaten in hun hoofd hadden,' maar in 1969 moest Paul van Vliet zich nog als volgt verdedigen: 'Er was een tijd waarin het politieke engagement nog het privilege was van een kleine groep linkse intellectuelen. Het was de tijd waarin de satire in het Nederlandse cabaret nog maar door een enkeling werd bedreven. Het Grote Publiek wist nog van niets. Wim Kan kon nog een hele provincie kwetsen door Jan de Quay op de schouders te nemen en bij Sieto Hoving en Lurelei verliet af en toe een verdwaalde kolonel b.d. de zaal, als H. M. de Koningin of Onze Lieve Heer in een refreintje werd bespot. De grote omwenteling komt in '66: voor, tijdens en na de Clausperiode. Provo en Zo Is Het hebben in korte tijd de Nederlandse Heilige Huisjes, bewoond door Sex, God en Oranje, voor een verschrikt massapubliek omvergekegeld. En dat was goed. Maar met de satire is het uit de hand gelopen. Hele horden tv- en radiocommentatoren, studenten en cursiefjesschrijvers gingen aan satire doen of aan wat ze daarvoor hielden. Maar velen vergaten dat cabaret een vàk is en de satire daarvan een van de moeilijkste vormen. Ik heb toen vastgesteld, dat door het amateurisme van juist de halfzachte satirici, de satire zelf degradeerde tot een verwaterd massaprodukt. En omdat in diezelfde tijd het politieke en sociale engagement gemeengoed werd en althans het denkende deel van het Nederlandse volk zich voor het eerst wezenlijk betrokken ging voelen bij het nationale en internationale gebeuren, kwamen de schokken minder hard aan. Wie tóen nog wilde schokken, moest buiten zijn oevers treden en belandde daarmee, met dikwijls vergezochte grappen, in de uiterwaarden van het cabaret, waar de satire haar slagkracht verloor. Zoals ook het demonstreren gemeengoed werd en degradeerde tot het nieuwe Nederlandse gezelschapsspel voor heel het gezin.'

De weinig tolerante en bijna dictatoriale instelling van sommige demagogische journalisten die blijkbaar niet zonder onfeilbare dogma's konden leven, hield in die dagen bijvoorbeeld een scherpe veroordeling in van de door René Frank in het ABC-voorprogramma uitgevoerde en door Wim Kan geschreven monoloog: Mevrouw van Dam.

... Mevrouw van Dam zit voor haar raam,
ze kan de stoet voorbij zien gaan.
Mevrouw van Dam is vierentachtig,
ze kan niet meer lopen, maar ziet nog goed.
Ze kijkt aandachtig naar de stoet
en leest de leuzen, fier en krachtig.
Ze ziet de jonge mensen
de borden dragen met hun wensen.
De jeugd, die vecht als pacifist
tegen de oorlog die ze mist.
Ze lopen weer met borden in Amsterdam.
Maar wie loopt met het wagentje,
het invalidenwagentje
* van Mevrouw van Dam? ...*

Hoe reageerde de geestelijke vader die blijkbaar altijd belangrijk genoeg is geweest om door de jaren heen zoveel stof te doen opwaaien? Nog in 1981 stelde Aad van den Heuvel hem – namens veel in de war gebrachte kijkers – de vraag of hij bij 'rechts' of 'links' ingedeeld moest worden. Maar het antwoord daarop had hij tien jaar eerder al duidelijk gegeven: 'Ik wil in geen enkel kastje gestopt worden, vrij met mijn handen in mijn zakken door het land mogen lopen, alles aanzien, even oppakken, even bekijken en er een grapje over maken, zonder dat op elk grapje direct een etiketje wordt geplakt: rood-roze-blauw-wit-oranje.' En ook bij zijn befaamde oudejaarsavond-conférences voor de VARA heeft steeds – sinds 1954 – die merkwaardige behoefte bestaan hem procentsgewijze in te delen.

... 't Is heerlijk
* met een uitgesproken mening*
te kunnen leven
* in het land van zwart en wit.*

*Zolang de twijfel nog niet is gerezen
gaat het van 'dit is dat' en 'dat is dit' ...*

In de jaren zestig, toen de woorden 'geëngageerd' en 'getuigend' niet van de lucht waren, schreef Paul Beugels in *de Volkskrant*: 'Ik mocht lijden dat Wim Kan meer kleur bekende, zijn conférence zou meer vuur krijgen in plaats van het vuurwerk van woorden en grappen waar ze nu bij bestaan. Er is genoeg te lachen, dat blijft, maar zijn gegoochel met politiek en politieke reputaties is soms wel erg vrijblijvend, je kunt er alle kanten mee uit, iedereen wordt geprikkeld, niemand geraakt. Dat geeft iets onbevredigends tenslotte want het blijkt eigenlijk alleen maar Spielerei. En ik vraag me in gemoede af of dat dan cabaret mag heten.'

Godfried Bomans was het met zijn *Volkskrant*-collega oneens: 'Zijn stuk droeg als kop "Première Wim Kan alleen maar speels" en dit verwonderde mij al, voor ik de rest nog had doorgenomen. Ik zou mij ook verbaasd hebben als ik ergens had gelezen "Dominee aan groeve alleen maar ernstig", want ik meen dat een zielzorger zich bij een begrafenis van kwinkslagen te onthouden heeft. Zo verwacht ook een zaal met mensen, waar een cabaretier gaat optreden, niet zonder billijke gronden dat hij "speels" zal zijn. Voor mij is een cabaretier iemand, die de draak steekt met mistoestanden en menselijke gebreken, onverschillig of die te signaleren zijn bij conservatieven of vooruitstrevenden, katholieken of protestanten, politiek links of rechts georiënteerden: hij geeft oorvijgen waar hij een wang ziet die erom vraagt. De hoek waarin het kwaad zit, dient hem onverschillig te zijn, het gaat om de rotte plek. Ik vind dit zelfs het wezen van het cabaret. Juist die volkomen vrijheid naar alle kanten was de reden, waarom vroeger een nar gehouden werd. En nu meen ik dat dit wijzen naar àlle kanten ook de waarde van Wim Kan is. Wisten de mensen tevoren, dat hij maar naar één kant zou slaan en de zaak, waarbij hij is aangesloten, zorgvuldig spaart, ze bleven thuis. Terecht. Dat kunnen we zelf.'

In dit verband is het interessant om Wim Kans 'pikante-rode-laffe-rechtse' levenshouding nog eens te zien in het licht van zijn

Tilly Périn-Bouwmeester, Lau Ezerman, Wim Kan, Corry Vonk, Louis Gimberg en Lizzy Valesco in 'Lentemelodie' (1938)

eerste naoorlogse programma, toen menigeen op fel commentaar rekende: '... Men zou soms iets schrillere kleuren wensen, heftiger emoties gewekt willen zien, men zou het zwaartepunt iets meer verlegd wensen van het zuiver humoristische naar het aangrijpend realistische ...'

Gedurende zijn hele naoorlogse carrière werden de artistieke verrichtingen van Wim Kan (in het theater, voor de radio en op de televisie) door politieke beschouwingen begeleid. Wat veroorzaakte die ononderbroken stroom van elkaar tegensprekende en elkaar bestrijdende commentaren?

Het programma *Salto Mortale* uit 1947 was samengesteld volgens de formule waarmee het ABC-Cabaret altijd veel succes heeft gehad: de kapstokproduktie (Friedrich Holländer, Rudolf Nelson). Dit keer had Wim Kan de variétévorm gekozen, een circusachtige kapstok waaraan zijn verschillende cabaretnummers werden opgehangen, zoals 'Theater de Pret presenteert: De heer en mevrouw Humor – van Heden. 10 minuten lachen! brullen! gieren!'

... Wij zijn door film en radio
Zo druk bezet dat ons niveau
Niet steeds zo hoog is als voorheen.
't Ligt ook een beetje aan de tijd,
Die is zijn peil ten dele kwijt:
Humor en tijd zijn immers één!
Als je maar lol hebt, dat is waar,
Dan komt het zaakje voor elkaar,
Dat is de super-humor-geest ...
Lol is z'n peil een beetje kwijt,
Maar da's geen teken van de tijd:
Lol is nog nooit op peil geweest. ...

Wim Kan reed kunstig op een fietsje rond en Cruys Voorbergh nam zelfs de moeite om feilloos over een koord te wandelen als 'Harold Turner, Amerika's meest gevierde acrobaat':

... Reist Uncle Sam in risico
En moet dat voor z'n brood?
In d'ene hand de vrede,
In de andere de dood?
De kleine man op z'n balkon
Kijkt van Moskou naar Washington,
Hij durft niet ademhalen.
Hij knijpt z'n beide ogen dicht
En slaat z'n handen voor 't gezicht ...
Salto Mortale! ...

We leefden bovendien in de periode van de politionele acties in de Oost en Wim Kan, sprekend over 'Kolonesië', riep tot schrik van veel – ook socialistische – Nederlanders: 'In Indië is de textielschaarste zó groot, dat de soldaten nog steeds niet in politieuniformen lopen!'

Velen ergerden zich ook aan een scène waarbij de toen populaire AVRO-kwis *Hersengymnastiek* gebruikt werd voor een intelligentietest met minister-president Beel (verbeeld door Cruys Voorbergh) tegenover het vollek (vertolkt door Corry Vonk), onder het bekende motto: 'Hoe is de stand Mieke?' Tot slot van deze kostelijke scéne, waarin zowel regering als volk geparodieerd werden, maakten ze samen een walsje waarbij zich de volgende dialoog ontspon:
Volk – Links om, Excellentie!
Regering – Dat kan ik niet ...
Volk – Hebt u het weleens geprobeerd?

De organisatoren van een abonnementserie in Beverwijk haastten zich om de bezoekers van het ABC-Cabaret vooruit te waarschuwen: 'Zoals men weet heeft dit cabaret een communistische inslag.' Maar toen ze constateerden dat Wim Kan zowaar ook grapjes maakte over 'de waarheid van *De Waarheid*', publiceerden ze opgelucht een nieuwe verklaring: 'De organisatoren hebben het programma van tevoren ingezien en daarin is van een dergelijke tendens niets gebleken, zodat de abonnementsvoorstellingen hun

29

goede naam kunnen handhaven.'
Vermeldenswaard is ook nog de reactie van een Utrechtse journalist die door de variétéformule op een dwaalspoor werd geleid: 'Op zichzelf geen kwaad idee, dit teruggrijpen naar een historisch genre, dat de mensheid van voor 1914 zo kinderlijk vermaken kon en dat hier, met een modern cabaretsausje overgoten, in méér dan één nummer het nog wonderwel bleek te doen' ...

Maar nòg ongeloofwaardiger zijn de woorden die *de Volkskrant* aan dit programma meende te moeten wijden: 'Corry Vonks oerkomische, sprankelende kleine persoon, Cruys Voorberghs wat bitter-humoristische, maar diep en echt kunstenaarschap en Wim Kans waarachtige geest zijn in dit geval gevaarlijk omdat zij met een parodiëring van bepaalde regeringspersonen, insinuaties en een politieke tendens, die luide toejuichingen en adhesiebetuigingen bij een zeker deel van het publiek uitlokten, de grens van het toelaatbare overschrijden. Een oprecht protest moeten wij laten horen tegen Wim Kans verzuchting dat hij nu maar geen liedjes zingt over de Nederlandse vlag. Is die opwelling, vraag ik hier Wim Kan, artistiek vertegenwoordiger van een minieme minderheid in den lande, karaktervol tegenover het eigen Nederlandse volk, welks zonen voor diezelfde vlag hun leven op het spel zetten, na een beslissing die de wettige regering in volkomen vrijheid en wettelijkheid genomen heeft?'

... Ik ben maar een mannetje
  dat liedjes zingt
op onweersachtige dagen.
En als 't niet aldoor grappig klinkt
dan moet u maar niet vragen
aan dit mannetje om z'n liedjes te staken,
maar aan die andere mannetjes
om geen onweer te maken!

Op een andere keer
Bij wat zonniger weer,
zing ik weer us een liedje
over de Hollandse vlag.
Nou even niet.
Dag! Dag! Dag! ...

Men zou Wim Kan een wijsgerige kunstenaar of een artistieke filosoof kunnen noemen, wiens ernstige of humoristische overpeinzingen door zijn persoonlijke visie maar zelden op hun ware merites worden beoordeeld. 'Misschien is niets geheel waar en zelfs dat niet,' is een uitspraak die hij zelf bedacht had kunnen hebben. Jan Greshoff heeft, om het karakter van Speenhoff uit de doeken te doen, óók weleens de wijsgerigheid te hulp geroepen, maar diens kameleontische natuur is wezenlijk verschillend van Wim Kans eeuwige twijfel aan zogenaamde absolute waarheden, waardoor hij nooit helemaal 'voor' of helemaal 'tegen' kan zijn. In elk pro en ieder contra ziet hij de zwakke plekken en daarom blijft zijn deur altijd open voor de andere en veranderde mening: 'Van mening veranderen vind ik een teken van gezondheid; het bewijst dat er van binnen doorstroming plaats vindt.' Toen hij, bij alle dankbare geluiden voor onze Amerikaanse bevrijders, een kritische klank over de Marshall-hulp liet horen en bij de revolutie in Indonesië een modern sprookje vertelde van Roodkapje (de Indonesiërs) die door de wolven (de Nederlandse politieagenten) werd opgegeten, werd hij een communist genoemd en anti-Amerikaans. Tegelijkertijd publiceerde de *Chicago Tribune* een felle spotprent over de 'same old Dutch imperialism' waarvan de geest van een gesneuvelde Amerikaanse soldaat uit de tweede wereldoorlog verzucht: 'So I had to die for this' ...

Nederlands kolonialisme in 1947 (cartoon uit de *Chicago Tribune*)

Wim Kan getekend door Toon Hermans

Wim Kan, Corry Vonk en Cor Lemaire

... Kom, zet je feestneus op, m'n zoon,
De Marshall-hulp is binnen!
De welvaart stijgt weer op haar troon,
Hoezee, hoezee,
   er gaat een nieuwe tijd beginnen!
Hier, pak mijn arm. En als proleten
Nu hossend naar de lommerd.
   Hop hop hop!
Mijn klok verlost.
   We moeten dringend weten:
Hoe lang mag onze feestneus op? ...

Vaak had het er de schijn van dat men Wim Kan niet wilde begrijpen. Zijn visie, die zo vaak tegen algemeen bestaande opvattingen indruist, blijkt later van een vooruitziende geest te hebben getuigd. En als hij twijfelt aan gelijk of ongelijk camoufleert hij z'n eigen onzekerheid met die rare volksjongensstem die hij heeft uitgevonden om alles te kunnen zeggen wat hij 'gewoon' niet zou kunnen. Die stem waarmee hij roept: 'Herman, jo, daar ga je!'

Wim Kan is van nature onzeker, twijfelachtig en besluiteloos. Het gebeurt niet zelden dat hij na afloop van een zenuwslopende première aan de dames van de garderobe vraagt: 'En ... vonden ze 't leuk?' Want hun oordeel, gebaseerd op de spontane reacties van het publiek, geeft hem op zulke kritieke momenten het zelfvertrouwen zonder hetwelk hij zich volstrekt verloren zou voelen. Corry Vonk heeft hem een leven lang dat geloof en die hoop met veel liefde geschonken. Zij heeft hem soms bijna letterlijk het toneel op moeten duwen als hij weer eens in de stemming verkeerde van "t is allemaal één grote vergissing ... ik kan niks.'

Iedereen die met hem heeft samengewerkt kent deze zwakheid, die uit de aard der zaak ook te maken heeft met zijn trots, ijdelheid en egoïsme: daardoor kunnen er situaties ontstaan waarin de waarheid erger zou zijn dan de leugen. Later, als hij zelf de waarheid ontdekt, vergeeft hij de leugen met dezelfde menslievendheid waarmee deze is bedreven.

Toen hij op een dag besloten had om voortaan 'alleen' te gaan optreden, zei z'n manager Wout van Liempt: 'Dat had u al veel eerder moeten doen,' waarop Wim Kan hem verwonderd vroeg: 'Waarom hebt u mij dat niet eerder gezegd?'

Wie in het werk en in het privé-leven van Wim Kan tracht door te dringen, ontdekt naast melancholie en pessimisme als enige vaste lijn die van het pacifisme. Wat dat betreft is hij wel degelijk een getuigend cabaretier die consequent zijn levensvisie propageert, óók wanneer deze instelling onder bepaalde omstandigheden en bij bepaalde partijen minder opportuun of minder tactvol overkomt. 'Ook al hebben wij in de wereld van vandaag misschien gelijk, we zullen moeten proberen samen te leven met het ongelijk, om te voorkomen dat we tegelijk met het ongelijk de lucht invliegen.' (1961) Hij is in hart en nieren vredelievend; als hij conflicten niet kan voorkomen of genezen, trekt hij zich in eenzaamheid terug:

... 'k Wil een klein wit huisje
Op een eenzaam plekje,
Met witte kipjes
En een spierwit hekje,
Iets voor mij, net iets voor mij ...

Dit droomhuisje (uit een liedje van 1937) is zijn letterlijke toevluchtsoord geworden: Het Olle Huis in Aalsmeer, aan de oever van de Westeinderplas midden in het gebied van polders en bloemenveiling. Olle is de bijnaam van Corry Vonk en Het Huis werd na de oorlog van droom tot werkelijkheid. Wim Kan heeft zich er ook weleens onnòdig verschanst, zodat het soms leek of hij de gordijnen had neergelaten om de wereld niet meer te hoeven zien. Zijn 'isolatiepolitiek' heeft hem meer dan eens in zijn werk parten gespeeld, wanneer hij de indruk wekte dat hij het contact met de omgeving miste door zich eenzelvig in zijn tuinhuisje op te sluiten. Niemand zal Corry Vonk en Wim Kan het recht op privacy betwisten, maar soms doet hun verlangen naar alleen-zijn wat krampachtig aan waardoor ze zelfs de naam kregen mensenschuw te zijn: 'Ze noemen ons kluizenaars. Ze noemen ons wereldvreemd. Mensenschuw. Dat komt misschien omdat we ons voor een deel bewust en misschien ook wel egoïstisch afsluiten voor een heleboel dingen, die variëren van een feest tot een begrafenis.'

Op het hekje-van-het-huisje doet een vriendelijk briefje een beroep op begrip voor hun verlangen naar vrede en rust:

Wij wonen hier aan deze kust
Voor onze rust.
Wij zijn niet op bezoek gesteld
Onaangemeld.
Hebt u een vraag, een plan, een grief:
Schrijf ons een brief.
Maar doe ons beiden een plezier
En kom niet hier.
Da's al wat van u wordt verlangd.
Vast wel bedankt.

Wim Kan heeft zijn vredespolitiek nooit opgehangen aan een politieke partij, groep of beweging. Zijn pacifisme klopte in de oorlog toevallig met het SDAP-symbool van 'het gebroken geweertje' en stemde na de oorlog overeen met het streven van de vredesbeweging 'De Derde Weg' of, nog later, met het idealisme van 'Flower Power'-jongeren. Wat hij zelf niet deed, deden anderen wel voor hem: hij werd verschillende keren ergens ingedeeld. En die indeling lokte reac-

Ru van Veen met Wim Kan

De echtparen Kan en Carmiggelt

ties uit van wéér anderen, alles ten koste van de privé-overtuiging van Wim Kan. Het enige dat men hem zou kunnen 'verwijten' is dat hij ouder wordt, waardoor zijn aanpak verhoudingsgewijs zachter is dan die van de nieuwe, hardere cabarets. Bovendien wil hij zijn inmiddels vergrijsde fans niet graag teleurstellen, omdat hij ze anders als klanten kwijt zou raken: 'Ik word mij dagelijks bewuster, ik ben geen vechter meer, maar een beruster.'

Maar ook deze bewering schijnt 'niet geheel waar' te zijn als men bedenkt dat de Amsterdamse provobeweging hem in 1967 de juiste man vond om zich provokandidaat te laten stellen. Zijn antwoord op deze uitnodiging tekende hem van top tot teen: 'Hoe vereerd ik mij als oud conservatief ook voel met deze invitatie, moet ik u melden dat ik haar niet kan accepteren. Zelfs in symbolen en vooral in de "scherts" (zoals Ridder van Rappard zegt) moet toch voor degenen die er doorheen weten te zien, een diepere waarheid, een kern van waarheid of een begin van de mogelijkheden zitten. En dat nu zit in mij, als kandidaat van de provoos, bij mijn diepste weten toch echt niet. Ik zie mijzelf als sympathiserend met de revolutie, maar voortdurend trachtend haar tegen te houden! Mensen als Van Dis, Van Rappard etc. zetten de klok achteruit, provoos, Lurelei, Hoving, zetten hem vooruit, ik probeer hem gelijk te zetten. Dat neemt niet weg, dat ik hoop dat de toekomst u allen vol humor zal weten te houden en zonder rancuneuze gevoelens, waardoor vorige revoluties zo vaak in bloedbaden eindigden.'

... Ik lig zo vaak te denken
  met m'n handen onder 't hoofd:
Een bed is het begin van alle dingen.
En dikwijls als het donker werd
  heb ik mezelf beloofd
Daar honderdduizend liedjes van te zingen.

Maar ging dan 's morgens
  het licht weer aan
Dan ben ik haastig opgestaan
Om een-twee-drie een boterham te eten.
Pas na een dag van zaken en zo
Vol narigheid en radio
Dacht ik: lief bed,
  'k had je helemaal vergeten.
Dan lag ik weer te denken
  met m'n handen onder 't hoofd:
Een bed is ook het eind van alle dingen.
En als het dan goed donker werd
  heb ik weer mezelf beloofd
Daar honderdduizend liedjes van te zingen.

De bijzonder geslaagde muziek bij dit typische Kan-liedje werd geschreven door Cor Lemaire, die het ABC-Cabaret dertien jaar heeft begeleid. De jonge Wim Kan had hem bij Louis Davids in het Kurhaus-Cabaret ontdekt en toen het pianoduo Beuker en Denijs om praktische redenen ten behoeve van de Indische tournee in 1939 door één pianist vervangen moest worden, was de keuze niet moeilijk. In 1952 besloot Cor Lemaire het ABC-Cabaret vaarwel te zeggen en zijn taak over te dragen aan Ru van Veen, die bekendheid had gekregen door zijn begeleiding van het politieke G.G.-Cabaret met Jan Musch. Net als zijn voorganger is ook hij er in geslaagd voor Wim Kan precies de melodietjes te schrijven die hem volledige vrijheid van voordracht garanderen. En net als Cor Lemaire bleek Ru van Veen niet alleen een ideale pianist-componist te zijn, maar ook een uiterst betrouwbaar klankbord voor Wim Kan, die altijd veel respect heeft getoond voor het vakmanschap van een ander en daardoor de neiging heeft om met een kinderlijk aandoende angst zijn werk aan het oordeel van die andere vakman te toetsen.

De laatste samenwerking Kan-Lemaire

vond plaats voor de VARA-radio – Pasen 1953 – met een soloprogramma dat nauwelijks de aandacht heeft getrokken terwijl het toch als voorloper beschouwd kan worden van de eerste oudejaarsavondsolo in 1954. Ook met Pasen 1950 liet hij zich al een half uur in een solo horen!

Toch is Wim Kan nooit een uitgesproken radiofan geweest ('de kunst vanuit het doosje is lief, maar niet groot') en hij gebruikte de VARA-microfoon in 1954 eigenlijk alleen maar voor zijn experiment om een uur lang helemaal alleen aan het woord te zijn. Het was voor hem een prikkelende uitdaging, al was hij er zich nauwelijks van bewust dat een dergelijk solo-optreden nog nooit in de radiogeschiedenis was voorgekomen. Zo werden we op 31 december van dat jaar voor de allereerste maal geconfronteerd met een Nederlandse one-man-show, zonder te vermoeden dat dit het begin zou worden van een traditie die Wim Kan zwaar op de schouders zou gaan drukken. Voor de allereerste maal ook konden we luisteren naar een man die zomaar-van-alles zei, ongeremd en ongecensureerd. Dat was in die dagen een uitzondering en het lijkt ons niet overdreven te beweren dat het Wim Kan is geweest die, door z'n onwrikbare artistieke standpunt, steunend op een allesomvattend gevoel van individuele vrijheid, de Nederlandse radiowereld heeft verlost uit de enge cel van angst, bekrompenheid en hypocrisie die 'heilig huisje' wordt genoemd. Tot 1963 was deze vrijheid van het cabaretwoord uitsluitend aan hem voorbehouden. Het satirische televisieprogramma *Zo is het* van Rinus Ferdinandusse, Dimitri Frenkel Frank en Jan Blokker doorbrak zijn ethermonopolie en maakte de weg definitief vrij voor een gezonde en normale instelling waar het cabaret sinds de bevrijding voor had gevochten. Vóór de oorlog had er een Radio-Omroep-Contrôle-Commissie bestaan, die vanuit Den Haag schoolmeesterde en zelfs straffen uitdeelde. Zo werd de VARA in 1934 een volle dag zendtijd afgenomen, omdat deze omroep de zender vijf minuten liet zwijgen na het bericht over de terechtstelling van Marinus van der Lubbe in Duitsland. Na de oorlog werd deze vorm van censuur afgeschaft, maar uit angst dat de bewuste commissie zou herleven stelden de omroepverenigingen hun eigen tekstcontrolediensten in, die vaak tè ijverig in de weer waren.

Het was merkwaardig te constateren dat het Nederlandse publiek eerder dan de Nederlandse pers heeft gevoeld dat er op 31 december 1954 iets waarlijk groots was verricht. In de kranten werd Wim Kans unieke prestatie over het algemeen met een paar woorden afgedaan.

Uitzondering vormde, naast *De Groene Amsterdammer,* het weekblad *Elsevier:* 'Een deel van de oudejaarsavond hebben wij – zonder hartzeer – de televisie het zwijgen opgelegd om te luisteren naar Wim Kan, die in zijn eentje een meesterlijke voordracht van een uur hield. Kilo's vals pathos en bombast werden hier met vlijmscherpe ironie onschadelijk gemaakt en dat in een tijd, die in vals pathos gewoon zwelgt. Holle frases en dorre gemeenplaatsen werden ontmaskerd, heel het farizeïsme van onze dagen werd met tomeloze spot aan de kaak gesteld. Hadden we deze virtuoze monoloog maar tegelijk in de tv gehad in plaats van die laffe kost van de KRO.'

Ook de uitzendingen in '56, '58, '60, '63 en '66 werden nationale belevenissen waar men zich weken van tevoren al op verheugde. En Wim Kan maakte wereldgeschiedenis door de televisie naar zijn pijpen te doen dansen; de 'goeie ouwe radio' won het van het 'kastje kijken'. Het publiek werd onweerstaanbaar aangetrokken tot de niets en niemand ontziende spotter, de artistieke intellectueel

Oudejaarsavondconférence 1954

Het eerste grammofoonplaatje (1956)

De beroemd geworden spiekborden

Muziek van Ru van Veen

Tekening van Frits Behrendt

Waar gaan we in 't nieuwe jaar naar toe

tekst Wim Kan
muziek Ru van Veen

met een adellijke geest en een verbluffend vakmanschap. Wij mogen hem stellig een pionier van de democratisering noemen, want ook wat dat betreft was hij zijn tijd ver vooruit. Bij zijn volkomen natuurlijke benadering van het Het Hoge Gezag en Gewichtige Zaken vergat men dat hij de zoon is van een fietsende minister. Zijne Excellentie Minister Kan van Binnenlandse Zaken heeft zich eens op de fiets naar een hofbal begeven, zijn regenjas over z'n staatsiekostuum heen, de dure steek in een zwarte trommel achteropgebonden en de degen aan de stang bevestigd. En bij een andere gelegenheid kon men zien dat zijn zoontje Wim op een 'vliegende hollander' door de Scheveningse straten stoof met diezelfde steek op, de ordetekenen op de borst en de degen omgegespt.

De proteststormen uit de conservatieve hoek die de eerste oudejaarsavonden hier en daar zijn opgestoken, zijn in de loop van de jaren langzaam maar zeker gaan liggen. Wim Kan heeft geen water bij zijn wijn gedaan en werd overwinnaar.

Het actuele karakter van zijn conférences maakt een voortdurende aanpassing noodzakelijk. Hij is de enige 'beweeglijke' conférencier in ons land wiens optreden aan het begin van een nieuw seizoen niet te vergelijken is met de laatste voorstelling in een serie. Zijn afhankelijkheid van wat er in binnen- en buitenland gebeurt, plaatst hem bovendien voor grote problemen. De kabinetscrisis van eind 1960 gooide onverwacht z'n oudejaarsavondplannen omver en in 1956 was het bijzonder moeilijk om vrolijk te zijn na de oorlogspaniek rondom Suezkanaal en Hongarije. Dat werd dan ook een programma met uiterst tegenstrijdige reacties, zò tegenstrijdig dat hij er in een aparte uitzending op reageerde: 'De omroep van het vrije woord heeft mij op vergaande wijze het vrije woord gegeven. Het succes van mijn programma was voor het grootste deel daaraan te danken. Ik wil kunnen lachen, een beetje om links en rechts en ook om het midden. Wat had ik moeten beginnen als ik niet mocht zeggen en zingen wat ik wilde? Als ik op oudejaarsavond achter het ijzeren gordijn zo'n programma had gebracht, zou mij op nieuwjaarsdag een oliebol door een klein luikje zijn toegeschoven.'

... Waar gaan we in het nieuwe jaar
   naar toe?
Naar Arosa, naar Formosa
   of naar de Philippijnen?
Wat zijn uw plannen,
   wilt u blijven of verdwijnen?
Gaan we links, gaan we rechts,
Zijn we tegen of voor?
Witte Huis, Rode Plein,
   of daar net tussendoor?
Weet u al een beetje wat of hoe?
Waar gaan we in het nieuwe jaar
   naar toe? ...

Wim Kan is een beminnelijk mens, hulpvaardig, ridderlijk, correct en integer. Zó integer dat hij, wanneer anderen eens een paar grappen bijdragen voor zijn conférences, hij hun namen als 'auteur' vermeld wil zien op de hoes van de desbetreffende grammofoonplaat. De namen van degenen die nu en dan volledige nummers schrijven worden altijd gewetensvol vermeld in de programmaboekjes: Annie Schmidt, Simon Carmiggelt, Seth Gaaikema, Jaap van de Merwe. Maar de voornaamste auteur van alle sketches, liedjes, monologen, ensemblenummers en conférences is door alle jaren heen steeds weer Wim Kan zelf geweest. Andere beweringen berusten op roddelpraatjes. Wèl is het zo langzamerhand een publiek geheim geworden dat zijn trouwe manager Wout van Liempt niet alleen een klankbord is zoals Ru van Veen, maar ook een inventieve grappenbedenker wiens terloops aangereikte suggesties vaak op het allerlaatste moment nog worden ingelast.

Toen Henriëtte Davids, bij haar officiële afscheid in 1954, voor de opgave stond de zogenaamde Davids-ring door te geven, was Wim Kan voor haar de enige kunstenaar die er – in ieder opzicht – recht op had. Voor Wim Kan, bij zijn veertigjarig jubileum in 1976, was de keuze heel wat gecompliceerder geworden: 'Ik geef hem niet aan Ramses, want die maakt hem weg! Niet aan Jasperina, want die zei laatst in een interview, dat ze verliefd op mij is en dan denkt ze misschien: 't is een verlovingsring! Ook niet aan Paul van Vliet, want die zegt dat ik zijn "vader" ben, en als dat waar is, komt de zaak te veel in de familiesfeer – zo van "niet omdat het m'n eigen kind is, maar die jongen van mij" ... enz. enz.! Seth geef ik hem ook niet, want die geeft hem misschien aan Pieter van Vollenhoven! Hij gaat ook niet naar André van Duyn, want die weet niet wat voor gezicht die daarbij zal trekken ... Niet naar Kees van Kooten en Wim de Bie, want er is maar één Davidsring! En ook niet naar Freek de Jonge, want als het zijn beurt is om hem weg te geven, geeft ie hem aan zichzelf!' In deze opsomming ontbrak één naam en die werd het dan ook: Herman van Veen.

In de jaren zestig werd steeds meer de vraag gehoord waarom Wim Kan nooit voor de televisie verscheen. Men bedoelde dat men zijn inmiddels beroemd geworden radio-oudejaarsavond op het scherm wilde zien, want hij had zich wel degelijk nu en dan in het kijkkastje vertoond, zoals op 31 augustus 1957 bij de VPRO-tv met twintig minuten herinneringen aan Burma. Maar verder voelde hij er weinig voor om zijn grote, onverwachte succes dat hij aan de microfoon te danken had, in de waagschaal te stellen voor de camera: 'Ik word veel te veel afgeleid door die heen en weer rijdende camera's en bovendien weet ik niet wat er gebeurt. Ik weet niet welk lichaamsdeel van mij in beeld is en ik heb geen enkel contact met het publiek. In tegenstelling tot collega's van mij in de cabaretwereld, die echt met opzet eens iets anders gaan doen: een film maken, in een musical zingen, tv-uitzendingen voorbereiden, geeft werken voor het cabaret mij alles wat ik wil. Ik heb het nooit als een sleur gevoeld, ik weet dat mijn

---

HET PAROOL - maandag 30 augustus 1976 — KUNST

Herman van Veen krijgt Davidsring

WIM KAN VIERT JUBILEUM EN GEEFT BEROEMDE CABARETPRIJS DOOR

talenten het best tot hun recht komen in het cabaret en daarmee ben ik dan helemaal tevreden. En dan heb ik altijd sterk het gevoel gehad dat ik iets anders niet goed zou kunnen.'

Om dezelfde soort redenen heeft Wim Kan z'n registratiebezwaren aanvankelijk ook laten gelden ten aanzien van de verbreiding van zijn conférences via de grammofoonplaat. We mogen dankbaar zijn dat hij zijn aarzelingen geleidelijk heeft overwonnen, waardoor het nageslacht niet – zoals helaas bij Pisuisse en Davids – genoodzaakt wordt uitsluitend via het lèzen van grappen zich een voorstelling te maken van deze uitzonderlijke kunst. Dank zij het begrip, de aandacht en het geduld van de VARA-programmaleiding (die zelfs onder leiding van Joop Koopman proefopnamen organiseerde) verscheen Wim Kan op oudejaarsavond 1973 voor het eerst een uur lang op het scherm ... en de kijkers gaven hem het hoogste waarderingscijfer dat ooit bij de televisie was genoteerd. Opnieuw bleek hij op een eenzame hoogte te staan. Het was alsof hij, na zevenendertig jaar, opnieuw de normen aangaf van wat ons cabaret kán zijn. Meer dan ooit werd duidelijk over hoeveel overschatte oploscabaretjes en wegwerpsolisten we in deze tijd beschikken. En een ander unicum was dat meer dan driehonderdduizend mensen in het nieuwe jaar zijn lp kochten als blijvend souvenir. Wim Kan had geen spijt van zijn televisieavontuur: 'Het is me overkomen als iets enorms. Als je huwelijk. Als je krijgsgevangenschap. Ik heb er verwonderd naar gekeken. Ik vind het heerlijk dat het gebeurd is. In dit vak ga je op het toneel steeds minder doen in plaats van steeds meer. Alle franje is er af. Ik zit een antishow te spelen en blijkbaar komt het over. Vier jaar geleden zei Paul Steenbergen tegen me: nou heb je 't wel zo'n beetje te pakken, nou doe je niets meer. Maar als je jong bent, moet je veel hebben gedaan om later steeds minder te kunnen doen. Sommige jonge collega's hebben dat erg goed door.
Anderen beginnen verkeerd. Met scheef op een stoel zitten, met slordig praten, terwijl ze nog niet recht op een stoel kunnen zitten en niet correct kunnen spreken. Als je niet van onderen af begint, haal je het nooit. In het theater is het een uitdrukking: hij of zij kan niet eens stáán! Staan is een kunst. Sonneveld heeft dat altijd als ideaal gehad. En omdat Toon ontspannen is, willen ze allemaal ontspannen doen. Mijn onvergetelijke zangleraar Kees Smulders had als stelling: ontspanning is overwonnen spanning. De tv is een dodelijk apparaat, die brengt alles volledig over.'

... Zuinig zijn, zuinig zijn,
De koek is bijna op.
In een tent zit een vent
Laken op z'n kop.
Blaast-ie op z'n toverfluit
Gaan bij ons de lichtjes uit ...
Grote mensen in 't donker bang,
Kamelen op 't behang! ...

Wim Kans televisie-experiment smaakte naar meer en toen hij de omstandigheden gunstig achtte verscheen hij opnieuw op het scherm, in 1976.

... En van Agt kan weer slapen
En de paus zegt in Rome:
Ga wettig getrouwd met elkander naar bed
En laat de kinderkens toch maar komen.
De klok is weer vijftig jaar t'ruggezet.
Maar d'r is één vraag die velen zal raken,
Die is eigenlijk meer voor de wetenschap:
Na hoeveel maanden
*   mag je een einde maken*
Aan een ongewenst ministerschap? ...

Wim Kan was vijfenzestig geworden en had het cabaret langer gediend dan al zijn voorgangers. Toch zag het er niet naar uit dat hij gebruik zou gaan maken van een welverdiende-ouwe-dag-met-pensioen. Zolang hij zich gezond voelt en zolang er mensen voor hem komen, heeft hij er geen behoefte aan zich terug te trekken. Bovendien is hij zo verstandig om zijn uithoudingsvermogen niet te overschatten en ruimschoots de tijd te nemen voor vakantie en sport. Daardoor ervaart hij het geven van een paar voorstellingen per week als een compleet feest. En nòg meer dan vroeger distantieert hij zich van alles wat hij onbelangrijk acht: opdringerige mensen en nutteloze dingen die zijn systeem in de war zouden kunnen brengen. Sinds hij (mede op aanraden van Annie Schmidt, Toon Hermans en Wim Sonneveld) zijn ABC-'kostschooltje' in 1970 heeft opgeheven, voelt hij zich meer dan ooit als een vis in de Westeinderplas. En in 1979 veroverde hij voor de derde maal onze beeldbuis.

... Veertien millioen oliebollen op aardgas,
De vlam is in de pan geslagen,
Allemaal knettergek!
Alle kippen met de gouden eieren
*   zijn geslacht,*
De Nederlandse maagd
*   is door de rooie haan verkracht.*
Naar Bloemenhoven wordt ze nou gebracht
Op de racefiets van Van Agt.
Wat een land, wat een land,
Er is geen land waar ik mee ruil,
Weleens in de put
*   maar toch het koppie uit de kuil! ...*

Op oudejaarsavond 1981 verraste hij heel Nederland door bij de KRO-tv een vraaggesprek met Aad van den Heuvel – in de *Alles is anders-show* – onverwacht te doen overgaan in een complete conférence, die nog niets aan kracht en geest had ingeboet. En hij verzuimde niet om even stil te staan bij de Amsterdamse betoging tegen kernwapens op 21 november van dat jaar:

... Op die mooie zaterdag
*   op 't Museumplein,*
De hele Hollanditis, welles-nietes
Eensgezind tot in de allerlaatste trein.
Alle Menschen werden Brüder,
Beetje laat misschien en met wat pijn,
Op die mooie zaterdag
*   op 't Museumplein ...*

Wim Kan was zeventig geworden waarvan hij er vijftig op het toneel had doorgebracht, Corry Vonk was inmiddels tachtig en het was op 15 augustus 1981 vijfenveertig jaar geleden dat het ABC-Cabaret een nieuw geluid liet horen. Nieuwe vernieuwingen laat Wim Kan nu graag aan de jongere generatie over. Zelf bepaalt hij zich tot een strikt persoonlijke vernieuwing: het bijschaven, perfectioneren en afwerken van zijn eigen programma, 'tot de dood er op volgt'. Hij voelt zich nog altijd onweerstaanbaar aangetrokken tot de magische spanning van de levende theaterkunst. En het stralende symbool van de òntspanning was, is en blijft 'het meisje uit de revue'.

... De mensen staan te dringen om hun
*   kleren en informeren:*
Zijn die Corry en die Kan nog bij elkaar?
Ja, want nergens op de wereld,
wat geen sterv'ling denken zou,
vindt men oprechter trouw
dan tussen man en vrouw
met 'r tweeën in een one-man-show ...

2. Haal het doek maar op!
(Wim Sonneveld 1917-1974)

Het pionierswerk van Wim Kan en Corry Vonk had duidelijk aangetoond dat het vermoeden van Fien de la Mar dat het Nederlandse cabaret schijndood was geweest, op waarheid berustte. Het inmiddels historisch geworden initiatief uit 1936 scheen bovendien een stimulerende werking te hebben, want tijdens de afwezigheid van het ABC-Cabaret zaten we tussen 1939 en 1946 niet stil, ook niet onder de moeilijkste omstandigheden in de laatste oorlogsjaren. Een normale gang van zaken werd geremd door Duitse censuur, de razzia's voor de Arbeitseinsatz en het ontbreken van electriciteit voor de toneelverlichting of van de zaalverwarming. Wat dat laatste betreft begaven de hardnekkige cabaretbezoekers zich niet meer naar de garderobe ... Maar ondanks alle beperkingen wisselden allerlei nieuwe groepen elkaar af in Leidsepleintheater, Kleine Zaal Concertgebouw, Savoy-Cabaret, Diligentia en Kurhaus-Cabaret, waarbij uiteraard het organiseren van tournees na de spoorwegstaking van 1944 totaal onmogelijk was geworden. Van al die verschillende soorten van cabaretactiviteiten in de periode 1939-1946 noemen we:

1939 – Cabaret Paul Ostra met Wiesje Bouwmeester en Johan Elsensohn.
1939 – Cabaret Carl Tobi met Olga Rinnebach, Marcel Barger en Charles Heynen. Teksten: Luc Willink.
1940 – Cabaret De Mallemolen onder leiding van Cor Ruys, met de 'eigenwijze liedjes van Brammetje' (M. H. du Croo), begeleid door Han Beuker.
1940 – Cabaret Fientje de la Mar, met teksten van Martie Verdenius en de debuterende dichter-zanger Wim Ibo.

Cabaret Centraal Toneel met Wim Sonneveld, Lies de Wind, Sara Heyblom en Herbert Perquin

1941 – Cabaret Martie Verdenius met Rie Gilhuys, Joan Remmelts en de debuterende Guus Hermus. Muziek: Jo Spiers.
1942 – Cabaret Carl Tobi met Kees Pruis, Polly van Rekom (echtgenote van Coos Speenhoff jr.) en de debuterende Toon Hermans.
1942 – Cabaret Frans Muriloff met Dries Krijn.
1943 – Cabaret De Jonge Nederlanders onder leiding van Wim Ibo met de debuterende Hetty Blok, Lia Dorana en Coosje Guilleron. Aan twee vleugels: Jo Spiers en Jo Kat.
1943 – Leidsepleincabaret met Benny Vreden, Julia de Gruyter, Jan Lemaire, Annie Verhulst, Bob Nijhuis, Tini Visser, Hetty Blok.
1943 – Cabaret Centraal Toneel onder leiding van Mary Dresselhuys met Sara Heyblom, Lies de Wind, Herbert Perquin, Louis Gimberg en Wim Sonneveld.
1943 – Cabaret Wim Sonneveld met Conny Stuart, Lia Dorana, Sophie Stein en Eri Rouché. Teksten: Hella Haasse, begeleiding: pianoduo Wim de Vries en Wim de Soet.
1944 – Cabaret Willy van Hemert met Mela Soesman, Ko van den Bosch en Lizzy Valesco. Muziek en begeleiding: Peter Kellenbach.
1944 – Cabaret De Koplamp onder leiding van Cees Laseur, met Françoise Flore, Tini Visser, Truuk Doyer, Albert Mol, Kees Brusse, Jack Gimberg, Ko van Dijk, Lia Dorana, Wim Ibo.
1945 – Cabaret Wim Ibo met Lia Dorana, Hetty Blok, Tini Visser, Ben Aerden en Peter Kellenbach.
1945 – G. G.-Cabaret onder leiding van Jan Musch met Uut en Ber Hulsing. Begeleiding: Ru van Veen.
1945 – Cabaret Wim Sonneveld met Conny Stuart, Eri Rouché, Sophie Stein, Truuk Doyer, Albert Mol, Kees Brusse.

Van al deze korte of lange ondernemingen bleek het initiatief van de zesentwintigjarige Wim Sonneveld het belangrijkste, invloedrijkste en duurzaamste te zijn.
Utrecht (waar hij werd geboren), Parijs (waar hij het cabaret-artistique leerde kennen) en Hollywood (waar hij de invloed van de showbusiness onderging) bepaalden de veelzijdige loopbaan van een eenvoudige kruidenierszoon, die op 12 februari 1936 in de Hollandse Schouwburg in Amsterdam officieel debuteerde toen hij als administrateur van Louis Davids een paar internationale liedjes mocht zingen bij een 'uitkoop' van zijn populaire baas. (zie ook deel 1) Vreesde Louis Davids toen al enige concurrentie van zijn achttienjarige collega? Want hij liet hem geen Nederlands repertoire uitvoeren. Een feit is dat een paar kranten in 1937 al over 'de opvolger van Louis Davids' begonnen te schrijven. Hoe dan ook, Wim Sonneveld is Louis Davids zò dankbaar geweest voor de grote kans die hem geboden werd, dat hij dit optreden als het werkelijke begin van zijn carrière heeft beschouwd. Terecht, want in die jaren was Louis Davids de enige gezaghebbende cabaretier in ons land.

Toch vonden wij in een Utrechtse krant al een aankondiging en een recensie van een amateurvoorstelling in 1934, toen hij nog een leerling was van Di Moorlag onder wier leiding hij 'Minnelied' en 'Ständchen' van Brahms had ingestudeerd: 'Onze stadgenoten, de bekende radiozangers N. Sonnevelt en F. Goossens zullen Zondagmiddag de patiënten van het Stads- en Academisch Ziekenhuis geheel belangeloos met hun liedjes en voordrachten bezig houden. Het was grappig te zien de wijze waarop de oudjes en kinderen de bekende schlager "Geen geld en toch geen zorgen" medezongen. Het ziekenhuis dreunde ongeveer bij het zingen van het alom bekende Sarie Marijs.'

In 1935 zong dit duo voor de KRO-microfoon: Au clair de la lune, Carry me back to old Virginy, It don't mean a thing, Edelweiss (jodelfoxtrot) en De Schooier (een liedje van Manna de Wijs-Mouton). En voor de Utrechtse Voetbal Vereniging schreef hij een lijflied waarmee hij goede zaken deed:'Het liedje Hup U.V.V., op onze St. Nicolaasavond gezongen door de heer W. Sonneveld, is aan zijn adres verkrijgbaar à f0,65. Dit liedje is bovendien op de grammofoonplaat opgenomen en zal Zondag a.s. op ons terrein worden gedraaid.'

... U.V.V. (bis)
We gaan door regen, zon en wind,
Desnoods door 't vuur met je mee,
Achter 't doel en langs de lijn,
We juichen tot w'er hees van zijn:
Hup U.V.V. ...

Toen al wees alles erop dat Wim Sonneveld zijn artistieke en zakelijke talenten op een voorbeeldige manier wist te combineren, een eigenschap die maar weinig artiesten bezitten. Bijna niemand is er in geslaagd z'n eigen loopbaan op zo'n verstandige en goede wijze te leiden als Wim Sonneveld dat door de jaren heen heeft gepresteerd.

Het geslacht Sonneveld stamt uit Valkenburg (Zuid-Holland), waar al in 1396 't Huis te Sonneveld werd vermeld. In Pijnacker en omgeving wonen nog veel verre familieleden die tot in de tiende graad aan elkaar verwant zijn. Oude documenten wijzen uit dat de meeste Sonnevelden in de agrarische sector worden gevonden, maar er zijn ook dominees geweest, exporteurs, een reder, een dokter, een drogist en een schrijnwerker (1650). Gerrit Sonneveld was oorspronkelijk timmerman en werd kruidenier in Utrecht, waar zijn later zo bejubelde zoon op 28 juni 1917 werd geboren.

'Ik heb de blauwe ogen van m'n moeder. Ze overleed toen ik vijf jaar was. Het was een leuk mens met een zekere allure, die zelf ook weleens toneelspeelde. Met haar had ik meer contact dan met m'n vader. Ik geloofde zelfs niet dat hij m'n vader was: ik heb z'n bureau opengebroken en was enorm teleurgesteld toen hij mij de trieste waarheid vertelde. Hij was een intelligente, maar dominerende man, wist veel van politiek en was een geboren verteller – misschien had hij daarom wel een kruidenierszaak. Ik heb weleens gezegd dat hij een querulant was, maar vergeet niet dat een man van 39 jaar die alleen overblijft met zes kinderen heel veel weggestopt verdriet en tederheid moet omzetten in quasi optimisme en onverschilligheid. Mijn zusters hebben werkelijk hun jeugd opgeofferd voor ons. Dat zal ik nooit vergeten. Maar een kind verzet zich tegen het leven van de ouderen omdat het denkt later ook zo te moeten leven. Ik heb me erg ongelukkig gevoeld en altijd gedacht: later wordt het vast allemaal fijner.'

Het ontbreken van de moederfiguur heeft zonder twijfel een grote rol gespeeld in zijn karaktervorming en ontwikkeling. Hij zocht naar iets dat hij nauwelijks had gekend en dat hem zò bezighield dat hij haar in zijn kinderlijke verbeelding met een sprookjesachtige glans omgaf. Een foto die van haar was gemaakt toen ze eens 'een stukje' voordroeg, werkte dermate op zijn rijke fantasie dat hij haar – haar meisjesnaam was Geertruida van den Berg – beschouwde als een afstammelinge van de eerste Nederlandse actrice Adriana van den Bergh (omstreeks 1655). In het drukke Sonneveld-gezin was er voor zijn fantasieën geen tijd en geen begrip: hij leerde al gauw zijn diepste gevoelens voor zichzelf te houden en te verbergen. Uit de aard der zaak heeft – zeker in die jaren – de schokkende ontdekking van zijn homofiele geaardheid de grootste rol gespeeld in dit groeiproces. In het milieu waarin hij opgroeide voelde hij zich een 'displaced person', eenzaam op zoek naar menselijk contact en liefdevolle warmte. En hoe kon hij zijn ware gevoelens beter verbergen dan door 'toneel' te spelen? Bovendien wist hij onbewust dat z'n moeder dit onweerstaanbare verlangen naar de planken zou hebben begrepen. Er was voor hem geen andere keus: hij heeft altijd geweten wat hij later wilde worden. Op z'n vijftiende jaar schreef hij al brieven naar Esther de Boer-van Rijk, Adolphe Engers en Buziau. Dertig jaar later vertelde zijn broer Jo: 'Wim is altijd een buitenbeentje geweest. Hij was de ziel van de bizarre toneelstukken die we op zolder opvoerden, en altijd had hij de glanzende hoofdrol. Hij was een jongen met een opmerkelijk en vaak irriterend gevoel voor humor en met fantasie. Niemand was dan ook minder verbaasd dan wij, toen hij later als kantoorbediende werd ontslagen wegens verregaande ongeschiktheid en geen van ons vond het vreemd toen hij tenslote de weg naar de planken insloeg. Zijn vader misschien uitgezonderd, al heb ik zelden een man ontmoet, die later zó trots was op zijn zoon als juist hij.'

De ontmoeting met de ex-kloosterling Hubert Janssen in december 1934 leek een antwoord op Wim Sonnevelds vele grote levensvragen: er ontstond een vriendschap die zou uitgroeien tot een levenslange band. Samen, met tachtig gulden op zak, zwierven ze vier maanden door Frankrijk en logeerden meestal in kloosters, zoals op het eilandje St. Honorat (bij Cannes) waar een trappistenklooster gastvrijheid verleende. Precies vijfentwintig jaar later kochten ze een stuk land in dezelfde streek en de oude schaapskooi die erbij hoorde, bleek vroeger het bezit te zijn geweest van de monniken van St. Honorat.

Jopie Koopman en Wim Sonneveld bij het Cabaret der Prominenten

Charles Trenet met Wim Sonneveld

46

Die schaapskooi werd zijn befaamd geworden boerderijtje waar hij zich vaak maandenlang terugtrok, niet alleen om nieuwe shows voor te bereiden maar ook om zich te bekwamen in de wijnbouw. Toen hij daar op uitgekeken raakte, liet hij in Vence een droomhuis bouwen dat hij La Casamata noemde en waar hij samenwoonde met zijn vrienden Huub en Friso.

Huub Janssen schreef verschillende romans, waarvan *De suikerzoete madonna* sterk autobiografische kenmerken vertoont. Het is het verhaal over het isolement van een man die jong het klooster in ging en met homofiele problemen worstelde die hem na vijf jaar zijn roeping deden opgeven. Als Han Hal en later als Jean Senn maakte hij weleens een liedje voor Wim Sonneveld, zoals het zo populair geworden 'Daar is de orgelman'. Vijfendertig jaar na hun eerste ontmoeting schreef hij over hem: 'Wim Sonnevelds artistieke pretentie is te willen amuseren. In navolging van Louis Couperus noemt hij zich graag een amuseur. Maar er is heel wat talent, ambitie, discipline, optimisme, uithoudingsvermogen en bewogenheid met de medemens nodig om ex professo amuseur te zijn. Hij is geen artiest met een bliksemcarrière die na het grote succes weer van het toneel verdwijnt (met zijn kapitaal) en vergeten raakt. Hij is geen wegwerpartiest. Het succes en het slagen zijn geen geheim, ook geen kwestie van geluk, maar van een wijs gebruik van het talent. Iets goed te doen is altijd een serieuze zaak. Amuseren is ook een serieuze zaak.'
In 1979, ten behoeve van de VARA-radioserie over Wim Sonneveld *Haal het doek maar op*, belichtte Huub Janssen ook de privé-relatie: 'Ik had een heel klein rotbaantje als verslaggever bij een krant in Utrecht. Op een gegeven moment moest ik verslag uitbrengen van een voorstelling van een amateurtoneelvereniging in Tivoli. Ik had van mijn leven nog nooit toneel gezien. Ik was toen drieëntwintig. In de pauze van die voorstelling trad een jongeman op met een gitaar en die zong volgens mij met een verrukkelijke stem een aardig Engels liedje, Blue moon of zoiets. En omdat ik over die avond verslag moest uitbrengen, dacht ik: ach, ik ga naar die kleedkamer toe. Bevend van angst ben ik erheen gegaan. En ik heb toen niet met dat toneelgezelschap gesproken, maar met die jongeman die me zo getroffen had. En die stelde zich toen voor en zei dat hij Wim Sonneveld heette. Dus dat heb ik geweten voor de rest van mijn leven. We hadden het gevoel dat we bij elkaar pasten, dat we bij elkaar hoorden. Het is doodgewoon, je houdt van mekaar en dat blijft dan zo.
Ik merkte dat hij zeer ten achter was op cultureel terrein.
Logisch, hij kwam uit een eenvoudig kruideniersgezin. Maar hij had een grote, algemene interesse en later was het voor mij een zekere triomf dat ik had bijgedragen om de dingen die in hem latent waren min of meer gestimuleerd te hebben. Hij was overal voor open; zodra er iets nieuws was dat hij niet kende vond hij dat heerlijk. Dat is z'n hele leven zo gebleven. Altijd iets nieuws, telkens iets anders, nieuwe gebieden openen. Zo was zijn geest, dat zat er op allerlei manieren al in. Toch was hij zeer behoedzaam. Hij leefde heel voorzichtig, zonder aanstoot te willen geven of te kwetsen. Dat is misschien een burgerlijke trek, maar hij was in zekere mate een conservatief iemand. Hij vond dat minderheden, van welke aard ook, bescheiden moeten zijn en geen pressie moeten uitoefenen. Au fond was hij zeer melancholiek, al wilde hij daar nooit aan toegeven. Het kon hem wel overvallen, maar dat waren dan voor hem zijn kwaadste momenten. Ik denk dat hij down geworden zou zijn als hij

bepaalde dingen genomen had zoals ze gegeven zijn.'

... Zoals wij allemaal, dat ligt zo in de lijn,
Je doet gewoon
een beetje water bij de wijn ...

Wim Sonnevelds afkomst verklaart misschien waarom hij zowel een hang had naar het 'landelijke' (in de oorlog woonde hij al op een oude boerderij in Kortenhoef), als naar het 'wereldse' en de daarmee gepaard gaande onrust die hem niet lang op één plek vasthield. Zijn vaders winkel heeft hem wellicht de zakelijke kant van het leven bijgebracht, al zal niemand ooit kunnen beweren dat hij een krentenweger is geweest, integendeel; iedereen die met hem heeft samengewerkt kende hem als een man die anderen – in ieder opzicht – graag liet meedelen.

De Franse sfeer die de oer-Hollandse Sonneveld ('Ik ben zo Hollands als het weer hier') altijd om zich heen heeft gehad, had te maken met zijn eerste, doorslaggevende buitenlandse indrukken die hij aan zijn vriend en ontdekker Huub Janssen had te danken. Na hun eerste zwerftocht gingen zij regelmatig naar Frankrijk terug en zo kwamen de contacten in kunstenaarskringen tot stand, waardoor Wim Sonneveld al vroeg grote artiesten als Damia, Maurice Chevalier, Lys Gauty en Charles Trenet leerde kennen. Bovendien lukte het hem om geëngageerd te worden in de artistieke cabarets van Suzy Solidor en Agnès Capri, waar hij met internationaal repertoire zeer welkom was. Sindsdien kwam het voor hem benauwende, kleine en bekrompen Nederland geestelijk op de tweede plaats; in Frankrijk kon hij vrijer ademhalen, zodat hij er zich van het eerste begin af werkelijk 'thuis' voelde: 'De merkwaardigste karaktertrek van ons Nederlanders is de enorm grote vrijheidsdrang.

Dat blijkt uit alles: uit de zuilen, de partijtjes en het feit dat we weer voorop gaan in de kerkelijke vernieuwing. Maar aan de andere kant kenmerken we ons door een gebrek aan charme. Wij hebben die drang om alles maar eerlijk te willen zeggen, maar dat uit zich dan op een botte manier. Au fond zijn we eigenlijk allemaal hufters. Dat eeuwige "getuigen", die intolerantie, dat opdringen van je mening, dat vragen naar je opvattingen – pistool op de borst: ben je links of rechts – dat opplakken van etiketjes, dat alles is ook zo typisch Hollands. In dat opzicht vind ik de Fransen nét iets wijzer en beschaafder. Dat komt voor een groot deel doordat daar op de middelbare scholen filosofie wordt onderwezen. Dat zou hier ook moeten. De mensen zien de betrekkelijkheid van alles beter in. Redelijk blijven is een soort leefregel. Soyez raisonable, hoor je daar een moeder zeggen tegen een ongedurig kind. In 1939 kregen de Hollanders in Parijs de raad naar Nederland terug te keren. En nu denk ik weleens: dat had ik nooit moeten doen. Ik zou graag in Frankrijk willen werken, maar ik krijg er geen poot aan de grond. Met dezelfde energie en met hetzelfde doorzettingsvermogen was ik misschien daar ook wel iets geworden. Ik ben gek op dat land, vandaar mijn boerderijtje in Frankrijk.'

Wim Sonneveld vond zichzelf door zich te ontworstelen aan zijn land en zijn milieu, door afscheid te nemen van 't Huis te Sonneveld. De afstand die hij daarmee schiep werd bepalend voor zijn instelling en zijn optreden – letterlijk en figuurlijk: in zijn werk en in zijn privé-leven heeft het relativerende element velen op een dwaalspoor gebracht en weinigen gaf hij de kans om door de spottende uiterlijkheid heen tot zijn overgevoelige binnenste door te dringen. Uit preventieve zelfverdediging speelde hij soms een rol die hooghartig of onsympa-

De ouders van Wim Sonneveld

De kleine Wim

Moeder draagt een stukje voor

PROGRAMMA
12 FEBRUARI 1936
HOLLANDSCHE SCHOUWBURG

1. LOUIS DAVIDS komt iets vertellen.
2. MAGDA VAN DONK: Zang dezer dagen.
3. BOB BLEYENBURG: Een dwaze fantast.
4. "OPA WIL NIET LACHEN"
   Revue-scene door Cor Smit, Kees van Dam, Tim Telby en Tine Visser.
5. LARETTE: de moderne prestidigitateur.
6. LOUIS DAVIDS in liedjes en praatjes.
   (aan den Vleugel JOOP DE LEUR).

— PAUZE —

7. WIM SONNEVELD: Internationale chansons.
8. LARETTE komt U weer even verbazen.
9. LOUIS DAVIDS.

(WIJZIGINGEN ZOO NOODIG VOORBEHOUDEN)

thiek aandeed, waarbij hij zijn sentiment op een intelligente en vaak geraffineerde wijze wist te beheersen en te leiden en daardoor altijd iedere sentimentaliteit wist te vermijden. Wat dat betreft had Jasperina de Jong een zusje van hem kunnen zijn. Het was de ondertoon van zijn elementaire gevoeligheid die zelfs van oude, in onze tijd sentimenteel geworden liedjes als 'De eerste klant' van Speenhoff of ''t Hondje van Dirkie' uit het Davids-repertoire, een ontroerende belevenis maakte.

... En toen ze geen groenten meer hadden,
Geen bieten, geen kool en geen peen,
En toen ze elkaar niet meer zoenden
Zoals ze dat deden voorheen,
Toen kwam er een meisje naar binnen,
Een briefje van tien in de hand,
Die vroeg of de baas 't kon wiss'len
En dat was hun enigste klant ...

... Met een snuitje bleek als was,
Lei die Hekkie onder 't gras .
En zei trillend,
  beide oogjes dicht geknepen:
'Hekkie, het was niet mijn schuld,
Mensen hebben geen geduld,
Stomme dier,
  ze hebben jou thuis niet begrepen' ...

En ook een modern chanson als 'Het Dorp' kreeg in zijn vertolking precies de melancholie mee die het nodig had.

... En langs het tuinpad van mijn vader
Zag ik de hoge bomen staan.
Ik was een kind en wist niet beter
Dan dat dit nooit voorbij zou gaan ...

Met dit soort liedjes bewees Wim Sonneveld dat hij de enige grote chanteur gebleven was, ondanks de concurrentie van jongeren als Ramses Shaffy, Frans Halsema, Gerard Cox of Herman van Veen. Inmiddels kreeg 'Het Dorp' een min of meer symbolische betekenis door de combinatie van de Franse melodie van Jean Ferrat en de Nederlandse tekst van Friso Wiegersma, afgezien nog van het feit dat Wim Sonneveld sterk aan dit chanson gehecht was. Toen het op de plaat werd vastgelegd, zei hij tegen de programmaleidster Rine Geveke: 'Dat mogen jullie spelen als ik doodga.'

Over zijn lyrische en komische mogelijkheden verklaarde hij in 1968: 'Mijn sterkste kant is, hoewel ik erdoor word geremd, de lyrische. Mijn andere kant is de slapstick. Maar dat zijn nu juist geen van beide dingen die Nederlanders fijn vinden. Je maakt een carrière in dit vak om te bereiken dat je een zo groot mogelijk publiek krijgt, vooral in het amusementsvak. En uiteindelijk is zo'n one-man-show de stijl van het ogenblik, een soort sportprestatie. Ik had al tien jaar eerder gewild. Maar toen kwam Toon Hermans en ik begon te aarzelen. Ik was plotseling gewoon te bang dat ik te veel van het vak wist om het goed te doen. Soms ben ik jaloers op jongere mensen. Ik zou soms zo graag iets heel anders willen gaan doen, enthousiast bezig zijn aan iets heel nieuws, maar dat kun je je niet meer permitteren. Als het mislukt, vindt men dat je je tijd gehad hebt, als het lukt is het voor de happy few, en dat zou me dan niet meer bevredigen. Een boodschap heb ik niet, behalve dan misschien dat mijn spotten met menselijke hebbelijkheden en tekortkomingen gebaseerd is op de overtuiging dat de mensen juist om die eigenaardigheden de moeite waard zijn. Voor politiek loop ik niet warm. Ik interesseer me wel voor politiek, maar eigenlijk vind ik het specialistenwerk. Bovendien geloof ik dat een artiest niet zo vreselijk geëngageerd hoeft te zijn. Ik denk dat het cabaret in de toekomst helemaal los komt te staan van de politiek, dat het politieke cabaret helemaal zal verdwijnen; actualiteiten veranderen zo ontzettend snel, dat het niet bij te benen is. Mijn beste liedje tot nu toe vond ik Tearoomtango van Michel van der Plas en Harry Bannink. Maar ik heb nooit begrepen waarom dat juist op de hitparade kwam. Eigenlijk is het geen liedje voor het grote publiek. 't Is veel te zuur.'

... Je hebt me belazerd,
Je hebt me bedonderd,
En wat mij nu na al die jaren
Nog verwondert:
Dat ik dat nooit vergeten zal
Al word ik honderd!
Je hebt me belazerd
En je hebt me bedonderd ...

Bijna twintig jaar na zijn debuut in de Hollandse Schouwburg onthulde hij in het VARA-radioprogramma *Sonneveld Souvenirs* dat hij destijds op staande voet bij Louis Davids was ontslagen. Deze uitzending vond plaats op 31 december 1955 (een jaar na de eerste oudejaarsavondconférence van Wim Kan) en Wim Sonneveld moest ervaren dat zijn openhartige bekentenis hem door pers en publiek niet in dank werd afgenomen. Tussen maart en december 1936 woonde hij als administrateur van Louis Davids in diens huis. Davids betaalde hem voor de administratie vijfenzeventig gulden per maand en hield daar gedurende de inwoning vijftig gulden per maand van in. Op slimme wijze benaderde de ambitieuze secretaris Sonneveld de zakelijke relaties van zijn baas om zo af en toe ook zijn eigen gezelschapje eens warm aan te bevelen ... En dat betekende het einde van de relatie.

Pers: 'Wij werden in de mens Sonneveld teleurgesteld toen hij onthulde waarom hij bij Louis Davids was weggegaan – of beter: weg had mòeten gaan. Doodgewoon omdat hij valsheid in geschrifte had gepleegd. Dat was een misstap die onder bepaalde omstandigheden, hoewel nooit te billijken, in ieder geval te vergeven is. Maar om deze misstap als tekst in een cabaretprogramma te gebruiken getuigt van slechte smaak.'

Publiek: 'Vreemd vond ik de bepaald onsympathieke manier waarop Wim Sonneveld voor de microfoon van de VARA over wijlen Louis Davids sprak. Ik dacht echter: wind je niet op, wat Kan kan kan Kan alleen.'

Door deze emotionele reacties (in die tijd werd 'de kleine man' niet alleen als groot maar ook als heilig beschouwd) heeft Wim Sonneveld zich later steeds op de vlakte gehouden als het Davids-hoofdstuk werd opgeslagen en uitsluitend gesproken over zijn oprechte bewondering voor de kunstenaar, wiens stijl hem bijzonder aantrok en beïnvloedde. In een van de eerste liedjes die hij zelf schreef is de Davids-toon duidelijk herkenbaar:

... 'k Hou van jou, meisjelief,
'k Blijf je trouw, hartedief,
'k Heb alleen maar droomkastelen,
Die wil ik met je delen,
Slechts met jou, meisjelief ...

Louis Davids engageerde voor zijn Kurhaus-Cabaret veel Duitse artiesten, zoals Dora Gerson, Rudolf Nelson, Dora Paulsen en Fritz Grünbaum, waardoor Wim Sonneveld geïnteresseerd raakte in de Duitse cabaretliteratuur en liedjes ging zingen van Kästner, Tucholsky en Mehring. Vlak voor de oorlog werden hem nog meer Duitse cabaretinjecties toegediend toen hij, samen met de Nederlandse filmster Jopie Koopman, geëngageerd werd door het joodse emigrantengezelschap De Prominenten waar Conny Stuart hem voor het eerst heeft gezien: 'Een rare dunne jongen met gierende blauwe ogen'.

Het is duidelijk dat de Duitse invloeden naast de Franse (hij ging regelmatig met zijn vriend Huub Janssen naar Parijs) de basis hebben gevormd voor zijn eigen cabaretplannen in 1943. Zijn aanlooptijd wordt overigens gekenmerkt door een onwaarschijnlijk aantal andere activiteiten; om aan de kost te komen speelde hij toneel bij Cor van der Lugt Melsert en bij Ko Arnoldi, vermaakte hij kleuters bij de Sprookjesspelers van Abraham van der Vies en met zijn eigen Kindertoneelgezelschap in Bellevue waar hij zelf aan de kassa zat om vervolgens als Ollie B. Bommel het toneel op te klimmen, werkte hij mee aan de Bouwmeesterrevue om met Louisette in één jurk een duet uit te voeren, trad hij op als attractienummer in bioscooptheaters en in grote variétéprogramma's en holde hij ondertussen ook nog met internationaal repertoire naar diverse nachtclubs. Tenslotte belandde hij in 1943 in het Leidsepleintheater bij een cabaretprogramma van Mary Dresselhuys: *Dromen zijn bedrog*. In datzelfde theater en in datzelfde jaar werden zijn eigen dromen werkelijkheid op 1 december, met de première van zijn eerste produktie *Alleen voor dames*.

Teksten en muziek waren respectievelijk van Hella Haasse en Wim de Vries en het pauzenummer 'De dames van het ballet' werd een uitschieter met Conny Stuart, Elly Weller, Lia Dorana en Eri Rouché:

... Benen op, benen neer,
Lach eens lief naar die meneer.
Koop relaties met prestaties,
Koop beroemdheid met je eer.
Pirouette, draai, spagaat,
Zoek je weg door nijd en haat.
Recht je rug en sla terug,
Anders sta je weer op straat.
Hink-stap-sprong houdt je jong
Op het ritme van een song.

Wees pikant, elegant,
Daarvoor ben je figurant ...

Opmerkelijk is dat het grote talent van Wim Sonneveld direct al van het begin af is ontdekt. Toen hij in 1937 met zijn cabaret 'De Rarekiek' (zakelijke leiding Han Hal) experimenteerde, schreven de kranten prompt over 'een jongeman die nog veel van zich zal laten horen'. In die periode werkte hij samen met de acteur Wim van den Brink, de cabaretière Eline Pisuisse, de danseres Steffa Wine en de pianist Peter Kellenbach. Zijn cabaretdefinitie luidde toen: 'Cabaret is heel wat anders dan u meestal onder de naam van cabaret wordt voorgezet. Cabaretkunst is intieme kunst: intimiteit, sfeer van gezelligheid is de eerste noodzakelijke voorwaarde voor goede cabaretkunst. Cabaretkunst is vermaak: maar werkelijk vermaak moet decent en beschaafd zijn. Het cabaret dient op moreel peil te staan, niet alleen als amusement, maar tevens om als kunst verantwoord te zijn.' In deze omschrijving klinkt de toon van *Maasbode* en *Tijd* uit die dagen; dat Wim Sonneveld zich aangetrokken voelde tot het roomse geloof zal aan zijn toenmalige cabaretvisie niet vreemd zijn geweest. Mede onder invloed van Huub Janssen werd hij tenslotte in 1946 officieel katholiek gedoopt in de abdij van Solesmes in Noord-Frankrijk en heette voortaan Willem Benedictus Augustinus.

Het experimentele 'Cabaret Wim Sonneveld' begon met losse voorstellingen en steeds wisselende medewerkenden – Conny Stuart, Dora Paulsen, Ans Koppen, Wim Paauw, Gerard Hartkamp – al grote naam te maken: 'Wim Sonneveld, een aangename verrassing, de spil waar het kleine gezelschap om draait, een cabaretier van Franse allure, levendig, sprankelend en vol geestdrift' (1941). Het was die 'Franse allure' waardoor de première van zijn eerste programma in het Leidsepleintheater als een bom insloeg. Nederlanders die vóór de oorlog al misselijk waren van de Duitse schlagersfeer, haalden verruimd adem toen Conny Stuart en Wim Sonneveld met een briljante Trenet-potpourri Evelyn Künneke en Wilhelm Strienz wisten te verslaan. Hun esprit was symbolisch voor de hele voorstelling: zelden hebben we in de cabarethistorie een feestelijker première beleefd en het succes was zò groot dat de Vlaamse actrice Julia de Gruyter tien jaar later nog in Sonnevelds kleedkamer kwam vertellen: 'Proficiat Wim, 't is een aardig programma'tje, maar *Alleen voor dames* was toch beter, zenne.'

De cliché-reclameslogan 'pers en publiek zijn enthousiast' ging in dit geval volledig op en de cabaretexpert Luc Willink schreef: 'Cabaret, te onzent al sedert jaren verwaterd door vreemde elementen als variété en ander amusement, moet cabaret blijven. Dat is niet alleen een eis aan de artistieke waarde, maar ook aan de stijl, waarvan deze kunstvorm zo afhankelijk is. Als Wim Sonneveld en de zijnen op deze wijze kunnen voortgaan zullen zij ons land een cabaret geven, even nieuw als oorspronkelijk.'

Na de geboorte van het ABC-Cabaret in 1936 waren deze juichtonen niet meer gehoord en omdat Wim Kan en Corry Vonk in 1939 naar Nederlands-Indië waren vertrokken, verkeerde het Sonneveld-Cabaret in een uitzonderlijke positie. De hegemonie was volkomen. Toen Corry Vonk en Wim Kan, uiterlijk ongeschokt na hun helse avonturen met de Japanners, in 1946 weer in Nederland terugkeerden, werden zij tot hun verrassing geconfronteerd met de aanwezigheid van een cabaretensemble dat in drie jaar tijd al een grote populariteit had verworven: 'Holland had er dingen bijgekregen die er niet waren toen wij vertrokken. Daar had je het enigszins op Franse leest geschoeide, charmante cabaret van Wim Sonneveld, waarvan dezelfde soort mensen die ook de twistgodin hebben aangemoedigd bij

Lia Dorana, Conny Stuart, Eri Rouché en Elly Weller als 'De dames van het ballet'

het werpen van de appel, zeiden: 'Dat is een lelijke concurrent voor jullie!' Die mensen vergeten geloof ik dat ook in de wereld van de kleine kunst na de oorlog grote veranderingen hebben plaatsgevonden en een van de grootste veranderingen is wel de verhouding waarin de zogenaamde rivalen in dit vak tegenover elkaar zijn komen te staan. De grote concurrent op ons gebied is die cabaretvoorstelling, waar de bezoeker in goed vertrouwen binnen wandelt en waar hij na afloop teleurgesteld de zaal verlaat.'

Al gauw bleek dat het romantisch getinte Sonneveld-ensemble en het meer realistisch ingestelde ABC-gezelschap een ideale combinatie vormden, omdat zij natuurlijke tegenhangers waren die in ons land samen de beide oerstromingen van het cabaret vertegenwoordigden. Het is niet meer dan normaal dat er bij de produktie van zo'n kleine dertig Sonneveld-programma's tussen 1943 en 1959 ook weleens een zwakke aflevering is geweest, maar wie al deze cabaretvoorstellingen de revue laat passeren, wordt met ontzag vervuld voor het hoge artistieke niveau dat de uiterst vakkundige cabaretleider Wim Sonneveld door de jaren heen wist te handhaven met steeds nieuwe auteurs en nieuwe medewerkenden, en de diverse experimenten die hij ondanks enorme risico's heeft aangedurfd.

Van de medewerkenden die in Sonnevelds cabaretperiode lang met hem hebben samengewerkt, van wie de meesten hun naam als cabaretier(e) aan hem te danken hebben, moeten de volgende artiesten met ere worden genoemd: Conny Stuart, Lia Dorana, Hetty Blok, Albert Mol, Kees Brusse en Joop Doderer. Een zeer aparte plaats hadden de oudere actrices Sophie Stein en Emmy Arbous, die in dit milieu tot uitzonderlijke prestaties zijn gekomen.

Emmy Arbous (1897-1954) was een cabaretière in Fien de la Mar-stijl die, opgeleid voor ballet, operette en volkstoneel, vooral grote bekendheid had gekregen door haar medewerking aan de VARA-cabaretuitzendingen van S. de Vries jr. tussen 1935 en 1940.

... Zing van de trouw
   die in het leven vergaat,
Zing van het schoons
   dat in sprookjes bestaat.
Zing me van dingen waarvan ik niet weet,
Zing dan, opdat ik m'n zorgen vergeet ...

Dit door S. de Vries jr. en Isja Rossican geschreven 'Harmonicaliedje' werd enorm populair. Emmy Arbous was er zeer aan gehecht en vermaakte het later aan haar collega Conny Stuart. Van 1949 af was Emmy Arbous vast verbonden aan het cabaret van Wim Sonneveld, die haar aparte talent daarmee een ongewone, late opbloei bezorgde.

Ze was een ideale vertolkster van Annie Schmidt-teksten, zoals 'De Hoeksema's' op muziek van Han Beuker:

... Kijk, dat is nou zo jammer
   van die Hoeksema's,
Ze zijn me toch te weinig erudiet.
Ze zijn ontzettend aardig hoor,
   die Hoeksema's,
Maar dát, hè, dat hebben ze niet ...

Emmy Arbous stierf in 1954 en Wim Sonneveld zei: 'Dat zijn dan van die momenten, dat ik dit vak het vreselijkste beroep vind dat er bestaat. Je denkt dan als je in je kleedkamer zit dat de wereld vergaan is, als het doek opgaat denk je dat je flauwvalt.' Hij was zò nerveus toen hij haar in het theater herdacht, dat hij bij de aankondiging van de plaatsvervangende actrice Kitty Kluppell een verspreking maakte die de rest van de voorstelling lacherig heeft doen verlo-

Met Emmy Arbous
Met Albert Mol
Met Joop Doderer
Met Conny Stuart

pen: 'Dames en heren, graag uw aandacht voor Kutty Klippell!'

In zijn cabaretperiode waren de belangrijkste begeleiders en componisten Peter Kellenbach, Han Beuker en Wouter Denijs, Henk van Dijk, Wim de Vries en Wim de Soet, Jelle de Vries, André de Raaff en Jacques Schutte, en de cabaretbegaafde gitarist Jan Blok. Van de auteurs die hij in deze jaren introduceerde en stimuleerde staan bovenaan: Hella Haasse, Annie Schmidt, Michel van der Plas en Guus Vleugel. Zij schreven de beste teksten voor hem en zijn ensemble, al heeft hij zich soms bezondigd aan huisvlijtige pogingen – vooral later in zijn showbiztijd – om ook zelf een liedje te vervaardigen en meestal wist hij de zaak dan te redden door een fabuleuze vertolking. Hij was de mening toegedaan dat het makkelijker is met een goede tekst succes te hebben, dan met een matig produkt alle zeilen bij te moeten zetten. Het prikkelde zijn artistieke eerzucht en vakmanschap om van niets iets te maken. Bovendien mag in dit verband niet onvermeld blijven dat het, met name in de grammofoonplatenindustrie, niet bepaald onvoordelig is om zelf alle auteursrechten te innen. Dat iemand bij het streven om de rijke oogst van zijn populariteit binnen te halen, weleens struikelt door een faux pas, moeten we maar met de mantel der Heilige Liefde bedekken.

... Maria die kwam er te Bethlehem aan,
Sint Jozef die was met haar meegegaan.
Maria die zei: ach, ik ben toch zo moe,
Het loopt al tegen achten.
Ach Jozef, breng mij naar een herbergje toe
Om daar te overnachten ...

Dit kerstlied van Wim Sonneveld uit 1965 heeft dezelfde artistieke waarde als de carnavalsschlager 'Mien waar is m'n feestneus' van Toon Hermans. Alleen heeft Mien minder pretenties dan Maria.

Niet alle auteurs hebben de samenwerking met Sonneveld voortdurend op prijs gesteld, omdat hij dikwijls de behoefte heeft gehad een bepaalde tekst als ruw materiaal te beschouwen en te gebruiken voor een eigen bewerking. Door zijn teksttoevoegingen kreeg bijvoorbeeld een melancholiek liedje als 'Marjolijne' een niet door de auteur bedoeld komisch effect. Dit veroorzaakte weleens een artistieke botsing als de auteur zijn zienswijze niet deelde, al moest men vaak toegeven dat de theaterman Sonneveld het wel degelijk bij het goede eind had gehad. We stuiten hier op de eeuwige controverse tussen schrijver en uitvoerder. Zo hebben er ook spanningen bestaan tussen Wim Sonneveld en de schrijfster Hella Haasse die vier jaar de teksten leverde voor zijn programma's, waarin zij vaak zelf optrad. Ze was zesentwintig toen ze in 1943 bij hem begon, studeerde Scandinavische letteren, had de toneelschool bezocht en was verbonden aan het Centraal Toneel. Na haar huwelijk heeft ze de cabaretliteratuur voorgoed vaarwel gezegd. Haar Sonneveldteksten hadden verschillende kleuren; naast de komische waren ze overwegend romantisch getint, zoals 'Ik hou van de herfst' dat Lia Dorana vol overgave in het eerste programma zong:

... Ik hou van de herfst, dat jaargetij
Dat past zo wonderwel bij mij,
Dat maakt me sterk, dat maakt me blij.
Wanneer ik later eenmaal dood zal gaan
Dan moet er langs de smalle kerkhoflaan
Een erewacht van paddestoelen staan.
Een frisse wind, de hemel blauw,
De bomen goudbruin in de rouw,
In de herfst, in de herfst,
Waar ik zoveel van hou ...

Voor het programma *Verre reizen* in 1946,

schreef ze een filosofisch nummer voor Sophie Stein:

... Ga op reis, ga op reis, keer tot uzelve in,
Zoek in uw ziel het paradijs
*   en 's levens diepste zin.*
Geen landschap spreidt zo ver, zo wijd
Een eind'loos vergezicht,
Waar goed en kwaad tezamen gaat
En zand naast zilver ligt.
Zoek dat pad, zoek dat pad,
Zeg dan in waarheid vrij:
Hierbinnen draagt elk mens een schat,
Die wereld is van mij ...

In de kolderieke uitvoering van Conny Stuart werd haar 'Yvonne de spionne' beroemd:

... 'k Ben Yvonne de spionne,
Internationaal, kloek en geniaal,
Ik spreek elke taal,
'k Ben zo hard als staal,
Slank als 'n liniaal,
Glibb'rig als een aal,
In een zwart foedraal
Vol met veer en voile ...

Maar in 'Geestelijke bouwers' klonk weer een heel andere toon:

... Wij zijn de pers-personen,
*   recensenten van 't toneel,*
Wij doen aan sloop en opbouw
*   en wij persen cultureel.*
Wij zitten in de stalles
*   op de allerbeste stoel,*
Wij zitten niet te zitten,
*   maar wij zitten met een doel.*
Wij wikken en wij fitten,
*   en wij schiften ieder woord,*
En voor het stuk tot leven komt
*   is 't al door ons vermoord.*
Zo leiden wij met wijs beleid
*   't onmondige publiek,*
Want of het wel of niet geniet,
*   blijkt pas uit de kritiek...*

De samenwerking heeft tot 1947 geduurd, maar de recensente Wim Hora Adema had in november 1945 al geschreven: 'Het verschil in opvatting tussen de regisseur Wim Sonneveld en de schrijfster Hella Haasse schijnt met elk programma groter te worden. Waar Sonneveld steeds verder afdaalt naar het amusement zonder meer, schijnt Hella Haasse het in een toenadering tot het toneel te willen zoeken en beiden drijven in hun streven niet alleen steeds verder van elkaar, maar ook van het cabaret af.'

Hoewel Wim Sonneveld troost vond bij Martie Verdenius en Willy van Hemert, kreeg zijn cabaret pas weer een nieuwe injectie door het werk van de *Parool*-journaliste Annie Schmidt met opmerkelijke nummers als 'Mijn eigen krant', 'Praenatale', 'Mannetje bouwen' en het door hem zelf voortreffelijk uitgevoerde 'Laarzen':

... Een laars is schoeisel,
*   vervaardigd uit rundleder,*
Dat zegt het woordenboek,
*   meer zegt het er niet van.*
En mannen zoals Rauter en Schreieder,
Die hadden dat rundleder schoeisel an.
En daarmee trapten ze op onze mensen,
Ze trapten op het hart en op de geest.
Wij zitten nu nog ernstig te bedenken,
Of zij wel ècht misdadig zijn geweest.
Die laarzen kunnen ons nu niet meer deren,
Maar in de verte dreunt een nieuw refrein,
Er zullen nieuwe laarzen opmarcheren
Zolang er zoveel runderen zijn.
En wordt het dan weer net als toen?
Och, hoe het dan ook mag zijn:
't Is niet dat ene krankzinnige brein,
't Zijn de laarzen die het hem doen...

Uit de aard der zaak schreef Annie Schmidt ook nummers voor zijn trouwste medewerkster: Conny Stuart.

... Neem je vos terug en neem je bros terug,
Neem die parels maar terug,
  je kunt ze houen.
Neem je ring terug en neem dat ding terug,
Je vergist je,
  ik hoor niet tot dat soort vrouwen...

Het toevallig tot stand gekomen contact tussen Annie Schmidt en Conny Stuart zou veel later leiden tot een intensieve samenwerking waaruit de eerste volwassen Nederlandse musical werd geboren: *Heerlijk duurt het langst* in 1965.

Wie zich realiseert dat Conny Stuart bij Wim Sonneveld kwam als Lucienne Boyerachtig radiozangeresje van Franse chansons, kan nu misschien de verbijstering van haar francofiele aanhangers begrijpen toen ze, door hem ontdekt en geleid, plotseling uitbarstte in dolkomische Nederlandse nummers. Conny Stuart heeft alle cabaretjaren van Wim Sonneveld in lief-en-leed met hem gedeeld en deze periode heeft er zonder twijfel toe bijgedragen dat zij, na de opheffing van het Sonneveld-Cabaret in 1959, zich op eigen kracht verder kon ontwikkelen en een van de populairste artiesten in ons land is geworden. Samen met Lia Dorana en Hetty Blok zong ze in 1951 bij het Boekenfeest in de Amsterdamse Stadsschouwburg een ander beroemd geworden nummer van Annie Schmidt: De Noorse Trilogie.

... Wij zijn de tri, wij zijn de tra,
Wij zijn de trio-lo-lo-gie,
Boordevol met van die droeve,
Van die zwijgende en stroeve,
Van die norse Noorse boeren op de hoeve...

Bij deze feestelijke gelegenheid zag Koningin Juliana eindelijk eens het toen al zo befaamd geworden Sonneveld-Cabaret en na afloop zei ze enthousiast: 'Ik vond de verrichtingen van uw gezelschap erg leuk. Te meer daar ik nooit in de gelegenheid ben geweest Nederlands cabaret te zien. Dat is een van de bezwaren van het buitenwonen.'

Sinds 1948 had Wim Sonneveld zijn nieuwe vriend, de decor- en kostuumontwerper Friso Wiegersma, bij de artistieke produktie van zijn programma's betrokken. Hiermee vestigde hij opnieuw de aandacht op het grote belang dat hij altijd – in tegenstelling tot het ABC-Cabaret – aan de uiterlijke verzorging van zijn voorstellingen heeft gehecht. Zijn programma's waren licht en speels van toon en kleur met een verfijnde smaak voor het detail. Friso is een van de beroemde Wiegersma's uit Deurne; zijn vader was arts-schilder-collectioneur-kunstpromotor, zijn unieke grootvader werd beschreven in Anton Coolens *Dorp aan de rivier,* een boek dat later door Fons Rademakers werd verfilmd. De cabaretcomposieur Wim Sonneveld vond in de latere kunstschilder Friso Wiegersma een ideale medewerker, die bovendien van 1965 af regelmatig goede teksten heeft bijgedragen voor zijn one-man-shows en in 1969 samen met hem de musical *De kleine parade* heeft geschreven.

In 1954 wijdde Wim Sonneveld zich weer eens aan wat 'komedietjes op melodietjes' zoals hij gespeelde ensembleliedjes al in 1948 had genoemd. Eén van deze chansons mimées was het aloude 'Catootje', dat pas in 1962 door de televisie ontdekt zou worden en tot een nationale tophit is uitgegroeid.

Het hoeft geen betoog dat de televisie veel tot zijn populariteit heeft bijgedragen, maar ook de radio heeft in dat proces een grote rol gespeeld. Tijdens zijn zomervakantie in

1952 werd de zo geruchtmakende orgeldraaier *Willem Parel* geboren. En niemand vermoedde toen dat deze figuur langzaam maar zeker een andere wending zou geven aan de carrière van Willem Sonneveld, zijn schepper. Oorspronkelijk speelde zijn geesteskind maar een kleine rol in zijn cabaretproduktie *Gastenboek,* het laatste programma in het Leidsepleintheater vóór de verhuizing naar zijn eigen Nieuwe de la Mar-theater. Maar toen de VARA de orgeldraaier ontdekte, ontstond er een Parel-rage die vele jaren heeft geduurd en die, precies op tijd, door Sonneveld zelf werd beëindigd.

... Daar is de orgelman,
 daar is de orgelman,
Met z'n pi- pi- piere- pierement.
Daar is de orgelman, daar is de orgelman,
Met z'n aria's en deuntjes
 die iedereen kent.
Ieder z'n eigen lied, ieder z'n wens,
Vergeet het centenbakkie niet,
Want ook een orgelman
 is maar een mens...

Al was *Willem Parel* (met teksten van Huub Janssen en Eli Asser) voorgoed van het toneel verdwenen, zijn invloed op de cabaretier Wim Sonneveld bleek onmiskenbaar. Dit verschijnsel staat niet op zichzelf; Bram van de Commune liet een kleine twintig jaar later spectaculaire neonlichtjes branden voor de cabaretier Paul van Vliet. Langzaam maar zeker werd de status van cabaretier vervangen door die van entertainer of – zoals bij Sonneveld – door 'amuseur'. Het kon niet uitblijven dat zijn ontwikkeling eens zou leiden tot een avondvullend solo-optreden dat, naar Amerikaans voorbeeld, one-man-show wordt genoemd en door Toon Hermans in ons land werd geïntroduceerd. Daarmee kwam ook het woord showbusiness in zijn artistieke vocabulaire. Na het ongekende succes van *Willem Parel* – later geëvenaard door *Frater Venantius* – waardoor hij in zijn cabarettheater het publiek ongewild had uitgebreid met radioluisteraars die zich nooit voor de cabaretier Sonneveld hadden geïnteresseerd, maar de nieuwe 'komiek' op handen droegen, begon het verlangen naar de showbusiness verlei-

Willem Parel

delijk aan zijn cabaretcarrière te knagen. Na 1959 was hij voor het echte cabaret een 'verloren zoon' geworden. Dit proces voltrok zich, onder invloed van zijn Amerikaanse ervaringen, zeer geleidelijk: in 1956 verzorgde hij een derde van het programma alleen, in 1957 het hele deel na de pauze en steeds meer stelde hij zijn repertoire in op een zo groot mogelijk publiek. In zijn laatste cabaretprogramma's werden bijvoorbeeld revueachtige sketches uitgevoerd, waarin de acteur Joop Doderer zich ongeremd kon uitleven. Zoiets behoorde in de jaren dat de acteur Guus Verstraete aan het gezelschap verbonden was tot de onmogelijkheden. Maar Wim Sonneveld kreeg nu eindelijk de kans om zijn slapstickneigingen bot te vieren. Veelzeggend zijn de woorden die hij al in 1954 schreef: 'Subsidie, in welke vorm ook, kennen wij niet. Ik vind dat de pers en de critici in het bijzonder, gelijke tred met ons moesten houden. Zij moesten onze morele subsidie zijn, aangezien het niet altijd lukt een zaal vol, maar wel vaak lukt een zaal leeg te schrijven. Zoals zonder banale reclames in de dagbladen de sociale positie van de persmensen zou komen te vervallen, valt ook de onze, indien wij ons niet ten dele richten naar wat het publiek, ons publiek, van ons verlangt en ons ten dele afhouden van artistieke experimenten.'

Al was zijn *Willem Parel*-film in 1955 geen groot succes geworden – in 1973 moest hij met zijn film *Op de Hollandse toer* opnieuw een teleurstelling incasseren –, via deze film kreeg hij contact met Hollywood. Het lukte hem om in Amerika een rolletje te krijgen in de film *Silk stockings* met Fred Astaire, en geëngageerd te worden voor kleine rollen in vier tv-produkties. Ook in Engeland werkte hij voor de televisie, met eigen shows in 1958. En een geheel nieuwe Sonneveld openbaarde zich toen hij in Nederland met daverend succes, in een meesterlijke vertaling van de student Seth Gaaikema, de musical *My Fair Lady* introduceerde en de rol van professor Higgins met groot gemak speelde en zong van 1960 tot 1963. Was Frankrijk eens de inspirerende bron voor zijn cabaretprestaties, Amerika was het land geworden dat zijn showverlangens aanwakkerde, ook al voelde hij zich er als mens en als kunstenaar niet thuis. Zijn diep-ingewortelde streven naar persoonlijke vrijheid kwam in het gedrang en bovendien ging het heimwee een woordje meespreken. In zijn weelderige movie-star-villa op Pinehurst Road 2035 in Hollywood schreef hij:

... Ik heb zo vaak aan Amsterdam gedacht,
Ik heb zo vaak gedacht:
*   hoe zou het er toch zijn?*
In m'n verbeelding liep ik langs de gracht
En in gedachten zat ik even
*   in de zon op 't Leidseplein.*
Ik heb zo vaak aan Amsterdam gedacht,
Aan de terrasjes,
*   aan de duiven op de Dam.*
En dacht ik aan de Kalverstraat
Dan kreeg ik het opeens te kwaad...
Ik heb zo vaak gedacht:
*   geef mij maar Amsterdam! ...*

Terug in Nederland begon hij, na de musical *My Fair Lady*, met de voorbereidingen van zijn eerste avondvullende one-man-show. De première vond plaats op 1 januari 1964 en werd een doorslaand succes met de beroemd geworden nummers 'Frater Venantius' en 'Tearoomtango' van Michel van der Plas, 'Margootje' en 'Water bij de wijn' van Annie Schmidt, 'Ome Thijs' van Jacques van Tol en 'Nikkelen Nelis' van Friso Wiegersma. De meeste muziek was van het melodieëngenie Harry Bannink, die ook zelf aan de vleugel zat. In deze zo geslaagde show bleek Wim Sonneveld bovendien een voortreffelijke vertolker te zijn van Simon

Carmiggelt-verhalen, waardoor er tussen beide kunstenaars een groeiende samenwerking ontstond.

De nieuwe Sonneveld werd, door zijn oude cabareteruditie, een van de beste comedians die ons land ooit heeft gekend. Toon Hermans won het als volksentertainer in populariteit, maar Wim Sonneveld was artistiek gezien zijn meerdere. Ook de daarop volgende show met Ina van Faassen – waarin hij voor het eerst 'Het dorp' heeft gezongen – en zijn laatste programma met Willem Nijholt en Corrie van Gorp – waarin 'De stalmeester' van Michel van der Plas en 'Lieveling' van Friso Wiegersma speciaal opvielen – hadden veel succes bij een groot publiek. En Wim Sonneveld rustte niet alvorens ook hij het immense theater Carré veroverd had. In 1969 manifesteerde hij zich als producer-regisseur van zijn musical *De kleine parade*, naar het boek van Henriëtte van Eyk. Met zijn eigen melodieën, gearrangeerd door Ruud Bos die inmiddels de plaats van Harry Bannink had ingenomen, en de teksten van Friso Wiegersma, wekte hij de verwachting dat we in ons musicalarme land ook op dit terrein nog veel van zijn veelzijdige kwaliteiten konden profiteren.

Maar ondanks zijn succes en zijn populariteit bij de massa, was er een minderheid die het gevoel kreeg dat showbiz-Wim bezig was te veel commercieel water bij de artistieke wijn te doen. Dit kleine publiek vond dat hij te vaak beneden zijn niveau werkte en het verlangde naar die àndere Sonneveld, een moderne Pierrot die als lyrische bohémien in een kunstzinnige tour-de-chant op een eenzame hoogte had kunnen staan. En een dertig jaar oude tekst van Hella Haasse – uit het cabaretprogramma *Sprookjes* – zou zijn fans opnieuw hebben ontroerd:

... Dans als Pierrot het leven rond
Met brandend hart, maar houd je mond.
Want wie veel spreekt van wat hem let
Verliest de liefde van Pierrette.
Vergeet, vergeet, bewaar de schijn
Dat wij op aard' niet eenzaam zijn.
En leest men het op je gezicht,
Doe dan als ik... gordijnen dicht ...

In 1972 bekende Wim Sonneveld in een interview: 'Ik zou nog altijd graag een programma van alleen liedjes willen doen. Dus zonder sketches en zonder conférences. Liedjes, chansons en songs en zo, dat vind ik eigenlijk het allerfijnste wat er bestaat. Alleen weet ik niet of het Nederlandse publiek dat zou accepteren.' In plaats daarvan gaf hij zijn kostbare energie aan het maken van een nieuwe film, die evenmin door het Nederlandse publiek werd geaccepteerd. Het is tragisch dat Wim Sonneveld niet meer de kans heeft gekregen om zich artistiek te kunnen revancheren; er bestonden inderdaad plannen om een tour-de-chant samen te stellen, die uitgevoerd zou worden in het Holland Festival waarbij hij zou optreden als Willem Sonneveld.

Zijn versleten, uitgeputte hart maakte op 8 maart 1974 een einde aan alle plannen. Op 28 juni zou hij zevenenvijftig jaar oud geworden zijn. Zijn rusteloze natuur en zijn mateloze energie hebben hem snel, te snel doen opbranden. Bij zijn plotselinge dood vertolkte Simon Carmiggelt de gevoelens van geschokt Nederland voor beide televisiezenders: 'Als hij kwam, dan dacht je: ha, daar is-ie. En als het doek zakte dan dacht je: wat jammer, dat het al afgelopen is. Dat laatste formuleert eigenlijk de gevoelens die zowel die toeschouwers als zijn vrienden vandaag hebben: wat jammer, dat het al afgelopen is.'

Het oprechte medeleven tijdens zijn ziekte, bij zijn overlijden en op de begraafplaats, de

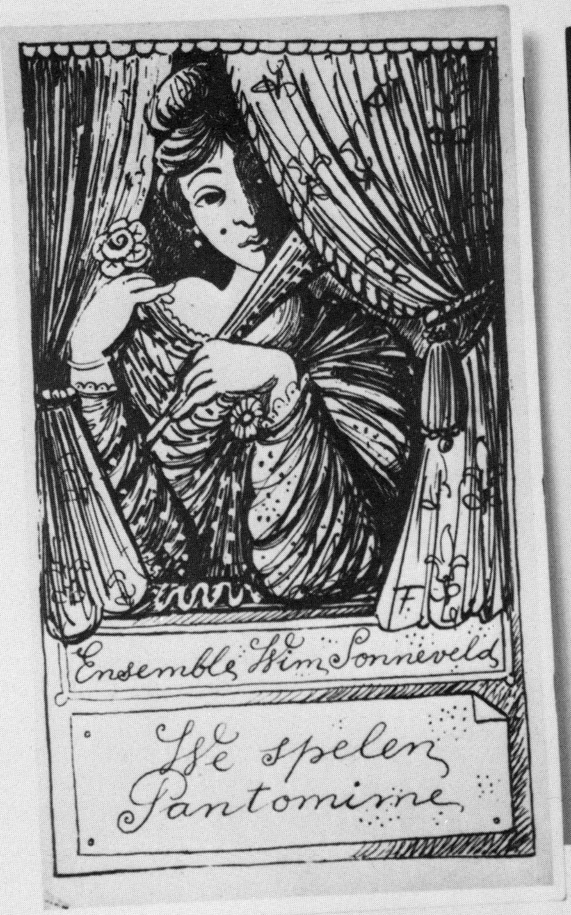
Ensemble Wim Sonneveld
We spelen
Pantomime

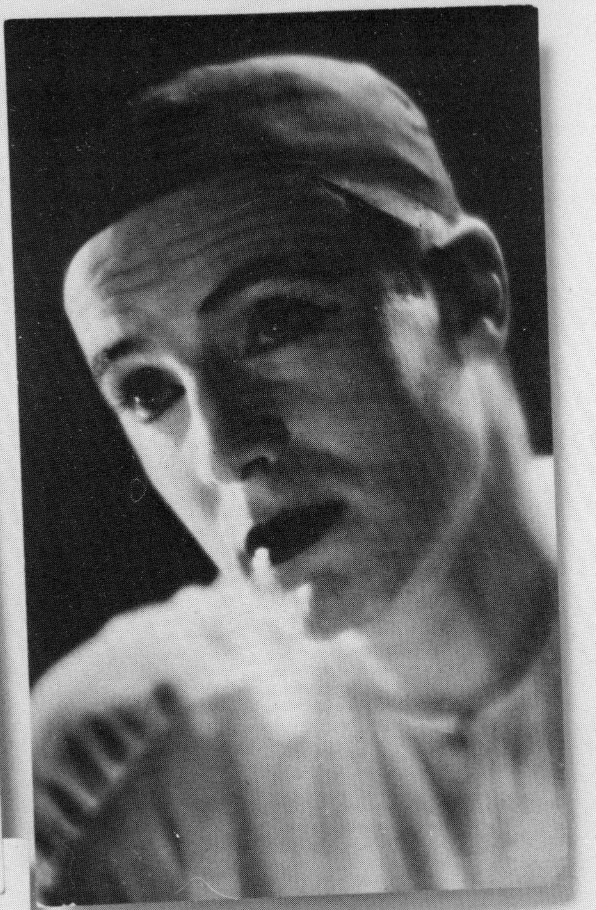

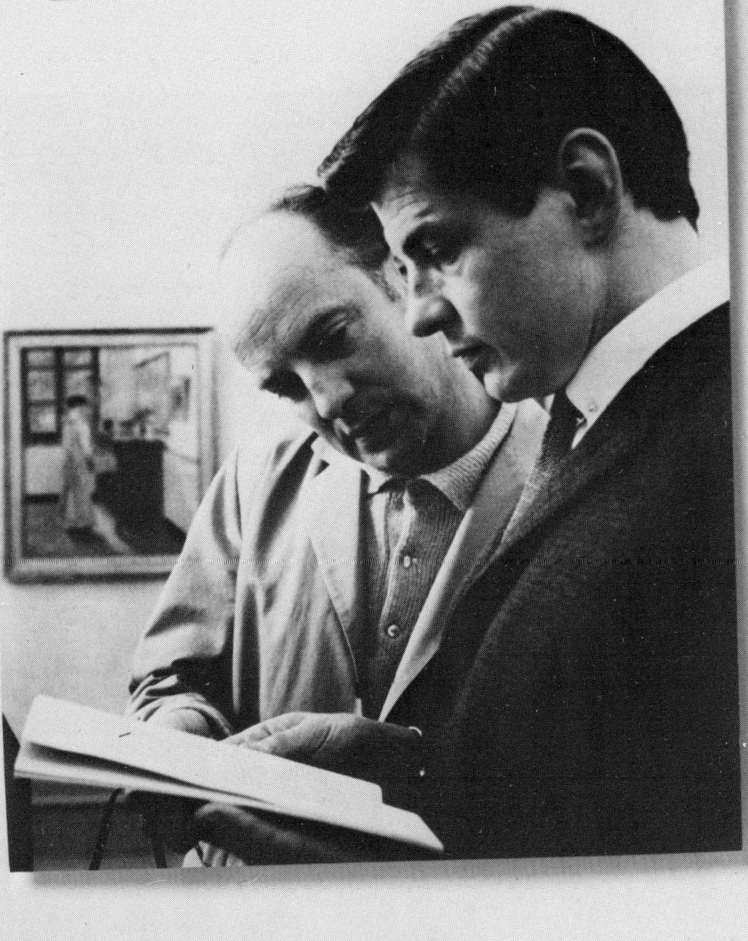

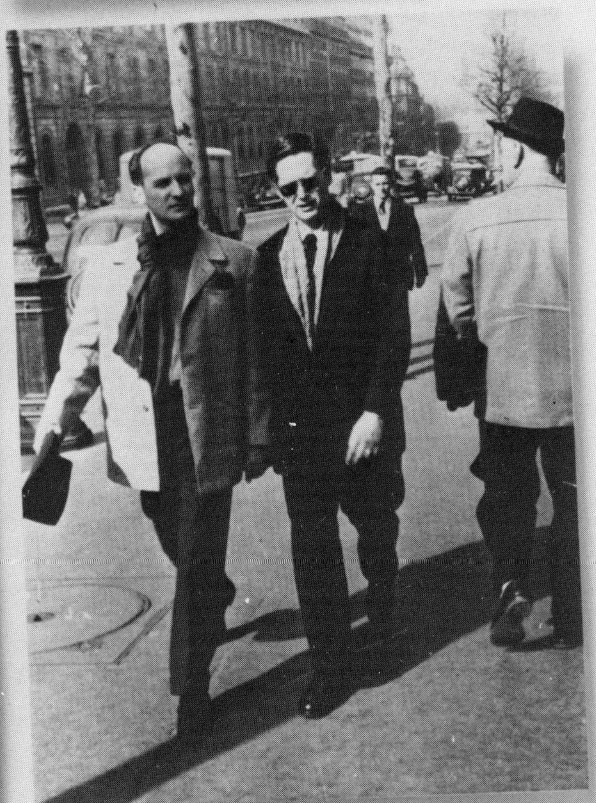

talloze beschouwingen in kranten en tijdschriften, de herdenkingen voor radio en televisie, en de duizenden die de Sonneveld-tentoonstelling in het Nederlands Theater Instituut hebben bezocht, dat alles bewees nog eens welke plaats Wim Sonneveld in ons theaterleven had ingenomen.

... Sinds donderdag de tiende ben ik dood,
Ik werd begraven
op een koele maandagmorgen.
Ja, dank u, de belangstelling was groot.
M'n vrouw en kinderen zijn goed geborgen.
Nu lig ik zo te denken in m'n kist:
Wie is er die me mist,
Wie is er die me mist? ...

(ANNIE M. G. SCHMIDT)

Programma-ontwerp Friso Wiegersma (1949)
Wim Sonneveld als Pierrot (1943)
Met Friso Wiegersma
Met Huub Janssen in Parijs

In de publikaties die er na zijn dood verschenen zijn, werd maar weinig aandacht besteed aan één van de belangrijkste rollen die hij in zijn loopbaan heeft gespeeld, die van artistiek en zakelijk leider. Juist in deze tijd, nu het leiderschap vaak als onbelangrijk en zelfs als verwerpelijk wordt beschouwd omdat men het geven van leiding vaak identiek acht met autoritair en dictatoriaal gezag dat inspraak en medezeggenschap bij voorbaat zou uitsluiten, is het wenselijk om Wim Sonneveld ook in dit opzicht de eer te geven die hem toekomt. Uit zijn hele loopbaan blijkt dat hij zich altijd als een natuurlijke leider heeft gemanifesteerd. De mensen in zijn omgeving hebben zich als het ware 'onderworpen' aan zijn inzichten, ideeën en opvattingen en niemand heeft dit ervaren als iets dwangmatigs waartegen men zich eigenlijk had moeten verzetten. Integendeel: alle artiesten die in de loop van de jaren met hem hebben samengewerkt getuigen nog altijd met warme waardering van de collegiale wijze waarop hij hun talenten wist te dirigeren. Ze spreken met een zekere weemoed over de vriendschappelijke sfeer die er in het totale ensemble heerste, dank zij de persoonlijkheid van de leider. Sommigen hadden na verloop van tijd zelfs een Sonneveld-stempel gekregen door de grote invloed die hij op hun denken had uitgeoefend. Wim Sonneveld is altijd in staat gebleken om jonge, beginnende krachten te ontdekken en te stimuleren, terwijl hij oudere collega's vaak op een geniale wijze wist te benutten in bepaalde persoonlijke facetten van hun artistieke mogelijkheden. Ook heeft hij nooit geaarzeld zich te omgeven met de beste krachten die hij voor zijn produkties nodig achtte, zowel in zijn showbiz-tijd als in zijn cabaretperiode. Bovendien had hij een fijne neus voor nieuwe cabaretauteurs. Dat hij ook zijn eigen activiteiten op een bijzonder verstandige manier heeft kunnen besturen, bewees bijvoorbeeld zijn moed om scheppingen als *Willem Parel* en *Frater Venantius* de rug toe te draaien, op het moment dat ze de artiest Sonneveld dreigden te verdringen. Dit systeem van gewetensvol en zuinig omspringen met zijn komische en lyrische talenten paste hij ook toe ten aanzien van de zo verleidelijke media televisie, radio of grammofoon, alhoewel hij de laatste jaren vaak de neiging vertoonde zijn artistieke principes te verloochenen uit geldingsdrang of geldelijke overwegingen.

Maar steeds was hij als scheppend, uitvoerend en leidinggevend kunstenaar de representant van een briljant brok puur theater, waarvan de betekenis hier en daar werd onderschat door modieuze charlatans, die een soort revolutionair amateurisme schenen te willen propageren. Hij was een grandioos vakman die met een verfijnde smaak en een persoonlijke visie steeds weer heeft bewezen van alle markten thuis te zijn, in Nederland, Frankrijk en Amerika. Sommige van zijn gedurfde artistieke experimenten zijn niet altijd naar waarde geschat, zoals het cabaretprogramma *We spelen pantomime* in 1949, met Marcel Marceau als regisseur en Georgette Hagedoorn en Cruys Voorbergh als speciale gasten. Wim Sonneveld heeft vooral in zijn laatste jaren veel minderwaardige kritiek moeten verwerken van opportunistische journalisten die in de allereerste plaats 'de blits' wilden maken. Maar in het kader van bepaalde hysterische emoties bij zijn overlijden hebben veel kranten – die hem kort daarvoor nog door het slijk hadden gesleurd – schijnheilig met het wierookvat gezwaaid om hun schuldgevoelens af te reageren.

Toen Wim Sonneveld in 1960 een nieuwe periode in zijn carrière begon, was hij gedurende zestien jaar een typerende vertegenwoordiger geweest van het gerichte, kunstzinnige cabaret waarbij vooral in de beginjaren de poëtische en lyrische elementen de boventoon voerden. Hoewel sociale, politieke en actuele factoren weleens hebben meegespeeld, waren zijn ensembleprogramma's tussen 1943 en 1959 een uiting van de romantische stroming in de cabaretkunst. Samen met Wim Kan en Annie Schmidt zal hij de geschiedenis ingaan als een idealistische kunstenaar die ons nationale cabaret heeft weten te vernieuwen en daarmee de weg heeft vrij gemaakt voor een ongekende bloeiperiode in de jaren zestig.

Aan deze ontwikkeling zal de naam Wim Sonneveld voor altijd verbonden blijven.

... En op de straat in de zon
Speelde een orgel voor de kinderen,
Op de maat in de zon
Danste een rooie luchtballon.
Geef er een cent voor 't pierement,
Het leven gaat door,
Het leven gaat voor.
Want in de zon op de maat
Dansen de kinderen in de straat ...

(PIETER GOEMANS)

De illusie van het publiek

Nabeschouwing van Wim Ibo in 1979, na een dertiendelige Sonneveldserie voor de radio, in samenwerking met Gabri de Wagt.

Met de voorbereiding en uitvoering van de VARA-radio-serie 'Haal het doek maar op' zijn Gabri de Wagt en ik maandenlang bezig geweest; langdurige gesprekken met mensen die hem hebben gekend, eindeloze speurtochten naar nog niet op de grammofoonplaat verschenen materiaal, wikken, weifelen en wegen bij de uiteindelijke samenstelling van iedere afzonderlijke aflevering. Nooit daarvoor heb ik mij zo intens met Wim Sonneveld bemoeid en ik stel mezelf de gewetensvraag of mijn mening over de kunstenaar en de privé-persoon Sonneveld door mijn ervaringen van de laatste tijd is beïnvloed en veranderd. Om mijzelf duchtig te controleren heb ik nog eens doorgelezen wat ik tien jaar geleden over hem heb geschreven in mijn cabaretbijbel. Nu ik vandaag geconfronteerd word met mijn uitspraken van toen, kom ik tot een paar conclusies die niet zijn ingegeven door de instelling 'van de doden niets dan goeds' – die door veel van zijn collega's wordt gedemonstreerd – maar door de nuchtere mogelijkheid om een afgerond leven op een afstand te overzien.

In de eerste plaats heb ik voor zijn veelkleurige kwaliteiten nòg meer respect en bewondering gekregen dan ik destijds al had en daarom betreur ik het des te meer dat hij in zijn laatste periode naar mijn smaak te veel water bij zijn wijn heeft gedaan.

En in de tweede plaats heb ik voor zijn privé-leven nòg minder belangstelling gekregen dan ik destijds al had; ik kan hoogstens betreuren dat onze samenleving toen nog niet de openheid tolereerde die zich vandaag manifesteert. Onder het motto 'Ik wil graag de illusie van het publiek zijn en blijven', draaide hij in interviews meestal om de waarheid heen en vergrootte daarmee automatisch de ongezonde nieuwsgierigheid van de grote massa die hem als nationaal bezit beschouwde. Vandaag zou Wim Sonneveld wat ongeremder hebben kunnen praten over elementaire zaken die zijn leven en loopbaan hebben bepaald: de spanningen rondom het milieu waarin hij opgroeide en het latere milieu waarin hij zich thuis voelde, de conflicten rond homofilie en katholicisme, zijn constante onrust met de daaraan verbonden promiscuïteit, zijn gespletenheid die zich vaak uitte in spot en roddel, zijn onvermogen om zich volledig aan een ander te kunnen geven en het daaruit voortvloeiende gevoel van eenzaamheid. Al deze factoren hebben hem voor anderen vaak ongrijpbaar gemaakt en hebben hem soms een onbetrouwbaar imago bezorgd. Want het verzwijgen en verdringen van elementaire gevoelens grenst immers aan geheimzinnigheid en oneerlijkheid. En de omstanders hebben daar – ieder naar zijn eigen aard – op gereageerd, toen en nu; tijdens onze interviews is de zelfprojektie regelmatig om de hoek komen kijken. Overigens heb ik zelf bij het klimmen der jaren steeds minder zekerheid over zogenaamd goede en zogenaamd slechte eigenschappen en is de aloude spreuk 'alles begrijpen is alles vergeven' een grote rol gaan spelen. Daar komt nog bij dat ik de neiging heb om zogenaamd slechte eigenschappen te zien als een noodzakelijk kwaad dat de totale persoonlijkheid mede bepaalt.

Net als ieder ander mens had ook Wim Sonneveld zijn positieve en negatieve kanten; zijn gecompliceerdheid was tegelijkertijd bepalend voor de veelzijdigheid waaraan zijn publiek zoveel te danken heeft gehad, maar waaraan hij zèlf ten onder is gegaan.

Tot slot nog dit: zelfs wanneer Wim Sonneveld over al deze zaken vrij en open had willen praten (iets dat ik gezien zijn natuurlijke geslotenheid en afstandelijkheid betwijfel), dan nòg blijft de vraag of wij hem daardoor als kunstenaar meer of minder zouden hebben gewaardeerd. Ik weet niet hoe Antonio Vivaldi in elkaar zat. U?

3. Lachen mag van God
(Annie M.G. Schmidt 1911)

In 1966 zat de schrijfster Annie M. G. Schmidt in de beroemde tv-stoel van Mies Bouwman om de toenmalige tien vragen te beantwoorden. De laatste vraag luidde: 'Als wij u een spandoek zouden geven, mevrouw Schmidt, op dit moment, wat zou u daar dan opschrijven?' En Annie Schmidt antwoordde: 'In ieder geval zou ik om een klein spandoekje vragen, want ik ben niet zo'n erg moedige vrouw. Een kleintje dus hè? En daar zou dan op moeten staan: Lachen mag van God!'

In dat ene zinnetje werden haar schrijversopvattingen compact samengevat, want sinds zij in 1947 met haar baanbrekende werk begon, heeft ze gepleit voor de artistieke vrijheid in de amusementskunst in het algemeen en in de cabaretkunst in het bijzonder. Na 1948 komen we haar naam regelmatig tegen, zowel in programma's van Kan als die van Sonneveld. In april van dat jaar hadden deze samen een bezoek gebracht aan het befaamde journalistencabaret van het dagblad *Het Parool:* De Inktvis, in de Kleine Zaal van het Concertgebouw. Ze ontdekten daar tot hun verrassing veel schitterend materiaal voor hun eigen cabarets dat afkomstig bleek te zijn van een medewerkster op de documentatie-afdeling van die krant: Annie M. G. Schmidt. Ze kochten prompt een groot aantal nummers en Wim Kan voelde zich speciaal aangetrokken tot het 'Moe liedje', dat kort daarop subliem werd voorgedragen door zijn medewerkster Sophie Stein:

Cabaret De Inktvis met Han Hoekstra, Annie Schmidt, Wim Bijmoer, Wim Hora Adema, Bob Steinmetz en Jeanne Roos

... Dit is een aardig boek,
   Cultuurgeschiedenis.
Ik ben nog pas op pagina vier.
De mens is daar nog bijna een dier.
Ik ben benieuwd
   wat hij aan 't eind geworden is.
Te denken, hoe we in bomen zaten,
Alleen maar schreeuwden zo
   van 'hoe' en 'ha'.
En rupsen met een soort andijvie aten.
Dat staat hier in. Op bladzij vier. Ach ja ...
We hadden er nooit uit moeten komen.
Nou goed, we zijn er uit, maar troost je:
Het duurt nog maar een heel kort poosje,
En we zitten weer te klitten in die bomen ...

Nederland had een opvolgster gekregen van Koos Speenhoff, Dirk Witte en Jacques van Tol. En twintig jaar later schreef haar collega Michel van der Plas: 'De optelsom van haar artistieke prestaties levert een haast ongelooflijke uitkomst op. Haar werk is klassiek geworden bij haar leven. Zij is bij elkaar wat in een land als Engeland of Frankrijk of de V.S. vijf, zes, zeven specialisten afzonderlijk in een oeuvre waarmaken. De beste kinderboekenauteur van het land. De beste en populairste tv-schrijfster. De eigenlijke schepper van een vaderlandse musical. De constantste en in kwaliteit betrouwbaarste cabaretteksten-leverancier. En nog zo het een en ander. Een uitzonderlijke verschijning.'

Anna Maria Geertruida Schmidt komt uit Zeeland; ze werd op 20 mei 1911 in de pastorie van Kapelle geboren als dochter van dominee J. D. Schmidt, 'door Gods goedheid verblijd'. Op vierjarige leeftijd schreef zij haar eerste gedicht:

Er was eens een hond
Die zat op z'n kont,
Er was eens een kat
Die zat op z'n gat.

Over haar jeugd in Zeeland vertelde ze in de jaren zestig: 'In wezen was mijn vader enorm vrijzinnig. Of zijn geloof op de duur stand gehouden had weet ik niet. Het was in ieder geval niet zo sterk dat hij het mijn broer en mij mee kon geven. Daar komt dan nog wel bij dat mijn moeder erg verlicht was en een echte spotter. De strengheid zat niet in ons huis, de pastorie. Streng was alleen het dorp. En daar moesten we rekening mee houden. En ook een kind leert dan toch wel denken: wat een verschrikkelijk hypocriete boel. Daar begint mijn sterke verweer tegen de kerk. Niet in de pastorie, niet bij mijn ouders, maar in het dorp. Moeder was eigenlijk een actrice. Geweldig in haar manier van optreden, spelen, intrigeren. Ze had een conversatie die uit kwinkslagen bestond, malle uitlatingen. Ze was onderwijzeres geweest en met een dominee getrouwd. Dat was natuurlijk een enorme vergissing. Maar ze heeft het bijzonder leuk opgelost, ook al omdat ze een emancipatievrouw was. Ze probeerde mijn contact met m'n vader te voorkomen. Achteraf merk je hoe akelig en onnodig dat was. Hij was heel liberaal in z'n gedachten, anti-gereformeerd en dat in een gereformeerd dorp. Hij had het niet makkelijk. Als kind had ik daar moeite mee. Je mocht op zondag niet breien voor het raam, dat soort dingen. Dat ophouden van de schijn – voor wàt in godsnaam. Er woonde één rooms gezin. Dat was een bezienswaardigheid, daar ging je naar kijken. Wat ik daar zag en meemaakte in ons dorp, vond ik een duffe muffe troep. Eén complex van zwarte narigheid. En dat vind ik nog. Ze hebben het eerder erger gemaakt dan beter. Beatmissen vind ik nog erger, en dominees die voetballen, en kerken als kolenkitten, en priesters met gitaren. Wat moeten we nog veel verliezen, nog doorbreken allemaal. Nog gewoner worden.'

Ze ging naar de HBS in Goes, volgde met

enorme tegenzin de lessen Nederlands en kreeg daar dan ook prompt een twee voor. Het maken van opstellen werd haar toen verboden en dus begon ze stiekem voor zichzelf te schrijven. Want haar belangstelling voor literatuur was bepaald niet 'onvoldoende'. Integendeel, ze toonde op dat terrein buitengewoon veel 'vlijt': 'Ik zie mezelf nog staan in mijn vaders studeerkamer, in de grote holle pastorie, zoekend in zijn boekenkast naar een mals groen blaadje tussen al die dorre ritselende bruine Vondels en Calvijnen en woordenboeken. Ik vond zo zelden iets wat ik kon lezen, en ik had zo'n knagende leeshonger, zo'n nooit verminderende, nooit ophoudende leeshonger. Ik was twaalf. *De kleine Johannes* had ik allang uit, de *Faust* van Goethe ook, en alle afschuwelijk melige historische romans van Marjorie Bowen ook en *Ferdinand Huyck* ook, alles wat maar enigszins een vertelsel in zich droeg las ik en de ellenlange vertogen, beschouwingen en beschrijvingen at ik dan maar mee op, zoals een hongerige kat desnoods karton vreet als er maar een kabeljauwluchtje aan zit. Misschien heb ik daarom later het vak van jeugdbibliothecaresse zo prettig gevonden. Het betekende eten geven aan kinderen, volop. Ik was een juffrouw die zelf in haar jeugd karton had gegeten en nu soep en karbonaadjes mocht uitdelen. In elk geval was het voordeel van mijn speurtochten langs mijn vaders boekenkast in mijn jeugd: ik had leren grazen, leren zoeken, moeizaam en persistent en daardoor het avontuur ontmoet dat altijd iedere speurder op staat te wachten. Zèlf zoeken naar verhalen, zèlf kiezen, helemaal alleen, dàt is het! En vooral geen volwassenen die iets aan willen smeren, die zeggen: 'Kijk, m'n kind, ik zal je eerst in 't kort vertellen waar het over gaat en dan mag je een stukje zelf lezen.' Het was alsof de pianolerares meeging naar het oerwoud en tot je zei: 'Nu mag je heel even achtervolgd worden door die alligators, maar als ik in mijn handen klap, kom je terug, versta je?' Als ik mijn ouders iets kwalijk neem dan is het wel dit, dat ze niet in de eerste plaats vijfhonderd boeken voor mij kochten voordat ze de juskommen aanschaften. Ik weet wel, ze hadden maar zo'n klein traktement, ze moesten toch al zo ploeteren om rond te komen, ze beseften niet hoe mijn hoofd knorde om meer voedsel, snakkend naar iets zonnigs tussen al het doffe gebladerte der theologie ... ach, ze konden het niet helpen.'

Annie nam haar moeder in vertrouwen en liet haar de versjes lezen die ze in het geheim had gemaakt, gedichten in de droevige, treurige richting. En het was de moeder die de kunstenares in haar vijftienjarige dochter heeft ontdekt; ze stuurde het werk van haar kind naar de God van de Dichtkunst in die dagen. En Willem Kloos schreef terug: 'Nu ik de verzen van uw kind goed ken, eerst las mijn vrouw ze mij voor, en zoëven keek ik ze nog eens door voor mijzelf alleen, behoef ik u gelukkig volstrekt niet de hoop te ontnemen, dat zij waarachtige aanleg heeft. Uit de vlot-levendige en harmonische, ja hier en daar zelfs muzikale ritmen laat zich afleiden dat er wezenlijk diep in haar, zoals men 't noemt, iets zingt. En wat zij in deze verzen zegt, is menigmaal fijngevoelig en ook gelukkig steeds spontaan precies uitgedrukt. Ik durf u als oudere man te raden: moedig haar als verstandige moeder aan en zeg haar, als gij over mij wilt spreken, dat ik het wezenlijk aardig vind en dat dat voor de toekomst iets wezenlijk waardevols belooft.'

Die toekomst zou twintig jaar op zich laten wachten. In de tussentijd was ze leeszaalassistente op de Kinderleeszaal van de Maatschappij tot Nut van 't Algemeen in Amsterdam en daarna directrice van de Openbare

Leeszaal in Vlissingen. Ze had van 't Nut een aanbeveling meegekregen die – net als de visie van Willem Kloos – blijk gaf van een profetisch karakter: '... Ook heeft zij uitgesproken bekwaamheden en begaafdheden, die het zeer wenselijk maken haar de gelegenheid te geven zich voor een werkkring te bekwamen, waarbij haar literaire aanleg tot ontplooiing zou kunnen komen.'

Maar de oorlog maakte van Vlissingen geen ideaal werkterrein en na de bevrijding was de leeszaal een puinhoop geworden. Kort daarop kreeg ze de kans naar Amsterdam terug te keren door een baantje bij de documentatieafdeling van *Het Parool*. In haar vrije tijd schreef ze weleens een paar liedjes en die werden door haar collega Wim Hora Adema toevallig ontdekt. Wim Hora Adema, de latere redactrice van het feministenblad *Opzij*, maakte deel uit van het al eerder genoemde journalistencabaret De Inktvis en vóór Annie Schmidt het wist stond ze op 19 september 1947 op het toneel ...

'Die Inktvistijd is voor mij de leukste periode geweest. Waarschijnlijk omdat ik er zelf in meedeed, want dan zit je d'r midden in. Als je alleen maar schrijft, dan blijft er toch altijd een afstand bestaan, zelfs wanneer je werk beter wordt uitgevoerd dan je had durven dromen. Bovendien ben je als amateur eigenlijk helemaal vrij; je bent aan niets en aan niemand gebonden.'

De geschiedenis bewijst ons dat cabaretkunst en journalistiek vaak in elkaars verlengde liggen: Jean-Louis Pisuisse, Ber Hulsing, Jaap van de Merwe, Rinus Ferdinandusse, Kees van Kooten en Fons Jansen. Het journalistencabaret De Inktvis dat tussen 1947 en 1950 actief is geweest, bracht ons niet alleen de cabaretschrijfster Annie Schmidt, maar ook een aantal bijzonder geslaagde programma's die qua vorm en inhoud afweken van de gebruikelijke aanpak die we van het ABC-Cabaret of het Sonneveld-ensemble kenden. Van de – steeds wisselende – medewerkenden noemen we verder nog: Jeanne Roos, Simon Carmiggelt, Han Hoekstra, Wim Bijmoer, Eli Asser en niet te vergeten de sportjournalist Ton van Duinhoven. Deze later zo bekend geworden acteur werd door Wim Kan bij De Inktvis ontdekt en werkte na zijn verbintenis met het ABC-Cabaret ook nog mee aan het cabaret van Martie Verdenius alvorens hij bij Cor Ruys toneel ging spelen. Jarenlang verzorgde hij in het radiocabaret *Triangel* de rubriek 'Life is a song' en hij verloochende zijn cabaretafkomst niet in het satirische televisieprogramma *Hadimassa* van Dimitri Frenkel Frank.

De grote verdienste van het Inktvis-cabaret is geweest dat de vooroorlogse tendensen die na de bevrijding hardnekkig bleven voortbestaan, in zijn literaire programma's voorgoed werden opgeruimd. Het was natuurlijk wel begrijpelijk dat na het einde van de tweede wereldoorlog iedereen op ieder terrein heeft getracht de oude, vertrouwde draad uit de jaren dertig weer op te pakken. Het was voornamelijk de nostalgie die mensen er toe bracht om door te gaan waar ze destijds gebleven waren en de tussenliggende periode over te slaan en te vergeten. Maar bijna niemand begreep dat ons vooroorlogse kostuum tot op de draad versleten was. Zo ook in het cabaret. Het werd sommigen al heel gauw duidelijk dat het oude ouderwets was geworden en dat een vernieuwing meer dan noodzakelijk was om de na-oorlogse stromingen op te vangen. Het journalistencabaret De Inktvis, met Annie Schmidt als centrale figuur, is daarin voorgegaan.

In het eerste programma werden nummers uitgevoerd als 'Marjolijne', 'Zonder jou', 'Monsieur Maurice', 'In pyjama' en 'Kermislied':

Dominee Schmidt en zijn vrouw in de pastorietuin met hun personeel

Zeeuwse Annie

Door Gods goedheid werden wij heden verblijd met de geboorte van onze dochter

ANNA MARIA GEERTRUIDA

J. D. SCHMIDT.
G. M. SCHMIDT—Bouhuijs.

Pastorie Kapelle Z.B.
20 Mei 1911.

...'k Heb kermis gevierd
En langs de baan gezwierd,
'k Heb gezwaaid
*   toen de fanfare voorbijkwam.*
'k Heb een nummertje geglejen
Van boven naar benejen
En heel wat afgevrejen als 't zo uitkwam.
'k Heb mensen zien knokken
Om heel kleine brokken,
'k Heb veel horen liegen,
Het schijnt dat dat moet ...
'k Heb dikwijls gedacht:
'k Had er meer van verwacht.
Maar alles bij elkaar
*   was het jofel evengoed ...*

Annie Schmidt was na de oorlog de eerste die een nieuwe cabarettaal sprak, natuurlijker, oprechter, korter en puntiger dan voorheen. Bovendien liet ze snobistische franco- en anglofielen horen dat een modern liefdesliedje ook in onze eigen taal gezongen kan worden:

... De wereld is wonderlijk leeg zonder jou,
Er staat maar zo weinig meer in.
De hemel is aldoor zo hinderlijk blauw,
Waarom? Wat heeft het voor zin?
De merel zit zachtjes te zingen in 't groen,
Voor mij hoeft-ie heus zo
*   z'n best niet te doen!*
De wereld kon vol van geluk zijn,
*   maar nou:*
Leeg ... zonder jou ...

En ook de oude 'Wij zijn'-formule werd terdege afgestoft:

... Als er moedermelk tekort is,
*   wij vergaderen.*
Als er hongersnood in Dordt is,
*   wij vergaderen.*
Als er ergens een orkaan is, wij vergaderen.
Als er ontucht op de maan is,
*   wij vergaderen.*

Komt er iemand in Archangel
Met zijn vinger in de mangel,
Is er ergens diarree:
Het comité!...

In 1950 verraste de journaliste Jeanne Roos ons met een aangrijpende vertolking van Annie Schmidts liedje 'Mijn eigen krant', waarin onder de koppen 'Man is gelukkig, laat hem zo', en 'Vrouw wil nog graag tien jaren leven' de strijd in Korea op de achtergrond meespeelde: Bill uit Pittsburgh en Marouscha uit Charkow willen alleen maar een beetje geluk.

...Wij hebben allemaal een stuk
Zorgvuldig ingepakt geluk,
Al is het dan alleen, nou ja,
Een poes of een begonia.

Hier sta ik met mijn eigen krant,
'k Weet niet hoe lang ik hier nog sta.
Diezelfde bange, kleine mensen
Die stuk voor stuk geen oorlog wensen,
Die roepen straks hoera.
Dan zullen ze hier langs marcheren
In uniform en met geweren,
Met grote vaandels in hun hand.
O Jezus! Kóóp dan toch die krant!...

Dit liedje werd later ook door Lia Dorana uitgevoerd in Wim Sonnevelds *Artiestenpension* en het bezorgde de journaliste Jeanne Roos een engagement in het cabaret van Cor Ruys, die zelf Wim Bijmoers creatie van 'Monsieur Maurice' had overgenomen:

... Ik ben monsieur Maurice, coiffeur,
Dat staat met gouden letters op mijn deur.
Ik ben grand artiste in de haute coiffure,
Dat is gewoon een kapper,
*   maar een hele dure ...*

De teksten waren zo opvallend anders dan men gewend was en ze hadden zo'n volstrekt eigen toon, dat het publiek zich al gauw begon te interesseren voor de auteur. En de cabaretartiesten waren dankbaar een nieuwe, onuitputtelijke bron gevonden te hebben, al werden ze weleens aangevallen om de strekking van hun repertoire, zoals de actrice Sophie Stein met het pacifistische nummer 'Straaljager':

... Dat is een straaljager, mijn zoon.
Hij jaagt op dit moment
 door de geluidsbarrière
En – en passant – ook
 door je moeders serre
Met z'n vileine toon.
Die daar kost wel een half miljoen
En daarom kunnen wij
 geen woning krijgen.
Toch is zo'n ding er enkel om te dreigen,
Begrijp je wel? Ze gaan er niets mee doen,
Zeggen ze immers, 't is alleen vertoon.
Die dingen zijn om oorlog te vermijden
En daarom moet een leraar hongerlijden
En krijg jij heel slecht onderwijs,
 mijn zoon ...

Met haar uitzonderlijke werk veroverde Annie Schmidt in een paar jaar tijd de volledige sprekende en zingende amusementswereld. Verder schreef ze ontelbare liedjes en verhalen voor het kind – in 1965 kreeg ze de staatsprijs voor kinder- en jeugdliteratuur – en bovendien schreef ze de *Parool*-rubriek 'Impressies van een simpele ziel'. Naast de interesse die Wim Kan en Wim Sonneveld voor haar werk toonden, lieten ook radio en televisie het gretige oog op haar naam vallen en zo ontstonden de series *De Familie Doorsnee* (1952–58) en *Pension Hommeles* (1957-59) die haar een nationale bekendheid hebben bezorgd en de voorlopers zijn geweest van haar latere theatermusicals met Harry Bannink en John de Crane.

De Familie Doorsnee was, naar Amerikaans voorbeeld, de eerste etherfamilie in ons land. 'Doorsnee' werd een cultus: politieke tekenaars namen het gezin als uitgangspunt voor hun spotprenten, er kwam een familieziekte bij alle omroepverenigingen en talloze fabrikanten kwamen met verleidelijke voorstellen om de Doorsnee-naam als handelsmerk te mogen gebruiken. Er werden zwaarwichtige artikelen geschreven: 'De Familie Doorsnee en de Kerk', 'De Familie Doorsnee en de Jeugd', 'de Familie Doorsnee en de Papoea's'. In het socialistische dagblad *Het Vrije Volk* werd een hoofdartikel gewijd aan het zo bedenkelijke verschijnsel dat deze (VARA!) uitzendingen op maandagavond op vergaderingen werden beluisterd: 'Zijn wij wel op de goede weg?' Dominees waren boos over de aangedane concurrentie als ze bij hun huisbezoek een half uur gedwongen werden te zwijgen. 'Dit beschouw ik als een beangstigend verval tot nihilisme,' zei een ingezonden stuk. 'Ontstellend, verontrustend en verbijsterend,' schreef een Amsterdams buurtblad, 'dat ouders hun kinderen laten luisteren, omdat dezen anders de volgende dag op school niet over de laatste ontwikkelingen weten mee te praten.' Het in die dagen zo geruchtmakende bisschoppelijk mandement maakte de uitzondering dat er voor katholieken géén sancties zouden volgen op het beluisteren van het VARA-programma *De Familie Doorsnee...*

Annie Schmidt werd onder duizenden uiteenlopende Doorsnee-reacties bedolven, maar ze worstelde en kwam boven. Ze schreef dóór, ondanks de VARA-tekstcontrole die eiste dat er zinnetjes en woordjes werden gewijzigd of geschrapt, omdat ze wel eens aanstootgevend zouden kunnen zijn. Over de beveiliging van heilige huisjes zei ze in 1965: 'In dit land – waar er geen equivalent bestaat voor het woord imagination – komt het gevaar op artistiek terrein altijd van het geestloos-fatsoenlijke, van het op-

zettelijk goed-willende, de totems en de taboes, de angst voor de waarheid en het uittrappen van vuur.'
Waarschijnlijk 'om iets terug te doen' introduceerde ze de allereerste homofiel in de vaderlandse ether, in de persoon van Fred, winkelbediende in de kantoorboekhandel van vader Doorsnee. Dat was een gewaagd experiment, want in die jaren bedachten de omroepverenigingen zich minstens tweemaal alvorens zich met homofiele medewerkers in te laten. Zo bleven bijvoorbeeld bij de KRO voor Wim Sonneveld alle studiodeuren gesloten. Maar Annie Schmidt schreef de figuur van Fred dusdanig dat alleen insiders zijn ware natuur herkenden. De acteur Coen Flink maakte er een voorbeeldige creatie van en hoewel de luisteraars niet goed wisten wat ze aan hem hadden, werd hij toch populair: '' t Is een rare jongen, maar ach, hij is zo lief voor moeder Doorsnee.' En het C.O.C.-maandblad dankte de schrijfster voor haar pioniersdaad: 'Een vrouw als Annie Schmidt, die toch wel als "een echte vrouw" mag worden gekwalificeerd, heeft prachtig werk gedaan door gestalte te geven aan een figuur in haar Familie Doorsnee. Fred, die door een hetero wordt uitgebeeld, met zijn belangstelling voor bloemen schikken en kralen, zijn kreetjes en niet-manlijke opmerkingen, heeft het hart gestolen van de Familie Doorsnee en die van de luisterende families Doorsnee, omdat het zo'n lieve jongen is, die met het wel en wee van het gezin zo spontaan meeleeft.' (1958)
Onze nationale radiofamilie heeft zes jaar geleefd, zonder dat vader Doorsnee één keer hartgrondig heeft mogen roepen 'Verdomme!', een verwensing die zeker op z'n plaats zou zijn geweest toen de uitzending op 31 januari 1955 moest vervallen. Uit het hele land kwamen protesten: '*De Familie Doorsnee* is blijkbaar niet saai genoeg en te weinig cliché voor een nationaal programma.'
In die zes jaar zong de hele familie - Cees Laseur, Sophie Stein, Kees Brusse, Lia Dorana, Joop Vischer, Hetty Blok – honderdvijftig Annie Schmidt-liedjes met voortreffelijke melodieën van Cor Lemaire, die bij de begeleiding werd geassisteerd door de gitarist Jan Blok.

... Wie schrijft er in m'n poeziealbum?

Twee witte duifjes met een gouden lintje,
Twee pluche rozen en voor altijd je vrindje.
Twee vergeetmijnietjes zo blauw,
Ik hou zoveel van jou,
   ik hou zoveel van jou.

Maar twintig jaar later, dan zeg je: nou,
Waar blijft die eeuwige trouw?...

De Familie Doorsnee heeft Annie Schmidt geleerd dialogen te schrijven en in *Pension Hommeles* kreeg ze de kans om, onder leiding van Erik de Vries, ook visuele mogelijkheden te benutten. Van de medewerkenden aan deze televisieserie noemen we Mieke Verstraete, Kees Brusse, Maya Bouma, Henk van Ulsen, Mimi Kok, Walter Kous en Donald Jones. Voor deze laatste schreef ze een liedje – ook weer met voorbeeldige muziek van Cor Lemaire – dat typerend is voor haar voorkeur om artiesten 'op het lijf' te schrijven: een Nederlandse negrospiritual, over een mannetje wiens bungalowtje door de regen was ondergelopen.

... Beng, zei dat heel klein mannetje,
Ik wil geen regen in mijn bungalowtje.
Dus weg met de regen
   en de wind en de donder,
Dat water moet terug
   want de boel loopt onder.
En hij dreigde, ja hij dreigde,
En de regen ging terug,
   de regen ging terug,
Up went the rain.

De regen ging op in z'n bungalowtje,
Dwars door het dak van z'n bungalowtje.
Ping, pang, ping, en zo blij van zin,
Zo ging de regen de hemel in.
Oh me, oh my,
The rain went back to the sky!

De Familie Doorsnee had de radio in zijn nadagen onverwacht weer doen opleven, maar *Pension Hommeles* had te kampen met de primitieve toestanden uit de beginjaren van de televisie. De moeilijke omstandigheden waaronder Annie Schmidt moest werken hadden nog steeds een experimenteel karakter door gebrek aan studioruimte, slechte kwaliteit van telerecording, onvoldoende geluidsfaciliteiten voor het begeleidend orkestje, verbodsbepalingen om op zondagmorgen in de studio te repeteren en opnieuw de beperkingen die zij zich moest opleggen inzake de tekstcontrole. Dat zij in 1959 voor deze serie de tv-prijs van het Prins Bernhard Fonds in ontvangst mocht nemen, was dan ook meer dan verdiend. Veel collega's gaven blijk van hun bewondering. Wim Sonneveld: 'Ik vergelijk Annie graag met een huisvrouw, wier specialiteit het is voortreffelijke home made cakes te bakken; bij het beslag maken voelt ze al of het baksel zal slagen. Een receptenboek heeft ze daarbij niet nodig, want haar cake wordt iets persoonlijks, iets bijzonders. Als je haar bij zo'n gelegenheid maar even haar gang laat gaan: iedereen de keuken uit als ze bezig is.'
Toon Hermans: 'Ik vind Hommeles het leukst als de teksten niet te cynisch zijn. Ze zijn me wel eens te problematisch, wat ik altijd jammer vind, want Annie Schmidt kan zo sprankelend zijn als ze zich ertoe bepaalt om de mensen op te beuren. Dat kàn ze, kinderen en grote mensen opbeuren, maar ze doet het niet altijd. Annie Schmidt aan de blijde kant is prachtig.'
Wim Kan: 'Annie Schmidt is voor radio en televisie wat de dijken zijn voor Nederland; zij beschermt ons tegen hoogwater van de pretprogramma's.'

... Ik zou je 't liefste
 in een doosje willen doen,
En je bewaren, heel goed bewaren.
Dan laat ik jou verzekeren
 voor anderhalf miljoen
En telkens zou ik eventjes
 het deksel opendoen,
En dan strijk ik je heel zachtjes
 langs je haren.
Dan lig je in de watten
 en niemand kan er bij,
Geen dief die je kan stelen,
 je bent helemaal van mij.
Ik zou je 't liefste in een doosje willen doen
En dan telkens even kijken,
 heel voorzichtig even kijken,
Telkens even kijken ... met een zoen ...

Bij de officiële prijsuitreiking in het Hilversumse raadhuis met burgemeester Boot, Willem Vogt, professor Wiarda en professor Asselbergs, zei ze in haar informele dankwoord tot schrik van vele hooggeplaatste omroepfunctionarissen (zonder Siebe van der Zee die kort daarvoor zijn VARA-collega's 'rooie rothonden' had genoemd): 'Ik ben erg beduusd. Ik wist natuurlijk al een poosje van die prijs van het Sint... van het Prins Bernhard Fonds, maar ik word steeds beduusder van al die vriendelijke mensen. Het is niet altijd gemakkelijk in dat televisiewerk. Er is niet zo heel veel ruimte. Na een paar meter komt er een schutting – dit mag niet en dat mag niet – en wanneer je dan met veel moeite over zo'n schutting bent heen geklommen dan is er een paar meter verder weer een schutting en weer een en weer een. En als je dan aan de voorzitter vraagt: waarom zijn hier zoveel schuttingen, dan zegt hij: dat komt door het bestel. Alles ligt aan het bestel. Dan krijg je een machtig respect voor het bestel. 't Is een soort Markies van Carabas. Je zou er een liedje op kunnen maken: Van wie zijn al die schuttingen, die zijn van het bestel. Daarom is het misschien meer een prijs voor een steeple chase. Maar goed, we raken fijn gehard door al die moeilijkheden. Daarom is er voor ons geen schutting te hoog en gaat er geen Zee te laag.'

... *'t Zou zo mooi kunnen zijn*
En zo heerlijk en zo fijn,
Maar 't is weer hommeles,
't Is weer hommeles.
't Zou zo goed kunnen zijn,
Rozegeur en maneschijn,
Maar 't is weer hommeles,
't Is weer hommeles.

't Ziet er zo lief uit,
Maar je vergist je;
Al dat moois is een heel dun vernisje ...

De radio- en televisieliedjes van Annie Schmidt zijn meestal een gezongen onderdeel van de desbetreffende uitzending, waardoor ze maar zelden een eigen leven kunnen gaan leiden. Dit in tegenstelling tot het grote aantal nummers uit haar latere theater-musicals die ook zonder koor-en-orkest en zonder revueglamour een succes zouden zijn geweest op een eenvoudig cabaretpodium. Dat werd bijvoorbeeld bewezen met de liedjes binnen de intimiteit van de John de Crane-produktie *Alle laatjes open* met Conny Stuart, Gerrie van der Klei, Willem Nijholt en Paul Deen. Het is dan ook

Cees Laseur, Sophie Stein, Hetty Blok, Lia Dorana en Joop Vischer in *De Familie Doorsnee*

Kees Brusse, Mieke Verstraete, Donald Jones, Annie Schmidt, Wim Ibo en Cor Lemaire in *Pension Hommeles*

opmerkelijk dat tot nu toe alle Nederlandse musicals door cabaretauteurs werden geschreven, zodat in iedere musical cabaretelementen zijn verweven die dikwijls aanhaken bij de actualiteit:

... Goddank, er komt weer schaarste,
Er komt weer tekort!
Terug naar de balkenbrij,
Terug naar de gort ...

De inspirerende kracht die voor Annie Schmidt bij het schrijven voor bepaalde solisten uitgaat, werd naast de sublieme samenwerking met Conny Stuart misschien het best gedemonstreerd door de perfecte vertolking van Mary Dresselhuys in het speciaal voor haar geschreven blijspel *En ik dan?* in 1968. Deze Schmidt-formule werkte ook met het blijspel alleen-voor-vrouwen dat zij in opdracht van het hoftoneelclubje op Soestdijk heeft geschreven, waarin ze Koningin Juliana in 1964 als vrouwelijke tuinman met een kruiwagen liet lopen. Ze wist ook de actrices Nell Koppen en Trudy Labij 'op het lijf' te schrijven; bij de televisie *(Pleisterkade 17),* de musical *(Madam)* en het toneel *(Er valt een traan op de tompoes).* De verzekerde medewerking van Hetty Blok en Leen Jongewaard aan haar kinderserie *Ja zuster, nee zuster,* betekende een garantie voor kostelijke verhalen en dito liedjes met meeslepende muziek van Harry Bannink.

De Enschedese pianist-componist Harry Bannink deed in 1953 eindexamen bij het Haags Conservatorium en kwam via een KRO-springplank in de wereld van radio en televisie terecht. Een toevallige opdracht om het door Conny Stuart uit te voeren Annie Schmidt-liedje 'Hoezenpoes' van muziek te voorzien, leidde tenslotte tot een hechte en intensieve samenwerking waardoor hij bij Schmidt-musicals net zo onmisbaar is geworden als regisseur Paddy Stone en producer John de Crane: 'Ik beschouw mijn componeren als een klein gavetje. Je bent er een beetje zuinig op. Ik wil in geen geval een veelschrijver worden. Voor de musical *Heerlijk duurt het langst* ben ik drie maanden bezig geweest met het liedje ''t Is over'. Dan kom je weleens verdrietig je kamer uit. Maar je moet wel steeds beseffen, dat het allemaal erg betrekkelijk is wat je doet. Mijn liedjes hebben geen eeuwigheidswaarde. In het gunstigste geval belanden ze nog eens in een archief. Maar als je er in slaagt af en toe iets te maken, dat de mensen een poosje bezighoudt, geloof ik toch wel dat je een beetje tevreden mag zijn.'

... 't Is over, hij zegt me niets meer,
Ik ben vrij.
't Is over, het doet me niets meer,
En ik ben blij.
Hij is voor mij zomaar een heer
En al die toestanden, dat hoeft niet meer.
Die man die thuiskwam 's avonds laat,
Zo moedeloos en prikkelbaar,
Dat alles is mijn zorg niet meer,
Dat is nou helemaal voor haar.
Ze mag 'm hebben ...

Na 1960 voelde Annie Schmidt zich steeds minder aangetrokken tot het schrijven van losse liedjes voor deze of gene cabaretgroep of voor solisten. Alleen Wim Sonneveld wist haar nog weleens te bewegen tot het schrijven van een enkel nummer, zoals de uitschieters 'Water bij de wijn' en 'Margootje'. Maar haar cabareteske produkties *Met man en muis* en – in samenwerking met de door haar bewonderde Guus Vleugel – *Je moet er mee leren leven,* waren minder succesvol dan men had verwacht. Het leek alsof de musicalformule haar meer inspireerde dan de vroegere cabaretvorm. Daar werd ze overigens – in de zo getuigende jaren zestig! – vaak op een onredelijke manier om

77

Dominee Schmidt

Een 2 voor Nederlands en een onvoldoende voor vlijt ...

De brief van Willem Kloos

bekritiseerd: 'Wat me weleens benauwt is, dat ik geen harde satires kan maken. Wat Guus Vleugel doet: politiek engagement, maatschappelijke kritiek. Ik wil wel, maar het lukt me niet. En dat doet pijn. *Zo is het,* daar was ik geweldig épris van. Maar als ik het probeer dan wordt het niks. Pers en televisie vallen mij aan op een verkeerd plan. Zo van: kat, waarom vlieg je niet. Nou, omdat een kat geen vogel is. Daarom moet je het binnen je genre proberen te vinden. De normen van de kritiek wat goed en wat slecht is, zijn zoek. Er is nog nooit zo'n grote kloof geweest tussen de highbrow en de gewone Nederlanders. Ik vind kritiek noodzakelijk, maar het heeft nu soms iets van hetze, lekker trappen tegen een reputatie. Schrijven is voor mij een escape. Wolkers kan 2600 keer over z'n huis schrijven om er van los te komen. Ik neem vleugeltjes en vlieg er uit weg. Als ik dat niet doe, wordt het onwaar. En voor één ding ben ik verschrikkelijk bang, dat m'n werk niet echt is. Het moet zindelijk blijven.' Vijf jaar later – in 1973 – schreef ze de musical *Wat een planeet,* waarin Conny Stuart en Willem Nijholt voortreffelijke prestaties leverden.

... Wat een planeet,
  éénderde deel dat zich te barsten vreet,
Terwijl de rest voor onze ogen
  krepeert op het journaal,
Massaal.
  Het is ook nog mijn schuld allemaal.
De ondergang staat voor de deur,
Help! Waar is de chef, de commandant,
  de regisseur?
Wie is de baas van het bedrijf?
Helaas, het zijn er vier of vijf,
De een nog loucher dan de andere.
Maar de hoogste commandant
  is van nu af aan een sheik,
Daar in het zand,
  met zijn hand aan de oliekraan ...

Annie Schmidt is het meest natuurlijke wezen dat in Nederland rondloopt. De op zichzelf normale spanningen rond haar produkties passen eigenlijk niet in haar levenspatroon, zoals ook Dirk Witte de theaterrompslomp niet heeft kunnen verdragen en zich na een paar jaar terugtrok in zijn vredige Bussumse tuinhuisje. Maar Annie Schmidt behoort tot de gelukkige stervelingen die terug kunnen vallen op andere interesses; te midden van alle beslommeringen op radio-, televisie- of theaterterrein heeft ze haar eerste grote liefde, het kinderboek, nooit in de steek gelaten. Dan sluit ze zich van de rumoerige en verwarring stichtende buitenwereld af door in haar werkkamer ongestoord en in volledige vrijheid al haar onbegrensde fantasieën een door niets en niemand geremde kans te geven, waarbij het oude schaap Veronica haar tevreden schijnt toe te knikken.

... Fijn, zei het schaap Veronica,
Op Schiphol koffie drinken!
We zijn wel erg uithuizig
Dames, zei de dominee,
En laten we het allemaal
Wel goed in ons bezinken?
De kermis nu bijvoorbeeld,
Namen wij er iets van mee? ...

Aan de vooravond van haar zeventigste verjaardag vertelde ze in interviews met Jan Paul Bresser, Henk Oolbekkink en Claudette Keuls: 'Je wordt geconfronteerd met ziekte, met dood, met ouderdom. Dus als je inmiddels zeventig bent denk je: nou, zo langzamerhand is het breiwerkje wel op. Dat is niet iets tragisch, dat is het leven zelf, daar hoef je niet lang over te ouwehoeren, je hoeft er niet bang voor te zijn. Bang ben ik voor mensen die benepen zijn, bekrompen, keurig, conformistisch, fatsoenlijk, plechtig, van die mensen waar ook aldoor die huichelachtigheid aan vastzit, mensen met maskertjes op waar je niet doorheen kan komen, mensen die zich niet laten zien zoals ze zijn en niet meer spontaan kunnen reageren omdat ze helemaal gedeformeerd zijn door wat ze vinden, of door wat ze van hun moeder en vader geleerd hebben. Ik blijf een twijfelaar, gelukkig maar, want het leven is een kwestie van keuzes, de ene na de andere. Daarom heb ik het met mensen die een zekerheid hebben zo moeilijk. Zekerheid in het geloof, bijvoorbeeld, nou dat is waarschijnlijk een alibi voor allerlei mensen. Omdat ze zo zeker zijn van God en Jezus en braaf naar de kerk gaan, mogen ze verder alle mogelijke gemene dingen doen – hun geweten zoeken ze buiten zichzelf, dat vind ik heel makkelijk en heel vrijblijvend. Aan mijn werk merk je natuurlijk wel dat ik in wezen niet zo vrolijk ben; er zit veel pessimisme en machteloosheid in, maar tegelijkertijd toch ook dingen van: laten we een beetje aardig zijn voor mekaar en voor de diertjes en de plantjes en laten we van kindertjes houden – altijd weer zit er iets in van: leer een beetje tederheid van elkaar, dat vind ik vreselijk belangrijk. Alleen, er hoeft geen Jezus Christus achter te staan.

Met de jaren ben ik wel cynischer geworden, ja. Op een gegeven moment ga je de boel

Producer John de Crane

heel sarcastisch bekijken. Maar ik blijf het compenseren met een lach. Die zit er altijd in, hoe krankzinnig en ellendig het ook allemaal is. Af en toe toch een keertje lachen, ik hoop dat ik dat hou. Maar milder worden, nee hoor, beslist niet. Ik word een boze oude vrouw. Ik word hard, ik krijg iets onverzettelijks. En dat is niet het gevolg van teleurstellingen en desillusies in het leven. Je kunt ook boos en verdrietig zijn en zeggen van godverdomme, ze krijgen me niet klein, probeer dat maar 'ns, ik blijf toch lekker staan, wat je ook doet.

Er is een groot verschil tussen emancipatie en feminisme. Ik ben vóór emancipatie, natuurlijk, dat was mijn moeder al. Luister, ik ben een van de eerste bewust ongehuwde moeders, mijn zoon is nu zevenentwintig, maar ik heb me daar nooit iets van aangetrokken en er ook nooit moeite of narigheid mee gehad. Ik juich het altijd toe als een vrouw zegt: ik wil een kind, maar niet als ze zegt: ik wil een kind en de vader mag er niks mee te maken hebben, dat vind ik onzinnig – een kind heeft een vader nodig. Feministen zetten zich niet af tegen de mannenmaatschappij maar tegen de mannen, en dat kan ik niet zo erg goed verdragen, want die man is ook de helft van de wereldbevolking, je hebt ze hartelijk lief en ze moeten er ook aan meedoen. De beste manier om die emancipatie te bevorderen is te zeggen: voed je zoons op tot mensen in plaats van mannen en voed je dochters op tot mensen in plaats van vrouwtjes – begin dáár nou mee. Lesbiennes die zeggen: we hebben die kerels niet nodig, de spermabank zorgt voor het nageslacht. Kòm nou. Die feministen hebben pas een actie gevoerd tegen mijn musical *Madam*. Ze waren woedend, voelden zich gediscrimineerd. Humorloos zijn ze, dat zit natuurlijk vast aan dat trechtervormige denken. Je hebt dat bij alles wat sekte of geloof is. Vroeger was ik veel meegaander en veel inschikkelijker. Nou heb ik zoiets van: het mót, het zál, zó gebeurt het. In het theatervak met name moet je dat wel hebben. Het is zo'n grote machinerie geworden en daarin moet je je staande houden. Ik merk wel, na al die jaren: ik doe over alles tegenwoordig veel langer, ik ben veel banger ook. Je bent minder spontaan, doet tobberig over je werk, je bent veel meer zelfkritisch, zeurderig ook. Ach, je hebt al zoveel geschreven hè, voor een groot deel is alles al behandeld, dan ga je denken: wat nòu weer? Ik heb zo langzamerhand honderden liedjes geschreven, dan kom je het tegen van: die regel héb ik al es geschreven en het is natuurlijk fataal als je op je routine gaat werken. Maar zolang het bronnetje nog vloeit blijf ik er gebruik van maken. Er is toch nog wel een taak weggelegd, dacht ik, zelfs voor iemand die tot de jaren zestig is gekomen en niet verder. Het theaterpubliek is nog niet eens aan de jaren dertig toe.'

... U weet toch hoe ze waren,
Toen, in de zestiger jaren?
Vastbesloten om de wereld om te ploegen,
Heel het systeem
    moest grondig uit z'n voegen.
Ze hadden gelijk.

Nou heb ik spijt, 't was dom van mij,
De jaren zestig zijn voorbij.
En iedereen zit heel gewoon
Weer in dat ouwe rotpatroon,
Ook zij!
Ze willen leven, profiteren,
Zich amuseren, potverteren,
En de wereld maar zo laten
En er niet meer over praten.
Want wat zet dat nou
Voor zoden aan de dijk ...
Dus wat wil ik nou?
Ze hebben gelijk.
Tja, ze hebben gelijk ... (1975)

4. Uit Liefde
(Martie Verdenius 1908)

In de schaduw van Wim Kan, Wim Sonneveld en Annie M. G. Schmidt, hebben in de jaren dertig en veertig nog veel andere cabaretinitiatieven de aandacht getrokken. (Zie ook het lijstje aan het begin van hoofdstuk 2) Soms waren ze te oppervlakkig of te tijdelijk om garant te kunnen staan voor een wezenlijke inbreng, vaak ook bleven zij – door gebrek aan talent – in de goede bedoelingen steken. Maar er was één ensemble dat in de geschiedenis een zeer aparte en soms onderschatte plaats heeft ingenomen: het cabaret van Martie Verdenius, dat tussen 1940 en 1950 actief is geweest.

Martie Verdenius bracht puur cabaret uit artistieke gedrevenheid, zonder commerciële oogmerken. Haar publiek was betrekkelijk klein, maar ze aarzelde niet om regelmatig te experimenteren, met de vorm – zoals het danselement – en met de keuze van haar medewerkenden: de revue-artieste Louisette, de amateur-cabaretier Chiel de Boer, de actrices Sophie Stein en Rie Gilhuys, de acteurs Joan Remmelts en Guus Hermus, en de grillige filmdiva Fien de la Mar. In totaal twintig programma's met minstens tweehonderd liedjes.

Dit Veluwse dorpsmeisje uit Heerde wist op haar negende jaar al wat ze wou: toneelspeelster worden. Maar een dergelijk wuft beroep leek notaris Verdenius volstrekt ongepast. Daarom liet hij zijn dochter Nederlands studeren in 'de grote stad' Amsterdam, waar ze tòch een poging deed om op de toneelschool toegelaten te worden ... tevergeefs: 'M'n kind, welke weg je ook kiest, nooit die van het toneel,' adviseerde de directeur. Ze maakte een zware tocht van de Marnixstraat terug naar huis, maar bleef rechtop lopen omdat ze dacht: 'Dan maar

Schrijfster-cabaretière
Martie Verdenius

zònder toneelschool.' Na twee jaar brak ze haar studie af en trok er – in 1935 – met een paar zelfgemaakte liedjes op uit. Haar durf werd beloond met een optreden in het Kurhaus-Cabaret van Louis Davids. Op een zondagmorgen had ze in zijn huis in de Vossiusstraat auditie gemaakt, waarna hij haar direct had geëngageerd: 'U zult een grote toekomst krijgen, maar u moet nog alles leren.' Een week later stond ze bij hem op de planken om de wanhoopskreet te laten horen van de jonge werklozen in de toenmalige crisisjaren:

... De eeuw van het kind,
  de eeuw van de jeugd!
Ja, slenteren, stemp'len of vragen.
En vermindert de strijd en verbetert de tijd,
Dan zijn wij juist overgeslagen.
We zijn jong en sterk,
  wat we willen is werk!
We verlangen niet veel van het leven:
Een tiende van wat vroeger iedereen had,
Maar wat is ons over gebleven?
Het is zo heerlijk jong te zijn,
En zo begeerlijk jong te zijn ...

Hoewel ze Louis Davids altijd als haar 'ontdekker' heeft geëerd, was ze niet blind voor zijn commerciële motieven: 'Op sommige punten was Davids een immoreel zakenman. Hij stelde mij voor om een contract te sluiten waarbij hij als mijn ontdekker veertig procent zou krijgen van al mijn toekomstige engagementen.'
Maar het blijft een feit dat ze, door haar optreden in het Kurhaus-Cabaret, plotseling in de algemene belangstelling stond. En Menno ter Braak schreef: 'Martie Verdenius is een verrassing, nu eens niet een schone, glunderende, sierlijk uitgedoste dame, maar een spichtig meiske in lange wijde pantalon en trui die met haar wrange liedjes reminiscenties aan de Pfeffermühle opriep.'

... 't Leven vindt een nieuw symbool
In een cafetaria.
Eerst vlieg je er domweg in,
Dan kijk je het menu eens na.
Rommel door elkaar gesmeten,
Opgesierd en opgemaakt,
Als een beeld van 't hele leven
Waar de stijl is zoek geraakt:
Vreet maar raak, het is goedkoop!
Vreet maar raak, er is een hoop
Wat je liever niet zou eten,
Maar dat moet je maar vergeten.
Zorg, ellende en verdriet,
Slik 't maar door, dan proef je 't niet.
Zeur niet over vieze smaak:
Wil je leven? Vreet dan raak! ...

Martie Verdenius begon haar loopbaan in een tijd toen de radio valselijk stond te zingen: 'Happy days are here again.' Haar kritische kanttekeningen werden dan ook niet door iedereen gewaardeerd 'omdat men naar een schouwburg gaat om zich te ontspannen, niet om zich de les te laten lezen.' Maar Louis Davids nodigde haar nog verschillende keren uit en in 1936 zong ze:

... Alles zal komen
Als het moet komen,
Zeggen de slomen.
Ze gaan er mee slapen,
Ze staan er mee op,
Het zit als oud roest
Vastgeroest in hun kop.
Ze lezen 's ochtends het ochtendblad:
Sancties, leningen, neutraliteit.
Ze lezen 's avonds het avondblad:
Arisch, niet-arisch, verdraagzaamheid,
Bomvrije kelders, geschonden verdragen,
Beloften die niet om vervulling vragen ...
En ieder wil oorlog, en niemand wil oorlog!
Het gist in Europa!
Het broeit in Europa!
We zien en we weten,

Cabaret Alice Dorell
Cabaret de Dix Heures
Bob Nijhuis als de rattenvanger van Hameln
ABC-Cabaret met Corry Vonk *(Liefdadigheid)*

WERELDSTAD

1. Wereldstad presenteert .... Alice Dorell
   tekst: Alice Dorell; muziek: Chris Velo.
2. Straatongeluk .... Ensemble
   tekst: Martie Verdenius.
3. De nerveuze .... Fred de la Bella
   tekst: Will Wemerman; muziek: A. de Lieme.
4. De verveelde .... Gerard Vos
   tekst: Will Wemerman; muziek: Ro van Hessen.
5. De Leerares .... Bob Nijhuis
6. De helderziende .... Alice Dorell
   tekst: Alice Dorell; muziek Ro van Hessen.
7. Bij den dokter .... Fred de la Bella
   tekst: Alice Dorell; muziek: Ro van Hessen.
8. De etalagepop .... Bob Nijhuis
   muziek: Joan Rini.
9. Demonstreeren .... Bram van Vlooten
   tekst: Bram van Vlooten.
10. a. De klant is koning
    b. Service
       De klant .... Alice Dorell
       1e Verkoopster .... Lys Fonteyn
       2e Verkoopster .... Martie Verdenius
       tekst: Alice Dorell, Martie Verdenius.
11. Stilte .... Gerard Vos
    tekst: Martie Verdenius; muziek: Wim de Vries.
12. Stadsbosch .... Alice Dorell
    tekst: M. Verdenius; muziek: Wim de Vries.
13. Sukkeltje .... Martie Verdenius
    tekst: Martie Verdenius; muziek: Ro van Hessen.
14. Pieter Stuif bezoekt de bioscoop .... Bob Nijhuis
    muziek: Ro van Hessen.

CABARET DE DIX HEURES
REMBRANDT-HOTEL — NOORDWIJK
(TEGENOVER ZUIDERBAD)

ZATERDAG 23 — 30 JULI '38
ZONDAG 24 — 31 JULI '38

2e NOORDZEE-REVUE
STRAND-RHAPSODIE

Zakelijke leiding: HAN HAL
Artistieke leiding: MARTIE VERDENIUS

PROGRAMMA

VLOED
1. We steken in zee . . . . . Ensemble
2. TANGO . . . . Ankie Heukers
   dans
3. Wij vragen uw aandacht . . Martie Verdenius
   chansons
4. STORTZEE . . . . Bob Nijhuis
   dans
5. Alle hens aan dek . . . . Ensemble
   sketch
6. Hallo, hallo, hier . . . . . Wim Sonneveld

EB   EB   EB

7. STRAND-RHAPSODIE . . . Ankie Heukers
   dans
8. Een storm in een glas water . Martie Verdenius
   sketch   Ans v. Merlevoort
                                 Bob de Lange

VLOED
9. ZEE-ANEMOON . . . . . . Bob Nijhuis
   dans
10. SPELEVAREN . . . . . . Wim Sonneveld
    liedje   Ans v. Merlevoort
11. BOOTJE ENTERT BOOT . . Ankie Heukers
    dans   Bob Nijhuis
13. In veilige haven . . . . . Ensemble

Teksten: Martie Verdenius, Wim Sonneveld e.a.   Muziek: Peter Kellenbach e.a.

Reserveert tijdig uw plaatsen. Telef. 50 — Avondtoilet gewenscht doch niet verplicht

*We slapen en eten
En lopen vanzelf wel
De weg naar die hel! ...*

Nagenoeg de hele Nederlandse pers heeft haar debuut – waarbij ze werd begeleid door die andere Davids-ontdekking: Cor Lemaire – in alle toonaarden toegejuicht: 'Ze zong wrange, onconventionele liedjes die wat te zeggen hebben tot de ouderen en uiteraard precies de mening vertolken van de jongeren. Zullen we dan toch een herleving zien van het Nederlandse cabaret dat na de dood van onze nooit volprezen Pisuisse verwijnd was en langzaam maar zeker een volkomen herinnering scheen te worden?'

Haar grote succes leidde tot het oprichten van een eigen gezelschapje, waarmee ze voor verenigingen en kunstkringen optrad, samen met Steffa Wine, Arend Hauer en Gerard Rekers: 'Op het gebied van waarlijk kunstzinnig Nederlands cabaret zijn wij door de tijden heen zo misdeeld geweest, dat het heel begrijpelijk is, dat in de eerste vreugde van het ontmoeten van iets werkelijk goeds en belangrijks, het door Martie Verdenius geleide gezelschapje een enigszins sensationeel verschijnsel en de leidster zelf een figuur van uitzonderlijke betekenis wordt. Welnu, mej. Verdenius is een werkelijk bijzonder talent, misschien zelfs een groot en sterk talent, maar dat zullen pas de komende jaren kunnen leren. Eigenlijk is het optreden van het troepje in zijn geheel nog belofte, mooie kostbare belofte, waarvan wij – cabaretvrienden – met geladen belangstelling de zozeer gehoopte vervulling zullen verwachten. Aan Martie Verdenius de taak om deze belofte in vervulling te doen gaan. En ik geloof: zij kàn het. Ze zal haar gezelschapje wat moeten reorganiseren. Maar ook dat kan.'

Martie Verdenius zocht naar artistiek gelijkgezinden en sloot zich in 1937 voor korte tijd aan bij het cabaretensemble van Alice Dorell, waar ze ook de cabaretière Anny Prins en de danser Bob Nijhuis ontmoette: 'Jonge mensen die, blijkbaar vol overtuiging, op de planken komen, jonge mensen, gedeeltelijk begaafd (in het geval van de schrijfster-actrice Martie Verdenius zelfs zeer begaafd), die één lijn trekken. Het stemt een beetje weemoedig, dat deze lijn er een is van pessimisme, gedesillusioneerd zijn, défaitisme en dat de positieve kant die men er aan tracht te geven, zo weinig overtuigend werd. Maar wel is deze houding kenschetsend voor een groot gedeelte van onze jeugd en niet van de slechtste. Eerlijk als ze zijn en jong als ze zijn, kunnen zij nog niet verzwijgen. En al is het dan geen aangenaam amusement, wij waarderen dit cabaretje om zijn moed, zijn eenvoud en zijn eerlijkheid. En wat er van dilettantisme in te bespeuren valt, is slechts in harmonie met de grote jeugd van de medewerkers. De kern van het gezelschap zien wij in Martie Verdenius, die knappe teksten schrijft en die zelf als een geestige en beminnelijke verschijning op de voorgrond treedt.'

Ze kwam ook in contact met Cruys Voorbergh, Chiel de Boer en Wim Sonneveld, maar een wezenlijk nieuwe mijlpaal werd bereikt toen Wim Kan haar in 1938 uitnodigde voor zijn ABC-Cabaret in het programma *Wim Kan met zijn 7 joffers*, waaraan als gast ook de sublieme Duitse cabaretière Dora Gerson heeft meegewerkt. Deze belangrijke artistieke stap confronteerde Martie Verdenius voor het eerst met een kritiek die ze niet gewend was geweest: 'Martie Verdenius is als tekstdichteres een onschatbare aanwinst, als actrice nog een mislukking. Haar dictie is koud, haar spreken slordig, haar voordracht gering.'

En: 'Ze schrijft voortreffelijke intellectueel-literaire teksten, maar moet zich eigenlijk niet aan het uitvoerende deel wagen; daarin schiet ze hopeloos tekort, vooral doordat ze haar uitspraak niet mee heeft.' Ondanks deze negatieve geluiden werd ze door Wim Kan geprolongeerd voor het programma *Vrouwen in 't voorjaar;* samen met hem zong ze in 1939 het door hem geschreven nummer 'Het lied der middelmatigheid':

... Wij zingen het liedje van ied're dag,
Het lied dat iedereen horen mag.
Waar niemand om lacht
 en waar niemand om huilt,
Omdat er geen waarheid
 of wijsheid in schuilt.
Zo'n liedje, zo typisch van onze tijd,
Zo'n liedje van middelmatigheid ...

Hoewel Martie Verdenius in de daarop volgende jaren haar presentatie door praktische ervaring en routine wist te verbeteren, behoorde ook zij tot de dichters-zangers bij wie inhoud en uitvoering met elkaar in botsing zijn omdat hun theaterpersoonlijkheid niet sterk of boeiend genoeg is om de zwakke vertolking op te heffen. Geconstateerd moet worden dat in zo'n geval hun werk niet volledig tot zijn recht komt: Dirk Witte, Willem van Iependaal, Chiel de Boer, Jaap van de Merwe of Hans Dorrestijn (de een wat meer, de ander wat minder). Sommigen beschouwen dat als een voordeel: 'De onverschillig suggestieve wijze waarop Martie Verdenius haar liedjes brengt, sluit volkomen bij het karakter ervan aan,' anderen zijn dankbaar dat Annie Schmidt, Michel van der Plas, Guus Vleugel of Jan Boerstoel niet zelf in gezang uitbarsten maar de uitvoering van hun werk aan anderen overlaten. Maar een bepaald publiek schijnt zingende auteurs soms als een sympathiek curiosum te beschouwen, zoals dat is gebleken uit de enorme belangstelling voor Heinz Polzer (de vermaard geworden Drs. P., die soms als speciale gast optrad in het cabaret van Ivo de Wijs), wiens vertolkingen in het niet verzinken wanneer men deze vergeleek met de professionele aanpak van uitvoerende kunstenaars als Hetty Blok, Adèle Bloemendaal, Gerard Cox of Leen Jongewaard. Martie Verdenius heeft, toen ze in 1940 volledige programma's begon samen te stellen, nooit het leeuwedeel van de vertolking van haar teksten voor zichzelf opgeëist; ze beperkte zich voornamelijk tot enkele conférences en een paar liedjes. Haar kracht lag in het auteurschap, de keuze van haar medewerkenden en de regie. Maar voor het zover was werkte ze eerst nog samen met Abraham van der Vies die in Rotterdam een gezelschap voor de jeugd had opgericht: de Sprookjesspelers. Samen bewerkten ze twee Andersen-sprookjes voor het toneel: 'De nieuwe kleren van de keizer' en 'De varkenshoeder'. Wim Sonneveld werkte mee als 'opperklerenkastenknecht' en Albert Mol als 'vierde hofdame'.

Door de jaren heen is het gebrek aan goede cabaretteksten zó evident geweest dat een nieuw talent op dat terrein meer dan welkom wordt geheten. Het is dan ook niet verwonderlijk dat de veelzijdige actrice Fien de la Mar (zie ook hoofdstuk 5), die regelmatig naar de cabaretplanken verlangde, zich tot Martie Verdenius wendde om een heel programma voor haar te schrijven. En deze bedong toen dat ze ook als uitvoerend artieste in het gezelschap zou worden opgenomen. Zo ontstonden de succesvolle programma's *Hoe hoort het eigenlijk?* en *Hallo Fientje* in het Leidsepleintheater in 1940 en 1941, door het 'Ensemble Fientje de la Mar'. Kort daarop – in de zomer van 1941 – vermeldden de affiches: 'Cabaret Martie Verdenius' met het programma *De zomer in 't hoofd*. De medewerkenden waren: Rie Gilhuys, Lizzy Valesco, Eri Rouché, Joan Remmelts, Herbert Perquin, de debuterende Guus Hermus en het pianoduo Wim de

Vries en Jo Spiers. Deze eerste volledige Verdenius-produktie werd uitermate gunstig beoordeeld, waarbij speciale aandacht werd besteed aan een nummer dat eerder door Fien de la Mar was geweigerd, maar nu door de actrice Rie Gilhuys (door een krant 'de vrouw die de moed heeft' genoemd) indrukwekkend werd voorgedragen:

... De angst om oud te worden
Klemt als een monster je gedachten.
De angst passé te worden
Dringt in je slapeloze nachten.
De angst van elke domme vrouw
Die zo maar wat heeft voortgeleefd,
En nu met lege handen staat
Omdat ze niets meer over heeft ...

Van een ander soort moed getuigde de conférencier Herbert Perquin door in een volgend programma *(D'r zijn erger dingen)* het vlijmscherpe Verdenius-liedje 'De echte vent' uit te voeren, met suggestieve muziek van Jo Spiers. We leefden immers in 1942 en de hysterische schreeuwpartijen van Hitler en Mussolini waren niet van de lucht.

... Een echte vent is iemand
Die bang is voor niemand,
Die iedere situatie regeert,
Die als een tyran
*   zijn omgeving terroriseert ...*

Ko van den Bosch, Sophie Stein en Eri Rouché

In datzelfde jaar ontdekte Martie Verdenius het cabarettalent van de actrice Sophie Stein:

... Ik heb het leven voor een stuk
Achter de rug. Er was geluk,
Naast veel verdriet en veel gemis
Waarvan men zegt dat het nodig is.
En 'k voel me als een automaat
In deze tijd van strijd en haat ...

Later, bij Wim Sonneveld, vertolkte Sophie Stein een Verdenius-monoloog die bijzonder geliefd werd:

... Als symbool voor ouder worden
　　stemt het kleurig mozaïek
Van je jeugdherinneringen
　　je vaak wat melancholiek.
Flarden van gebeurtenissen,
　　wanneer je 's nachts niet slapen kan,
Buit'len dan door je gedachten
　　als een levende roman.
En in die groteske droomarchitectuur
Staat oma dan als dè centrale figuur ...

We mogen vaststellen dat Sophie Stein het cabaretvak bij Martie Verdenius heeft geleerd, een ontwikkeling die via Wim Sonneveld en Wim Kan tenslotte zou leiden tot de populairste rol uit haar loopbaan, die van 'Moeder Doorsnee'. Dat Joan Remmelts en Guus Hermus later in musicals zouden optreden, kon toen niemand vermoeden, maar Martie Verdenius moet hun aanleg op het terrein van de lichte muze al vroeg hebben aangevoeld. Guus Hermus verscheen na zijn studie op de toneelschool voor het eerst op de planken – in het cabaretprogramma *De zomer in 't hoofd* – met een liedje over een jongen die levenslang werd geplaagd door wat zijn opvoeders hem in zijn jeugd hadden verboden:

... 't Ging de hele dag maar door:
Pietje, nergens aankomen!
In mijn oren dreunde 't koor:
Pietje, nergens aankomen!
Als ik opstond of ging zitten,
Altijd was er wat te vitten:
Pietje, nergens aankomen! ...

In deze periode verkondigde Martie Verdenius haar cabaretcredo: 'Wat ik wil met cabaret? Iets beschaafds geven, met pit en humor. Maar die twee kwaliteiten vergen ook veel van het publiek. En dat cachetpubliek is nog te klein. Het kon groot genoeg zijn. Het concertgebouwpubliek zou even goed cabaretpubliek kunnen zijn. Goed cabaret is als goede muziek. Het heeft zeker even zovele mogelijkheden tot kunstontroeringen. Cabaretprogramma's samenstellen is voorlopig nog een vraagstuk van concessies doen aan het grote publiek, tot er langzaamaan een cultureel cabaret groeit. Want deze wisselwerking: beter cabaret, beter en groter publiek, steeds op te voeren is een van mijn hartewensen. Cabaret is een levensspiegel. Het kan ook een zedenspiegel worden. Het moet vooral luchtig zijn. Met humor. De teksten zijn niet het belangrijkste, van veel meer belang is hoe ze worden gezegd. Het meeste werk geeft dan ook het regisseren. Improviseren laat ik hoogst zelden toe. Het is te gevaarlijk, het wordt te gauw een rommeltje. Ik denk altijd aan een gezegde van Eduard Verkade: improviseren is alleen goed wanneer het grondig is voorbereid.'

Met een korte onderbreking in de laatste oorlogsjaren, zette Martie Verdenius na de bevrijding haar werkzaamheden voort:

... Nu de oorlog over is,
Gaan we blij tezamen
Weer met frisse kracht en moed
Een nieuwe oorlog tegemoet.

Antoine Brusta en Chiel de Boer met Moestafa's *Mummie van de Pharao* (1942)

Fien de la Mar met Jo Spiers

Mascha ter Weeme en Ton van Duinhoven

Cabaret Martie Verdenius (1941) met Lizzy Valesco, Guus Hermus, Herbert Perquin, Eri Rouché, Joan Remmelts en Rie Gilhuys

Onze kinderen geven 't bloed.
Wel bekome het! Amen! ...

En de cabaretière Tini Visser zong een strijdlied waarmee het feminisme werd ingeluid:

... Wie willen het onderste uit de kan
En de kan óók nog als het kan?
Alleen mannen, alleen mannen!
Wie namen door de tijden heen
De vetste kluif, het dikste been?
Alleen mannen, alleen mannen!
Wie maken de oorlog, wie sluiten de vrede,
Wie maken dan weer
*   een hel van het Eden?*
Wie jagen als gekken aan achter genot
En maken als 't uit is hun speelgoed kapot?
Alléén mànnen! ...

Wie in de veronderstelling mocht verkeren dat feministische geluiden in het Nederlandse cabaret voor het eerst te horen waren bij Natascha Emanuels en haar vrouwen, vergist zich; Martie Verdenius stond veertig jaar geleden al op de barricade, minder opportuun maar met meer talent. Ze kreeg zelfs de naam zuur, bitter, wrang en rancuneus te zijn en Alex de Haas stelde in 1948 vast: 'Een zeer apart talent bezit Martie Verdenius, die weliswaar bij voorkeur aan de navrante kant blijft, maar in haar persoonlijke stijl prachtige dingen schrijft en zegt.' Nog in 1975 sprak ze, als docente van de Akademie voor Kleinkunst, haar vrouwelijke leerlingen als volgt toe: 'Ik weet dat hier talent aanwezig is dat zeer ver kan komen. Maar dan moeten jullie wel je beroep heel serieus nemen en niet zo stom zijn, om wanneer de natuur gaat spreken en er een man op de proppen komt, te denken dat je plaats achter de vaat en de was is. Dan moet je die man keihard zeggen dat je je beroep net zo belangrijk vindt als hij en dat je het niet op zal geven. Als vrouwen dàt niet doen, dan komen we nooit ergens.'

Van de artiesten die haar ideeën in liedjes, sketches, monologen of dans- en ensemblenummers gestalte hebben gegeven, noemen we nog: Mela Soesman, Ko van den Bosch, Teddy Schaank, Teddy en Henk Scholten, Francoise Flore (de moeder van Marjol Flore), Henk Rigters, Hetty Blok, Luc Lutz, Lia Dorana, Ton van Duinhoven, Julia de Gruyter, Bob Nijhuis, Mascha ter Weeme, Max Dooyes, Greetje Donker en Karel Poons. En tien jaar lang was de pianist-componist Jo Spiers haar trouwe begeleider. Voor de medewerking van de fenomenale cabaretière Fien de la Mar verwijzen we naar het volgende hoofdstuk.

Ondanks alle mogelijkheden die haar in 1949 nog in het vooruitzicht werden gesteld – zoals een tournee in de West – vond Martie Verdenius de tijd gekomen om haar cabaretactiviteiten te staken, omdat de moeder van twee opgroeiende kinderen en de leidster van een cabaret – artistiek èn zakelijk – steeds meer met elkaar in botsing kwamen.

Veertig jaar na haar debuut bij Louis Davids kwam haar werk opnieuw in de belangstelling door de langspeelplaat *Uit Liefde*, waar twaalf van haar beste nummers op zijn verzameld. De uitvoerenden waren: Henny Orri, Saskia & Serge, Lies de Wind en Paul Deen, Anke en George Groot, Guus Hermus, Enny de Leeuwe, Conny Stuart, Adèle Bloemendaal, Nell Koppen, Thérèse Steinmetz, Fien de la Mar èn Martie Verdenius zelf met haar bekende liedje 'Cadeautjes' waarin het verlanglijstje van een oude vrouw hetzelfde blijkt te zijn als dat in haar kindertijd:

... Een boek met grote letters
Wat ik makkelijk kan lezen,
Een zak met zachte toffees,

*Daar hou ik zoveel van.
Een spelletje waar 'k helemaal
In mijn eentje mee kan spelen,
En een lampje bij m'n bed,
Omdat er 's nachts
Weleens wat gebeuren kan ...*

Rond de doop van deze historische plaat, die plaats vond op 10 maart 1975 in de foyer van de Akademie voor Kleinkunst, keek Martie Verdenius even terug: 'Ik had destijds het gevoel dat ik alles beter kon dan een ander, maar men pikte mij in het begin niet omdat er geen problemen aangeroerd mochten worden.

Het cabaret was mijn uitlaat, ik had iets te zeggen, in het cabaret wilde ik de kaleidoscoop van het leven verkleind weergeven, in het kort zeggen wat je voelt en denkt en vindt om misschien anderen te kunnen helpen. Maar mijn liedjes waren druppels op een gloeiende plaat. Ze waren anders dan men in die tijd gewend was, alles ging gewoonlijk over de zon en de liefde, van die fondantliedjes. Die van mij waren wrang. Het werd gewoon een soort koppelverkoop; willen ze mijn liedjes hebben? Goed, maar dan mij ook. Nou, daar sta je dan. Je komt uit een gezin waar je geleerd hebt jezelf te beheersen, maar in het cabaretvak is alles

Het eerste exemplaar 'Uit Liefde'

precies andersom. Dat was mijn handicap, de rede remde de emotie. Er was toen nog geen cabaretschool, je stond op het toneel met iets dat je niet aankon en het beroerde was: ik wist het. Tja, het was een treurig begin. Armoe troef, want van thuis wilde ik geen geld aannemen. Maar Louis Davids zei: "Jij wordt wat." Het is gek, dat succes dat ik meteen bij hem had. Ik kon eigenlijk helemaal niks. Ik wist niet hoe ik staan of lopen moest of waar ik mijn handen moest laten. Alles deed ik verkeerd. Bovendien was ik werkelijk spichtig in die tijd, daar had Menno ter Braak gelijk in. Misschien kwam het omdat ik gelóófde in wat ik deed. Cabaret was voor mij wat bidden is voor anderen. Het was een bezetenheid van me. Een roeping. Louis Davids regisseerde mij niet, maar hij was er een meester in om de door hem geëngageerde artiesten zo effectief mogelijk te verkopen in zijn conférences. Hij was erg gecompliceerd: een grandioze uitvoerende artiest en een slecht mens. Maar dat kon hij niet helpen. Hij was lelijk en mies en had een minderwaardigheidscomplex. Ik heb hem weleens de kleine grote man genoemd. Hij was toen erg aardig voor me, net als de pers trouwens. Alles ging ineens veel beter, maar toen deed je er zeven, acht jaar over om bekend te worden. Dat is nu anders; een snelle opkomst, maar het duurt zo kort. Tja, àlles is nu anders. Er is een veel te grote toevloed door de WW die het vuurtje smeulend houdt. Werkelijke talenten zijn zeldzaam, nèt goed! Het leven selecteert, maar dat wordt in deze tijd doorkruist door de WW. Er is een ijzeren wet: als je bezeten bent van iets haal je 't toch wel. Ik was een dorpsmeisje dat het haalde. Vanuit mijn vrijheidsdrang heb ik in 1940 een eigen gezelschap opgericht, maar ook omdat ik door mijn notarismilieu toch zakelijk ben ingesteld. Ik heb ook altijd goed leiding kunnen geven. Inspraak, daar ben ik tegen.

Het is in strijd met de natuurwetten. Als iedereen gaat roepen: "Ik vind dat het zó moet," dan kom je nergens. Ik ben nou eenmaal erg onafhankelijk en zelfstandig. Misschien ben ik daarom ook niet mijn hele leven getrouwd gebleven. Ik wil niet altijd een ander om mij heen hebben met wie ik rekening moet houden. Toch ben ik dol op mensen. Mannen zijn fijn om te gebruiken, om mee te spelen. Ze zijn het enige andere geslacht dat we hebben. Van vrouwen houd ik uit een soort solidariteitsgevoel. Maar aan die solidariteit ontbreekt nog heel wat. Vrouwen zijn meestal enorme rivalen, elkaars ergste vijanden. Als er meer eenheid onder de vrouwen was, zouden we een betere wereld hebben.' (uit een interview met Ben Dull)

... Jaag, plaag, en verraad elkaar,
Maak elkaar af,
Van heel vroeg tot heel laat,
Van de wieg tot het graf.
Verdelg en verzwelg elkaar
Als je iets griefde,
Alleen, doe het niet weer
Uit Liefde ...

In totaal hebben 374 Verdenius-fans haar jubileum-lp aangeschaft.
Uit trouwe liefde.

... Ik zal altijd van je houwen
(altijd? is dat niet een beetje lang?)
Wanneer jij met mij wilt trouwen.
Alles mag je van me vragen,
(toe maar, toe maar)
'k Zal je door de wereld dragen.
'k Wil je alles, alles geven
(nou nou)
En voor jou dit leven leven,
Rozegeur en maneschijn
Tot we ouwe mensen zijn.
(zo zo) ...

5. Een naam die je nooit vergeet (Fien de la Mar 1898-1965)

In de beginjaren van ons cabaret zijn er maar weinig vrouwelijke artiesten geweest die deze aparte kunst hebben gediend. Het waren voornamelijk de toen geldende fatsoensnormen die deze situatie hebben bepaald; de kunstenaresse op de cabaretplanken werd op één lijn gesteld met het goedkope zangeresje dat in het oude café-chantant het begrip artistiek met erotiek verwarde. Van de weinige vrouwen uit die tijd is er eigenlijk maar één artieste van een formaat dat een historische terugblik rechtvaardigt: Josephina Johanna de la Mar, telg uit een beroemd en berucht toneelspelersgeslacht, dat nu helaas is uitgestorven. Haar grootvader, Charles de la Mar – die waarschijnlijk oorspronkelijk Karel van der Zee heette – noemde zijn zoon naar de door hem bewonderde Napoleon Bonaparte en deze populair geworden 'Keizer der Cabotins' (zoals Alex de Haas 'Nappie' eens heeft beschreven), noemde op zijn beurt z'n dochter naar Joséphine de Beauharnais.

De familie De la Mar bestond uit natuurtalenten; typerend is de volgende uitspraak van grootvader Charles: 'Komediant-zijn is een gave van God. Je bent het of je bent het niet. Het enige rechtvaardige in de kunst is: als je het niet hebt, dan kunnen ze het je niet geven en als je het wel hebt, dan kunnen ze het je niet afnemen.'

Fien(tje) de la Mar (die na de bevrijding het verkleinwoord definitief schrapte) behoorde, zoals men dat in de Franse theaterwereld zegt, tot 'les monstres sacrées': schitterende sterren waarnaast alle medespelenden verbleken. Hoewel het cabaret maar een klein onderdeel heeft gevormd van haar totale activiteiten, was alles wat ze op dat terrein heeft gepresteerd van een uitzonderlijke klasse. Men heeft haar weleens 'een vrouwelijke Pisuisse' genoemd en Pisuisse zelf heeft van haar gezegd: 'Zij zou m'n enige concurrent kunnen zijn.'

Fien

De algemene ontwikkeling die grootvader Charles en vader Nap in hun jeugd hadden moeten ontberen, kreeg de jonge Fientje op de meisjes-HBS in Rotterdam, waardoor ze later een internationaal cabaretrepertoire heeft kunnen opbouwen. Maar in haar schooltijd openbaarde zich al haar legendarische grilligheid en ongedurigheid; drie maanden voor haar eindexamen liet ze de HBS in de steek: 'Wat heb ik nou aan zo'n papiertje, overtuigde ik mijn ouders, als ik thuiskom ben ik het misschien al kwijt. Vader zag blijkbaar het logische van deze redenering in en ik verliet de school zonder einddiploma. Ik wist immers ook wel, dat ik later op de een of andere manier aan het toneel zou worden verbonden. Dat sprak vanzelf! Wat moest ik anders beginnen? Vader had het nooit anders gedroomd.'

Het publiek zag haar al gauw samen met Louis Davids in de revue *Had je me maar* (1916), samen met haar ouders in de voor haar geschreven operette *Madorah* (1917) èn in het cabaret van Max van Gelder, waar Jean-Louis Pisuisse haar bewonderde in haar creatie van 'Ein Weib' van Heinrich Heine. En Koos Speenhoff, die haar al als kind heeft gekend door zijn samenwerking met haar vader, schreef later: 'Fientje is soms een teder Venetiaans glaswonder en dan weer een Amsterdamse Jordaanengel. Ik hou van beide zijden. Ze hoort ook op Montmartre in de beste cabarets. Ze hoort ook te Londen in een Strand-Theatre. Ze hoort ook in een Spaans danshuis te Granada. Fientje is een toneelmijn, die bij het ontploffen de zieleruiten van haar gehoor doet vernietigen.'

In haar carrière sprong ze van de hak op de tak en door haar enorme veelzijdigheid was ze uitermate geschikt voor het cabaret; als actrice blonk ze uit in de sketches, als chanteuse was ze uniek in Nederlands en buitenlands repertoire. Ze beheerste de komische en tragische cabaretfacetten op een volmaakte manier, in een strikt persoonlijke stijl, met de voorname allure van een ware diva. Ze heeft het cabaret bij vlagen gediend, bij Nap de la Mar en Louis Davids, bij Martie Verdenius en Cor Ruys, bij Paul Ostra en Chiel de Boer, bij Rudolf Nelson en Willy van Hemert, èn in de door haar zelf samengestelde ensembles, maar steeds weer toonde ze zich de keizerin van de cabaretkunst. In 1935 begon ze haar eerste eigen cabaretgezelschap in het Leidsepleintheater met Corry Vonk, Jan van Ees, Johan Elsensohn en het pianoduo Beuker en Denijs. Door haar succesvolle medewerking aan de eerste Nederlandse geluidsfilms *De Jantjes* en *Bleke Bet* was haar populariteit groter dan ooit en daarom zong ze naast buitenlands repertoire – zoals 'Blue moon' en 'Va t'en Israël' – ook de grote filmschlager van Jacques van Tol en Hans May waarmee ze sindsdien vereenzelvigd zou worden:

... Ik wil gelukkig zijn,
Ik wil dansen tot ik niet meer kan.
En al word ik er draaierig van,
Dat hindert niet, dat hindert niet ...

Verder herdacht ze Dirk Witte en zong ze een liedje van Jan van Ees die regelmatig goede cabaretteksten heeft geschreven:

... Cijfers, staten, statistieken,
Kelderende republieken,
Telegrammen, hypotheken,
Borgen insolvent gebleken,
Olie-, rubberwaarden dalen,
Arbitragewaarden falen,
Morgen drie vergaderingen
Over waardeloze dingen.
Als een eindeloos refrein
Drenst het steeds maar door z'n brein:
Geld verdienen, geld verdienen! ...

Fientje de la Mar was in die jaren al een geniale cabaretière en kreeg overal juichende kritieken. In Haarlem schreef J. B. Schuil: 'Beseft Nederland eigenlijk wel welk een uitzonderlijk groot talent het in Fientje de la Mar bezit? Zou er een tweede artieste zijn aan te wijzen die op het toneel, op het filmdoek, in de revue en in het cabaret uitblinkt als zij? Haar optreden is zo vol temperament, zo levendig en kleurrijk, zo breed en gul en humoristisch, maar ook met zo'n diep tragisch accent en zo monumentaal van gebaar, dat zij heel het toneel vult met een magische voordracht zoals wij in ons leven enkel maar van de grootmeesteres der voordrachtkunstenaressen, van Yvette Guilbert hebben gezien.'

En Eduard Veterman schreef in 1935: 'Zij is een geniale actrice, maar ze heeft ook de grilligheid van het genie. Ze begint met elke rol vervelend en lelijk te vinden en om kleine bijzaken te lachen. Op de repetities die dan volgen heeft men het gevoel dat zij iedereen voor de gek houdt. Op de mise-en-scène let ze niet, zodat telkens verwarring ontstaat. Dikwijls is ze na enkele repetities haar rol kwijt: verloren in tram of trein. Tot verbijstering van iedereen kent ze dan meestal de hele tekst reeds, ofschoon ze zich er niet toe heeft gezet deze te leren. Ze is dikwijls lusteloos, of breekt af om een lekker broodje te eten. De regisseur trekt zich de haren uit zijn hoofd, maar dat maakt geen indruk op haar. Tot ze plotseling, onverwacht "zin" krijgt ... dan is ze de eerste op de repetities, smijt haar hoed in een hoek, gooit haar mantel over een stoel en repeteert niet, maar spéélt, voor de vuist weg. De regisseur is sprakeloos, de collega's schudden het hoofd van bewondering en zijzelf verdwijnt stil en snel, alsof ze zich geneerde voor haar talent. Veel te laat, vlak voor de première, begint ze aan haar kleren te denken die bijna nooit op tijd komen. En terwijl iedereen zich zenuwachtig maakt, vindt zij alles vervelend en onbenullig, komt ze laat op de generale repetitie met een grote koffer zèlf aansjouwen, zodat eigenlijk niemand precies weet wat er op de voorstelling gebeuren zal. En dit hangt weer van haar stemming af. Meestal spant ze zich op het laatste moment in – en dan heeft haar omgeving moeite om bij te blijven. Want als ze de sluizen van haar talenten openstelt, loopt heel plankenland onder. Soms speelt ze iets helemaal fout, maar zo geniaal-fout dat men het gaarne accepteert. Fientjes creaties zijn voor iedereen een verrassing, ook voor haarzelf. 'Wat een malle vent,' zegt ze van de recensent die haar bewondert om het doorleven en doorvoelen van een rol, 'ik heb maar zo'n beetje gek gedaan.'

De geschiedenis heeft aangetoond, dat de profetieën bij haar 'triomfantelijke debuut' waar werden gemaakt; in 1917 hadden de kranten geschreven: 'Fientje doet het geslacht der De la Mars alle eer aan' en 'Aan haar wordt bewaarheid dat het goede bloed, het artiestenbloed zich nooit verloochent.' Maar ook de slechte kanten van deze erfelijkheidstheorie werden bewaarheid; drank en sex zouden haar ondergang bepalen.

Na haar cabaret *De Blokkendoos* in het Leidsepleintheater, verhuisde ze naar theater Carré voor een Meyer Hamel-revue en in 1937 vinden we haar weer terug in het cabaret *De Caroussel* met Louis de Bree en Johan Kaart, in welk programma ze de eenvoudige song 'September in the rain' een extra dimensie gaf. In dit verband is een recensie uit 1946 typerend: 'Aan het slot zong ze een potpourri van vrij nieuwe Engelse en Amerikaanse liedjes, die men in alle graden van vlakheid en fantasieloosheid en artificiële leutig-zwoel-lieftallig en onbestemdheid door de radio heeft kunnen horen, en plotseling stonden al die liedjes als nieuw voor het verbaasde publiek. En als nieuw wil hier

CENTRAAL-THEATER

Iederen avond 8.15 uur precies.

INTIEME KUNST

Directie: MAX VAN GELDER

Leiding: NAP DE LA MAR. — Medewerkenden: FIENTJE DE LA MAR, MARGIE MORRIS, R. DE LA MAR-KLEY, COBA CUYTERT, LOUIS DAVIDS, LOUIS DE BREE, HENRI STROETHOFF, PIET URBAN, WILLEM FAASSEN.

Eerste optreden na hun terugkeer uit Nederl.-Indië

Louis Davids en **Margie Morris**, He, She and the piano.

Fientje de la Mar, Nieuwe Liedjes en Imitaties.

NAP DE LA MAR.

REVUE.

Burlesque van LOUIS DAVIDS JR. en HERMAN BOUBER.

Prijzen van f 3,50 tot f 1,25 alle rechten inbegrepen.

Fientje en haar vader

Met Louis Davids in 1917

Met Margie Morris in 1920

nog wel wat zeggen in het tijdperk van croonsters en grote namen en geweldig opgetutte dames met lege gezichten in een op zichzelf bewonderenswaardige variëteit van leeghoofdigheid die liedjes verpakken in het glimmend papier van gekleurde levenloosheid.' In haar loopbaan heeft ze ook andere al bekende liedjes steeds weer een eigen kleur gegeven, zoals 'Mon homme', 'Onder de bomen van het plein', 'Seeräuber Jenny', 'Wordt nooit verliefd', 'Ten cents a dance', 'Het lied van de liefde', 'L'accordéoniste' en 'Isaac Meyer's wiegelied':

... Schelden ze jou soms voor Jood,
Zeg dan niks en hou je groot.
Anders moet je duelleren,
Kan zo'n goy je nog bezeren ...

(J. COHEN VAN ELBURG)

In 1940 begon ze een nieuw cabaretgezelschap, nu in samenwerking met Martie Verdenius. Het materiaal dat deze schrijfster haar wist te verschaffen bezorgde haar de grootste successen in haar cabaretcarrière. En Martie Verdenius heeft nooit weer een vertolkster gevonden die aan haar sketches, monologen en liedjes zo veel kon meegeven als Fien de la Mar.

... Ik haat je en ik hou van je
En als je plotseling voor me zou staan
Dan zou ik je zoenen
    en tegelijkertijd slaan,
Dan zou ik lachen en huilen ...

Onvergetelijk was de monoloog over het gebombardeerde Rotterdam; zelden is een cabaretpubliek meer ontroerd geweest dan door dit nummer, dat Fien de la Mar met alle nuances van haar grandioos talent op adembenemende manier gestalte wist te geven. Ze zat op een eenvoudig houten bankje, met uitsluitend de toneelgordijnen als decor, verder niets; een hoogtepunt in de geschiedenis van ons vaderlandse cabaret.

... We weten nu dat alles door zal gaan,
We doen ons werk,
    we slapen en we lopen en we eten.
Zo zonder erg
    glijden we weer in ons bestaan
En onze kind'ren
    zullen dit goddank het eerst vergeten.
Misschien, veel later,
    zullen ze ons vragen doen,
Maar dan is alles duizendvoud
    teruggegeven.
De tijd reikt over alles heen
En Rotterdam,
Die stad van ons,
Is ons gebleven! ...

In Den Haag werd deze demonstratief werkende monoloog aanvankelijk door de Duitse bezetters verboden, maar het lukte de schrijfster na een 'verhoor' in de Euterpestraat in Amsterdam om het omstreden nummer drie dagen later toch weer op het programma te plaatsen. Een andere tekst uit het cabaretprogramma *Hoe hoort het eigenlijk?* zou merkwaardig genoeg pas stof doen opwaaien toen deze in 1947 werd uitgevoerd in AVRO's *Bonte Dinsdagavondtrein*. Het betrof hier de parodistische toekomstvisie van Martie Verdenius op 'Het zwakke en sterke geslacht', waarbij de rollen werden omgedraaid. Een pijprokende Fien de la Mar en Louis Gimberg met een haakwerkje, dàt ging te ver. In *de Volkskrant* kon men lezen dat alle voorzitters van de plaatselijke katholieke organisaties in Voorhout de AVRO hadden gedreigd niet meer naar de *Bonte Trein* te zullen luisteren, vanwege 'de immorele strekking en de grievende humor ten aanzien van de heiligheid van het huwelijk'. Prompt kwam dan ook het bevel van de directie aan de artiesten, om in het vervolg dergelijke scènes 'met een homosexueel karakter' achterwege te laten.

In dit licht is het interessant om een recensie uit *Het Volk* van 1940 te lezen: 'Fien de la Mar is op ons toneel de enige vamp, de enige demonische verleidster. Zij is onze beste cabaretière en zij is de meest vrouwelijke vrouw die er op onze planken staat.'
In 1943 weigerde Fien de la Mar om zich bij de Kultuurkamer te melden en na de bevrijding beleefde zij de grote voldoening om, samen met haar man Piet Grossouw – met wie ze al heel lang bevriend en in 1941 getrouwd was – in de Marnixstraat in Amsterdam een eigen theater te openen dat zij de naam van haar vader had gegeven. Nap de la Mar die in het leven van zijn dochter zo'n belangrijke rol heeft gespeeld als haar leermeester, was in 1930 in een inrichting in Den Dolder overleden en bij zijn graf zei Fientje: 'Mijn vader was een groot artiest. Ik hoop dat u hem zich zult blijven herinneren zoals hij was in zijn beste tijd.'
De comeback van Fien de la Mar in haar eigen theater was opnieuw een openbaring; als vanouds schitterde zij als actrice en als cabaretière. In een door Willy van Hemert samengesteld programma met Hetty Blok, Kitty Knappert, Louis Gimberg en Ko van den Bosch, blonk zij uit met het door Hella Haasse geschreven nummer 'Circusvrouwen'.

... In 't circus bij de uitgang der piste,
Waar 't bordje hangt voor de artiesten,
Staan iedere avond drie vrouwen te praten,
Drie vrouwen,
   getrouwd met de luchtacrobaten.
Hun man zien ze door de gordijnen
De nok van de tent in verdwijnen.
Die zweeft nu daarboven
   aan rekken en touwen,
Beneden daar kijken
   en wachten de vrouwen ...

PROGRAMMA
ENSEMBLE FIENTJE DE LA MAR
in het cabaret-boek:
Hoe hoort het eigenlijk?
door Martie Verdenius e.a.
Muzikaal geïllustreerd door Arno en Jabin.
Plaatjes van Joop Geesink.

FIENTJE DE LA MAR

Rotterdam ...

Helaas vormde haar artistieke succes een groot en schril contrast met het zakelijke; als directrice was ze – met haar grillige karakter – een volslagen mislukking en in 1952 nam Wim Sonneveld het theater over, waarbij het woordje 'Nieuwe' aan de oorspronkelijke naam werd toegevoegd. De klap kwam hard aan; ze voelde zich verkocht en verraden en trok zich vol rancune terug. Vijf jaar later overleed Piet Grossouw: 'Het enige en het liefste wat ik had is van mij heengegaan'. Daarna ging het met de toen bijna zestigjarige Fien de la Mar steeds meer bergafwaarts. Ze deed een mislukte zelfmoordpoging waardoor ze haar linkerarm niet meer kon gebruiken en kwam in een inrichting voor geesteszieken terecht. Toch vond ze weer de kracht om opnieuw aan het werk te gaan en ze vertoonde zich voor de camera's in het 'Artiestencafé' van Simon Carmiggelt en op de planken bij Ensemble van Karl Guttman. Ook Albert Mol, Joop van Hulzen en Jan Willem Hofstra gaven zich veel moeite om haar op te vangen, maar de ondergang begon zich toen al af te tekenen. Door het noodlot voorbestemd werd zij het schuldeloze slachtoffer van een vernietigende vervolgingswaan die haar tot hysterische razernij kon voeren, waardoor ze volkomen onhandelbaar is geworden. In 1964 werkte ze voor het laatst mee aan een tv-cabaret met een monoloog van Dorothy Parker, vertaald door Martie Verdenius: 'De wals', met de aangrijpende zinnen: 'Hoort u dat? Ze zijn opgehouden met spelen. Dat kan toch niet? Nooit meer ... En toch: er komt een stilte in mijn oren ... Stil mogen zijn. En moe mogen zijn. Moe, doodmoe ...'

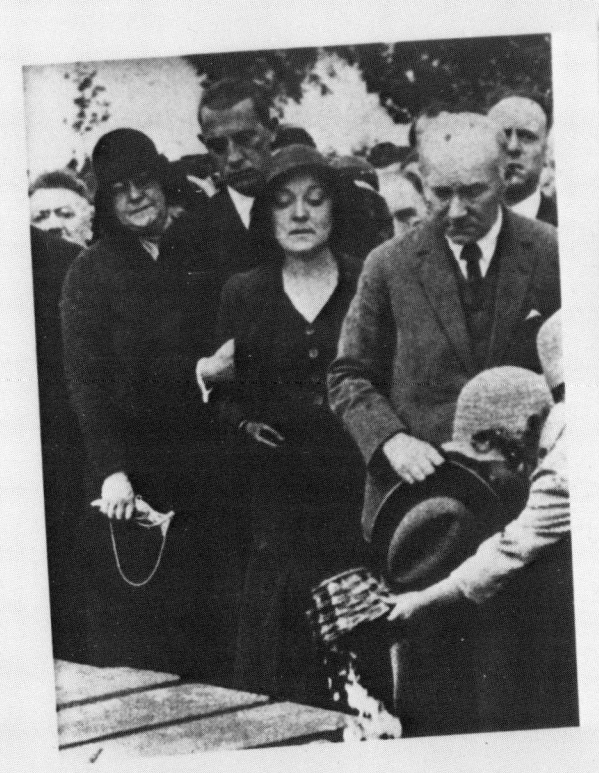

Met Piet Grossouw bij het graf van Nap de la Mar (1930)

Met Jan van Ees bij het Rotterdams Hofstad Toneel

In de daarop volgende depressie verbrak ze de overeenkomst om die zomer drie maanden mee te werken aan het cabaretprogramma *Waar blijft de tijd* in Theater Tingel Tangel. En haar omgeving luisterde machteloos naar haar trieste levensverhaal: 'Iedereen spant tegen mij samen. Niemand begrijpt mij. Waarom willen ze me niet? Ik wil gewoon weer het een en ander doen. Zie je, de winter staat voor de deur. De winter met die lange avonden. Het is voor mij het beste dat ik weer aan het werk ga. Toen Cruys Voorbergh zo onverwacht stierf verloor ik mijn beste en enige vriend. Hij was als een broer voor mij sinds Piet is overleden. Toen heb ik mij aangeboden als de eerste de beste dilettant. Dat is heel erg geweest, de mensen wilden mij gewoon niet meer. Ik ben niet speelziek, maar ik heb nu weer lang genoeg uit mijn raam op de winkel van de Vana gekeken. En het huishouden gedaan, kopje-vuil-kopje-schoon. Ik heb altijd hard gewerkt en behalve circusartieste heb ik alles gedaan wat in ons vak maar mogelijk is. Tevreden ben ik nooit over mijzelf geweest. Altijd weer wilde ik beter en nòg beter. Tot er een moment komt dat van het laatste grammofoonplaatje, met Cor Lemaire aan de piano, er maar acht werden verkocht. Dat was een teken aan de wand en Fientje maakte zichzelf niets wijs. Het is een ellende als je vroeger jong en mooi bent geweest, als je succes hebt gehad en de wereld aan je voeten heeft gelegen. Er zijn mensen die mij schrijven: "Waar blijf je toch Fien de la Mar, we willen je weer op de televisie zien, kom terug, vroeger was je zo geweldig." Ja, vroeger, maar dat is jaren geleden. Het publiek dat mij toen bewonderde en op de handen droeg is zelf ouder geworden. Men aanvaardt gewoon niet dat de jaren bij mij ook tellen. Het hooggeëerd publiek wil mij weer jong en mooi zien. Vergane glorie. Ik wil geen vergeten vrouw worden, ik wil er bij horen. Ze zeggen dat ik te emotioneel ben, maar ik kan mezelf niet veranderen. Ik máák ook wel eens ruzie, zeker, zeker, er is wel eens een woordje gevallen. Ik ben nooit zo'n gezellig type geweest die tegen haar collega's zegt: "Kom es leuk op visite de andere week dinsdag." Daarom zit ik meestal alleen. Met m'n poezen.' (uit een interview met Rob Touber)

Op de ochtend van de eerste Paasdag 1965 sprong ze uit het raam van haar flat in de Beethovenstraat. De val was zo ernstig dat zelfs de ring aan haar vinger werd vervormd. In het ziekenhuis vroeg iemand haar waarom ze deze wanhoopsdaad had begaan. 'Om alles,' zei ze en ze stierf een paar dagen later, op 23 april 1965.

... Ik wil gelukkig zijn,
Ik weet van malligheid niet wat ik doe,
Waar zwaait mijn weg naar toe?
Ik weet het niet, ik weet het niet ...

Jan Willem Hofstra herdacht haar voor de televisie: 'Ze bezat alle talenten, behalve dat om gelukkig te zijn. In de tijd van haar grootste triomfen en populariteit kreeg ze vlagen van wanhoop en als ze dan toevallig in het cabaret werkte, wilde ze, liefst dadelijk, een engagement bij een toneelgroep. Had ze dat en bereikte haar een aanbod voor een film, dan was het dàt wat ze dadelijk wilde gaan doen, dan deugde er niets meer aan de toneelgroep waarbij ze een engagement had en niets meer aan de collega's met wie ze moest spelen, "gedoemd" was te spelen, zoals ze dan zei. Nu was het natuurlijk wel zo, dat ze vaak met kop en schouders boven de anderen uitstak en dat niet zozeer om haar spel als wel om haar persoonlijkheid. Je kon, zoals dat heet, nooit om Fien heenkijken. Alles aan haar was opvallend, de mooie en toch weer lelijke kop, de stem die tot de dag van haar sterven groot, diep en gaaf is gebleven, haar uiterlijk, haar bewegingen en handenspel, het was alles even opvallend. Daardoor was zij ook een uitnemende cabaretière die dadelijk to the point kon komen en de aanlooptijd die praktisch in iedere toneelrol zit, niet nodig had. Een liedje van Fien was dadelijk raak.'

*... Je hebt zoveel goeds voorbij laten gaan,
En zoveel moois voorbij laten gaan,
Je hele leven voorbij laten gaan,
Voorbij ...*

Van dit Verdenius-liedje, met muziek van Cor Lemaire, is een opname bewaard gebleven dank zij het idealistische werk dat Gerard Piesaar in de platenwereld heeft verricht. Fien de la Mar zong het voor het laatst op 8 februari 1964 voor het ICC in het Vondelparkpaviljoen; na afloop in de kleedkamer vroeg ze met tranen in haar ogen of ze 't nooit meer hoefde te doen. Het is haar laatste cabaretoptreden geweest: 'Die avond overweldigde mij gewoon. Ik deed er niets bijzonders, maar de mensen waren zo enthousiast. Er was een diner, ik werd toegesproken, zo ontroerend allemaal.'

Martie Verdenius vertelde later: 'Dat liedje "Voorbij" heb ik geschreven toen ik drieëntwintig was of zo, en ik geloof dat ik het nu zelf pas goed snap. Wat weet je op je drieëntwintigste nu van dingen die voorbij zijn? Fien de la Mar was ondanks haar onmogelijke vedettementaliteit enorm inspirerend voor mij. Ik heb heel goede liedjes voor haar geschreven, omdat ik wist hoe geweldig zij ze zou zingen. Ze had een enorm talent, maar ze kon niet tegen discipline en daar was ik juist erg op gesteld. Zij dronk ook wel eens wat, maar kon daar helemaal niet tegen. Ik heb haar weleens vanuit de coulissen overeind moeten houden als ze stond te zingen. Fien de la Mar... haar zelfvernietigingsdrang was net zo groot als haar talent.'

In datzelfde Vondelparkpaviljoen waar Fien de la Mar voor het laatst het liedje 'Voorbij' heeft gezongen, kunnen we nu

Laatste cabaretoptreden voor de tv (1964)

kijken naar de vele films waaraan ze heeft meegewerkt. De schimmen van haar kunst worden door het Filmmuseum zorgvuldig bewaard, waardoor het nageslacht er zich van kan overtuigen dat zij van alle Nederlandse spelers in de jaren dertig de enige was die voor de omschrijving 'movie-star' in aanmerking kwam.

... Wat niemand durfde dromen
Is eindelijk gekomen;
De filmartiesten stromen
Naar Duivendrecht met spoed.
Waar kool en kropsla groeien
En madeliefjes bloeien
Zie je de lampen gloeien
In Hollands Hollywood! ...

(JACQUES VAN TOL)

We hebben ons vaak afgevraagd wat er gebeurd zou zijn als Fien de la Mar niet in Amsterdam was geboren, maar in New York of Parijs. Als ze niet zo honkvast was geweest, als ze niet zo verknocht was geweest aan haar eigen, dierbare Rembrandtplein, dan was ze misschien wel een internationale beroemdheid geworden.

... Onder de bomen van het plein
Daar kun je zo gelukkig zijn.
Onder het dak van blaad'ren groen,
Daar bij het hekje van 't plantsoen.
Onder de bomen van het plein,
Daar ligt een paradijsje klein.
En uit het diepst van mijn gemoed
Zend ik uit 't verre land een groet
Naar jou, mijn Rembrandtplein ...

(CHEF VAN DIJK)

Max Tak, die dit lied in 1924 heeft gecomponeerd, schreef haar nog in 1960 uit New York: 'Het is een bijzonder genoegen te luisteren naar de wijze waarop je de betekenis van een tekst weet te verdiepen door er een persoonlijk, expressief accent aan te verlenen. Ik heb nooit vergeten hoe jij "Onder de bomen van het plein" hebt gezongen!'. Iedereen die wil proberen om haar en haar kunst enigszins te doorgronden, wordt als vanzelf geconfronteerd met haar ingewikkelde natuur die tot haar ondergang heeft geleid en die men niet kan losmaken van haar unieke artistieke prestaties. Behept met de losbandige bohémiengeaardheid van het De la Mar-geslacht, verwend door haar trotse vader, aanbeden door talrijke minnaars, gezegend met geniale gaven, gedreven door een nymfomane drang en op handen gedragen door haar publiek, was er in haar karakter nauwelijks plaats voor enig harmonisch evenwicht. Ze was onberekenbaar, onbeheerst en onredelijk, waardoor ze ieder die met haar in aanraking kwam steeds weer heeft verward, verbaasd en verbijsterd. Maar tegelijkertijd bepaalden al die factoren die ongewone, fascinerende persoonlijkheid waar niemand ongevoelig voor is gebleven. Want hoeveel verdriet en pijn ze anderen ook heeft aangedaan, er was altijd iets dat uitging boven persoonlijke beledigingen en gegriefdheden; een respect, een waardering, een verwondering over iets dat je maar zelden tegenkomt: een volmaakt theatertalent. Midden in een komisch liedje kon ze ineens een gevoelige nuance aanbrengen die je kippevel bezorgde en een tragische monoloog kon ze plotseling doorbreken met een humoristische wending die de menselijkheid van alles wat ze deed extra onderstreepte. Deze gaven waren typerend voor het rijke arsenaal van haar onbeperkte mogelijkheden. Haar humor en haar zelfspot openbaarden zich ook regelmatig in haar privé-gedragingen en ze hebben dikwijls bevrijdend gewerkt in moeilijke situaties. Zelfs na haar dood. Ze lag opgebaard in de foyer van het Nieuwe de la Mar-theater, waar haar bewonderaars totaal verslagen stonden te kijken naar haar door het leven verwoeste gezicht. En toch was het of in die stemming van algemene ontroering haar zo persoonlijke humor even om de hoek kwam kijken, toen men een grafkrans zag liggen van oud-artiesten uit Den Haag die de naam van hun vereniging op het lint hadden laten drukken: 'Nog vele jaren'.

En Simon Carmiggelt, op wie zij bijzonder gesteld is geweest, schreef een aandoenlijke Kronkel met de volgende slotwoorden: 'Aan haar humor, die zij, in haar helse eenzaamheid, toch niet verloor, bewaar ik mooie herinneringen. De laatste keer ontmoette ik haar op een druilerige zondagmorgen in een uitgestorven Kalverstraat. Zij greep mijn hand en zei, met een zekere tederheid, mijn naam. Ik vroeg: "Hoe gaat 't Fien?" Ze liet mijn hand los en antwoordde: "Laat ik maar 'goed' zeggen, dan zijn we er allebei vanaf." Dag Fien. Jij bent er nu eindelijk vanaf.'

Het ziet er naar uit dat haar legendarische naam nooit zal worden vergeten. Dat wordt, zeventien jaar na haar dood, opnieuw bewezen door het aan haar gewijde boek *Om alles* van Jenny Pisuisse en de musical *Fien* van Ivo de Wijs, Eric Herfst en Joop Stokkermans, met Jasperina de Jong in de hoofdrol.

... Ze is één: een fenomeen,
En ze is twee: een coryfee,
Ze is drie, vier, vijf, zes, zeven,
In elk genre zeer bedreven,
Ze is acht:
Een telg uit een beroemd geslacht,
Ze is ge-negen dat gedegen
Te bewijzen bovendien,
Ze is Fien.

Pien als Fien

6. De een wat meer, de ander wat minder

Ondanks nieuwe cabaretinitiatieven in de jaren veertig en vijftig, bleef de hegemonie van Kan en Sonneveld onaangetast. Ook de jonge Toon Hermans heeft zich in die tijd met een aantal cabareteske experimenten bezig gehouden, alvorens hij zich in 1955 als 'showman' heeft gemeld. En dat is er waarschijnlijk de oorzaak van dat hij ook nu nog vaak een cabaretier wordt genoemd en als zodanig – onrechtvaardig – wordt beoordeeld. Door de jaren heeft hij zich tegen deze wonderlijke misvatting gekeerd:

'Wij willen bijna altijd in ons Nederlandse cabaret iets zèggen, een of andere steek of boodschap uitdelen. Dat kan heel leuk zijn, maar ik prefereer het pretentieloze, het echt ongecompliceerde plezier, zonder ontevredenheid over het leven zelf.' (1959)

'Zuiver cabaret heb ik nooit gespeeld. Ik vind het altijd ver buiten het cabaret staan, zeker wat ik nu de laatste jaren doe. In de eerste tijd was het een beetje cabaretachtig, wat ze in Engeland intimate revue noemen, maar in zijn totaliteit was het toch niet wat men in Nederland onder cabaret verstaat. Het ligt mij helemaal niet om cynisch of kritisch te zijn. En ik heb te weinig talent om iets van een ander te doen, ik kan alleen de dingen doen die ik zelf schrijf en bedenk. En als komiek – in de volksmond ben ik komiek en ik heb zelf ook een volksmond – ga ik op het toneel nooit verder dan het leesplankje.' (1966)

'Ik ben een volksentertainer. Ik houd van

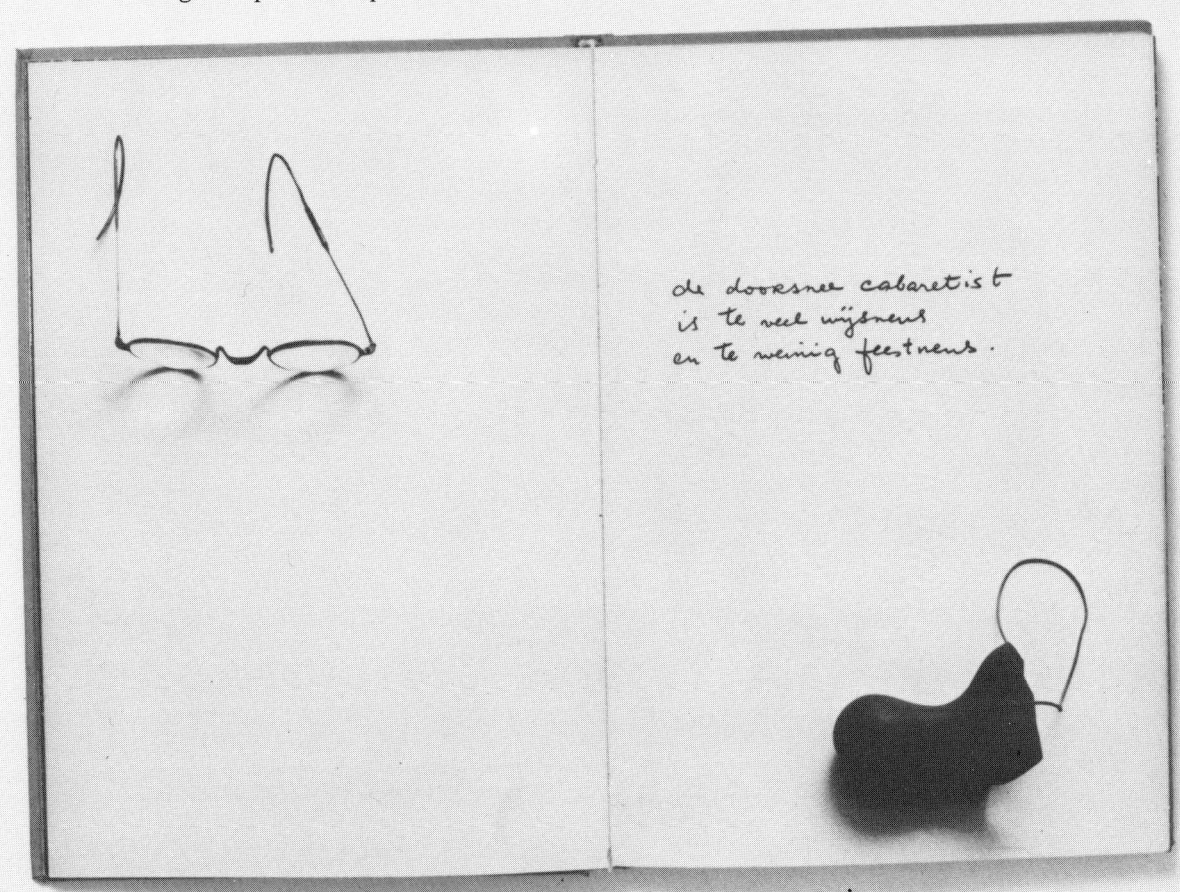

Uit het 'Toon-boek' (1968)

het volk; daarom heb ik gekozen voor Carré en niet voor een afgesplitste groep.' (1976) 'De doorsnee-cabaretist die het theater te veel langs de spirituele weg bewandelt, die met spitsvondigheden werkt, met heel mooie teksten, die noem ik dus een wijsneus. Een wijsneus die de wereld wil verbeteren 's avonds tussen 8 en 11 en dat duidelijk met gerichte statements probeert te doen. Daar hou ik niet van, ik hou meer van de feestneus. Ik probeer op het toneel het leven zo vrolijk mogelijk, zo blauw mogelijk, zo happy mogelijk voor te stellen. Ik weet wel dat dat niet waar is. Maar ik doe het tòch.' (1978)

... Laat me maar een beetje schooien
Door de wolken van de music-hall.
En hier en daar wat nootjes strooien,
En verder ... nothing at all ...

Ondanks al deze glasheldere getuigenissen heeft onze 'clown in klompenland' (zoals Ruud Kuyper hem in 1981 heeft genoemd) regelmatig moeten ervaren dat er bij de beoordeling van zijn zonnige en zorgeloze theaterprodukties verkeerde maatstaven werden gehanteerd. Daardoor werd hij soms als kunstenaar onderschat, vooral in de 'geëngageerde' jaren zestig toen er op de planken onder bedreiging van tomaten standpunten werden geëist die men eerder van dominees, pastoors of politici zou verwachten. Een vermeende goede of slechte mentaliteit bleek zwaarder te wegen dan een jarenlange artistieke reputatie van beproefd vakmanschap. (Zie ook hoofdstuk 8)
Zoals al eerder opgemerkt, hebben de hardnekkige misverstanden over de artistieke status van Toon Hermans wellicht iets te maken met zijn cabaretachtige beginjaren tussen 1942 en 1955. Maar het is nu eenmaal een normale zaak dat elke kunstenaar tastend op zoek gaat naar zijn persoonlijke mogelijkheden om zichzelf optimaal te kunnen manifesteren. Toon Hermans vond zichzelf pas toen hij in 1955 de Amerikaanse formule van de one-man-show hanteerde. Daarmee introduceerde hij een nieuwe mode in de Nederlandse amusementswereld; velen volgden zijn succesvolle voorbeeld, waarbij de een meer cabareteske kanten vertoonde dan de ander. Het werd moeilijk om vast te stellen waar de cabaretier eindigde en de entertainer begon, maar het is in ieder geval wel duidelijk geworden dat de meeste Toon-discipelen niet sterk en boeiend genoeg bleken om als solist – met alle beperkingen vandien – een avondvullend programma te dragen; in de Parijse music-hall Olympia zouden zij misschien hooguit een uurtje toegewezen krijgen. Maar helaas is de provinciale Nederlandse kinderhand blijkbaar gauw gevuld en worden hier alle solisten met de obligate staande ovatie bedankt. Overigens schijnt die mode in de jaren tachtig weer wat te luwen, omdat in veel gevallen de basis voor een langdurige solocarrière te smal is gebleken. Toon Hermans daarentegen werd in 1967 in Venetië uitgeroepen tot Euro–tv-komiek van het jaar, terwijl hij daarnaast in 1960 en 1971 bij Nederlandse enquêtes te voorschijn kwam als onze populairste artiest. En in 1965 schoof Pierre Janssen hem de gouden TeleVizierring aan de vinger, al had Wim Sonneveld hem in een jaloerse bui 'een bruiloften-en-partijen komiek' genoemd. Ondanks alle kritiek was hij zijn 'Zoek de zon op'-therapie van pretentieloos vermaak trouw gebleven en het werd juist deze vorm van amusement die als reactie op de geruchtmakende jaren zestig langzaam maar zeker weer de overhand zou krijgen. De echte cabaretkunst ging niet ter ziele, maar werd voor een groot deel opgeslokt door de showbusiness. De eeuwige wet van vraag en aanbod is immers ook bepalend voor de

Toon Hermans, Jesje van Marle, Kees Pruis, Polly van Rekom en Carl Tobi

Buziau in 1926

Hermans in 1942

TOBIS CABARET
onder leiding van CARL TOBI presenteert
de vroolijke Cabaretrevue
„AVOND-MELODIE"

Muziek: Jo Spiers en anderen.

1. PROLOOG.
   De oude heer .... Kees Pruis
2. EEN VROOLIJK DRAMA IN ZAKFORMAAT ... Polly van Rekom en Kees Pruis
3. AMSY MOINA. Krontjong liedjes.
4. KEES PRUIS in 'n drama.
5. „DE MAANZUCHTIGE", Schets.
   de Vrouw .... Jesje van Marle
   de Man .... Carl Tobi
   de Vriend .... Kees Pruis
6. TOON HERMANS in het „mannetje uit de Maan".
7. ONZE PIANISTEN SPELEN VOOR U......
8. KEES PRUIS in zijn repertoire.
9. WIJ GAAN DE PAUZE IN......

PAUZE

10. MELODIEëN VAN DE „AVOND-MELODIE".
11. AMSY MOINA. Hollandsche Liedjes.
12. DUEL .... Schets door Jan van Ees
    Marianne .... Jesje van Marle
    Robert .... Kees Pruis
13. TOON HERMANS .... ? ? ? ? ? ?
14. HET KLEINE CHANSON (tekst en muziek Jo Spiers)
    Jesje van Marle, Jo Spiers en Jo Kat.
15. ONZE PIANISTEN SPELEN VOOR U......
16. DE STRAATZANGERS. Vroolijke liedjes.

Aan de vleugels: Jo Spiers en Jo Kat.

Regie: Carl Tobi.   Medewerker: Jack Baux.

Décoraanduiding naar ontwerp van **Toon Hermans**, uitgevoerd door **Jaap van Dam**.

(Wijzigingen voorbehouden).

KEES PRUIS

golfbeweging in de geschiedenis van het cabaret en dat verschijnsel had zich ook al in de jaren dertig geopenbaard. (Zie deel 1, hoofdstuk 9)

Toon Hermans, de eenvoudige volksjongen uit Sittard (1916), begon zijn spectaculaire loopbaan als medewerker aan een tournee van een door producer Carl Tobi geëxploiteerd cabaretensemble rond de toen zo populaire 'gentleman-humorist' Kees Pruis, met een programma dat als titel droeg: *Pret van A tot Z*. In 1942 werd het Leidsepleintheater bespeeld met de cabaretprodukties *Avondmelodie* en *Tobi's dol-dwaze dierentuin*. En Amsterdam heette de Limburgse nieuweling warm welkom: 'Er was één jong artiest in dit cabaret, die zonder de steun van Kees Pruis een zeer goede monoloog ten beste gaf. Wij bedoelen Toon Hermans als de aapjeskoetsier, die op de bok van zijn bakkie over alles en nog wat zit te filosoferen. Hermans bereikte hier zonder zich geweld aan te doen een voortreffelijk effect én met zijn voordracht én met zijn décor.'

De 'aapjeskoetsier' was geïnspireerd op een nummer van Johan Buziau, de unieke revueclown die door Toon Hermans in zijn jongste jaren al werd geadoreerd. Sinds hij hem in Heerlen had zien optreden – 'ik onderging het als een wonder' – verzamelde hij alle Buziau-foto's die hij maar te pakken kon krijgen. Tot in de kleinste details probeerde hij hem na te bootsen en de radio-uitzendingen van de Bouwmeester-revue gaven hem de kans om ook Buziaus zo persoonlijke stemgeluid nauwkeurig te bestuderen. Tenslotte slaagde hij er in de imitatie zo te perfectioneren, dat de surrogaat-Buziau niet van de echte viel te onderscheiden. Mede doordat de echte Buziau in 1942 zijn optreden had gestaakt, behaalde Toon Hermans in 1943 met zijn feilloze imitatie in het Amsterdamse City Theater zijn allereerste grote succes.

Als jongetje – hij groeide op in een gezin met drie broers – speelde hij al als clown, met waterverf als schmink en stopverf voor een echte circusneus. Nieuwsgierig zwierf hij op de markt en op de kermis, imiteerde de 'boeienkoning', tekende, schilderde en zette op zijn zestiende jaar al een hele revue in elkaar die, met zijn eigen décors en affiches, in een Limburgs patronaatsgebouw werd opgevoerd. Zijn vader was toen al overleden en om het broodnodige geld te verdienen werd hij reclametekenaar en bekwaamde zich in een schoenenzaak als lakschrijver en etaleur. Toen het Cabaret der Onbekenden in Heerlen een wedstrijd uitschreef, trok hij het oude jacquet van zijn vader aan – dat met spelden pasklaar was gemaakt –, deed een clownsnummer en won de eerste prijs: een rookstel. Hij verkocht zijn trofee nog diezelfde avond om een taxi naar huis te kunnen betalen en daar droomde hij steeds veelvuldiger over een artistieke toekomst. Tot hij tenslotte de directeur van 'de theaterkathedraal' Carré, Alex Wunnink, van het bestaan van een zuidelijk komiekje op de hoogte durfde te stellen. Onder het motto 'je kunt nooit weten' vroeg deze aan Carl Tobi om eens een kijkje te gaan nemen. Zo kwam de toen zesentwintigjarige Toon Hermans naar Amsterdam. Een nieuw leven was begonnen. Na zijn cabaretstart in het Leidsepleinthater verhuisde hij naar het City Theater aan de overkant, op uitnodiging van Meslier en Mikkenie, voor de door Willy van Hemert geschreven revue *Première*. De samenwerking met Floris Meslier leidde tot diens aanbod om zèlf een revue te schrijven, maar inmiddels loerde overal het razziagevaar waardoor theaterplannen uitermate onzeker werden. Maar na de bevrijding kon Meslier zijn beloften nakomen en er ontstond een jarenlange samenwerking in diens gezelschap Theater Plezier, met losse voorstellingen voor verenigingen, regelmatige uitzendingen in AVRO's *Bonte Dinsdagavondtrein* en tenslotte, gestimuleerd door zijn steeds groter wordende radiopopulariteit, met vaste theaterverbintenissen zoals in het Apollo Paviljoen. De belangrijkste medewerkenden in deze periode waren Wiesje Bouwmeester en Jan van Ees. De veelzijdige acteur en auteur Jan van Ees was Toons artistieke vader geworden, die hem heeft geholpen om zichzelf te vinden en alle bewuste en onbewuste imitaties af te schaffen. Het publiek werd namelijk in zijn optreden voortdurend geconfronteerd met een merkwaardige mengeling van Buziau-, Trenet-, Chaplin-, Davids- en Chevalier-elementen. In dit verband mag het typerend worden genoemd dat hij de eerste zoon uit zijn huwelijk met Maria ('Rietje') Weytboer de naam Maurice heeft gegeven. Maar ondanks alle besmettelijke invloeden van buitenaf, werd al gauw een eigen stijl herkenbaar.

... Pèh, tuut, piep,
Daar heb je de jeep,
Daar heb je de jeep van Jansen.
Hij gaat met moeder en nog zeven spruiten
Naar buiten.
Ze gaan niet met een stille trom
Naar Achterhoek of Hillegom.
Pèh, tuut, piep,
Daar heb je de jeep, die malle jeep ...

In het in 1951 verschenen boek *Portret van Toon, het leven van een humorist,* werd door de auteur mr. E. Elias gesteld dat het ook Jan van Ees is geweest die Toon Hermans verloste van het 'Ik ben Jansen'-typetje, door hem zijn brilletje en zijn hoedje te laten afzetten.

Variété van Meslier en Mikkenie

... Dat was Jansen,
Met een helm en een geweer,
Zo marcheerde
't Kleine automaten-mensie.
Dat was Jansen,
In de lente kwam hij weer,
Of je zag een
Kleine zwarte advertentie.
Hij ging knokken
En hij hielp ons uit de nood,
En dan is die
Kleine Jansen plots'ling groot.
Kleine Jansen
Uit die grote maatschappij,
Zonder Jansens
Kwam er nooit een vijfde Mei ...

Toch zou het nog vijf jaar duren voor Toon Hermans – in 1955 – zichzelf volledig had ontdekt en in deze ontwikkelingsfase deed hij een aantal experimenten die ook uit cabaretoogpunt zeer de moeite waard zijn geweest. Toen hij voelde dat Theater Plezier (dat ook wel eens theater Geschmier werd genoemd) hem artistiek gezien niet verder zou kunnen helpen omdat hij bang was te verzanden in een vooroorlogse amusementsstijl die had afgedaan, verbrak hij de banden met Floris Meslier en experimenteerde in 1952 met zijn eerste eigen show *Hartendwaas*, een zogenaamd 'koldercabaret' met twaalf meisjes.

Om afstand te nemen van zijn eigen werk, land en omgeving, ging hij een tijdje rondneuzen in het geboorteland van de moderne showbusiness. En het dynamische Amerika inspireerde hem zo, dat hij in de trein van New York naar Hollywood achttien nieuwe liedjes op stapel zette. Bij zijn terugkeer schreef hij in zijn kladboek: 'Ik heb een hoofdstukje van m'n leven afgesloten. Ruim vijf jaar heb ik een cabaretensemble artistiek geleid. Nu begint deel twee van mijn theatergeschiedenis. Ik zou de voorbije programma's eigenlijk geen shows willen noemen. Het was zo'n beetje cabaret, zo'n beetje revue, zo'n beetje musical, een mengelmoes van allerlei soorten amusement. En zo kwam het dan ook dat ik op zekere dag iets nieuws wilde met mijn cabaret. Een nieuwe vorm, een nieuwe sfeer: 'ballot', een zelfbedacht woord, omdat ik mijn nieuwe shows niet cabaret en ook niet revue wil noemen. Het is een combinatie van kolder, kleur, beweging en muziek. Iets anders. De vorm van theater die ik mij voorstel te lanceren bestaat nog nergens. Ik ben dus de eerste ballotmeester ter wereld. Mocht u het niet leuk vinden, dan ga ik maar weer gauw zingen van 'pèh, tuut, piep, daar heb je de jeep!'

En zo experimenteerde hij in de jaren 1953 en 1954, geassisteerd door de musicus Govert van Oest, met de programma's *Ballot* en *Zaza*, waaraan onder meer hebben meegewerkt: Beppy Nooy, Tineke van Leer, Aafje Bouber, Milly Scott, Cor van Rijn en de latere tv-regisseurs Fred Rombouts en Nico Knapper.

... Dringen, dringen, dringen in de bus,
Dringen, dringen, dringen
   in de tram aan de lus.
Dring je naar boven, dring je naar voren,
Dringen, dringen in de eerste kringen.
Er is een stoel vrij, dring-dring-dring,
Er is een zetel vrij, dring-dring-dring,
Er is een huis vrij, dring-dring-dring,
Om een lintje, om een vrindje,
Trap elkaar maar opzij,
Dring elkaar uit de rij,
En ren en dring en klim hogerop,
Kleine man, kleine man,
Klim-klim-klim naar de top!...

De onverbloemde pogingen van Toon Hermans om zich voorgoed los te maken van het theater-van-toen, droegen een nogal krampachtig karakter, waardoor hij soms tot zeer pretentieuze uitspraken werd verleid: 'Ik zou experimenteler maatstaven willen aanleggen voor het spelen van een ballot, om het te doen verschillen van cabaret. Ik zou beelden willen spelen die niet eens begrepen hoeven te worden, beelden die zo maar bestaan uit kleuren en beweging en toch een bepaalde spanning oproepen zonder dat men zich positief afvraagt: wat stelt dat nou voor? Het ligt in de ernstige bedoeling om onze show in de loop der tijden een internationaal karakter te geven. Ik ben er van overtuigd dat ballot als compleet theater na vijf jaar een internationale kunstvorm geworden zal zijn.' In 1954 schreef hij:

... *Oorlogsgeruchten, zaza,*
Mensen die vluchten, zaza,
Vlammende woorden, zaza,
Branden en moorden, zaza,
Wereldbol, wereldbol,
Zaza, zaza.
Wereldbol, razende machine,
Wereldbol, razende lawine,
Jij draait maar voort, altijd voort.
Rusteloze wereldbol,
Kun je niet even blijven staan ...

Meegesleept door zijn eigen hervormingsplannen riep hij in het najaar van 1953 een soort cabaretschool in het leven: 'Door het opleiden van beschaafde, talentvolle jongelui hoop ik te kunnen bijdragen tot verbetering van het Nederlandse cabaret.' Al deze initiatieven werden enthousiast ontvangen en de kranten stonden vol juichende kritieken: 'een nieuw geluid in de cabaretwereld', 'amusementskunst op internationaal peil', 'los van traditie's', 'zinrijk amusement voor de moderne mens', 'lichtvoetigheid en vaart', 'bewonderenswaardige creatie'.
Maar in de praktijk bleek dat het publiek alleen kwam voor de volkshumorist Toon Hermans en daarbij het ballotexperiment op de koop toe nam. Al was het dan niet meer 'Pèh, tuut, piep', de grootste belangstelling ging uit naar zijn virtuoze solo-optreden met clowneske nummers als goochelaar, naar zijn kolderpraatjes, gezellige meezingrefreintjes en eenvoudige liedjes, melancholiek of vrolijk, met wat gemakkelijke filosofie.

Op de achterste rij Nico Knapper (tweede van links) en Fred Rombouts (vierde van links), de latere televisieregisseurs

... Eisenhower, Malenkow,
Willem Drees en Molotof,
Hebben eens in luiertjes geplast.
Dreesje was de schat van Ma,
Wist nog niets van de P. van de A.
Toen-ie nog zo'n kleine baby was ...

In zijn tweede ballotprogramma *Zaza* deed hij een scheutje water bij de wijn: 'Ik heb getracht het enigszins vage te vervangen door wat begrijpelijker en positieve zaken.'

... Pak die trein, pak die trein,
Pak die ene trein!
Pak juist die ene!
Kijk uit naar de ware trein,
Omdat er zoveel andere zijn
Die op een dwaalspoor rijden,
Op een dwaalspoor ...

Inmiddels was het ook enkele minder modieuze recensenten duidelijk geworden dat Toon Hermans zo niet op een dwaalspoor dan toch wel in de verkeerde coupé terechtgekomen was: 'Toon Hermans forceert zich tot iets anders dan anderen doen en de toeschouwer vraagt zich af, wat nou eigenlijk dat andere is. Zijn medewerkers spelen vol toewijding in scènes, die nooit een pointe hebben of geen karakterisering worden. Als zij treffen, is het door een effect dat wij bij ieder cabaret terugvinden. Men krijgt de indruk dat Toon Hermans het bestaan van bepaalde uitdrukkingsvormen weet, maar niet gesnapt heeft dat er iets uitgedrukt moet worden waardoor het gebruik van die vormen gerechtvaardigd is. Dat iets missen wij steeds. Op zichzelf is deze vergissing niet zo'n bezwaar, maar bij Toon Hermans sleept deze consequenties achter zich aan die wij niet toelaatbaar achten. Omdat Toon Hermans zijn eigen grenzen niet beseft, zoekt hij, vermoedelijk onbewust, de oorzaak van zijn falen in zijn medewerkers. De laatste jaren heeft hij audities voor jonge talenten gehouden, die hij zou opleiden. In de pers is hierover wat reclame gemaakt. Het resultaat is echter, dat ieder jaar een aantal jonge mensen op het toneel gekomen is, vaak uit hun beroep gehaald, die bij de begrijpelijke teleurstelling van Hermans over het niet vinden van het zo vurig begeerde 'nieuwe' aan het eind van het jaar weer aan de kant gingen. Toon Hermans zou er goed aan doen zich te realiseren, dat zijn zoeken naar een eigen vorm, zelfs bij zijn talent, nooit ten koste van jonge mensen mag gaan. Een nog niet definitief gevormd artiest als hij dient voorlopig zijn handen af te houden van de 'opleiding' van jongeren. Ook hier geldt: In der Beschränkung zeigt sich der Meister.'

Meester Hermans bleef niet lang bij zijn – door Joop Schultink in 1954 geconstateerde – vergissing stilstaan en pakte een andere trein, die op een ander perron al heel lang voor hem klaar stond: de éénmanswagen. En daarmee reed hij tussen 1955 en 1960 triomfantelijk naar het verste station dat hij kon bereiken, waar hij enthousiast werd ingehaald als de populairste artiest van Nederland. Onderweg viel hij nog even pijnlijk van zijn zitplaats af met zijn mislukte filmexperiment *Moutarde van Sonaansee* (in de volksmond 'mosterd na de maaltijd' genoemd), maar hij was toen al zo geliefd dat men deze artistieke struikelpartij snel kon vergeven en vergeten.

Toon Hermans had met vallen en opstaan eindelijk zijn definitieve bestemming gevonden via een experimentele periode waar Jan Liber in 1965 over schreef: 'In zijn ballotperiode zat er nog wel eens wat dicpte in zijn teksten, maar die konden hem later – hij zegt het zelf – gestolen worden. De show moet prevaleren.' Ondanks deze uitspraak moet

worden vastgesteld dat zijn sterkste nummers zich op cabaretniveau bewegen, zoals de sublieme tragikomische creatie 'De auditie' met de legendarisch geworden zin: 'dankuwelasjeblief'.
Omdat experimenteren hem blijkbaar altijd in het bloed heeft gezeten, maakte hij in de jaren zestig enkele uitstapjes naar Oostenrijk, Duitsland èn Amerika:

... Méditerranée, so blue, so blue,
Méditerranée, so blue, so blue,
Millionaires from Texas
Finding out what sex is,
Méditerranée ...

Ondanks eventuele toekomstige mogelijkheden in het buitenland bleef hij zijn geboorteland trouw met levensblije produkties, die door een meerderheid werden toegejuicht en door een minderheid werden bekritiseerd. In 1968 werd hij door de cabaretier Frans Halsema geparodieerd in een nummer van Michel van der Plas:

... Heeft u dat ook,
Dat als Toon Hermans ouwehoert
Van het is hier op aarde
Nog niet zo beroerd,
Dan denk ik: woh ...
Heeft u dat ook
Dat als-ie naar z'n handen kijkt
Of over vogels en lente zeikt,
Dan denk ik: woh ...
Heeft u dat ook? ...

Hoewel de zo maatschappij-kritische jaren zestig nu en dan aan zijn zonnige reputatie hebben geknaagd en zelfs een inzinking hebben veroorzaakt, liet het grote publiek hem niet in de steek. Ook niet toen hij later hier en daar werd aangevallen op de ethische en filosofische inhoud van een serie boekjes die massaal werden verkocht.
In 1980 slaakte de agressief ingestelde cabaretier Robert Long felle protestkreten in niet mis te verstane bewoordingen: 'Ome Toon heeft ontdekt dat de lucht blauw is, het gras groen, de zon schijnt, de aarde rond is, mannetje en vrouwtje altijd – hoe dan ook – liefde is. En hoewel iedereen dat

Jan Steen-finale uit Carl Tobi's Cabaret. Geheel rechts: Toon Hermans (zie ook de foto van het Pisuisse-ensemble op pagina 59 van deel 1)

allang weet schrijft ome Toon het allemaal keurig op – op een lultoon – en zet alles in boekjes: Hoe maak ik gauw een boek (vol), Gedachten uit het hoofd, De Bijbel in het Limburgs licht, Liggen waar je bent, Schijten aan de overkant, Fluiten in het gras. Maar die koopt toch zeker niemand? Niemand? Dat had je gedacht. Hoe minder er in de boekjes staat, hoe vaker ze worden gekocht.'

Antoine Gérard Theodore Hermans is geen cabaretier geworden; alleen zijn alleroudste fans kunnen zich hem herinneren in de Pisuisse-ensemblenummers 'Schilderij van Jan Steen' en 'De Parijse straatzangers', die door Carl Tobi in het Leidsepleintheater werden gereconstrueerd. Maar dat is veertig jaar geleden.

In de omgeving van de cabaretiers Kan en Sonneveld ontplooiden zich een paar jonge, veelbelovende talenten die in de jaren vijftig 'de drie gratiën van het Nederlandse cabaret' zouden worden genoemd: Conny Stuart, Lia Dorana en Hetty Blok.

Conny Stuart werd als Cornelia van Meijgaard in Wijhe geboren (1913), groeide op in Den Haag en ging naar de HBS. In die Haagse tijd wilde ze al 'een grote ster' worden en in 1966 maakte ze voor de tv-camera's een 'Sterrit' met liedjes van Annie Schmidt en Harry Bannink:

... Wat voor weer zou het zijn
  in Den Haag,
Noordenwind met wat nevel uit zee?
Op de Dennenweg ruikt het nu vaag
Naar Couperus en ook naar saté ...

Toen ze als jong meisje op de radio 'Parlez moi d'amour' hoorde, wist ze definitief wat ze wou; hevig onder de indruk van Lucienne Boyer, Lys Gauty, Jean Sablon en Charles Trenet stelde ze een repertoire samen van louter Franse chansons. Ze werd ontdekt door Gerard van Krevelen, bij wiens radio-orkest De Romancers haar carrière begon. Ze was toen zesentwintig en sindsdien heeft ze talloze liedjes in talloze uitzendingen gezongen, met het Musette-orkest van Frans van Cappelle, het Metropole-orkest onder leiding van Dolf van der Linden en met Cor Lemaire in het zondagmorgenprogramma *Triangel* met haar rubriek: 'C'est toujours la même chanson'. Het is Wim Sonneveld geweest (Zie ook hoofdstuk 2) die haar in het Nederlands liet zingen en bovendien haar komisch talent ontdekte. Voor zijn programma *Opus 3* in de Kleine Zaal van het Concertgebouw schreven Martie Verdenius en Wim de Vries in 1944 de 'Concertzangeres':

... Nu komt daar plotseling
  die vent van niets,
Die Wim Zonnepit of Bollenveld,
  en heeft weer iets!
Hij zegt: 'U bent een zeer komisch talent,
't Publiek heeft gist'ren
  om u zitten gieren, brullen,
Wie weet als u een jaartje verder bent,
Dat ze om u bij de revue
  nog vechten zullen!'
Dan zeg ik niets,
  want daarvoor heb 'k
  geen woorden meer,
Maar 'k denk: Komisch?
  U zult 't hebben hoor meneer! ...

Behalve Martie Verdenius en eerder ook Hella Haasse (Yvonne de Spionne!) wist Wim Sonneveld nog veel meer auteurs voor zijn voornaamste medewerkster te interesseren.

Conny Stuart bij het orkest van Boyd Bachman

Conny Stuart en Wim Sonneveld

Les filles qui la nuit ...

Guus Vleugel:
... Bij 't krieken van de dageraad
Wanneer het klokje zeven slaat,
Wie staat er dan al naast haar bed
Met zere voeten op 't karpet?
De moeder, ja, de moeder,
De moeder van 't grote gezin ...

Michel van der Plas:
... De mensen – er wordt door de mensen
Zo ontzettend gekletst en geklept,
Ze zeggen zo dikwijls: die Stuart,
Je weet nooit wat je nou aan haar hebt ...

Annie Schmidt:
... Ik ben zo moe, ik ben zo moe,
 ik ben zo moe,
Ik ben zo moe van al die knoopsgaten
 en knopen.
En elke avond mot dat allemaal weer open
En dat is dan natuurlijk weer
 een heel gedoe ...

Conny Stuart volgde een loopbaan van chanson tot musical en ze heeft al die ervaringen benut om een allround artieste te worden: cabaret (Cor Ruys, De Prominenten, Wim Sonneveld, Sieto Hoving, Cox-Halsema) variété en revue (Boyd Bachman, René Sleeswijk), radio *(Mimoza, Koek en Ei)*, toneel (Ensemble), musical *(Heerlijk duurt het langst, En nu naar bed, Wat een planeet, Madam)*.

Tegenover al haar artistieke successen staan trieste ervaringen in haar privé-leven; twee huwelijken mislukten en ze wist het verdriet daarover, gesteund door twee zoons uit haar eerste huwelijk, ongemerkt te dragen en te overwinnen. Want Conny Stuart zeurt niet.

... Huil in je bed, bijt in je laken,
Vloek tegen iedereen,
Schreeuw van de daken,
Maar zeur niet, zeur niet, zeur niet ...

Haar grote en constante populariteit is te danken aan haar zeldzame energie, een weldadige ongecompliceerdheid en een alles overheersende liefde voor het vak; een harmonische combinatie van niet-alledaagse artistieke gaven en een dito persoonlijkheid. Collega's vinden het altijd weer prettig om met haar samen te werken. Ze is enorm consciëntieus, heel bescheiden en geeft nooit aanleiding tot welke moeilijkheden dan ook. Er gaat van het publiek een golf van oprechte sympathie naar haar toe, zodra ze het toneel opkomt. Dan is haar gevoel van dankbaarheid bijna vroom en je ziet haar denken: het is heerlijk om te leven. Uit de aard der zaak zal zij haar rijke ervaringen met Wim Sonneveld – van 1943 tot 1959 – nooit kunnen vergeten: 'We waren zeer zéér goeie vrienden. Ja, er wordt van alles verondersteld. Ik weet het zelf niet. We hadden een zeer grote tederheid voor mekaar. En ja; dat werk geeft natuurlijk ook een enorme band samen. We waren nooit een avond vrij, we werkten altijd maar en het theater maakte eigenlijk deel uit van ons privé-leven. En dat is een vreugdevolle, zalige, verrukkelijke herinnering. Hij was een onvervangbare man in mijn leven. In een recensie stond mijn naam eens genoemd met tussen haakjes daarachter: Mevrouw Sonneveld. Nou, dat vond ik wel leuk eigenlijk allemaal. Dat vond hij ook wel leuk, dat liet hij zo gebeuren. Hij wilde zijn privé-leven zo ver mogelijk uit de publiciteit houden. Hij was daar zeer gesloten over. Je wist zelden wat er in hem omging en ook zijn ontroering toonde hij nooit. Friso Wiegersma en ik hebben wel eens tegen hem geroepen: je bent een vuile calvinist, wij durven tenminste te huilen, dat durf jij helemaal niet. Natuurlijk kwamen zijn emoties wel eens te voorschijn, maar dat was dan in de vorm van een heel lief briefje of een kado, iets heel liefs was er dan toch ineens. Dat was er wel.

Hij wilde een zeer grote harmonie hebben achter het toneel, dat was belangrijk, dat vind ik ook nog steeds belangrijk. Als je rustig werkt met prettige mensen, dan straalt dat uit en dan kun je ook je werk veel beter doen. Maar hij was natuurlijk een geniaal leider. En dat ontbreekt dikwijls in de cabarets van nu. En je mag tegenwoordig helemaal niet geniaal meer zijn. Maar als je zo'n leider mist in een groep, dan krijgen ze dikwijls onenigheid en dan gaan ze weer uit elkaar. Er moeten geniale mensen blijven, daar moeten we dankbaar voor zijn en die moeten we koesteren.' (1979)

... C'est la romance
Du printemps de Paris,
Le soleil danse
Sur le jardin fleuri ...

Het naïeve, jongensachtige meisje Beppy van Werven uit Den Haag (1918), werd de fascinerende chanteuse en actrice Lia Dorana uit Amsterdam. Opgroeiend in een levendig gezin met drie zusjes uitte ze haar muzikale gevoelens op een viersnarige ukelele, tòt ze op zolder een oude gitaar vond met zes snaren waar ze er prompt twee van verwijderde, omdat ze nu eenmaal aan vier snaren gewend was geraakt. Deze daad tekent haar ten voeten uit; ze ging haar eigen weg en hoorde in haar enthousiasme niet dat een verminkte gitaar minder goede resultaten oplevert. Haar liedjes werkten in intieme kring de aandacht, maar ze voelde de betrekkelijkheid van dit succes. Gestimuleerd door haar eerste echtgenoot – ze was op haar achttiende al getrouwd – en met de Franse chanteuse Lys Gauty als lichtend voorbeeld, nam ze zang- en spraaklessen en studeerde met de pianist Peter Kellenbach een repertoire in van internationale liedjes, waaronder ook Hongaarse en bovendien nummers van de Amerikaanse zangeres Sophie Tucker, die Jack Bow voor haar had aangedragen. Een bevriende relatie wist de directie van Cabaret La Gaîté voor haar werk te interesseren en op een avond kreeg ze de uitnodiging onmiddellijk voor het publiek te komen proefzingen. Zonder enige ervaring onderging ze deze vuurdoop met Hongaarse liedjes bij het orkest van Gregor Serban, maar het publiek was direct geboeid door haar bijzondere zangstem en voor de rest werd ze gered door haar sympathieke verschijning en de zuiverheid van haar artistiek geloof. De carrière van Lia Dorana was begonnen en in dat zelfde cabaret ontmoette ze voor het eerst Wim Sonneveld die toen al – in 1941 – met zijn grote plannen rondliep en haar direct vroeg of ze daar te zijner tijd aan zou willen meewerken. In die tussentijd werd ze net als Conny Stuart door Gerard van Krevelen voor de radio ontdekt en maakte ze haar officiële debuut op het podium van de Kleine Zaal van het Concertgebouw op 6 oktober 1943 in het Cabaret De Jonge Nederlanders, een initiatief dat een jaar later zou uitgroeien tot Cabaret De Koplamp onder leiding van Cees Laseur in het Leidsepleintheater. In de Kleine Zaal debuteerde Lia Dorana als jonge Nederlandse cabaretière met Franse liedjes, begeleid door het pianoduo Jo Spiers en Jo Kat. Twee maanden later kwam Wim Sonneveld zijn belofte na, waardoor Lia Dorana jarenlang aan diens ensemble verbonden zou blijven met steeds nieuwe verrassingen in het poëtische en humoristische genre. Haar eigen inbreng leidde soms tot uitzonderlijke prestaties, zoals het beroemd geworden nummer 'Feestdag' van Wies Defresne waar haar baas aanvankelijk geen heil in zag. Zelden zijn haar tragikomische kwaliteiten beter tot hun recht gekomen dan in dit voortreffelijke liedje; ze bereikte de hoogte van de klassieke clown:

... Laten we nog maar eens vrolijk zijn,
Het leven is zo mooi.
De mens probeert steeds weer
  een held te zijn
In z'n wapentooi.
Hij schiet eens naar links: poef!
Hij schiet eens naar rechts: poef!
En overal om zich heen.
En wat-ie daarmee bereiken zal
Weet na afloop beslist niet één ...

Net als Conny Stuart, die jarenlang haar collega was, heeft ook zij zich op verschillende terreinen willen bekwamen; naast het cabaret (Wim Sonneveld, Cor Ruys, Martie Verdenius, Wim Kan) diende zij ook de revue (Bouwmeester), de radio *(Familie Doorsnee),* de musical en het toneel (Nieuw Rotterdams Toneel en Ensemble). Maar in de loopbaan van Lia Dorana speelde het toneel een grotere rol, omdat ze zich daar altijd al toe aangetrokken had gevoeld en ze heeft tien jaar lang bewezen dat ze dit verlangen niet ten onrechte had gekoesterd. Haar eerste grote acteerkansen kreeg ze van Annie Schmidt die haar in de Doorsneefamilie een dubbelrol gaf: die van Liesbeth, dochter des huizes ('Geachte cliënten, 't wordt lente') en van Ali, schoonzuster van Sjaan, de huishoudster ('Ik ben Ali Cyaankali, de gevaarlijkste vrouw van Rotterdam').

Lia Dorana's artistieke mogelijkheden werden het best gebundeld in twee musicals bij het Nieuw Rotterdams Toneel: *Irma la douce* met Steye van Brandenberg en *Kiss me Kate* met Rob de Vries. In 1968 keerde zij tot haar oude liefde terug: het chanson. In samenwerking met de geroutineerde cabaretpianist Henk van Dijk verzorgde zij een solovoorstelling die veel goede herinneringen opriep aan haar debuut van vijfentwintig jaar daarvoor. Maar het was alsof haar lange afwezigheid een onoverbrugbare kloof had geschapen; ze stond wat wereldvreemd buiten onze eigen, totaal veranderde tijd en wat ze als actrice had geleerd – ze

Ik hou van de herfst ...

Lia Dorana en Guus Verstraete in Sonnevelds *Artiestenpension*

kreeg zelfs de zilveren Bouwmeester-penning – scheen haar nu als cabaretière in de weg te staan. Kort daarop trok ze zich terug om zich met haar tweede echtgenoot in Frankrijk te vestigen. Nederland zag haar af en toe op het televisiescherm terug, zoals in Willy van Hemerts serie *De kleine waarheid*. Lia Dorana heeft ons vaak vertederd doen denken aan een vogeltje dat wat eenzaam rondfladderde zonder te weten waarheen, terwijl ze aan de andere kant soms verzet opriep door haar eigenzinnigheid. Misschien is ze wel het gelukkigst nu ze in haar Franse boerderij kan timmeren, metselen en tuinieren. Maar haar bewonderaars zullen nooit haar doorleefde vertolking kunnen vergeten van het Jacques Brel-chanson 'Ne me quitte pas', in de meesterlijke vertaling van Ernst van Altena:

... Laat me niet alleen,
toe, vergeet de strijd,
Toe, vergeet de nijd, en die domme tijd
Vol van misverstand,
ach, vergeet 'm, want
't Was verspilde tijd.
Hoe vaak hebben wij
met een snijdend woord
Ons geluk vermoord. 't Is voorbij.
Laat me niet alleen ...

De uiterst veelzijdige cabaretkwaliteiten van Hetty Blok (Arnhem 1920) hebben zich maar kort en bij vlagen in de theaters geopenbaard; radio (Cabaret P.S. van Willy van Hemert, *Familie Doorsnee, Blokkade, Brussese Kermis*), grammofoon (kinderliedjes van Annie Schmidt) en televisie *(Ja zuster, nee zuster)*, hebben de belangrijkste rol in haar carrière gespeeld. Ze kreeg haar opleiding bij een kleinkunstcursus van de radio – met Alex de Haas als een van de docenten – en debuteerde gelijk met Lia Dorana in de *Jeugdsymphonie* van het cabaret De Jonge Nederlanders in het Concertgebouw. En ze viel daar speciaal op met een Shirley Temple-persiflage van Willy van Hemert:

... Ik ben een wonderkind
met blonde krullen,
Ik zie er altijd uit om van te smullen.
Ik ben zo jong, zo onschuldig en vol gratie,
Ik ben een prachtobject
voor kinderexploitatie ...

Het wonderkind Hetty Blok vertoonde een ongekend scala van artistieke mogelijkheden. Ze wist precies hoe vliegen, kippen en koeien praten en daardoor werden haar vertolkingen van kinderliedjes juweeltjes van gezongen acteerkunst. Maar het waren ook mensen die ze feilloos gestalte wist te geven; ontelbare radioluisteraars geloofden zes jaar lang in het reële bestaan van het ruwe-bolster-blanke-pit factotum Sjaan uit de *Familie Doorsnee*. Samen met haar Willem (Joop Vischer jr.) zong ze destijds al:

... Ooooh,
Hadde we maar een woninkie,
een woninkie,
Dat is onze enige gedachte,
Hadde we maar een klein gezellig
woninkie.
Motte we nou nog zeven jaren wachten,
Motte we nou nog zeven jaren
op een lijssie staan,
O Sjaan, o Willem, o Sjaan ...

Na haar succesvolle debuut kreeg ze, door de moeilijke oorlogsomstandigheden, haar grote kansen pas na de bevrijding. In het laatste oorlogsjaar trok zij samen met de acteur Jan Lemaire door de Noordoostpolder om arbeiders en onderduikers wat cabaretvertier te brengen. In mei 1945 kwam ze, als tolk bij het Canadese leger, in een jeep juichend Amsterdam binnen gereden en een maand later stond ze weer op het vertrouwde podium van de Kleine Zaal in het cabaretprogramma *Wij vieren feest*, dat in de zomer van dat jaar als *We're throwing a party* ook voor de Canadezen werd uitgevoerd, zoals in De Molshoop van Benny Vreden, die in Soest vier meter onder de grond een oude Duitse bunker in een cabaretzaaltje had omgetoverd. Verdere medewerkenden waren Lia Dorana, Tini Visser, Ben Aerden, Fred Hoyte, Peter Kellenbach en Wim Ibo. Tot grote vreugde van de Canadese toehoorders zong Hetty Blok haar eigen liedje 'Advice for girls': 'He kissed me here, he kissed me there, he kissed me nearly everywhere', een nummer dat vijftien jaar later door de Nationale Programma Commissie van de gezamenlijke omroepverenigingen als ongepast voor een fatsoenlijk bevrijdingslustrum werd afgekeurd. Toen Hetty Blok weigerde 'een ander liedje' te zingen werd ze van contractbreuk beschuldigd en lange tijd geboycot.

Hoewel zij met veel succes diverse seizoenen heeft meegewerkt aan de cabarets van Wim Sonneveld, Martie Verdenius en Willy van Hemert (samen met Fien de la Mar), kwam ze in de jaren 1952 en 1953 met Cruys Voorbergh en Cor Lemaire tot haar allerbeste cabaretprestaties in het door haar opgerichte Trio Arabesque, dat zich bezighield met de kunst van het lied in alle landen door de eeuwen heen. Wie de talloze metamorfoses van Hetty Blok in deze literaire cabaretprogramma's heeft gezien, zal niet kunnen geloven dat ze na haar HBS-jaren met diploma's steno, typen en handelscorrespondentie voorbestemd leek om op een Utrechts kantoor de rol van privé-secretaresse te spelen, die altijd precies weet waar ze haar spullen heeft opgeborgen en die altijd precies op tijd is. Haar zuivere artistieke gevoel en haar spitse intelligentie maakten zowel van Emiel Hullebroecks 'Maseurken' als van Dick Swiddes Edith Piaf-parodie 'Chansonnière uit de goot' opvallende creaties.

Cabaret Wim Ibo in *De Molshoop* van Benny Vreden met Jo Spiers, Lia Dorana, Ben Aerden, Hetty Blok, Fred Hoyte en Tini Visser

Benny Vreden

> ... *Daar stak op nen morgend,*
>   *een jong maseurken*
> *Heur kapke door een spleetje*
>   *van 't kloosterdeurken,*
> *Cantemus Dominum!* ...

> ... *Ik ben gelukkig in de goot begonnen,*
> *M'n vader noemden ze: jeneverbes.*
> *Als 't niet zo was,*
>   *had ik het wel verzonnen,*
> *Want niets heeft zo gemakkelijk succes* ...

Wat de duivelskunstenaar Cruys Voorbergh in Arabesque presteerde, grensde aan het wonderbaarlijke en ongelooflijke. Hij had bij Wim Kan en Wim Sonneveld al bewezen een voortreffelijke cabaretier te zijn, maar nu hij 'eigen baas' was kon het publiek kennis maken met nog onbekende facetten van zijn bijna hypnotiserende persoonlijkheid. Jean-Louis Pisuisse zou met voldoening gekeken hebben naar de wedergeboorte van 'De Weverkens' en 'La femme du Bossu'. Met het grootste gemak stapte hij van een Chinees gedicht uit de achtste eeuw naar een Deens sprookje van Andersen, van een Groningse boer naar een Poolse rabbijn, van Sam Hall en Erich Mühsam naar Carl Sandburg, Jacques Prévert of Kurt Tucholsky. Ook de in 1981 overleden pianist-componist Cor Lemaire was in dit elitaire ensemble onvervangbaar en hij heeft zich zelden meer 'thuis' gevoeld dan daar, omdat al zijn artistieke verlangens werden bevredigd. Na de première van het eerste programma *Van Snotneus tot Neon* – waarin ook de gay nineties herleefden met 'Vriend Lindeman' en 'Tararaboemdié' – verklaarde hij: 'Ik heb twaalf jaar allerplezierigst met Wim Kan en Corry Vonk gewerkt en wilde – begrijpelijk na zo'n lange tijd – weleens iets anders.

Cruys Voorbergh en Hetty Blok

Hetty Blok en Cor Lemaire

Daarom ook beviel de Arabesque-idee me zo, omdat ik hier andere dingen kan doen dan in het gewone cabaret. Ik denk bij voorbeeld aan een exclusief dichter als de Amerikaan Carl Sandburg, wiens even rake als stemmingsvolle werk ik nota bene in Japanse gevangenkampen leerde kennen. Geen cabaret dat ze wilde uitbrengen en bij Arabesque kreeg ik de kans.'

Helaas, deze vruchtbare en veelbelovende samenwerking duurde niet langer dan twee seizoenen. Er waren grote, interne spanningen ontstaan omdat niemand de leiding had en daardoor iedereen; het gevaar dat ieder 'collectief' constant bedreigt. Na het tweede programma – *Van ouds Adam en Eva* – hebben diepgaande persoonlijke conflicten tussen Hetty Blok en Cruys Voorbergh (zoals die ook tussen haar en Wim Sonneveld hebben bestaan) het zo succesvolle ensemble Arabesque ontijdig ten grave gedragen. Een uniek cabaretexperiment in de Pisuisse-traditie was verloren gegaan.

... Weet u nog, weet u nog
Van Adam, van Eva, van Adam, van Eva?
Alles draait, alles draait
Om Adam en Eva, om Adam en Eva!
Van die eerste mensen
   hebben wij het geleerd,
Ondanks onze wensen
   gaat het niet gesmeerd,
Wij doen het onverveerd
   toch altijd weer verkeerd ...

Tussen haakjes: van 'de drie gratiën' was Lia Dorana misschien wel een betere chanteuse en actrice en Hetty Blok wellicht een betere cabaretière, maar Conny Stuart wist zich als artieste het vruchtbaarst te ontplooien en zich het langdurigst te handhaven. In 1983 – het jaar waarin ze zeventig wordt – zal zij weliswaar voor het laatst haar medewerking verlenen aan een Schmidt-Bannink musical, maar daarna wil ze beschikbaar blijven voor eenvoudige cabaretprogramma's; dan is de cirkel rond.

Naast Cruys Voorbergh waren er in deze periode nog veel andere vertegenwoordigers van het toneel die af en toe eens een uitstapje naar het cabaret maakten. Jarenlang heeft de actrice Georgette Hagedoorn haar toneelwerk afgewisseld met – vooral Franse – chansons. Deze begaafde dochter van een Haarlemse vader en een Franse moeder deed volgens de recensent J. B. Schuil al geslaagde pogingen in 1936: 'En daarna kwam de grote verrassing van deze middag. Georgette Hagedoorn zong Franse chansons en zij deed dit met een zo suggestieve voordracht, dat zij ons onmiddellijk van haar zeer bijzondere gave ook in dit heel aparte kunstgenre overtuigde. Ik geloof zeker, dat er op dit nieuwe terrein voor haar nog een mooie toekomst open ligt.'

Twintig jaar later schreef de Haarlemse Godfried Bomans: 'Georgette Hagedoorn te beluisteren zonder de neiging te voelen haar terstond te omhelzen, is eenmaal een bakker in Bolsward overkomen. Tegenover het ANP verklaarde hij geen Nederlands te verstaan, noch minder Frans te kennen, niet van liedjes te houden en gelukkig getrouwd te zijn. Een bod van het rariteitenkabinet te Arnhem werd afgeslagen.' Door haar stijl en haar repertoirekeuze werd ze voortdurend met Yvette Guilbert vergeleken en ze heeft de bijzondere voldoening mogen smaken de vierentachtigjarige schepper van het beroemde chanson 'Le fiacre', Léon Xanrof, bij haar Parijse optreden te horen zeggen: 'Ah ma chère, nous nous sommes connus trop tard ... Mes plus grandes interprètes ont été Yvette Guilbert et vous!' Ludwig Berger noemde haar een 'reïncarnatie van het fin de siècle' en Annie Schmidt schreef: 'Iedere cabaretstijl veroudert na een paar jaar, maar de hare niet. Want zij is een groot artieste en als een artieste dat is, vernieuwt zij zich niet, maar wordt steeds meer zichzelf. En als zij groot is dan past de wereld zich aan háár aan en niet omgekeerd. Zij vernieuwt het publiek. En zo hoort het.' Veel jaren later – in 1977 – kon Annie Schmidt opnieuw van haar bewondering getuigen toen Georgette Hagedoorn met een sprankelende vitaliteit meewerkte aan haar musical *Foxtrot*.

In de loop van de tijd kreeg haar 'recital' met Pierre Verdonck – en later met Ruud Bos – een internationaal karakter, zodat ze overal in Europa welkom was. Naast de buitenlandse liedjes deed ze ook de Nederlandse cabaretauteurs alle eer aan: Jean-Louis Pisuisse, Louis Davids, Martie Verdenius, Annie Schmidt, Jules de Corte en Jelle de Vries. Maar haar specialiteit bleef het Franse chanson, dat vooral in de oorlogsjaren – bij het cabaret van Cor Ruys – in een hunkerende behoefte voorzag: 'Cor Ruys' Klein Toneel geeft in het Scheveningse Kurhaus-Cabaret een nieuw programma. Wederom is Cor Ruys zelf de conférencier die de zo uiteenlopende nummers met geestig gesponnen koorden aaneenrijgt. Georgette Hagedoorn zingt haar chansons, gevoelig of luchtig, al naar de aard. Ze toont zich een kranige imitatrice, o.a. van Yvette Guilbert. Ze geeft een prachtig type als La Glu met volledige overgave en toch beheerste voordracht.' Hoewel zelfs haar vrienden altijd hebben uitgeroepen dat ze niet kon zingen en haar eigen moeder bij haar geboorte al verklaarde: 'Het is niet vele mooie, het lijkt op zijn vader,' heeft Georgette Hagedoorn ons altijd op een geheimzinnige wijze weten te boeien door 'un je ne sais quoi'. Dat gebeurde zelfs nog toen ze op zeventigjarige leeftijd bij John de Crane in 1980-1981 haar programma *Georgetterie* uitvoerde.

... Madame Arthur est une femme
Qui fit parler d'elle longtemps,
Sans journaux, sans rien, sans réclame,
Elle eut une foule d'amants.
Chacun voulait être aimé d'elle,
Chacun la courtisait, pourquoi?
C'est que, sans être vraiment belle,
Elle avait un je ne sais quoi.
Madame Arthur ...

De acteur Cor Ruys heeft tussen 1940 en 1948 regelmatig cabaretprogramma's geleid waarin hij zelf optrad als conférencier, sketchesspeler en zingzegger van de 'eigenwijze liedjes van Brammetje': 'Een artiest moet universeel zijn. Hij moet zowel in een cabarettekst als in een toneelstuk op zijn gemak wezen. Au fond is er voor mij niet zoveel verschil tussen het een en het ander. In menig liedje van Brammetje heb ik meer te spelen dan in een stuk van drie bedrijven.' In de zomermaanden verwisselde hij zijn rol van toneelspeler voor die van cabaretier en het was typerend voor zijn kunstenaarschap dat hij voor zo'n – voor die tijd vrij ongebruikelijk – overstapje geen problemen maakte; in 1918 werd hij al door de *Theatergids* gekleineerd omdat hij samen met zijn echtgenote Tilly Lus medewerking verleende aan een cabaretprogramma van Nap de la Mar: 'Thalia bedekt zich wanhopig het gezicht met de handen en weent over zoveel onrecht, haar aangedaan door twee harer getrouwste dienaren.' In het seizoen 1924-1925 bewees hij opnieuw dat hij speciale cabaretgaven bezat, toen hij in het Tuschinsky-Cabaret 'La Gaîté' naast zijn befaamde creatie van Sally Wegloop, ook het zo bekend geworden liedje van Chef van Dijk en Max Tak vertolkte: 'Onder de bomen van het plein'. Zestien jaar later besloot hij om nóg eens een beroep te doen op zijn kwali-

8.30 - verlaat het Leidschepleintheater.

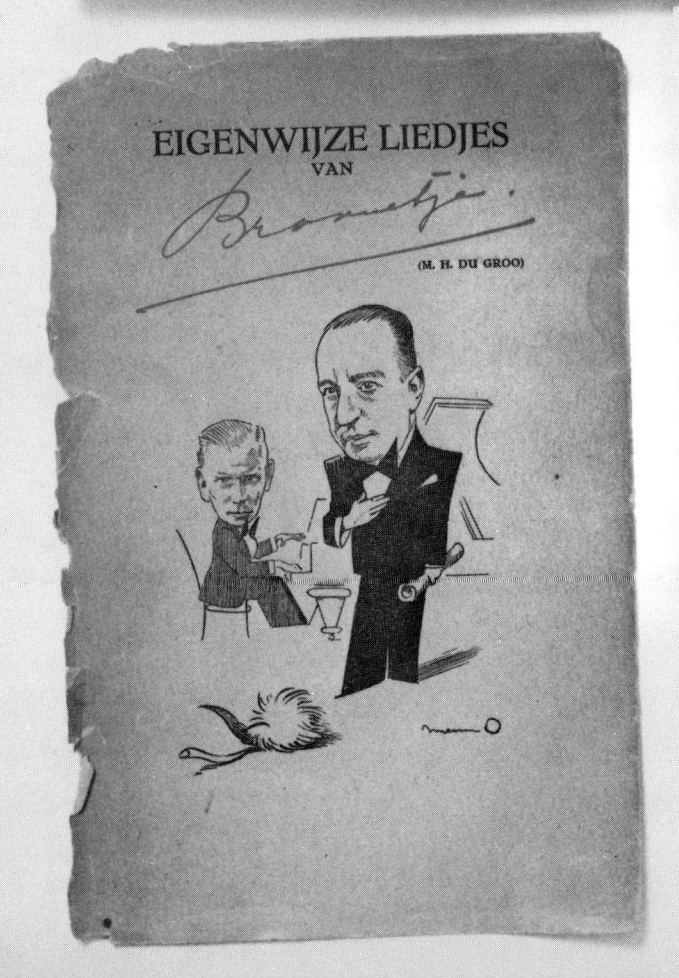

EIGENWIJZE LIEDJES
van
Brammetje
(M. H. DU GROO)

teiten als 'zanger'. Iedereen hield de adem in en het hart vast, niet het minst zijn lijfdichter Hans du Croo, een KNIL-kolonel in ruste die in zijn vrije tijd liedjes schreef onder het pseudoniem 'Brammetje'. Dat hij goed zou kunnen confereren en improviseren, dat hij de sketches fantasierijk zou kunnen spelen, daar twijfelde niemand aan, maar dat het hem zou lukken om zelfs maar één noot te zingen, dat bezorgde zelfs het zaalpubliek de premièrekoorts. Maar er gebeurde een wonder: aan beide zijden van het voetlicht werden alle zenuwen na het eerste liedje voor altijd weggevaagd. Het succes van de zingzegger Cor Ruys was zó overweldigend, dat zelfs de eeuwig jaloerse Speenhoff – die in 1941 als gast heeft meegewerkt – een mild commentaar ten beste gaf: 'Ik hoorde de toneelspeler Ruys in het Kurhaus-Cabaret te Scheveningen enige liedjes van een zekere Brammetje babbelen en voordragen. Zeer verdienstelijk, maar geen vakwerk natuurlijk.'

Cabaret De Mallemolen had als ensemble niet veel te betekenen, ondanks het feit dat Cor Ruys omgeven werd door bekende kunstenaars als Georgette Hagedoorn, Conny Stuart, Mary Dresselhuys, Lia Dorana, Tilly Périn-Bouwmeester, Fien de la Mar, Anton en Willy Ruys, Herbert Perquin, Ko van Dijk, Wim van den Brink, Jan Teulings, Wim Sonneveld en de pianisten Han Beuker en Charles Heynen, die ieder een aantal 'eigenwijze liedjes van Brammetje' op muziek hebben gezet. De programma's werden losjes en luchtigjes samengesteld als een parade van solistische prestaties waarin geen enkele lijn te ontdekken viel. Maar het publiek kwam uitsluitend en alleen voor het fenomeen Cor Ruys, om zich uitbundig te laten vermaken door 'De pillen van Pa' of om ontroerd te worden door de melancholieke overpeinzing 'Eens in het leven':

Cor Ruys als Sally Wegloop in Cabaret La Gaîté (1925)

Cor Ruys en het Leidsepleintheater

Fatsoenlijke censuur in de oorlog

... De zoontjes groeien op als kool
Tot lummels en atleten,
De dochters lijken op Mae West
Ook bol en rond gegeten.
Hun Ma is Kenau Hasselaar,
De vrouw met zeven willen.
En pappie is de kleine man.
Die slikt alleen maar pillen ...

... Eens in het leven dan voel je zo samen
Even een pijntje of stiekum verdriet
Om wat je hebt
*   maar niet lang meer zult houden,*
Eens in het leven, als niemand het ziet ...

Van ieder liedje maakte Cor Ruys een klein toneelstuk en hij gaf er, met zijn geniale talent, zò veel genuanceerde kleuren aan dat de tekst boven zichzelf werd uitgetild.

... Ik ben een man!
*   Dat zult u wel begrijpen.*
En ik ben sterk, daar kunt u van op aan.
En als zich wie ook aan mij zou vergrijpen,
Ik zou niet aarz'len om er óp te slaan!
Ik sla d'r op, bij het minste incidentje,
Een knokpartijtje schud ik uit m'n mouw!
En tòch ...
*   één fout kleeft aan dit dapper ventje:*
Ik ben té bang,
*   té angstig voor m'n vrouw ...*

Het departement van volksvoorlichting en kunsten, dat tevergeefs geprobeerd heeft om cabaretartiesten begrip bij te brengen voor 'de nieuwe tijd', hanteerde bij de tekstcontrole de bekrompen normen van de oude tijd door Cor Ruys in 1942 te verbieden het achtste couplet van dit door hemzelf geschreven lied uit te voeren:

... Gaat z'eens op reis,
*   dan adem ik wat vrijer!*
Dan ga ik sjansen,

'n mens is niet van steen.
Maar zie 'k dan naar de wand,
  o, dan hangt zij er!
Jasses, die blik gaat me door merg en been.
Daarom, àls 'k ooit
  bij 'n ander waag m'n kansen,
Draai 'k háár eerst om,
  zodat 'k haar niet aanschouw.
Zie ik dat snuit,
  dan kàn ik niet meer sjansen;
Ik ben té bang, té angstig voor die vrouw ...

Na de bevrijding hebben we in ons land mogen ervaren dat ook onder een niet-nationaal-socialistisch bewind de kleinburgerlijke censuur gehandhaafd bleef. (Zie ook deel 1, hoofdstuk 5)
In de oorlogsjaren hadden artiesten, naast het persoonsbewijs en de stamkaart – ambtenaren óók nog een ariërverklaring – een bewijs nodig van aanmelding bij de Kultuurkamer, om hun werk te kunnen voortzetten. Tot een lidmaatschap werd niemand gedwongen. Hoe men over deze situatie ook moge denken en oordelen, een feit is dat de cabaretiers – met uitzondering van de groep rond Paulus de Ruiter, alias Jacques van Tol – niet ontvankelijk zijn geweest voor de geest van het nationaal-socialisme. Dat was dan ook de reden waarom de Amsterdamse SD in de Euterpestraat het cabaret op het Leidseplein omschreef als een verzameling van 'plutocraten, hoeren en homoseksuelen', met als typerende vertegenwoordigers: Martie Verdenius, Conny Stuart en Wim Sonneveld. Er waren plannen in de maak om aan deze 'volksgezondheid ondermijnende activiteiten' een einde te maken, waarbij de castratie van homofielen werd overwogen. Maar de machteloosheid van de toenmalige gezagshebbers bleek overduidelijk uit een artikel in *Het Nationaal Dagblad* van dinsdag 8 Sprokkelmaand 1944: 'De kunst moet noodzakelijk gezuiverd worden. De Joden zijn weg, maar de Joodse "Khunst" gebracht door raszuivere Nederlanders bloeit nog. De kunst diene er te zijn om het volk te veredelen en op te voeden en niet om de grenzeloze verwarring der geesten en de verruwing der zeden nog in de hand te werken. Laat alle kunstenaars die hun "kleine landje" zo lief hebben, als zij plegen te zeggen, dit beseffen. Ons volk zal hierdoor gediend zijn. De Joodse geest verdwijne uit de kleinkunst!'
En ondertussen zongen jonge cabaretartiesten onder leiding van de acteur Cees Laseur in het Leidsepleintheater:

... Bij het schijnsel van een koplamp
Presenteren wij aan u
In de kou en zonder voetlicht
Onze cabaretrevue.
Met wat schetsen en een liedje,
Met wat dansen en muziek
Geven wij wat licht en warmte
Aan ons Amsterdams publiek:

Wij gaan in zee
  met Cabaret De Koplamp,
Want wij zijn jong en houden goede moed.
Wij zijn tevree met Cabaret De Koplamp,
Want levensblijheid zit ons in het bloed.
Wij zingen mee in Cabaret De Koplamp
En slaan ons door de moeilijkheden heen.
Zet net als wij de zorg opzij,
Want éénmaal wordt het toch weer: Mei!
Dat geldt voor ons, dat geldt voor u,
Voor iedereen!

De SD informeerde naar een vermeend homoseksueel slot aan de sketch 'Eindelijk alleen' van Johan W. Broedelet, gespeeld door Eri Rouché, Kees Brusse en Jack Gimberg, maar bepaalde zich tot het verbod van Wim Ibo's liedje over de bekendmaking dat we voor onze fietsen geen rubberbanden

Lia Dorana, Wim Ibo, Coosje Guilleron, Ben Steggerda en Hetty Blok in *Jeugdsymphonie* (1943)

Cabaret De Koplamp met Jack Gimberg, Fietje Giezen, Wim Ibo, Françoise Flore, Kees Brusse, Eri Rouché, Albert Mol en Truuk Doyer (1944)

PROGRAMMA

HET CENTRAAL TOONEEL
Directeur-artistiek leider Cees Laseur

presenteert

De Cabaret-revue

„DE KOPLAMP"

Auteurs:
WILLY VAN HEMERT,
KEES BRUSSE,
JOH. BROEDELET en
WIM IBO

Algeheele leiding:
CEES LASEUR

FRANÇOISE FLORE
   brengt haar repertoire
ERI ROUCHÉ
   doet hetzelfde
ALBERT MOL en TRUUK DOYER
   dansen
WIM IBO
   confereert en vertelt U de volgorde
   van het programma en de sketches,
   waarin iedereen meedoet, ook
KEES BRUSSE en JACK GIMBERG
PETER KELLENBACH
   illustreert het een en ander muzikaal

✳

We beginnen natuurlijk met een proloog.
Verder volgen de sketches:
→ „Eindelijk alleen"
   „De zaak Bibberspriet"
   „De Schaakpartij" (Op verzoek)
   „De Familie Versteen"
   een modern huisgezin anno 1944

en waar eindigen we mee?....
Natuurlijk met de

FINALE

CONCERTGEBOUW - Kleine Zaal
6, 8, 9 en 10 October - 7.30 uur

CABARET DE JONGE NEDERLANDERS

JEUGD-SYMPHONIE

dirigent: WIM IBO

uitvoerenden:
COOSJE GUILLERON — Bretonse liedjes
HETTY BLOK — voordracht
LIA DORANA — chansons
SABA — Indische dansen
BEN STEGGERDA — Z.-Afrikaanse liedjes
FRED MENGER — voordracht
WIM IBO — eigen repertoire

aan de vleugels:
JO SPIERS en JO KAT

teksten: Ibo, Spiers, de Haas, v. Hemert e.a.
muziek: Jo Spiers

zang - dans - muziek - voordracht

een kleur- en klankrijk programma van frisse, intieme kleinkunst

Prijzen der plaatsen: f 1.—, f 1.50 en 2.25 + r.

Kaartverkoop en plaatsbespreking dagelijks van 10—4 uur in het Concertgebouw, telefonisch van 9.30—4 uur (tel. 27500)

meer konden krijgen, waardoor we ze voorlopig op zolder moesten stallen. Na het laatste couplet (op Speenhoffs melodie 'Vaarwel Marie, ik moet je gaan verlaten') plachten de toehoorders dikwijls demonstratief te reageren:

... Maar potverdrie,
  ik mot niet treurig wezen;
We zullen ééns weer door de straten racen!
We zullen ééns weer zonder zorgen zijn,
Als jij weer vrij bent in de zonneschijn.
Dan rijden wij, dat kan ik je beloven,
De hele boel subiet ondersteboven!
Dan trap ik alle narigheid er uit,
Dan gaan we samen in het leven
  weer vooruit!

Naast de acteurs-cabaretiers Cruys Voorbergh, Georgette Hagedoorn en Cor Ruys moeten ook Cees Laseur en Mary Dresselhuys worden genoemd, die hun Centraal Toneel vaak openstelden voor cabaretactiviteiten. Cees Laseur, die als jonge 'zanger' al bij Pisuisse was opgetreden, vertolkte in het Centraal Theater-Cabaret weleens een Trenet-liedje en was in de beruchte hongerwinter een zorgzame artistieke vader bij de middagvoorstellingen van het Koplamp-Cabaret in het Leidsepleintheater. Hij had daar de negentienjarige Kees Brusse meegebracht, die een veelzijdig cabarettalent bleek te bezitten. In de latere radioserie *De Familie Doorsnee* (1952-1958), waarin Kees Brusse de rol van de zoon des huizes speelde en zong, zou de vaderrol oorspronkelijk vervuld worden door Cor Ruys, maar na diens plotselinge dood werd zijn oude vriend Cees Laseur zijn plaatsvervanger. En in die hoedanigheid bleek deze zijn cabareteske aanleg niet te hebben verleerd. Ook zijn toenmalige echtgenote Mary Dresselhuys had precies de toon voor lichte cabaretzaken; ze was een kostelijke conférencière in het Centraal Theater-Cabaret en zong daar zelfs liedjes, zoals 'Mokkagebakjes' van Gerard Rekers, dat smakelijk smakkend werd uitgevoerd:

... Ik word zo ontzettend gauw
  moe in mijn hoofd,
Omdat ik zo teer ben en zwakjes,
Er is maar één ding in mijn leven dat telt:
Ik ben dòl op mokkagebakjes! ...

In 1943 leidde zij in het Leidsepleintheater het cabaretprogramma *Dromen zijn bedrog* met Wim Sonneveld als speciale gast en in 1971 verbaasde zij haar trouwe toneelfans opnieuw door zingend en dansend mee te werken aan de musical *En nu naar bed* van Annie Schmidt en Harry Bannink.
Ook de Vlaamse actrice Julia de Gruyter en de volksacteur Jan Lemaire hebben in hun loopbaan een cabaretsteentje bijgedragen. Julia de Gruyter bracht in veel cabaretprogramma's een literair element met voordrachten uit het werk van beroemde Vlaamse schrijvers: Guido Gezelle, Herman Teirlinck, Felix Timmermans en Ernest Claes. Tijdens haar officiële afscheidsuitzending voor de tv in januari 1965 heeft ze haar beroemdste monoloog 'Meneer den onderpastoor' uit *Het blijde leven van Pastoor Campens* van Ernest Claes voor de laatste maal uitgevoerd. Protesten tegen het 'onzedelijk karakter' van dit verhaal – ze werd er destijds voor op het AVRO-matje geroepen van Willem Vogt – bleven toen achterwege. Ze was in ons land bijzonder populair en haar enige verdriet is geweest dat radio en televisie in haar geboorteland nooit van enige belangstelling hebben blijk gegeven.
Jan Lemaire vertegenwoordigde een sterke sociale cabaretkant, waarbij hij op socialistische bijeenkomsten het werk van auteurs als Erich Kästner onder de aandacht van de arbeiders bracht. Voor de tv vierde hij zijn

vijfentachtigste verjaardag met Kästners 'Brief aan mijn zoon', begeleid door zijn zoon Cor Lemaire:

... Ik wil met jou
naar de oorlogsvelden reizen
En naar de zee van witte kruisen blikken.
Ik wil daar stil zijn en jou niets bewijzen,
Maar als je weent, mijn kind,
dan zal ik knikken.
Ik wil niet praten, ik wil je enkel tonen
Hoe alles in elkaar zit, dat je 't weet.
't Inzicht moet dan uit jezelve komen,
Ik wil jouw vader zijn en geen profeet ...

Jan Lemaire werkte regelmatig mee aan VARA-cabaretprogramma's en is bovendien de auteur van een van de eerste musicals in ons land: *Mooie Juultje van Volendam* uit 1920, met Coba Kelling – en later Julia de Gruyter – in de hoofdrol. Verder was hij uitermate geschikt voor zeemansnummers in het cabaret en zijn slotwoorden uit een monoloog van Wim Kan: 'Overpeinzingen van een zeeman', zijn beroemd geworden:

... Het zit 'm niet alleen
In het veilig stellen van je eigen leven,
Je moet ook aan anderen
Iets van de zon willen geven.
En als je dat hebt betracht
En niet alleen
op je eigen menage hebt gelet,
Nou, dan heeft onze-lieve-heer
Je tenminste niet
voor niks op de wereld gezet.
En dat wou 'k maar zeggen ...

Het is geen wet dat acteurs van het grote toneel automatisch geschikt zouden zijn voor de cabaretplanken. Er is een bepaalde 'feeling' voor nodig, die zelfs van toneelspelers zonder zangstem toch ideale cabaretpersoonlijkheden kan maken. Het is moeilijk om deze hoedanigheden nauwkeurig te omschrijven, het is makkelijk om een voorbeeld te noemen: de actrice Sophie Stein vierde haar grootste triomfen in het cabaret door haar natuurlijkheid en haar bijzondere uitstraling. Ze werd op haar vijftigste jaar ontdekt door Martie Verdenius, die op zoek was naar een plaatsvervangster voor Louisette, daar deze zich na haar door Martie Verdenius bewerkstelligde comeback zoveel sterallures had aangemeten dat samenwerking onmogelijk was geworden. Daarna kwam Sophie Stein bij Wim Sonneveld en Wim Kan en tenslotte kreeg ze een ongekende, nationale populariteit als 'Moeder Doorsnee'. Tegen haar zeventigste verjaardag trok ze zich stilletjes terug met de herinnering aan een liedje dat Hella Haasse in het begin van haar cabaretloopbaan voor haar had geschreven:

... Nee, ik ben niet te beklagen,
'k Droeg wat alle mensen dragen
Die het allerhoogste wagen
Door hun ideaal gedreven:
Heel de rijkdom van dit leven
Met veel liefde weer te geven.
'k Was actrice eerst – dan vrouw,
'k Gaf de kunst mijn hart, mijn trouw,
Lijf en ziel, mezelf geheel.
Daarom hoor ik bij 't toneel.

Dat zelfs een klassieke balletdanser zijn uiteindelijke bestemming in het cabaret kan vinden, werd bewezen door de wonderlijke loopbaan van Albert Mol. Zijn ongewone komische gaven openbaarden zich voor het eerst in het hongerwintercabaret De Koplamp, toen hij in een parodie op het sprookje *Assepoester* blijmoedig de hoofdrol accepteerde, waarbij Jack Gimberg voor de opgave stond om tegenover hem de rol van de liefhebbende prins waar te maken. Albert

132

Georgette Hagedoorn in 1940

Mary Dresselhuys en Wim Sonneveld in *Dromen zijn bedrog* (1943)

Sophie Stein (geheel rechts) in het Cabaret van Martie Verdenius met Chiel de Boer, Antoine Brusta, Lizzy Valesco en de pianist Jo Spiers (1942)

Julia de Gruyter en Jan Lemaire op cabarettournee met het pianoduo Spiers en Kat, Hetty Blok en Wim Ibo (1943)

Cees Laseur

Albert Mol en Truuk Doyer in Cabaret De Koplamp (1944)

Mol zwierf van het ene cabaret naar het andere in binnen- en buitenland, als choreograaf zowel als cabaretier en zelfs in San Francisco oogstte hij in het Turn About Theatre met zijn zotte persiflages een daverend succes. Voor het Nederlandse cabaret was hij belangrijk vanwege zijn jarenlange samenwerking met Wim Sonneveld (als cabaretier) en Wim Kan (als choreograaf). Maar zijn allergrootste populariteit verwierf hij later door zijn boeken, een aantal films en het tv-spelletje *Wie van de drie*. Achter al zijn grappen en grollen schuilt een ernstig artiest en een gevoelig mens. In zijn verdere cabaretactiviteiten heeft hij ook buitenlandse grootheden betrokken zoals Voli Geiler, Sheila Bernett en Johnny Heawood. Samen met deze laatste liet hij 'the good old days' van de Victoriaanse Music-Hall herleven:

... Oh! The fairies! Whoa the fairies!
Nothing but splendour
*   and feminine gender!*
Oh! The fairies! Whoa the fairies!
Oh! For the wing of a fairy queen!

Zoals we al eerder hebben geconstateerd opereerden er naast de cabarets van Kan en Sonneveld nog andere groepen die een aantal jaren actief zijn geweest. Behalve het cabaret van Martie Verdenius (Zie hoofdstuk 4) en Chiel de Boer (Zie deel 1, hoofdstuk 9), willen we ook nog de namen noemen van Dick Gabel en Willy van Hemert.

Dick Gabel begon in 1946 een cabaretensemble dat met wisselende medewerkenden – zoals Jeanne Verstraete, Tineke van Leer, Anny de Lange en Flip van der Schalie – meer dan vijf jaar heeft bestaan. Dick Gabel schreef alle teksten, Peter Kellenbach de muziek en in het programmaboekje kon men lezen: 'Wat is cabaret? Gelijk het toneel tot taak heeft op artistieke wijze weer te geven wat er voordien losbrak in de hoofden en in de harten van dichters en schrijvers, zo moet naar mijn mening cabaret datgene vertolken wat het alledaagse leven om ons heen te zien geeft. Het heeft tot taak de mens te tonen in zijn kleinheid en in zijn grootheid, maar altijd met de bedoeling dat hij er wijzer door zal worden.'

Maar in de praktijk bleek dat Dick Gabel aan het al bestaande cabaretaanbod weinig nieuws had toe te voegen.

Recencie uit 1946: 'Het cabaret van Dick Gabel is "klein toneel" en spreekt tot een meer huiselijk gezind publiek dan dat van Chiel de Boer of Wim Kan.'

Recensie uit 1951: 'We hebben bepaaldelijk geen experimentele, vernieuwende of hoe men ze ook noemen wil, tendenties kunnen ontdekken. Ja, veel van het gebodene was volkomen gelijk in genre aan het repertoire van Gabels collega's. Helaas niet altijd gelijk van niveau.' Een uitschieter was het liedje 'Charleston' dat hij op uitnodiging van Wim Sonneveld voor Hetty Blok had geschreven en dat door haar fabuleuze vertolking veel indruk heeft gemaakt:

... Ik ben uit een smakeloze tijd
Waarin de geest aan armoe lijdt,
Charleston, charleston, charleston!
De wereld, slecht, verrot en ziek
Danst net als ik, want dat is sjiek,
Charleston, charleston, charleston! ...

Willy van Hemert (Utrecht 1912) werd een van onze kundigste televisieregisseurs, omdat zijn beheersing van de cameratechniek gepaard ging met de rijke theaterervaringen die hij tussen 1933 en 1951 had opgedaan. Men noemt hem weleens een 'duizendpoot', omdat hij zich op allerlei verschillende terreinen heeft bewogen: operette, revue, musical, film, radio, televisie en ... cabaret!

Oorspronkelijk opgeleid voor misdienaar, koorzanger en priester, en daarna voor jurist, leidden zijn latente artistieke aspiraties hem door een toeval in de richting van de operettekoning Fritz Hirsch. In diens befaamde gezelschap debuteerde hij als bloemenverkoper in de operette *Wenn die kleine Veilchen blühen* van Robert Stolz. Hij was ondertussen ook teksten gaan schrijven en na revue-ervaringen met Buziau en Bandy tussen 1940 en 1942 schreef hij zijn eerste eigen show in 1943: *Première* in het City Theater in Amsterdam, met de jonge Toon Hermans als gast. Cor Dokter schreef: 'Een zeer geslaagde première. Deze gehele revue is zeker wat de tekst betreft aanmerkelijk geslaagder dan wij veelal gewend zijn. Het is – en hiermee is een en ander misschien het beste gekarakteriseerd – dikwijls meer cabaret dan revue, waarmee slechts een kenschetsing gegeven wordt en niets kwaads bedoeld is. Integendeel. De talenten van Willy van Hemert, de auteur, bewegen zich naar het ons wil voorkomen toch in de richting van het cabaret.' Deze voorspelling bleek juist te zijn; van 1944 tot 1951 wijdde Willy van Hemert zich – samen met Mela Soesman en Ko van den Bosch – aan het cabaret, aanvankelijk gestimuleerd door Benny Vreden en Wim Ibo die voor hun Leidspleincabaret een beroep op zijn auteurschap hadden gedaan. Maar het merkwaardige was dat de recensenten toen meestal tot de omgekeerde conclusie kwamen; zijn cabaret ademde een geest van revue. Simon Carmiggelt in 1947: 'Talenten heeft hij stellig, maar niet om een hele avond vol te schrijven. Als zijn vulpen ernstig wordt en moraliseert, filosofeert of politiseert, krijg ik lust om een eindje om te gaan, maar gelukkig zoekt hij het meestal in de vrolijkheid, die hem vaak goed afgaat.'

De Groene Amsterdammer in 1948: 'Willy van Hemert schijnt eens ergens gelezen te hebben, dat een cabaret veel van zijn pit door politieke grapjes kan krijgen, maar hij weet in het geheel niet hoe die er uit zien. Af en toe maakt hij eens een toespeling op iets politieks, maar dan is het allemaal heel troebel en de pointe (of die nu naar links of naar rechts zou wijzen) ontbreekt. De geest is dus nogal zoek, maar dit programma geeft wat verstrooiing.'

Kees Brusse als *De Voddenman* van Willy van Hemert en Peter Kellenbach

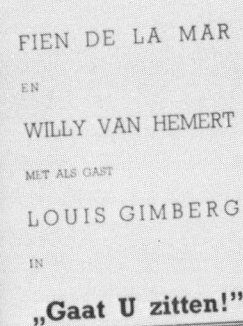

En Alex de Haas stelde vast: 'Een vruchtbaar en vindingrijk auteur is Willy van Hemert, die alleen maar op moet passen dat hij zijn talent niet aan te-veel-schrijverij opoffert.'
Een van zijn eerste eigen liedjes was 'De Voddeman' dat hij in 1944 in het Savoy-Cabaret heeft gezongen en dat daarna ook door Kees Brusse uitgevoerd zou worden in Cabaret De Koplamp:

... Ik ben de man van de vodden
   en de benen,
Ik koop de lorren en de lompen van u op,
Ik duw mijn karretje over de stenen,
Langs gracht en steeg,
   langs flat en villa, krot en slop.
Al wat zijn dienst gedaan heeft in het leven
En daarom afgedankt en stuk
   op zolder leit,
Daarvoor wil ik nog een habbekrats geven,
De hoogste waarde
   en dan is 't verleden tijd ...

Veel wisselende gasten hebben aan zijn Regenboog-Cabaret meegewerkt: Fien de la Mar, Hetty Blok, Tini Visser, Lizzy Valesco, Kitty Knappert, Guus Hermus, Dick Swidde, Peter Kellenbach en Wim de Soet.
Hoewel zijn kwaliteiten als operettetenor en revuetypeur misschien een cabaretcarrière in de weg hebben gestaan, heeft hij als cabaretauteur grote naam gekregen. Een van zijn beste ensemblenummers, met muziek van Peter Kellenbach, was 'Lichte conversatie':

... En wij voeren lichte conversatie,
Als bewijs van onze educatie.
Let maar eens op,
   u hoort geen onvertogen woord,
Wij houden niet van poespas en sensatie.
Wij vinden alles mooi,
   zijn altijd in de plooi,
Wij zijn het sieraad van een nette natie.
Als iedereen verrekt,
   dan zijn we nog correct,
En voeren onze lichte conversatie ...

Behalve als tekstleverancier voor zijn eigen gezelschap, was hij ook een onuitputtelijke bron voor andere cabarets, zoals dat van Wim Sonneveld. Hij schreef makkelijk en vlug en wist niet van ophouden. Bij zijn onvoorstelbare produktiviteit kon een zekere oppervlakkigheid niet uitblijven; zelf heeft hij van zijn werk eens gezegd: 'Hooguit knap, zelden goed.' Zijn ware bestemming vond hij pas als televisieregisseur, het vak dat hij via de radiostudio heeft gekozen. Immers, de na-oorlogse programmapolitiek van de VARA, waarbij het Nederlandse cabaret een groot aantal serie-uitzendingen kreeg toegewezen, gaf hem de gelegenheid jarenlang een veertiendaags actueel radioprogramma te verzorgen: *P.S. Kanttekeningen in de marge van het dagelijks leven*.
Dit soort initiatieven van het hoofd van de afdeling Gesproken Woord bij de VARA, Ary van Nierop, heeft in belangrijke mate tot popularisering van ons vaderlandse cabaret bijgedragen. Cabaretprogramma's vormden een tegenwicht voor de overdaad aan bonte produkties van onbezorgd, vrijblijvend amusement die het gemiddelde naoorlogse publiek prefereerde. Wim Kan zong in die tijd:

... Lol die loopt op klompen,
Simpe, sampe, sompen,
Door de aether dat het spat,
Broek en kousen worden nat ...

Wie zoals Wim Kan de moed had wat dieper te graven, kreeg het – vooral in de provincie – zwaar te verduren. In 1949 schreef een recensent in Doetinchem: 'Het ABC-Cabaret was verre van beschaafd en veel van het geestige werd door politieke hatelijkheden vaak tot kleingeestig gedegradeerd.' Ook de jonge radiochansonnier Jules de Corte moest ervaren dat, zodra hij het romantische pad der filosofische poëzie even verliet, de KRO geen belangstelling had voor kritische geluiden.

... Ons volk is haast op elk terrein
Versplinterd en gespleten,
Maar daddeme toffe jongens zijn
Dat willen we weten! ...

In die jaren werden liedjes als 'Het bruidspaar' en 'Ad majorem Dei gloriam' door de programmaleiding verboden. Toch heeft Jules de Corte, in zijn moeizaam opgebouwde carrière, nooit concessies gedaan aan zijn artistieke geweten. Hoogstens heeft hij eens wat nummers tijdelijk terzijde gelegd omdat ze behoorden tot 'liedjes die eigenlijk niet mogen'. Maar juist deze liedjes, op een lp verzameld, bezorgden hem in 1962 een Edison die hem op het Grand Gala du Disque door Wim Sonneveld werd overhandigd: 'Domela Nieuwenhuis heeft eens gezegd, dat wie zijn roeping als individu het best vervult, de mensheid tot eer strekt. Deze uitspraak is bijzonder toepasselijk op de artiest Jules de Corte. Wij mogen ons in Nederland gelukkig prijzen in hem een voorman te hebben, die ons met een blijmoedig hart op onze menselijke tekorten en nationale ondeugden weet te wijzen, zonder iets verachtelijk te maken wat al niet verachtelijk is, niet hatelijk en sarcastisch, maar met een zekere minzame welwillendheid om het afstotelijke van fatsoen dat niet van binnenuit komt aan de kaak te stellen of om blijk te geven van zijn goedaardige verontwaardiging over ondeugd, onrecht en aanmatiging. In ieder liedje komt de hele Jules de Corte levensgroot op ons af. Wat hij ook zingt en wat hij ook zegt, hij staat persoonlijk voor ons.'

... Tegen de middelmaat,
Tegen de vetgemeste natie,
Tegen het soort organisatie
Waarvan 't bestuur alleen maar praat.
Tegen de wijsheid zonder hart
En tegen de welvaartstaat.
Tegen de stroom gekeerd,
Tegen de dorre holle kreten,
Tegen ons afgestompt geweten
Dat de atoombom accepteert ...

Het valt te betreuren dat Jules de Corte (Deurne 1924), gehandicapt door zijn blindheid, geen theaterartiest kon worden. Maar hij had het geluk om radio en grammofoon te kunnen benutten om ons van zijn scheppingen in kennis te stellen. Daardoor werd hij een nationale beroemdheid, een dichter-zanger-begeleider met zó'n persoonlijke stijl dat hij uit duizenden herkenbaar is. Het ziet er nu al naar uit dat enkele van zijn meesterlijke liedjes, zoals 'Ik zou weleens willen weten' en 'Waar blijft de tijd', toegevoegd zullen worden aan ons klassieke cabaretrepertoire.

... Waar blijft de tijd, waar blijft de tijd,
Eens was je pappies kleine vent
 of grote meid,
Maar kleine kind'ren worden eenmaal
 grote mensen,
Die in het leven moeten vechten
 stuk voor stuk.
En in hun hart is zoveel plaats
 voor zoveel wensen
En voor verlangen
 naar een eindeloos geluk.
En dat wat nu is
 ben je morgen zeker kwijt...
Waar blijft de tijd, waar blijft de tijd? ...

Sinds hij in 1946 zijn liedjes in de ziekenuitzendingen van Alex van Wayenburg liet horen, werd hij als een ware ontdekking beschouwd door de volmaakte eenheid van tekst en melodie of, zoals Simon Carmiggelt eens schreef: 'Wat zijn woorden vertellen, zingt zijn muziek.' Jules de Corte werd een soort modeverschijnsel in ons cabaret, het werd 'bon ton' om zijn persoon te bespreken en zijn werk te waarderen. Met een zuiver gevoel voor de betrekkelijkheid-aller-dingen liet hij deze golf van medeleven over zich heen komen, maar hij kon niet verhinderen dat de markt verzadigd dreigde te raken.

... Ik zing een liedje voor de hopelozen,
Die levenslang nog nooit werden verstaan,
Misschien omdat zij andere wegen kozen,
Die wij met goed fatsoen niet durfden gaan.
Wij leven immers langs een vaste baan,
Bezaaid met dogma's en met zekerheden,
Waarmee wij zijn vertrouwd
 van kindsafaan,
Waarvan wij kunnen leven tot op heden ...

Jules de Corte heeft nog juist bijtijds het gevaar van veelschrijverij de kop ingedrukt, zodat hij – toen de grote mode ging luwen – onbeschadigd te voorschijn kwam en op hetzelfde niveau verder schreef. Hij mocht ook de voldoening smaken dat zijn werk werd uitgevoerd door cabaretartiesten als Jasperina de Jong, Jenny Arean, Gerard Cox en Frits Lambrechts, want zelfs zijn oudste liedje is actueel gebleven:

... Ik zou weleens willen weten
Waarom zijn de mensen zo moe?
Misschien door hun jachten en jagen,
Misschien door hun tienduizend vragen
En ze zijn al zo lang onderweg
 naar de vrede toe,
Daarom zijn de mensen zo moe ...

Kortom, het is duidelijk: wie verwacht had dat na de bevrijding de politieke cabarets overal in ons land zouden losbarsten, kwam bedrogen uit. Al waren er geen restricties meer zoals in 1939 ('De tijdsomstandigheden moeten het specifieke aan deze kunst helaas ten dele ontnemen, omdat alles wat naar politiek zweemt – zeer terecht – contrabande is. En de in het leven zelf wortelende kunst verdraagt slecht, dat men haar vrijheid aan banden legt.'), toch was er maar één gezelschap dat zich direct na de oorlog aan het actuele en politieke cabaret heeft gewaagd en dat helaas maar korte tijd heeft bestaan: het G.G.-Cabaret met als centrale figuur de fameuze acteur Jan Musch, die in 1936 al eens een cabarettournee had gemaakt met Louis Davids, Dora Gerson en de jonge administrateur Wim Sonneveld. De letters G.G. stonden voor "'t Gaat goed!', een gefluisterde mededeling van betrouwbare Nederlanders nadat in Normandië de invasie was begonnen. De plannen voor dit socialistisch-communistisch cabaret waren al ontworpen in de illegaliteit; de actrice Rolien Numan was de stuwende kracht en zij verzamelde, naast Jan Musch, de volgende kunstenaars om zich heen: Hetty Beck, Ans Koppen, Mary Smithuysen, Hans Tiemeyer, Ru van Veen, Lion Contran en het zo getuigende duo Uut en Ber Hulsing.

... Het moet anders, helemaal anders
In een wereld zoals ik die zie.
Het moet anders, helemaal anders
In een echte democratie! ...

Van de tekstleveranciers noemen we: Henriëtte van Eyk, Theun de Vries, Willy Pos, Eric van der Steen, Ber Hulsing en Mr. Arend Vreugde (omroepsecretaris van de VARA, Ary Pleysier) Het credo van het G.G.-Cabaret luidde: 'Een cabaret, wil het aan zijn doel beantwoorden, moet politiek zijn of zal niet zijn: het vertoonde zij de exponent van de geest van spelers en schrijvers te zamen, zodat er een overtuiging, zodat er principes over het voetlicht worden gebracht. Cabaret toont een open oog voor alle fouten in en buiten het eigen kamp en weet deze fouten op zijn karakteristieke wijze, fel of goedaardig, strijdvaardig of spottend aan te tonen.' Het is alsof we hier geconfronteerd worden met de geloofsbelijdenis van de toen eenentwintig jarige journalist Jaap van de Merwe. Daarom is het des te merkwaardiger dat deze later – na zijn eigen experimenten op politiek cabaretterrein – in geen enkele van zijn oproerige boeken aandacht schenkt aan zijn volbloed voorganger.

... Het karretje rijdt, maar vraag niet hoe.
De mensen zijn dat gehobbel moe,
Zij willen wel wat anders!
Het paard is verouderd en ondervoed
En kan niet lopen zoals het moet.
Aan alle vier benen hangt log en zwaar
Een bureaucratische ambtenaar.
De wielen werden – dat is verkeerd –
Met een soort reactiestroop gesmeerd.
Het volk schreeuwt: dat duurt te lang,
Wij brengen die kar wel zelf op gang,
Wij willen verder, vooruit, vooruit,
En kiezen wel zelf een voerman uit.
Dàn komen wij thuis,
  mijn vrind, mijn vrind,
Dan komen wij thuis mijn vrind ...

Jan Spierdijk (de latere *Telegraaf*-medewerker) schreef over dit door Ber Hulsing (de latere *Trouw*-medewerker) vervaardigde ensemblenummer in *De Waarheid*: 'Wanneer men dit liedje hoort zingen, weet men onmiddellijk dat het publiek voor dit cabaret niet uit dergelijke "voermannetjes" kan bestaan, maar dat ieder die er belang bij heeft dat Nederland op democratische wijze wordt opgebouwd, hierheen zal gaan. Jan

Tournee Davids-Musch 1936, met Wim Sonneveld als administrateur

Uut en Ber Hulsing

GG-Cabaret met Joop Doderer, Lies de Wind, Jan Musch, Ber Hulsing, Rolien Numan en Uut Hulsing

138

Tournee LOUIS DAVIDS - JAN MUSCH

1936   MAART-APRIL   **1936**

PROGRAMMA

1. Wat wij willen — het ensemble
2. Louis Davids — komt iets vertellen
3. De beul — met speciale toestemming van Burgemeester en Wethouders
   De man, de vrouw, de vreemdeling, de dokter, de politieagent, de kellner
4. Dora Gerson — Duitsche voordrachtkunst
5. Jan Musch — monologen en liedjes
6. Mary Smithuysen — „om te dansen". Monoloog en nog iets
7. Louis Davids — liedjes, praatjes en improvisaties

PAUZE

8. „Zoo of zóó" — moderne tooneelkunst
   Louis Davids - Mary Smithuysen - Anton Gerlach - Wim Sonneveld
9. Jan Musch — monologen
10. Dora Gerson — chansons
11. „Repetitie" (vertalen is niet ieders werk) — het ensemble

Aan den vleugel: Han Beuker - Technische leiding: Anton Gerlach - Administratie: Wim Sonneveld

WIJZIGING VOORBEHOUDEN

Musch heeft durven breken met het gangbare cabaret in Holland; hij durft het te gebruiken als wapen tegen reactie, verslapping en zelfgenoegzaamheid. Wie weet dat de man die deze stap waagt, de volgende maand zeventig jaar wordt, beseft dat jeugd en ouderdom soms kunnen samengaan.'

Ber Hulsing, de nieuwe cabaretauteur, vond de beste vertolking van zijn liedjes in de uitvoering door zijn eigen vrouw die als een ware ontdekking kon worden beschouwd. Maar ondanks de grote populariteit van het duo Hulsing is het cabaretensemble in de goede bedoelingen blijven steken, een ontwikkeling die in *Het Parool* als volgt werd beschreven: 'Het mag waar zijn, dat een cabaret om goed te zijn 'politiek' moet zijn (d.w.z. de politiek niet uit de weg mag gaan), het zal toch in de eerste plaats *goed* moeten zijn. Dit heeft het G.G.-Cabaret niet vergeten, maar het heeft het toch ook niet bereikt. Goed bedoeld en niet onverdienstelijk zijn de vrij negatieve termen waarvoor de toeschouwer zich geplaatst ziet: het enthousiasme van het ensemble kon noch de veelal zwakke teksten, noch het peil der vertoning vergoeden.'

Na het vertrek van Jan Musch in 1946 konden artiesten als Emmy Arbous, Joop Doderer, Tineke van Leer, Flip van der Schalie en Lies de Wind zijn afwezigheid niet doen vergeten, waardoor het gezelschap nog een aantal jaren wat heeft doorgesukkeld met voorstellingen op socialistische en communistische bijeenkomsten (zoals een tournee voor NVV en EVC). Ook de VARA heeft in de begintijd veel zendtijd voor dit politieke cabaret vrijgemaakt, maar liet het weer vallen toen de communistische toon niet meer in de programmapolitiek paste, waardoor zelfs de kunstenaar Ernst Busch in een speciaal programma werd ontluisterd. Ruim dertig jaar later schreef Ary Pleysier in *De Volkskrant:* 'Het G.G.-Cabaret heeft recht gedaan aan zijn devies: tegen fascisme, rassenhaat, reactie en verraad. Het is helaas

Amsterdams Zangkoor Morgenrood • **Uut Hulsing**

bezweken aan de koude oorlog, die een kloof groef tussen socialisten en communisten. Nu de kloof – althans in West Europa – weer smaller wordt zou misschien een nieuw onafhankelijk socialistisch cabaret weer tot de mogelijkheden gaan behoren. Als 86-jarige zou ik zo'n cabaret begroeten, al was het alleen al als nagedachtenis van het G.G.-Cabaret.'

Het is jammer dat ook, door allerlei omstandigheden, het voortreffelijke duo Uut en Ber Hulsing een samenwerking heeft moeten beëindigen die zo veelbelovend begonnen was. Gelukkig zijn er een paar opnamen bewaard gebleven, zoals het aangrijpende liedje 'Van jou heb ik niets meer gehoord'.

... Anderen zijn in ons land weergekeerd,
Sommigen worden als helden vereerd,
Van jou heb ik niets meer gehoord.
Waar ik ook rondzie
*   staan zij weer vooraan,*
Die niet zoveel deden als jij hebt gedaan.
Van jou heb ik niets meer gehoord.
Jij was maar een van de velen,
Maar wij die je hebben gekend
Gaan zij aan zij, naamloos als jij,
Naar het doel
*   waarvoor jij toen gevallen bent.*
Wij moeten samen, wat men ook gebiedt,
Zorgen dat het niet vergeefs is geschied
Dat duizenden werden vermoord ...

Cabaretgroepen kwamen en gingen, maar zij bewezen in ieder geval dat er naast de toen al 'gevestigde' ensembles van Kan en Sonneveld wel degelijk ruimte bleek te zijn voor nieuwe initiatieven. Een overduidelijk teken van een nieuwe richting bleek uit de enorme belangstelling voor het Utrechtse Studenten Cabaret, dat tussen 1951 en 1955 actief is geweest. Dit cabaretensemble met Johan Noordmans als conférencier (nu predikant in Lunteren) en Paul van Wely als pianist-liedjeszanger (nu arts in Eindhoven) was zò succesvol dat volgens de legende bezoekers als Kan, Sonneveld en Hermans hun opschrijfboekje meebrachten naar het theatertje Hypokriterion in Amsterdam. Maar een feit is dat de oudejaarsavonddominee van Wim Kan, de zingende pater van Wim Sonneveld en de 'sprekert' van Toon Hermans, Johan Noordmans als vader hebben, omdat niemand vóór hem het had gewaagd een geestelijke op de planken 'belachelijk' te maken. Zijn creatie als 'Herman Blom, de jeugdleider uit Lunteren', kan worden bijgeschreven in het cabaretboek van historische hoogtepunten.

Het volstrekt relativerende karakter was de grote kracht van dit studentencabaret en het was vooral Johan Noordmans die de kunst verstond om het publiek de ogen en oren te openen voor lachwekkende figuren en situaties, op een manier die het best vergeleken kon worden met die van de filmer Jacques Tati. Het ontbreken van pretenties en beroepsmatigheid bepaalde de charme van zijn optreden, geaccentueerd door het feit dat hij – van nature – stotterde, hetgeen het antitheatereffect nog verhoogde. Interessant waren de beschouwingen die in de pers aan deze vorm van cabaret werden gewijd.

● Een voordeel dat dit cabaret heeft is ongetwijfeld het feit, dat het zich volkomen kan instellen op een bepaald, beperkt publiek en dat de spelers zelf uit dit publiek voortkomen en dus weten, wat er onder hun hoorders leeft.
● Deze studenten missen de handigheid, de techniek en het uithoudingsvermogen van de professionals, maar hun allure, hun inzet en hun inspiratie zijn duidelijk stukken groter. Men bemerkt de grillen van een nog spontane fantasie, die geladen zijn met elan.

Utrechts Studenten Cabaret 1952

Johan Noordmans als Jeugdleider

Paul van Wely

Bij Wim Kan en Wim Sonneveld is de fantasie door plichtmatigheid verkrampt. De professionals blijken dan plotseling te zeker van hun zaak en juist daardoor falen zij vaak. De Utrechtse studenten slagen door hun onervarenheid. Zij gaan met de lauweren van dit zomerseizoen strijken. Dat ook hun zalen eivol zijn, werpt tenslotte de vraag op of de vele concessies die vooral Kan en Sonneveld aan hun publiek doen wel helemaal gerechtvaardigd zijn.
• Toen wij de amusante geboorte van dit cabaret meemaakten, hebben wij er veel goeds over geschreven, maar dat het zó'n vlucht zou nemen dat de fundamenten onder gevestigde beroepsreputaties van al die befaamde Wims, Corries, Connies en Tonen zouden schudden, daar konden wij geen ogenblik aan denken.

Journalisten die het professionalisme van het gezelschap meenden te moeten prijzen werden door de medewerkers zelf afgestraft: 'We hebben ons ziek gelachen toen jullie schreven, dat alles zo keurig was voorbereid en zo geraffineerd in elkaar was gezet. Weet je hoe lang we er over gedaan hebben, ideeën, teksten en repeteren bij elkaar? Anderhalve week! De zaal was besproken en de affiches waren gedrukt, maar het programma moesten we nog even maken.' Tot het eind toe – toen ze in 1955 afstudeerden – zijn deze Utrechtse studenten nuchter gebleven over hun cabaretactiviteiten, al hebben die hen ook gebracht naar Bonn, Parijs, Indonesië, Nieuw-Guinea en Soestdijk. Ze namen precies op tijd afscheid, vóór een aftakeling openbaar zou worden waarvan Michel van der Plas de eerste verschijnselen al had geconstateerd: 'Toen het USC voor het eerst zijn programma presenteerde, betekende zijn optreden zoveel als een verademing in een vrij verstard cabaretseizoen, vormden zijn onervarenheid, pretentieloosheid en verwondering over het eigen kunnen een dankbaar aanvaard tegenwicht voor de professionele reïnvocatie van platgetreden paden der alom bekende gezelschappen. Wie nu naar het nieuwe programma gaat kijken, leert één ding met genadeloze hardheid: men kan zijn intenties een tijdlang door te loven bravoure waar en aanvaardbaar maken, maar tenslotte moet de techniek een woordje meespreken, of de prestatie staat gelijk met een echec. Het cabaret is een tak van de kunst waarvoor lang en ernstig oefenen met zo oorspronkelijk en fris mogelijke teksten en ideeën vereist wordt.'

Toch hebben deze amateurs voor altijd bewezen hoe gezond studentikoze injecties kunnen zijn voor het bestaande beroepscabaret, dat soms de neiging heeft wat in te slapen. En al hebben Johan Noordmans en Paul van Wely het cabaretvak niet als beroep gekozen zoals dat later met de studentencabaretiers Seth Gaaikema en Paul van Vliet is gebeurd, achteraf gezien kunnen wij nu vaststellen dat het Utrechts Studenten Cabaret, samen met het Journalistencabaret De Inktvis, de voorlopers zijn geweest van een nieuwe stroming; de tijd was er rijp voor.

... Vindt u 't ook zo énig in Den Haag?
Waar vele ambtenaren
  in veel papieren staren,
Waar meer of minder chique,
  maar altijd politieke
Depart'mentale heren ons eindeloos regeren
Tot 't einde is gekomen.
  Door hoge Zorgvlietbomen
Klinkt zacht en lispelend de vraag:
Vond u 't ook zo énig in Den Haag?

(PAUL VAN WELY)

7. Terug naar de kroeg

De revolutionaire jaren zestig, waarin er hevig en stevig aan oude en vertrouwde maatschappelijke regels werd gerammeld, begonnen voor ons vaderlandse cabaret al in 1957, bij de geboorte van Sieto Hovings Tingel-Tangel. Dit moedige en idealistische initiatief doorbrak voorgoed de na-oorlogse alleenheerschappij van Wim Kan en Wim Sonneveld en betekende in wezen de terugkeer van de klassieke cabaretformule, zoals die tweeënzestig jaar eerder door Eduard Jacobs uit Frankrijk was geïmporteerd: kunst in de kroeg.

Na een inleidend proefprogramma met zijn vrouw Marijke, Henk van Ulsen, Maya Bouma, Donald Jones en de pianist-componist Wouter Denijs in het Leidsepleintheater, vond Sieto Hoving zijn definitieve vorm in de herfst van dat jaar met het geruchtmakende programma *Niet voor lange tenen* in het café Le Chevalier d' Or in de Beethovenstraat, waar hij adverteerde met de volgende slagzin: 'Het kleinste cabaret met de grootste bek'.

Niet voor lange tenen,
Want van lange tenen heb je ongemak.
Niet voor lange tenen,
Want met lange tenen
  kijk je bang en strak.
Niet voor lange tenen,
Want met lange tenen sta je altijd zwak.
Niet voor lange tenen,
Stel dat u er eentje brak!

Sieto en Marijke Hoving

Jaren later blikte pionier Hoving even terug: 'Een theater was er niet, want in 1957 werd het Leidsepleintheater bioscoop. En uit nood geboren, kwamen wij dus tot die oervorm van cabaret terug. Iets wat hier in Nederland volledig uitgestorven was sinds Eduard Jacobs in de Pijp zijn liederen zong in de rook- en drinkwalm, maar wat in Duitsland nog altijd een gewoon verschijnsel was: cabaret op een heel klein toneeltje, in een klein zaaltje, volgepropt met tafeltjes en stoeltjes. Voor het eerst van mijn leven had ik dat die zomer meegemaakt in München, bij het Münchener Lach und Schieszgesellschaft. En dat was voor mij een openbaring. Die mensen dicht op mekaar gepropt om dat kleine toneeltje heen, met een glas voor zich en een sigaret tussen de lippen. De sfeer daardoor meer geëlektrificeerd dan in een keurig theater met stoelen op een rij. Twee keer ben ik dat programma gaan zien. Na die tweede keer wist ik het nog zeker, dat was het, zò cabaret bedrijven voortaan. Politiek cabaret in een intiem café-met-consumpties, fijn gewoon maar álles zeggen, geen dansjes in kostuumpjes meer en zo, geen dure decors en kostbare aankleding, een paar artiesten op een klein podium, spotten, hekelen, parodiëren, filosoferen. Een strijdbaar cabaret zijn dat geen vijgeblad voor de mond neemt en zowel op de lange tenen van A als van B gaat staan. Partijen, groepen, zuilen, dat is voor ons lood om oud ijzer; we zijn principieel nooit voor of tegen iets of iemand. Het was de hoogste tijd dat er op dit terrein eens iets in ons land gebeurde, want behalve Wim Kan en sommige studentencabaretjes was er geen werkelijk vrije cabaretkunst te vinden.'

En Wim Kan – leermeester van Sieto Hoving – voegde daar in 1967 aan toe: 'Zoals er altijd christenen zijn geweest die zeiden: het christendom moet terug naar zijn beginpunt, het kindeke in de kribbe, zo waren er ook steeds cabaretiers die pleitten voor de terugkeer van het cabaret naar zijn uitgangspunt: het liedeke in het café. In de jaren vijftig werd er weer veel over deze theorie gesproken en er werd vaak en luid geroepen dat het onzin was, want niemand zag er brood in. Tot Tingel-Tangel begon. Toen verstomde de vakkritiek en schoten de cabarets met de tafeltjes en de stoeltjes in de kleine rokerige zaaltjes uit de grond. Een nieuwe cabaretgeneratie werd geboren en groeide snel en voorspoedig op. Maar als ze eerlijk is zal zij moeten toegeven: Sieto en Marijke Hoving bouwden de kraamkamer!'

De komst van het Tingel-Tangel-Cabaret werd overal toegejuicht; de tijd bleek rijp voor nieuwe initiatieven, want velen zouden Sieto Hovings voorbeeld volgen: Eric Herfst in 1958, Jaap van de Merwe in 1959, Paul van Vliet en Ramses Shaffy in 1964.

Sieto Hoving, zoon van een gereformeerde ouderling in Delft (1924), doorliep de toneelschool in Amsterdam – waar hij in de gangen zijn toekomstige echtgenote tegen het lijf liep – en was daarna een aantal jaren verbonden aan het Rotterdams Toneel en de Nederlandse Comedie. Samen met Marijke Hoving was hij in het Leidsepleintheater te aanschouwen als 'Kinderen van Eduard' – met Lily Bouwmeester en Ko Arnoldi – en later als 'kinderen' van Corry Vonk en Wim Kan in het ABC-Cabaret, dat voor beiden een ware leerschool is geweest.

'Sieto Hoving zal er goed aan doen steeds geheel in zijn rol te blijven.' In de *Leeuwarder Courant* van 6 maart 1953 stond deze terechtwijzing te lezen, toen Ko van Dijk als Hendrik IV zijn tegenspeler Sieto Hoving als raadsman Berthold aan het lachen had gemaakt. De bewuste recensent heeft niet kunnen vermoeden dat het hier eerder een vingerwijzing betrof over de toekomst van een jong en nieuw cabarettalent, dat met een eigen karakter en een eigen gezicht zich een persoonlijke weg zou banen in de wereld van het sterk politiek getinte cabaret. Vier jaar later viel hij elke avond uit zijn rol, de rol van de keurignette doorsnee-burger uit de jaren vijftig, die in een heilig huisje woonde en schijnheilig de talloze bepalingen van de strenge Nederlandse huisheer trachtte na te komen. Hij wilde uit die rol vallen, omdat hij hem onmogelijk serieus kon spelen. Hij mòest lachen om die ernstige rol in ons overvolle, gecompliceerde, versnipperde en behoudende domineesland. En de shock die hij met zijn gelach bij anderen veroorzaakte, gaf hem een sadistische genoegdoening.

... Hebt u nu de pest in, bent u beledigd,
Heeft de proloog u niet bevredigd?
Kwamen die mensen uw avond verpesten
Door u in uw welvaartsgevoelens
  te kwetsen?
Hebt u er niet om kunnen lachen,
Om die vier mensen met d'r lui makkes?
U vond het niet leuk en ook niet echt 'fijn',
Geen cabaret, want cabaret
  moet om te lachen zijn!
Dat moet toch zijn van klits, klets, klander,
Van de ene dikke dij op de ander?
Dat is pas lollig! Dat is cabaret!
Maar zó'n proloog nou, nee zó'n proloog
Dat is hartstikke, hartstikke pèt! ...

De naam van het nieuwe gezelschap is door een toeval ontstaan; de jonge acteur Henk van Ulsen had voor dit cabaretexperiment een toneelaanbieding afgeslagen, tot ontsteltenis van zijn oudere collega Ferd Sterneberg, die in paniek uitriep: 'Je gaat toch niet optreden in een of andere tingeltangel?!'

Sieto en Marijke Hoving hebben moeten vechten om hun idealen waar te maken; aanvankelijk vonden ze – door gebrek aan belangstelling – nergens een tehuis voor hun

Eerste tv-opname met Wouter Denijs, Sieto Hoving, Conny Stuart, Paul Deen en Marijke Hoving (1962, VPRO)

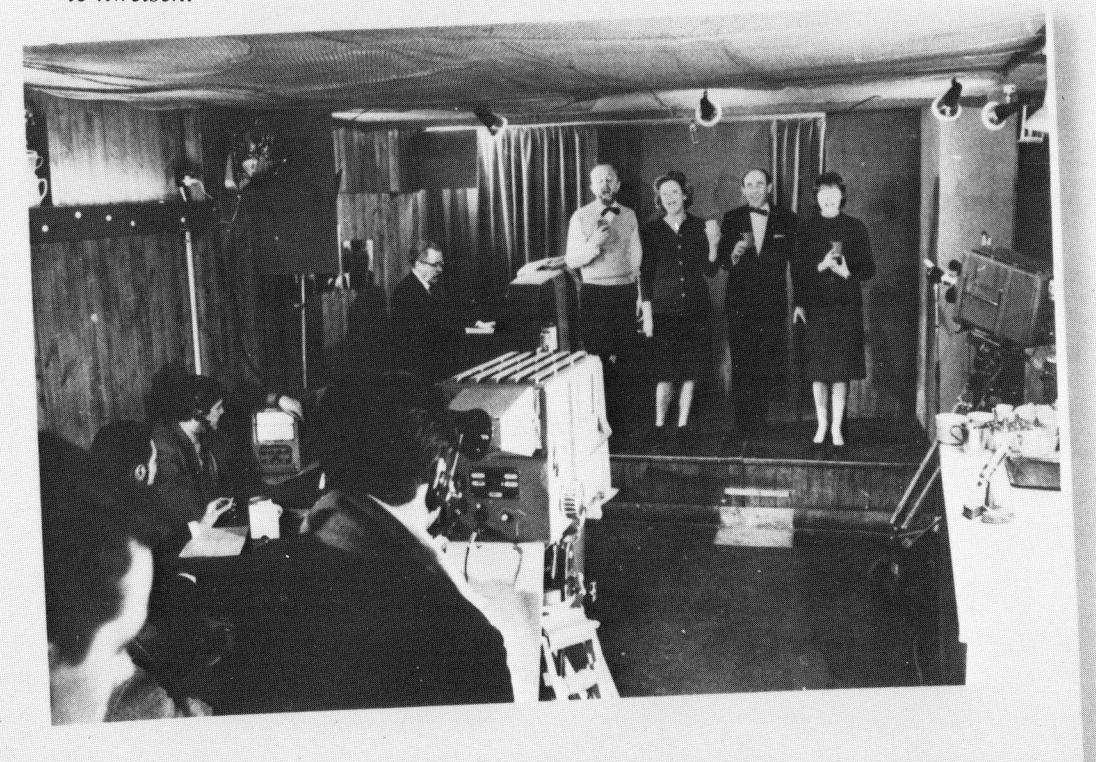

plannen en in de bar in de Beethovenstraat speelden ze weleens met de moed der wanhoop voor een publiek van zes personen. Maar hun ster begon te rijzen op de Nieuwe Zijds Voorburgwal, waar ze in 1958 na een eindeloos ambtelijk gezeur een eigen theatertje mochten beginnen, eerst op nummer 320 en in 1963 op nummer 282 in de voormalige Prinsenschool. En Amsterdam vermaakte zich met Sieto Hoving achter de bar, Marijke Hoving aan de kassa, Wouter Denijs als plaatsaanwijzer en Paul Deen als garderobier.

Cabaret Tingel-Tangel heeft in de loop van zijn nu vijfentwintigjarig bestaan veel wisselende gasten ontvangen van wie Wouter Denijs en Paul Deen het langst op bezoek zijn gebleven, naast artiesten als Dini de Neef, Adèle Bloemendaal, Riek Schagen, Conny Stuart, Maria de Booy, Tineke van Leer, Rob de Nijs, Antoine Oomen, Frits Lambrechts, Harry Sacksioni, Cisca Beaudoux, Guidor de Groot en Wiebe Cnossen. Voor de bescheiden mise-en-scène werd vaak de vakkundige hulp ingeroepen van Jack Bow, Albert Mol, Karel Poons of Johan Verdoner.
Van het begin af openbaarde Sieto Hoving – die alle programma's zelf schrijft en samenstelt – een ongeremde openhartigheid op ieder terrein van onze samenleving, waardoor hij al gauw de naam kreeg van 'gewaagd' te zijn. De nu opmerkelijke reacties van het zaalpubliek dat in 1963 aanwezig was bij de opname van zijn eerste langspeelplaat – *Niet voor lange tenen* – maken duidelijk hoezeer zijn onderwerpen en zijn behandeling daarvan als taboedoorbrekend werden ervaren. Uit de aard der zaak stuitte hij ook weleens op verzet, zoals bij zijn voorgenomen optreden in Heemstede in 1966 dat door de toenmalige burgemeester werd verboden. Het schokkende element was en is een wezenlijk onderdeel van zijn cabaretfilosofie: mensen ráken in hun zekerheden en onzekerheden, met de lach als bevrijding. Hij slaagde er in om, in de schaduw van de door hem bewonderde grootmeester Wim Kan, zich tot een uitmuntend conférencier te ontwikkelen met een eigen stijl, spits, sardonisch en vol kolder. In 1966 schreef Michel van der Plas over hem: 'Bij Hoving vindt men in conférence, liedjes en schetsen, een voortdurend levendige verantwoording van de onverhoedse, met shocks gepaard gaande veranderingen in het geestelijk leven van de hedendaagse mens. Zelf van gereformeerde huize, volgt hij die veranderingen, men zou kunnen zeggen: welhaast studerend, op de voet. Een dergelijke persoonlijkheid was in het klimaat van de jaren vijftig een oorspronkelijke aanwinst voor ons cabaret; een nouveauté die zonder twijfel van invloed is geweest op de snelle ontwikkelingen die, tot de dag van vandaag, volgden.'

Dit is een sprookje, een mooi sprookje
Van er was ereens een paus
Die zei: we moesten 't Vaticaan
Maar eens verkopen.
En alles wat de kerk aan geld heeft
In haar eeuwenoude kous
En alle aandelen:
We gaan 't publiek verkopen ...

Ook Marijke Hoving had niet te klagen over de reacties van publiek en pers: 'Sterk in mallotige mensjes en al jarenlang op haar best in leedvermaakwerk met pokerface en pretoogjes.' Een van haar meest geslaagde creaties – waarbij ze haar gedegen opleiding alle eer aandeed – was de aanstekelijke 'Dame met lachtrauma'.

U kunt niks aan me zien, ik ben een dame.
Maar 'k heb wel iets, o ja, 't is reuze mal.

'k Weet niet of ik m'er voor moet schamen
En ook niet of het ooit verand'ren zal.
Ik weet hoe 't hoort, ik ken de etiquette,
'k Ben opgevoed van kaasduim tot bon-ton.
M'n moeder had dat hele rechte-nette
Van duizend dingen die je niet doen kon.
Maar ze is eens languit
  van de trap gevallen
Toen ik een kleuter was van bijna vier.
En dagenlang—zegt men—
  deed ik niks anders
Dan naar haar wijzen
  gierend van plezier ...

En de acteur Paul Deen bewees opnieuw—na zijn werk bij Wim Sonneveld—een uitstekend cabaretier te zijn met de vertolking van een liedje over de verdwijnende 'Wazepergas' in 1959:

... Waar Mokums geinslagader
  eens onstuimig klopte,
Klopt straks de lege ader
  van het snelverkeer.
Maar stel dat op een avond
  er een auto stopte
En iemand vroeg: De Weesperstraat,
  hoe was-tie ook alweer?
Geen trotse boulevard
  beantwoordt zulke vragen
Wanneer zijn asfalt spiegelt
  in zijn neonlicht,
Maar waar zo'n diepe wond
  in Mokum werd geslagen
Zoeft het verkeer die wond
  misschien geleidelijk dicht ...

De Tingel-Tangel-cast bestond gewoonlijk uit twee cabaretiers, twee cabaretières en de begeleidende pianist, waardoor de diverse cabaretvormen—lied, monoloog, ensemblenummer, conférence en sketch—borg stonden voor een grote variëteit, al was de kwaliteit van de jaarlijkse produkties zeer ongelijk. Maar niemand kan Sieto Hoving verwijten dat hij niet trouw is gebleven aan zijn elementaire cabaretprincipes in het kleine theatertje, dat hem vaak voor grote financiële problemen plaatst.

... Want sterven
  dat is een kwestie van mislukking ,
En een mislukking geef je niet graag toe:
Een streep,
  een dikke streep dus door de rekening ,
In een maatschappij die leeft,
  daar is de dood taboe.
In plaats dat we ons
  voor 't doodgaan doodgeneren
(daar helpt geen sterveling
  zijn medesterveling mee)
Zouden we elkaar
  het doodgaan moeten leren,
Zoals een vreemde taal,
  een cursus op teevee ...

Economische problemen zijn er waarschijnlijk mede de oorzaak van geweest, dat Sieto en Marijke Hoving hun verrassende en kleurrijke gastensysteem nagenoeg hebben afgeschaft, waardoor ze hoofdzakelijk als duo gingen opereren. Helaas bleek dat in de praktijk een onverstandige politiek te zijn, waardoor Tingel-Tangel langzaam maar zeker zijn toppositie dreigde kwijt te raken. Want ondanks talent en vakmanschap werden sommige programma's te mager en te eenzijdig, waarbij ze bovendien nu en dan in herhalingen vervielen. Misschien was er ook sprake van een tijdelijke terugslag, een normaal verschijnsel in de cabaretwereld, zeker bij zo'n respectabel aantal produkties. Over hun vierentwintigste programma—in 1981—schreef Per Justesen in *Het Parool*: 'Bij elk volgend programma van Sieto Hoving staat de wereld er weer een stukje beroerder voor. En dat zullen we horen ook, in het smaakvol ingerichte Tingel-Tangel.

De oorlog is dichterbij dan ooit en de aarde is een zo grote smeerboel, dat je je afvraagt, of bij de volgende première het peil van de giftige modder niet tot op het podium zal zijn gestegen. Vooral in de conférences stuiteren de kwaadaardige grappen je om de oren, alsof er een zak knikkers boven je hoofd wordt leeggegooid.'

Uniek was de conférence waarbij Sieto Hoving komisch werkende passages uit de bijbel voorlas; een historisch moment in ons nationale cabaretgebeuren. En het enige sprankje hoop dat hij ons in dit programma – *Tranen met tuiten* – wist mee te geven, werd vervat in de volgende slotwoorden:

... Maar ik heb een leeuwrik
zingend omhoog zien gaan
tijdens een onweersbui.
En ik heb een lelie
heel eenzaam open zien gaan
hoog op een alpenwei ...

Met zijn oorspronkelijke cabaretformule uit 1957 heeft Sieto Hoving door zijn idealistische vasthoudendheid de aanzet gegeven tot een nieuwe stroming die in een behoefte voorzag en zich tot heden manifesteert.

... Niets is meer heilig, niets is meer heilig,
Geen huisje is veilig, hoe heilig 't ook is.
Of het van paus, president of koningin is,
Niets is meer heilig, niets is meer heilig,
Geen heilig huisje is er meer veilig,
Daarover klinkklaagt ons ach en ons wee,
Jij nog een koekje?
  Graag, jij nog wat thee? ...

Verwijzend naar deel 1 hoofdstuk 2, moeten wij vaststellen dat Tingel-Tangel in de jaren zestig overvleugeld werd door Cabaret Lurelei. Hoewel deze groep maar tien jaar heeft bestaan, was Lurelei met Jasperina de Jong en Guus Vleugel qua inhoud, vorm en uitvoering toonaangevend in het nieuwe cabaretcircuit. Eric Herfst (1937) begon op 19 januari 1958 samen met Ben Rowold en Kees Bergman in Het Behouden Huis aan de Kromme Waal in Amsterdam enkele bescheiden experimentele pogingen te wagen, die door Jaap van de Merwe, in het laatste jaar van diens functie als recensent bij *Het Vrije Volk,* als volgt werden om-

Medewerkers van het eerste uur: Maya Bouma, Donald Jones en Henk van Ulsen

Een eerste recensie

schreven: 'Een drietal jongelieden dat zich onder de benaming Lurelei heeft verenigd, speelde driemanstuivercabaret. De charme van het programma lag voornamelijk in de dwaze gedachtensprongen waarmee op het toneeltje Ben Rowold en Eric Herfst een levendig spelletje speelden: geestige kronkels in hun tekst en mimische routine, duidelijke innerlijke pret om deze gekheid.' Deze onofficiële experimenten kregen een vastere vorm bij de komst van Jasperina de Jong, immers: zij stal niet alleen de show maar ook Erics hart. Ze trouwden in 1961 en vanaf die tijd ging alles ineens veel beter, vooral toen Jasperina de Jong op het I.C.C.-Concours 1962 tot Prinses van het Nederlandse Cabaret kon worden gekroond. Dit succes had ze voor een belangrijk deel te danken aan Guus Vleugel die samen met Han Reiziger het fameuze nummer 'Callgirl' voor haar geschreven had. Hoewel deze 'Tele-Miep' door het Internationaal Cultureel Centrum in het Vondelparkpaviljoen als beste nummer van het Cabaret Concours werd onderscheiden, kostte het in die dagen nog veel moeite om het voor de vaderlandse tv uitgezonden te krijgen. Bij de VARA werd het verboden, omdat een hoer wèl in een stuk van Sartre maar nìet in een cabaretprogramma uitgebeeld mocht worden. En bij de VPRO kwamen drie dominees in vergadering bijeen om de uitzending vooraf te motiveren; ds. Spelberg formuleerde de toestemming met het volgende excuus: 'Deze jonge vrouw belt in haar radeloze eenzaamheid de brandweer, het nummer van het weerbericht of tijdmelding ... hier past menselijk mededogen.'

... Ik ben geen snol-girl,
  maar ik ben call-girl,
Zo'n kleine fijne porseleine baby-doll-girl,
Zo heel wat anders dan een lellebel,
Want ik ben een belle-del! ...

Regelmatig heeft Cabaret Lurelei in de loop van zijn tienjarig bestaan met de censuur overhoop gelegen, in het theater, voor de microfoon of voor de camera. Dat onze keurige omroepverenigingen nu en dan moeite hadden met de aanvaarding van taboedoorbrekende onderwerpen in amusementsprogramma's is niet verbazingwekkend. Maar het mag nogal merkwaardig worden genoemd dat de progressieve, gelijkgezinde VARA in die vrijmakende jaren een kleinburgerlijke hypocrisie aan de dag heeft gelegd. En wellicht werd deze bekrompen politiek mede oorzaak van sommige extremistische reacties in de jaren zeventig, toen iedere leiding scheen te ontbreken.
Ondanks de constante stroom van op- en aanmerkingen, heeft Cabaret Lurelei ('een beetje in de luren leggen en Lorelei') maar zelden water bij de wijn gedaan, met als gevolg dat menig optreden werd geannuleerd.
Het eerste volwassen programma heette *Onze Kleine Wereld,* uitgevoerd door Jasperina de Jong, Sylvia de Leur, Eric Herfst, Frans Halsema—voornamelijk als pianist—en Ben Rowold, die in de begintijd de meeste teksten schreef. Typerend voor die jaren was de persiflage op de toenmalige sexuele voorlichting:

Komt kind'ren opgelet,
De les gaat nu beginnen.
Weest allen stil,
Dus ook die slungel achteraan.
Er staat een moeilijke vraag
Hier op het rooster vandaag:
Waar komen kleine kindertjes vandaan? ...

Van de steeds wisselende gasten noemen we verder nog: Janine van Wely, Leen Jongewaard, Maria Lindes, Kees van Kooten, Adèle Bloemendaal, John Lanting, Marjan Berk, Gerard Cox en Annemarie Oster. Van de begeleidende pianisten-componisten bleek Ruud Bos de grootste troef te zijn; hij werd bovendien arrangeur-orkestleider bij de plaatopnamen die van dit cabaretensemble werden gemaakt. Daarnaast schreven ook Rudy van Houten en Rogier van Otterloo uitstekende melodieën op 'gevleugelde' woorden.

Op het kleine podium van de voormalige nachtclub Paloni – waar Wim Sonneveld in zijn beginjaren het toenmalige dure publiek heeft vermaakt – aan de Amsterdamse Leidsekade, nu Theater Klein-Bellevue, verrichtte choreograaf-regisseur Johan Verdoner regelmatig kleine wonderen met de mise-en-scène. Oorspronkelijk stond het toneeltje nog aan de andere kant van de zaal, naast de bar. In het blad *TeleVizier* vonden wij een beschrijving van de situatie in 1962: 'Eric Herfst trekt het gordijn open en springt het toneeltje op. Omdat ze zuinig moeten zijn ("we hebben jarenlang in volkomen onbekendheid rondgedobberd") hebben ze geen inspeciënt en vervullen beurtelings de taak van de toneelmeester die behalve het gordijn ook het licht en de rekwisieten voor zijn rekening zou moeten nemen. Het toneeltje is uiterst primitief en bestaat uit wat planken en doeken. Alle rekwisieten liggen op de voormalige bar waar eens rumoerige borrelgesprekken werden gevoerd. Nu wordt er door iedereen gefluisterd, omdat ieder woord in de zaal verstaan zou kunnen worden. Om beurten zitten ze ook in de kassa. "Heerlijk", zegt Jasperina de Jong, "vroeger als klein meisje speelde ik al kassaatje ... héérlijk om die kwartjes in zo'n bakje te leggen en ze eruit te halen."

Wanneer het publiek binnen is, rent ze door de gangen naar het toneel, maar als ze dan door het gordijn een echtpaar ontwaart dat een beetje aan de late kant is, vliegt ze weer naar de kassa terug om opnieuw de kaartjes met vermakelijkheidsbelasting af te stempelen en met het kwartjesbakje te rammelen. Het gaat goed met het Lurelei-Cabaret; televisie en radio hebben daartoe het hunne bijgedragen en ook *Het Parool* heeft zich over deze "vijf talentvolle mensen, die met geestdrift aanvullen wat ze aan routine nog tekort komen", ontfermd met de zo belangrijke mededeling "onder auspiciën van". Jonge mensen, nieuwe en frisse ideeën, een verleden vol risico's en een toekomst vol beloften. In tegenstelling met het Tingel-Tangel-Cabaret wenden zij zich niet in de eerste plaats tot de binnen- en buitenlandse politiek, maar volgen zij veel eerder de lijn die Sonneveld destijds met zoveel meesterschap heeft aangegeven. Hoewel de solistische prestaties er niet om liegen, krijgen we toch in de allereerste plaats de indruk van een totaal ensemble. De volledige programmacompositie beantwoordt aan de eisen die aan een goed cabaret gesteld mogen worden. Het is bijzonder sympatiek dat er, ondanks de inventieve kwaliteiten van Ben Rowold, ook steeds een belangrijke plaats is ingeruimd voor het werk van andere auteurs, van wie wij in de eerste plaats Guus Vleugel moeten noemen; hij is ongetwijfeld de voornaamste.' (Wim Ibo)

Guus Vleugel uit Zeeland (1932), de door Wim Sonneveld ontdekte cabaretauteur, was in zijn beginjaren een duidelijke epigoon van Annie Schmidt. Zijn ontmoeting met de pasbeginnende Jasperina de Jong en Eric Herfst leidde tenslotte tot een hechte samenwerking in Lurelei-verband, die resulteerde in de voortreffelijke Jasperina-shows van 1970 en 1972.

... Roll another one
Just like the other one ...
You've been hangin' on to it
And I sure like i-it!

Ben Rowold en Eric Herfst met hun nieuwste ontdekking: Jasperina de Jong

Cabaret Lurelei met John Lanting, Maria Lindes, Kees van Kooten, Jasperina de Jong en Eric Herfst

Jasperina de Jong met Guus Vleugel, Eric Herfst en Sylvia de Leur

Met Wim Sonneveld in 1963

153

... Abah abah abortus,
Ik deed het voor geen goud,
Abah abah abortus,
Het is volkomen fout.
Pas als een vrouw haar kostbre vracht
Intact ter wereld heeft gebracht,
Dan kan ze er, al naar haar gril,
Mee doen en laten wat ze wil ...

Helaas kwam er kort daarop – door tragische privé-omstandigheden – een abrupt einde aan de unieke twee-eenheid Vleugel-De Jong, een artistieke ramp die in historische zin vergeleken kon worden met de scheiding tussen Louis Davids en Margie Morris. Hoewel Louis Davids zich later – door zijn samenwerking met Jacques van Tol – van deze klap kon herstellen, waren de omstandigheden voor Jasperina de Jong veel moeilijker; met alle respect voor de grote kwaliteiten van haar latere auteurs Lennaert Nijgh en Ivo de Wijs, moet toch worden vastgesteld dat het oorspronkelijke niveau niet meer werd bereikt.

... Er was een man
   die dolgraag zelfmoord wilde plegen,
waarom precies,
   dat was hem zelf niet goed bekend.
Hij had die drang
   bij zijn geboorte meegekregen
zoals een ander taalgevoel, of zangtalent.
En in de lente had-ie enkel het verlangen
   om zich aan een der groene takken
      op te hangen.
Dat is een tamelijk bescheiden wens,
   nietwaar?
Een mens z'n lust dat is z'n leven,
   zeg ik maar ...

Typerend voor Guus Vleugels uitzonderlijke schrijftalent is, dat hij bij zijn feilloze observeringsvermogen 'ook maar een mens' blijft. Hij weet maar al te goed dat vele zaken van vele kanten bekeken kunnen worden en daarom zoekt hij dus met een spotlichtje in zijn scherpziende ogen naar de typische cabaretkant van de dingen, die hij met een groot gevoel voor theater aan zijn goedschrijvende pen toevertrouwt. Omdat hij tegelijkertijd ziet en hoort hoe zijn teksten op de meest effectieve manier uitgevoerd kunnen worden, leidde zijn contact met regisseur, componist en uitvoerenden als vanzelfsprekend tot de artistieke medezeggenschap bij zijn favoriete Lurelei-ensemble. En die leidinggevende eigenschap zou in 1982 worden benut door de stimulerende producer John de Crane, die het Cabaret Guus Vleugel in het leven riep met Reina Boelens, Flip van Duyn, Annemarie Henselmans, Olaf Wijnants en Christiaan de Koning. Guus had zijn psychische inzinking definitief overwonnen en tijdens de voorbereidingen in het najaar van 1981 met het programma *Verwende krengen* (regie Bernice Adams, muziek Ruud Bos) bleek direct al dat de negenenveertigjarige Vleugel dan misschien wel enkele haren mocht hebben verloren, maar dat zijn artistieke streken dezelfde waren gebleven: 'Hoera, ik kan nu weer gaan doen wat ik altijd het leukste heb gevonden. Cabaret is nu eenmaal m'n grote liefde. Intelligentie, scherpte, vrolijkheid, dat zijn voor mij in het theater de ware deugden. En reken maar dat ik er als vanouds tegenaan ga. Flip heeft veel charme, Olaf heeft iets meer agressie, attaque, Annemarie is een klein natuurgebeuren en Reina is ontzettend vakbekwaam, die kan eigenlijk alles.'

Hoewel in de jaren zestig het openhartige karakter van Guus Vleugel niet door iedereen op prijs werd gesteld, heeft hij zich nooit in de luren laten leggen. In het zo rumoerige jaar 1966 verklaarde Eric Herfst: 'We zijn anders, omdat we ontkennen dat bepaalde dingen niet op het toneel gezegd mogen worden. Vijf, zes jaar geleden was sex taboe in het Nederlandse cabaret en het koningshuis en de godsdienst. Wij hebben dat, met Hoving, en later met anderen, ook de jongens van *Zo is het,* doorbroken. Wij zoeken welbewust naar de weerslag van de heel gewone dingen van de actualiteit, trekken die dingen extreem door, tot blijkt hoe absurd ze eigenlijk zijn. In een kroegtheatertje is cabaret veel meer een gesprek, veel minder een officieel kijkspel. Dat geeft een grotere spanning. Je bent wel gedwongen tot een heel sterke confrontatie met wat er in de mensen omgaat. Naar cabaret gaan is: op je donder kunnen krijgen. Cabaret dòen is hetzelfde. Voor ons tenminste. We gaan er trouwens minder dan tevoren met de hamer op af. Onze stijl is eerder: de dingen door ironie en scepsis hun belangrijkheid ontnemen. Zouden de problemen groter worden, dan zouden we – hoop ik – feller worden. Dat betekent natuurlijk niet dat het cabaret op het ogenblik geen sociale functie zou hebben. Er is genoeg maatschappelijk commentaar te geven. Maar dan ridiculiserend, zó dat de mensen door de kritiek de toestand verhelderend zien.'

Het was verheugend te mogen constateren dat deze typerende karaktereigenschap zich bleef manifesteren toen de eenvoudige Lurelei-cabaretvorm plaats maakte voor de showstijl à l'américaine. In het algemeen heeft het grotere publiek (Theater Carré) gunstig gereageerd op de bepaald niet altijd zachtaardige nummers in de Jasperinashows, zodat men met voldoening zou kunnen vaststellen dat de cabaretactiviteiten in de jaren zestig de weg hebben vrij gemaakt voor een meer volwassen amusement dan men in de ouderwetse revueperiode gewend was geweest. En in die ontwikkeling (Robert Long en Freek de Jonge aan de Amstel!) hebben veel geruchtmakende Lurelei-nummers van Guus Vleugel een enorm belangrijke rol gespeeld. Naast liedjes als 'Arme ouwe' en 'God is niet dood' veroorzaakte zijn 'Republikeinse kapsalon' zòveel deining in 1965, dat Phonogram weigerde dit nummer op de plaat uit te brengen. En dat ging allemaal om een toekomstbeeld van republikeins Nederland, waarbij twee vrouwen bij de kapper – bladerend in een damesblad – hun spijt betuigden over de verbanning van het Oranjehuis:

– *Vroeger hield het koningshuis*
  de natie bij elkaar
  En ze stonden in de branding
  als een rots.
– *Maar zo'n president is meer*
  een soort van ambtenaar,
  Want hij is het ook niet
  bij de gratie gods.
– *Daarom geeft-ie ook met Kerstmis*
  niet zo veel
  Chocolademelk aan 't hele personeel.
– *Kijk, hier knipt de president*
  een lint door met een schaar
  En mevrouw Van Dalen
  staat wat verderop.
– *'t Is niet te geloven zeg,*
  dat mantelpak van haar,
  Onze ex-vorstin was vroeger
  nooit zo'n flop.
– *Die droeg af en toe misschien*
  wel vreemde kleren,
  Maar ze kon het zich tenminste
  permitteren ...

In 1973 kreeg Guus Vleugel van de Maatschappij der Nederlandse Letterkunde de Van-der-Hoogtprijs voor zijn cabaretpoëzie: 'Al zal Guus Vleugel, gezien zijn grote produktie bij een constant hoge kwaliteit, de persoonlijke aanmoediging die de Van-der-Hoogtprijs al jaren poogt te geven, niet direct behoeven, de jury wil toch met de bekroning van zijn werk een soort poëzie, waarvan Guus Vleugel een der belangrijkste vertegenwoordigers is in het Nederlandse taalgebied, signaleren en stimuleren: de poëzie van buiten de bundel.'

In 1968 werd Lureleis kroegtheatertje opgeheven ten behoeve van 'het kijkspel'. Het was vooral Jasperina de Jong, de veelzijdige spil van het gezelschap, die het gevoel kreeg haar vleugels in het intieme cabaretzaaltje niet wijd genoeg te kunnen uitslaan. De musical lokte, èn de one-woman-show zoals zij die in Amerika had gezien.

Onwillekeurig moesten haar trouwe cabaretfans even denken aan een satirisch Lurelei-nummer uit 1965 over de amusementsindustrie:

... Het is voor ons heilige plicht
U te vermaken,
Wij blijven doorgaan
Ook al gaat u er van braken.

Dat helpt geen steek,
Dat helpt geen moer,
Dat helpt geen cent,
Amusement, amusement, amusement!

Maar ondanks de bespeling van een groter publiek werd haar cabaretafkomst niet verloochend en in 1980 (na de musicals *De Stunt, Sweet Charity, De Engel van Amsterdam* en vijf one-woman-shows) keerde zij samen met Eric Herfst en de auteur Ivo de Wijs weer even naar de cabaretformule terug in het programma *Tussen zomer en winter*. Goedgelijkend verscheen het echtpaar als Beatrix en Claus:

... Wij weten best dat er kritiek is
Op het Oranje-fenomeen,
Maar dat dit land geen republiek is
Dat dankt dit volk aan ons alleen.

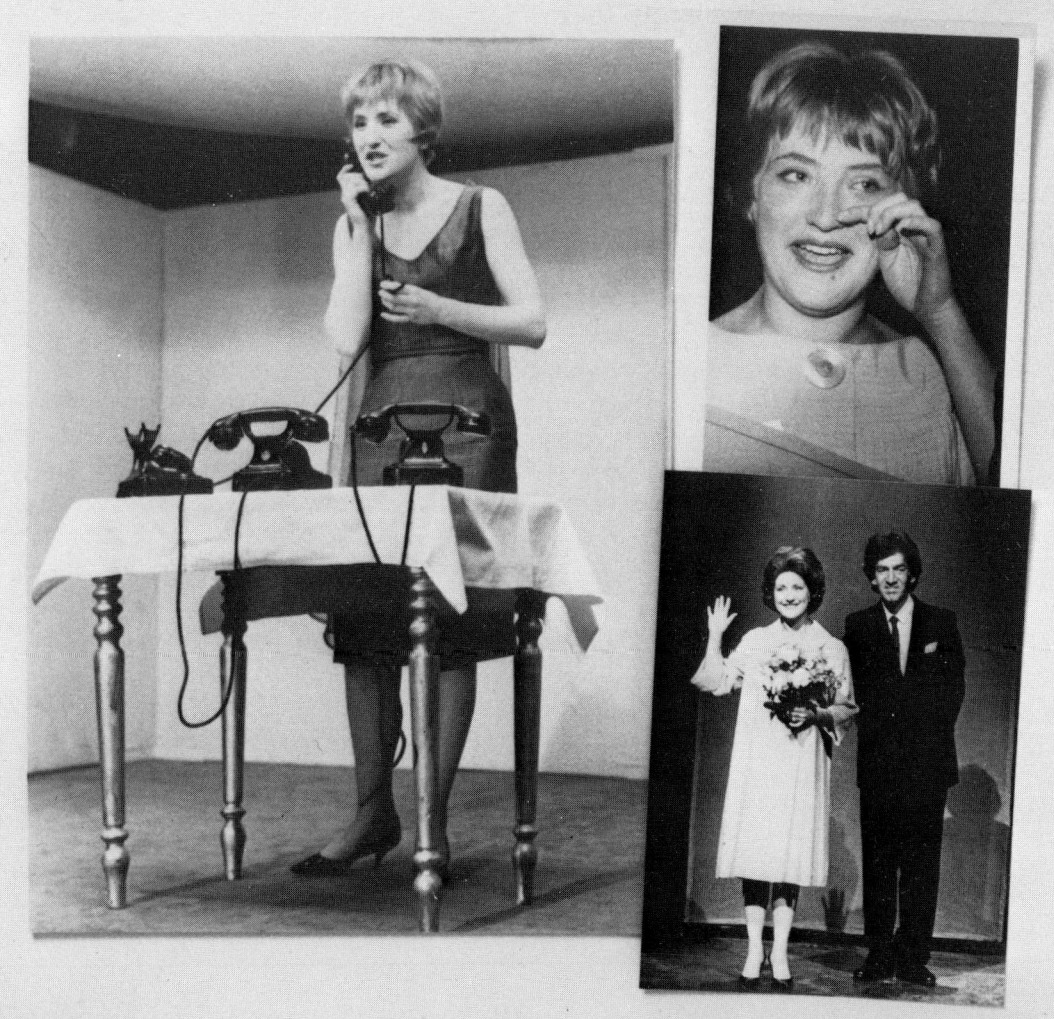

Telemiep, de call-girl

Eerste prijs op het ICC-Cabaret-Concours

Het Koninklijk Paar

Jasperina de Jong werd in 1938 in Amsterdam geboren en mocht op vijfjarige leeftijd op school al voorzingen van juf, omdat Pientje zo'n mooie stem had. Op de ULO droomde ze van Het Theater en daarom begon ze al gauw met danslessen, waardoor ze bij de balletklas van de Nederlandse Opera terecht kwam. Om haar lessen te kunnen betalen, nam ze allerlei baantjes aan: typiste, babysitster, tandartsassistente en hulpje van de beroemde fotograaf Godfried de Groot, omdat ze bij hem op een goeie dag Conny Stuart of Wim Sonneveld hoopte te ontmoeten. Ze maakte audities die mislukten – zoals bij Wim Kan – maar twee onbekende jongens die net een cabaretje waren begonnen, zagen iets in haar: Ben Rowold en Eric Herfst. Ze experimenteerde mee, een paar avonden in de week, voor een handjevol publiek. En eindelijk, met twee nummers van Guus Vleugel, voelde ze voor de eerste keer wat meer zekerheid: 'Call-girl' èn een lied over een stand-in van *My Fair Lady*, die vurig hoopte dat de hoofdrolspeelster ziek zou worden. En zie, het wonderlijke lot wilde dat Margriet de Groot een baby verwachtte en dat Sonneveld aan Jasperina de Jong vroeg de rol over te nemen ...

As Margriet nou es van de week
op een dag in de spiegel keek
en dacht: wat sien ik bleek,
oh, sou dat nou niet salig sijn? ...

Haar loopbaan was definitief begonnen en vertoonde een steeds stijgende lijn door haar niet alledaagse veelzijdigheid die haar overal welkom deed zijn. Ze bleek bijzonder geschikt voor de media radio, televisie en grammofoon, waardoor praktisch haar volledige repertoire bewaard is gebleven. Van de voortreffelijke Lurelei-liedjes die Guus Vleugel voor haar schreef, noemen we nog het originele 'Vivat Vivaldi' dat de radio op rouwdagen op de hak nam:

... Helaas voor mij
Het gaat voorbij
Omdat haast elke wond geneest.
En 'k denk altijd
Vervuld van spijt:
O Heer, geef spoedig weer zo'n feest!

In het Tante Leen-achtige nummer 'De rosse buurt' – muziek Rudy van Houten – werd een apart effect bereikt met de omgekeerde wereld:

... Daar bij de mannen van lichte zeden
Waar menige vrouw
*   haar laatste tientje komt besteden,*
In die sensuele walm van rook en bier,
Bij de mannen, de mannen van plezier!

'Op een been kun je niet lopen' – muziek Ruud Bos – was een prachtig voorbeeld van consequent doorgetrokken absurditeit:

... Toen nam ik overal een tweede
Van wat maar naar status rook:
Een tweede huis, een tweede jacht,
Een tweede psychiater ook.
Ik dacht: ik heb er hard genoeg
Voor moeten werken,
Dus waarom zou ik
M'n bestedingen beperken?
En na de aankoop
*   van een tweede Stradivarius-viool,*
Ging ik meteen weer
*   naar een hele and're winkel.*
Ik zei: meneer,
*   is een juke-box ook een statussymbool?*
En hij zei: ja,
En ik zei: o,
Geef mij d'r twee.
Wat hij toen dee ...

Door haar ambitieuze natuur wordt Jasperina de Jong door sommigen weleens aangewreven dat ze koud of hard zou zijn. Dat precies het tegendeel het geval is – ook Wim Sonneveld verborg vaak zijn diepste gevoelens – bewees ze nog eens met de superbe vertolking van klassiek cabaretrepertoire: 'Brief van een dienstmeisje aan haar moeder' en 'Werkmanskind' van Eduard Jacobs, 'Tante's testament' en 'Moeders brief' van Koos Speenhoff, 'Hun muziek' van Manna de Wijs-Mouton, 'De Franse gouvernante' van Jean-Louis Pisuisse, 'Het portretje' en 'Voorbij' van Dirk Witte, en 'De bokswedstrijd' van Louis Davids. De manier waarop zij, met de totale inzet van haar veelzijdige persoonlijkheid, al deze ingeslapen liedjes nieuw leven inblies, getuigde van een warme liefde voor haar vak. Ze gaf ieder liedje datgene wat het in onze eigen tijd nodig had om 'over' te komen en nergens was haar humor grof of haar sentiment sentimenteel. Wie al haar artistieke activiteiten overziet mag tot de conclusie komen dat deze voormalige Lurelei-debutante zich nu mag scharen in de beroemde rij van Fien de la Mar, Corry Vonk, Emmy Arbous, Georgette Hagedoorn en Conny Stuart.

'k Zal eind'lijk moeder u eens melden
Hoe ik het schik hier in de stad,
'k Heb lang gewacht, omdat zo zelden
Ik eens een rustig uurtje had.
Nu zijn de dames uitgereden
In 'n open koets, heel chic gekleed,
Daar hebben ze een bedoeling mede,
Maar 'k ben vergeten hoe dat heet ...

(EDUARD JACOBS)

Zoals we al eerder hebben opgemerkt werden het Lurelei-Cabaret en het tv-programma *Zo is het* vaak in één adem genoemd, al was het alleen al door de 'Vereniging ter bestrijding van *Zo is het toevallig ook nog eens een keer* en Cabaret-Lurelei.' De centrale figuur van deze maandelijkse uitzending van de VARA (die eindelijk nieuwe paden ging bewandelen) was Rinus Ferdinandusse, ex-student-cabaretier, nu hoofdredacteur van het weekblad *Vrij Nederland*. Zijn jarenlange activiteiten in zijn Haags Studentencabaret met verrassend scherpzinnige teksten, maakten hem voor deze – door Mies Bouwman geïntroduceerde – Nederlandse kopie van B.B.C.'s 'That was the week that was' uitermate geschikt. Na tweeëntwintig uitzendingen (1963-66) kwam hij, samen met zijn mederedacteuren Dimitri Frenkel Frank en Jan Blokker, tot de volgende nabeschouwing: 'Het was erg mooi van de VARA dat zij bijna drie seizoenen lang een onafhankelijk, provocerend en last veroorzakend programma heeft gesteund. Wij besloten een dag voor de 23ste uitzending ons programma op te heffen na een meningsverschil met de VARA. Het was erg jammer voor de VARA dat zij na bijna drie seizoenen nog niet begrepen had dat ons programma onafhankelijk, provocerend en last veroorzakend mòest zijn. Wij hebben daarbij beseft dat satire niet anders dan weinig genuanceerd kan zijn, maar we hebben wel geprobeerd altijd eerst zeer genuanceerd na te denken en daarna pas de punt te slijpen. Soms lukte het denken niet, soms het slijpen. We werkten elke keer weer onder de druk van de korte voorbereidingstijd, het gebrek aan schrijvers en de kleinheid van ons land. We werkten nooit onder de druk van publieke opinie: we hebben ons nimmer iets aangetrokken van de hetzes, nog minder van de heiligverklaring die ons programma ook moest ondergaan. We geven toe dat *Zo is het* publicitaire taboes voorgoed doorbroken heeft, stem gaf aan dingen-die-eens-openbaar-gezegd-moesten-worden, zekerheden hielp ondermijnen en nieuwe opinies heeft helpen vormen. Maar wij willen die invloed los zien van onszelf: wij waren gewoon drie typisch Ne-

Rinus Ferdinandusse
Politiebescherming in 1964

Willem Duys reikte de TeleVizier-ring uit

'Maar 'k ben vergeten hoe dat heet ...'

derlandse moraliserende zendelingen, die hun grote en kleine boodschappen bedekten met woordspelingen en grappen. Het is tenslotte nauwelijks ònze verdienste geweest dat een programma als *Zo is het* niet eerder bestond. Van 9 november 1963 tot en met maart 1966 heeft in Nederland een satirisch televisieprogramma genaamd *Zo is het toevallig ook nog eens een keer* bestaan. Dat kon toch maar. Dat kon toch maar niet.'

Over de nationale rel die in 1964 ontstond na de uitzending van het voorbeeldige cabaretnummer 'Beeldreligie' werd uitvoerig bericht in het hoofdstuk 'Verboden toegang' uit het eerste deel van dit cabaretoverzicht. Uit een nuchter hoofdartikel in *Het Parool*, onder de kop 'De hysterici zijn onder ons', bleek dat de meeste kranten een bedenkelijke eensgezindheid aan de dag legden met de giftige hetze van *De Telegraaf:* 'In alle opwinding over *Zo is het* komen heel wat troebels bovendrijven. Het meest opvallende en aanstotelijke is dat mensen die zich klaarblijkelijk als christen gekwetst achten, in staat zijn tot een gedrag, dat de meest elementaire beginselen van het christen-zijn met voeten treedt. De mate van bedreiging, ook van fysieke aard – de liederlijkheid der verwensingen – de blanke haat der scheldkanonnaden – het is alles hoogst onchristelijk en toevallig ook nog eens gewoon onbehoorlijk. Aan het onproportionele der reacties is voor een goed deel het opgeblazen commentaar van een aantal kranten en openbare figuren schuld. *De Tijd-Maasbode* sprak van "opzettelijk kwetsen" en voorspelde de noodzaak van "vrijheidsbeperking". In vreemde beeldspraak noemde *de Volkskrant* de VARA "het smerigste boulevardblad dat wij kennen'. Voor *Trouw* was er duidelijk sprake van "blasfemie" en het *Algemeen Dagblad* sprak van spotten met de religie. In een bijeenkomst van de Synode der Gereformeerde Kerken sprak ds. Kunst over "spotten met gebed en gebod". De fractievoorzitters van de regeringspartijen, inclusief de liberaal Geertsema, hadden gewild dat de regering onmiddellijk zou hebben ingegrepen, daarmee klaarblijkelijk bedoelend dat minister Bot "de knop in Lopik" had moeten laten omdraaien. De heer Van Dis heeft strafvervolging gesuggereerd. Minister Bot, ook niet mis, liet al weten dat hij voorlopig van mening was dat de uitzending "een inbreuk op de goede zeden en de openbare orde" vormde, klaarblijkelijk om de weg te plaveien naar krachtmaatregelen op grond van het televisiebesluit. De wijze en de toon waarop door veel bladen en leidende figuren uit het openbare leven werd gereageerd zetten de sluizen open voor de geëmotioneerde grofheden, die nu naar de oppervlakte komen. Velen onder ons zijn allesbehalve typische vertegenwoordigers van het nuchtere Nederlandse volk.'

Een punt van discussie is geweest in hoeverre de overwegend non-professionele presentatie van veel pretentieus materiaal oorzaak was van de ongewoon felle reacties bij het intelligente deel van de tv-kijkers. In zijn boek *Bretter die die Zeit bedeuten* zegt Heinz Greul over het satirisch middel voor commentaar: 'De satiricus is de zweepslagen uitdelende moralist die zich verplicht voelt zich aldus te uiten, voor zijn klasse, zijn tijd. Een kritisch publiek verzet zich in het cabaret tegen kunstloze agitatie, goede wil in slechte vorm, oorvegen van incompetenten.'

Hoewel de professionele cabaretiers in ons land dit amateur-cabaret niet heilig hebben verklaard (Wim Ibo sprak zelfs van 'personen die hun satirische commentaar voor een tv-camera van een papiertje aflezen'), is er een oprecht gevoel van bewondering en dankbaarheid ontstaan voor het baanbrekende werk dat het *Zo-is-het*-team bij de VARA op het gevaarlijke terrein van de heilige huisjes heeft verricht. De doorbreking van alle taboes werkte dermate bevrijdend, dat de KRO het programma *Cursief* in het leven riep (met Gerard Cox, Gregor Frenkel Frank, Frans Halsema, Aad van den Heuvel, Frits Lambrechts, Luc Lutz, Henk van der Molen, Michel van der Plas, Simone Rooskens, Netty Rosenfeld, Herman van Run, Gerard Hulshof en Jos Timmer) en de NRCV *Farce Majeure* (met Ted de Braak, Jan Fillekers, Henk van der Horst, Alexander Pola en Fred Benavente), een spirituele televisieserie over actualiteiten die tien jaar lang uit het leven werden gegrepen:

... Ja, dat is uit het leven gegrepen,
Dat is uit het leven een greep.
't Geluk is altijd met de lepen,
En daar zit 'm nou net nou de kneep! ...

Wat Johan Noordmans in de jaren vijftig had gedaan, deed Rinus Ferdinandusse in de jaren zestig: het beroepscabaret een stevige injectie toedienen. Merkwaardig was daarom de reactie van cabaretier Jaap van de Merwe: 'Dat men de rel niet heeft voorzien, is typerend voor het amateurisme van het team. Ik heb niets tegen choqueren, maar dan moet het zin hebben. Een gebed gebruiken om de televisie aan te vallen is onzinnig. Het zou wat anders zijn geweest als ze een gebed hadden gebruikt om de huichelachtigheid van die orthodoxe kerken in Zuid-Afrika te attaqueren, dat ligt in dezelfde sfeer. Ik zie heus graag dat andere cabaretiers succes hebben. Dat is alleen maar gunstig voor mij. Dan krijgt het cabaret een goede klank, komen de mensen ook naar Jaap van de Merwe. Maar dit programma, met dat stel dilettanten... Wigbold heeft mij ook gevraagd ervoor te schrijven. Ik doe het niet, hoewel het goed betaalt. Die jongens krijgen mijn teksten niet. Dat door dit programma de mogelijkheid vergroot zou zijn om (te) ver te gaan, is niet waar. De mogelijkheden zijn beperkt, door de reacties kun je nu minder doen. Actueel materiaal waar Kan en ik vroeger twee weken mee konden werken, wordt verpest doordat zij er met hun vuile vingers aanzitten. Als zij het hebben gebruikt, kunnen wij er niet meer mee komen.'

Jaap van de Merwe uit Rotterdam (1924), verwisselde in 1959 zijn journalistieke loopbaan voor een cabaretcarrière die tot 1970 heeft geduurd. Hoewel hij ervan heeft gedroomd binnen tien jaar 'de grote drie' te kunnen inhalen, hebben zijn theateractiviteiten zich beperkt tot een aantal kortstondige produkties van zeer wisselende kwaliteit, waarbij zijn goede bedoelingen het wonnen van uitwerking en uitvoering. Vijf jaar na zijn debuut verklaarde hij: 'Ik weet zeker dat ik binnen vijf jaar een ster ben. Ik heb mezelf tien jaar gegeven om dat te bereiken en er zijn er nu vijf achter de rug. Het klinkt misschien pretentieus, maar als ik dat niet zou geloven, hield ik er mee op. Het tweede plan is niet goed genoeg voor mij; ik ben nu eenmaal de beste tekstschrijver van Nederland. Ik maak cabarethistorie. Er zijn liedjes van mij die over twintig, dertig jaar nog geciteerd zullen worden. Zoals liedjes van Pisuisse, Speenhoff of Dirk Witte. "Buurman boven in de boom" is nu al klassiek.'

Jan de Boer woont in een flat,
Flat, flat, flat, flat, flat,
Blokkendoos, blokkendoos, boem.
En daar woont hij samen met
Tachtig andere gezinnen
Heel eendrachtig samen binnen
In die ene flat,

Flat, flat, flat, flat, flat,
Blokkendoos, blokkendoos, boem ...

Maar in 1974, in zijn eigen – alternatieve – cabaretbijbel, noemde hij Pisuisse een gepolitoerde amuseur, Speenhoff een sociaal onbenul en Witte een massieve kapitalist. In 1960 had hij deze drie kunstenaars nog hogelijk geprezen in zijn bundel *Nederlandse chansons*, zodat het verklaarbaar is dat hij – toen zijn eigen cabaretpogingen na tien jaar waren gestrand – uiteindelijk meer affiniteit toonde met het werk van éénogige artiesten als Jules Jouy of Klaas Driehuis dan met Aristide Bruant of Jean-Louis Pisuisse.

... Niet voor z'n lol,
Maar een mens moet toch leven.
En leven kost veel geld,
Dat groeit niet op je rug.

Een die te veel heeft
Wil jou best wel wat geven,
Als jij doet, wat hij zegt,
En netjes, èn vlug ...

Zijn eerste programma, in een bovenzaaltje van het Broere-Huis op het Leidseplein, met Marjan Berk, Ruud Bos, Adèle Bloemendaal, Hans Toussaint, Aart Brouwer en Peter Lohr, heette: *Alle gekken kijken*. In 1970 keek hij even terug: 'In 1959 hadden wij al twee homofiele paters, in het Leidsepleintheater was dat, in 1959. En we schopten toen al geweldig tegen het koningshuis aan. Ik mag rustig stellen dat ons cabaret wat je noemt „epochemachend" is geweest. Maar Lurelei – wat toen een vrolijk-rondspringend, slecht mimeclubje was – zag waar wij mee bezig waren en deed twee jaar

Jaap van de Merwe en Peter Lohr in *Alle gekken kijken* (1959)

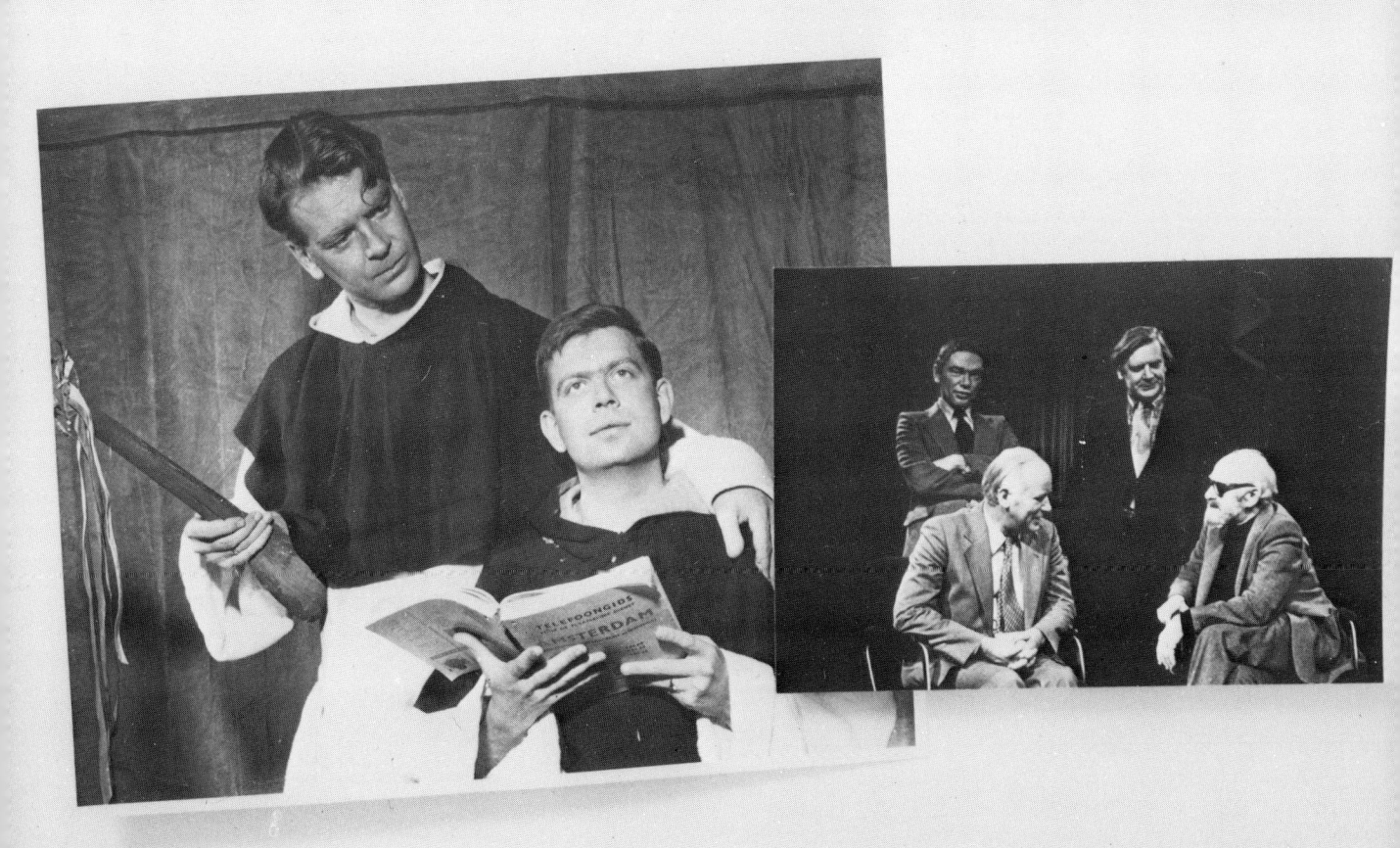

Jaap van de Merwe met zijn collega's Guus Vleugel, Michel van der Plas en Alexander Pola

later precies hetzelfde. En vervolgens kregen ze – ten onrechte dus – de naam van de grote vernieuwers te zijn. Ik heb nu de naam "demagogies anticabaret" gekozen om afstand te nemen van alles wat zich in Nederland cabaret noemt. De enige voor wie ik een uitzondering maak is Sieto Hoving, omdat hij aan cabaret doet met een bepaalde mentaliteit. En daar gaat het om. Als ik veel geld zou willen verdienen dan zou ik rustig achter m'n bureau moeten blijven zitten. Teksten schrijven. Maar ik vind het nou eenmaal fijn om die dingen op het toneel te zeggen. Als ik het niet doe, dan doet niemand het. Niemand kan mijn teksten beter brengen dan ik zelf. In de ogen van mijn collega's ben ik een soort amateur. Maar als ik amateurisme in een soort sublieme vorm weet te gieten, heb ik helemaal geen bezwaar tegen amateurisme. De andere cabaretiers willen óók wel rebels zijn, als het ze maar géén centen kost.'

... Schoon is het soldatenleven,
Hoeladie A-Bom, hoeladie H-Bom,
Hoela Neutronenbom!
Van je ra ra radio-aktiviteit,
Gooi de bak bak bak bakterie
In de strijd
Om de vijand massaal te vergeven.
Schoon is het soldatenleven ...

Dichter - componist - zanger - conférencier Jaap van de Merwe behoorde in de jaren zestig tot de fel-getuigende cabaretiers en stond daarin vrijwel alleen. Hij was een niets en niemand sparende doordouwer, die onwankelbaar in zichzelf geloofde en voluit 'geëngageerd' genoemd mocht worden, omdat hij eerlijk zijn eigen mening propageerde en verdedigde, door dik en dun. Soms, wanneer hij zijn eigenzinnigheid niet kon botvieren, maakte hij weleens de indruk een zichzelf overschattende querulant te zijn, waarachter maar weinigen zijn kwetsbaarheid hebben vermoed. En zijn onmacht. De sociale functie was voor hem de belangrijkste factor in zijn Tingel-Tangel-voorstellingen: 'Cabaret als een politiek pamflet in theatervorm'. Alle grijze tinten werden door hem zoveel mogelijk vermeden; hij werkte het liefst in demagogisch zwart-wit en schilderde mensen en situaties daardoor scherp en vaak meedogenloos af om geen enkele twijfel te laten bestaan over zijn persoonlijke visie. Zoals over de stamboom van Uncle Sam:

... Soldaten en andere moordenaars,
Godsdienstmaniakken,
Kooplui en andere zwendelaars,
Gokkers, knokkers,
't Soort dat hier moest zakkies plakken ...

Schokken is altijd z'n grootste troef geweest; voor hem was het cabaret 'geen middel om het publiek de stoom der onlustgevoelens te laten afreageren, maar een doelbewuste poging om de accu's van het maatschappelijk onbehagen op te laden en daarmee de agressie los te slaan'. Toen een bezoeker na afloop van een voorstelling tegen hem zei: 'Meneer, ik heb nooit geweten hoe heerlijk een revolutionair gevoel kan zijn,' beschouwde hij dat als de mooiste recensie die hij ooit heeft gekregen. Overigens zijn de perskritieken in zijn tienjarig cabaretbestaan dikwijls zó negatief geweest, dat het een wonder mag heten dat hij ondanks alles de moed niet opgaf: 'De enige reden waarom ik zelf op het toneel ging staan, was dat ik dingen schreef waar de theatraal meer begaafden dan ik niet aan wilden of durfden. Deed ik geen cabaret, dan zou ik me ook opwinden. Het maakt misschien een pedante indruk, maar ik wil iets meedelen. Ik heb niet voor niets theologie gestudeerd.'

... Jij, meneer Kerk, met jouw partijen,
Die zich door Mammon laten vrijen
Als Sodomieterse maîtressen:
Geen interesse.
Wel, meneer Kerk, moet ik jou steunen
Nu jij daar stervend ligt te kreunen,
Terwijl zij mij in jouw naam flessen?
Géén interesse! ...

Naast zijn cabaretactiviteiten in het theater (waar onder zijn leiding cabaretiers als Frits Lambrechts en Rob van de Meeberg gedoopt werden) liet hij, samen met producer-regisseur Rob Touber en muzikaal leider Ruud Bos, het oproer kraaien in serie-uitzendingen voor VPRO en VARA, waaraan onder andere hebben meegewerkt: Nellie Frijda, Henk Molenberg, Loes Vos, Willem Nijholt, Jenny Arean, Marius Monkau, Adèle Bloemendaal, Boudewijn de Groot, Liselore Gerritsen, Gerard Cox en Lia Dorana.

Het is begrijpelijk dat Jaap van de Merwe dikwijls met 'de censuur' in botsing is gekomen; Mies Bouwman en Erik de Vries hebben zelfs eens een VARA-tv-uitzending laten vervallen toen de programmaleiding – aanvankelijk – de uitvoering van zijn Vietnamliedje verbood.

... Slenteren naar buiten,
Piekeren op straat,
Steen door de ruiten
Bij het Amerikaanse consulaat.
Niet dat het veel helpen zal,
Maar het lucht op in elk geval ...

De produktieve producer Rob Touber stelde in 1969 een langspeelplaat samen van *De beste liedjes van Jaap van de Merwe*, met een hoestekst van Wim Kan: 'Cabaret is dood en God is dood, maar Jaap van de Merwe is in elk geval springlevend! Dat merk ik altijd als ik een uurtje met hem praat, of een weekje met hem correspondeer ... (dat doen we allebei nogal graag). Dan botsen onze meningen als biljartballen keihard tegen elkaar, maar heimelijk hebben we allebei, geloof ik, de grootste lol! Zelden vinden wij dezelfde collega's goed, dezelfde liedjes mooi, of dezelfde voorstellingen boeiend. Zodra we daar samen over praten verschijnen de generatiekloven op onze verhitte gezichten! Jaap van de Merwe is een soldaat, die vecht in de voorste linies. Zijn ballpoint is de bajonet op zijn geweer. Hij rijgt zijn tegenstander aan de punt van zijn pen! Overal waar het oproer kraait, bestormt hij de barricaden! Ik geloof niet (gelukkig) dat ik aan de andere kant van die barricaden sta, maar misschien heb ik, bij het klimmen der jaren, meer de neiging gekregen er voorzichtig overheen te willen kijken ... en wie in plaats van de barricaden te bestormen, gaat zien wat er achter zit, is voor de revolutie verloren!

Zo – ik zou zeggen: legt u deze plaat nu maar rustig op de draaitafel, dan hoort u in elk geval een paar van de allerbeste liedjes uit onze hele Nederlandse cabaretliteratuur; romantisch, melodieus, agressief ... een unieke combinatie! Het is niet bepaald "voor elk wat wils", want wat elkeen wil, dat schrijft hij niet; het geheel doet soms denken aan mitrailleurvuur! Achter de machinegeweren zitten, behalve Jaap zelf, Adèle, Leen, Jenny, Gerard, Willeke, en ik. Wie er het beste mee schiet, weet ik niet, maar één ding is zeker: de munitie kregen wij van Jaap van de Merwe en daar gaat het om op deze plaat!'

... Op de wereld worden achterlijke landen
Dikwijls door onderontwikkeling bedreigd.
Dus reikt elk welvarend land
Hen de gulden broederhand
Om te zorgen dat de Rus
  de kans niet krijgt.

Amerikanen doen reuzeveel!
Maar een Hollander, een echte Hollander,
Maakt eerst een kladje van de kosten
En dan steunt hij moréél! ...

In 1979 verzamelde hij zijn voornaamste cabaretteksten — waaronder ook enkele liedjes uit zijn musicals — in de bundel *Buurman boven in de boom*. In een collegiaal voorwoord beschreef Freek de Jonge hem als een martelaar: 'Dat het bij Jaap van de Merwe, die in Amerika in het rijtje zou staan met Pete Seeger, Woody Guthrie en Bob Dylan, geen vetpot is, laat zich gemakkelijk raden. Verraden door de VARA, onderschat door de intellectuelen, verguisd door 't volk en uitgebuit en uitgemangeld door artiesten.'

... Je moet de moed toch niet verliezen,
Want er is W.W. voor iedereen.
Da's toch een aardige surprise:
In je ellende (3×) sta je niet alleen ...

Resumerend: Jaap van de Rebellenclub, stammend uit een geslacht van Rotterdamse politieagenten, studeerde aanvankelijk in Leiden voor predikant en werd tenslotte een oproerkraaier in Amsterdam: 'Een cabaretier moet een soort kruising zijn tussen Jezus Christus, Don Quichot en Domela Nieuwenhuis.'

In 1977 verzuchtte hij: 'Het Nederlandse cabaret heeft geen verleden en geen toekomst,' maar in 1981 bleek zijn hardnekkige en stijfkoppige strijdlust onverflauwd toen hij in eigen beheer zijn cassette *Hollanditis* op de markt bracht. En hij zong zijn weerbarstige liedjes ook nog op het podium van Theater Odéon, waar aan het begin van deze eeuw zijn collega's Eduard Jacobs en Koos Speenhoff hebben gestaan.

Jaap van de Merwe is in wezen een romantische idealist.

... Drie eskadrons huzaren zijn gereden
Op die Pinksterdag in Mei,
Drie patroeljes — geen is weergekeerd
Uit de Gelderse Vallei ...

Het eerste grammofoonplaatje

8. Een kwestie van mentaliteit

De overwegend realistisch ingestelde groepen Tingel-Tangel, Lurelei en Cabaret Van de Merwe werden in de loop van de jaren zestig gevolgd door drie meer romantisch gerichte ensembles: PePijn en Shaffy Chantant in 1964 en Harlekijn in 1967. Algemene menselijke onderwerpen kregen de voorrang en politieke of maatschappij-kritische kanttekeningen werden niet of nauwelijks gemaakt. Dit volstrekt natuurlijke verschijnsel veroorzaakte paniek in het getuigende kamp van de fanatieke moraalzoekers: Cabaret is dood! (Zie ook deel 1, hoofdstuk 1) En daardoor werd de aloude kwestie rond de mentaliteit van de cabaretkunstenaar – Le Chat Noir en Le Chien Noir vochten op Montmartre ook al als kat en hond – opnieuw actueel en leidde ook nu weer tot misverstanden. In extreem linkse kringen begon men de cabaretkunst voor zichzelf op te eisen en iedereen die dat monopolie niet wenste te erkennen, werd beschuldigd van een verwerpelijke instelling: een 'slechte' mentaliteit.

Hoe interessant het ook is om achter de uitingen van een kunstenaar te proberen diens innerlijk te ontdekken, het blijft onverantwoordelijk om na een oppervlakkige verkenning van diens zogenaamd goede of zogenaamd slechte (wie stelt de normen vast?) mentaliteit, op die wankele basis een artistiek oordeel te vellen. De beroemde klassieke zangeres Jo Vincent placht na de plechtige uitvoering van de *Mattheus Passion* in het Concertgebouw tegen haar collega's te zeggen: 'Ziezo, die hangt weer!' Waren haar bewonderaars daarom ten onrechte ontroerd geweest door haar artistieke vertolking?

In de cabaretgeschiedenis zijn de voorbeelden legio en zij zouden stuk voor stuk tot emotionele discussies kunnen leiden ...

● Werd Eduard Jacobs uit pure sociale en humane bewogenheid geobsedeerd door de prostitutie? De na-zitjes met schuine moppen, die hij in Indië voor de gretige planters organiseerde na zijn optreden, hadden niet bepaald een ideële achtergrond.

● Mocht Hoving, twintig jaar na zijn debuut, nog een geëngageerd cabaretier genoemd worden, toen hij voor de Ster-reclame optrad als Sieto Halvanaise?

● Was Wim Kan een rechtse rakker door zich bij de TROS privé te laten interviewen door Henk van der Meyden?

● Was Koos Speenhoff geloofwaardig met zijn gevoelige versjes over de joden, die door hem privé werden gediscrimineerd?

● En waar bleef de communistische solidariteit van Frits Lambrechts, toen hij geconfronteerd werd met zijn uitgestoten collega Wolf Biermann aan wie in Oost-Duitsland een Berufsverbot was opgelegd?

● Had de integere kunstenaar Jean-Louis Pisuisse 'een hart vol van warmte en van liefde' in zijn borst, toen hij met leugens Jenny Gilliams en Fie Carelsen samen aan het huwelijkslijntje hield?

● Bleek Gerard Cox een radicale cabaretier te zijn toen hij zijn linkse Lurelei-imago afschafte om bij Chiel Montagne een gezellige zomerse tophit te pluggen?

● Toonde Louis Davids een grote man te zijn toen hij, na ontvangst van een gepeperd aanslagbiljet van de inkomstenbelasting, in woede een nieuw couplet schreef voor 'De kleine man' die werkloze 'slampampers' moest onderhouden?

● En wat bezielde zijn zuster Henriëtte, toen deze in 1954 haar officiële afscheidslied bestelde bij Jacques van Tol, die in de oorlog de kreet 'Dood aan de jood zij uw leus kameraad' in zijn cabaret had laten klinken?

• Was de cabaretier Jos Brink tweeslachtig toen hij via talloze reclameboodschappen een kapitaaltje vergaarde voor zijn latere, werkgelegenheid verschaffende, grote musicalprodukties?

• Is Boudewijn de Groot een wezenlijke protestzanger gebleken nadat hij 'Meneer de president' welterusten had gewenst?

• Was Wim Sonneveld in 1965 religieus of commercieel bezig toen hij met Kerstmis Maria vermoeid te Bethlehem liet arriveren?

• Pleegde Seth Gaaikema verraad aan zijn artistieke niveau toen hij zich in Theater Carré liet verleiden tot ouderwets Bonte-Dinsdagavondtreinvermaak?

• Was Wim Ibo een karakter- en gewetensvol cabaretproducer toen hij jarenlang de kleinburgerlijke censuur van de omroepen accepteerde?

• En van welke mentaliteit getuigden Jaap van de Merwe, Freek de Jonge en Bram Vermeulen, toen ze geen gelegenheid voorbij lieten gaan om zich op een denigrerende en vaak genante manier uit te laten over hun collega's?

Het antwoord op al deze vragen ligt misschien verscholen in een citaat uit het werk van Dirk Coster (1887-1956): 'Men is niet wat men zegt. Het is geen schuld. Men zou alleen graag zo willen wezen. Schuld is het ook nog niet de kracht te missen om te zijn zoals men zegt. De betrekkelijke schuld van deze aarde is: alle afstand tussen zeggen en zijn te vergeten in het behagen aan het schoongezegde. Het is de periodieke schuld van alle kunstenaars groot en klein. Doch de meer waarachtigen voelen zich telkens helder wakker worden te midden van de verschrikkelijke en lege afstand: de afstand die hun zeggen scheidt van het zijn. Zij voelen telkens met een heimelijke ontzetting, dat zij door te zeggen een verplichting tegenover het zijn op zich genomen hebben die onafwendbaar is. Onrust geeft weer echtheid aan hun woorden.'

De verwarring in de cabaretwereld bereikte een hoogtepunt toen de journalist Peter van Bueren in het katholieke dagblad *De Tijd* een serieus bedoeld Kerstrapport 1968 publiceerde, waarbij aan Wim Kan een zes voor mentaliteit werd toebedeeld. Gerard Cox, Frans Halsema en Adèle Bloemendaal kregen van hem toen een negen. En voor Wim Sonneveld werd zowaar toch nog het cijfer zeven genoteerd ... vanwege Frater Venantius? Maar Paul van Vliet moest genoegen nemen met een vijf, omdat hij in 1966 op het bruiloftsfeestje van Beatrix en Claus was opgetreden. Een vermeende 'slechte' mentaliteit bezorgde hem in die dagen linkse aanvallen van opportunistische collega's (die later zèlf voor de koninklijke familie optraden!) en van progressieve recensenten die de modieuze trend-boot niet wilden missen toen hij een voortreffelijke artistieke prestatie leverde in de stijfdeftige Haagse Ridderzaal, notabene met een voor die dagen uiterst progressieve benadering van de monarchie. Kranten – zoals *Het Parool* met de opmerking 'Oranje Paultje' – die toen verzuimden zijn optreden op de juiste merites te beoordelen, haastten zich daarna om ieder jaar op 6 september een fraaie foto van ZKH Prins Claus der Nederlanden af te drukken. Zij hadden immers ontdekt dat hun abonnees (lees: klanten) zich minder republikeins hadden opgesteld dan ze aanvankelijk hadden vermoed. Wie sprak er ook weer over mentaliteit?

... Den Haag met je lege paleizen,
Den Haag waar de westenwind speelt,
Den Haag waar de wijzen

De piepjonge Paul

Cabaret PePijn met Ferd Hugas, Liselore Gerritsen en Paul van Vliet (1964)

Paul van Vliet in de Ridderzaal (1966)

Bram van de Commune

VIRGINIE
ABC
BOBOSSE
CE SOIR
ON IMPROVISE
MONSIEUR
de FRANCE
LA BONNE ANNA
CHATELET

In 's lands dienst vergrijzen
En waar op de zolders Couperus vergeelt.
Den Haag met je standen en rangen,
Den Haag met je geur
   van een Indisch pension,
Je kan je karakter in één woordje vangen,
In dat iets afgemetene, beetje gespletene
Ook wat beschetene woordje: pardon ...

In Den Haag wachtte het publiek al heel lang op een eigen cabaretgezelschap en Paul van Vliet (1935) bleek voor een dergelijke onderneming precies de juiste man te zijn.

Het begon allemaal met het Leids Studenten Cabaret tussen 1957 en 1960, toen hij ontdekte dat het cabaret hem meer bevrediging gaf dan zijn rechtenstudie.

... Wij zijn het volk van de aardappeleters,
Van melkende meisjes en beterweters,
Van Jannen de Wit en van jongens Stavast
En de sok met het geld in de linnenkast.
Met antimakassars, met Ot en met Sien,
En de straten verlaten om kwart over tien.
Met thee op een lichie en koffie verkeerd,
Wie 't kleine niet eert
Is het grote niet weerd ...

Maar zijn gedegen realiteitszin beval hem ondanks alles tóch die studie af te maken om zich pas daarna volledig aan zijn grote liefde te gaan wijden. Ondertussen trouwde hij met Liselore Gerritsen, een domineesdochter uit het Gelderse Wichmond (1939), die in Leiden Frans en kunstgeschiedenis studeerde.

... Iedereen heeft zijn rivier
En ik, ik heb de IJssel,
Langs de kleine dorpen stromen
Glinsterende kinderdromen.
Iedereen heeft zijn rivier
En ik, ik heb de IJssel ...

In 1963 ging Paul van Vliet, samen met zijn vrouw en zijn vrienden Ferd Hugas en Rob van Kreeveld, op zoek naar een eigen klein theatertje in Den Haag. Na onvoorstelbare ambtelijke hindernissen – die hij zonder enige rancune verzamelde in een monoloog en een liedje waarmee hij in 1965 de eerste prijs won op het ICC-Cabaret-Concours in Amsterdam – opende hij dan eindelijk op 18 december 1964 een onherkenbaar verbouwd pakhuis, vlak bij de plek waar zijn Haagse wieg heeft gestaan.

... Ach, zo'n theatertje, zo'n klein theatertje,
Daar zanik je al jaren over door.
Een klein theatertje, een klein theatertje,
Maar d'argumenten tegen
   wegen zwaarder dan ervoor ...

Het was boeiend om te constateren dat ook dit cabaret weer een eigen, persoonlijk karakter had; qua vorm geïnspireerd op Tingel-Tangel, had de inhoud een duidelijk 'Haags' accent dat overigens een nationale populariteit niet in de weg heeft gestaan.

... Alle dijken zijn gedicht
En alle pubers mogen schreeuwen
En elke boerenmeid komt op de plaat.
Alle kerken zijn verlicht
En zelfs de mussen en de meeuwen
Die zitten vet en overvoerd op straat.
En in de winkels ligt het voer
   hoog opgetast,
En de kunst die barst ook bij ons thuis
Uit de zeer supersonische stereokast.
En tachtig varianten in oxtailsoep
En God weet wat al niet aan cocktailtroep.
Je krijgt van de keuze
   het heen en het weer,
Dus m'n liefje, m'n liefje,
   wat wil je nog meer? ...

In september 1965 kon Cabaret PePijn bij

z'n Amsterdamse debuut al rekenen op drie uitverkochte voorstellingen in de Kleine Zaal van het Concertgebouw. De programma's die PePijn – een beetje pep, een beetje pijn – in zijn zevenjarig bestaan heeft uitgevoerd, bewezen dat men voortdurend op zoek was naar vernieuwing. Niet alleen groeiden bij het gehele gezelschap vakmanschap en persoonlijkheid, maar ook bleek een constant zoeken naar andere vormen. Zelfs de inhoud onderging een wijziging toen Liselore Gerritsen met eigen teksten een groot deel van het programma voor haar rekening begon te nemen.

... Kent ge het lied van zomaarwat
Dat anders niks te zeggen had
Dan zalig zij die zomaarwat
die zomaarwat geloven.
Want het lied van zomaarwat
Dat anders niks te zeggen had
Bande volken uit hun landen,
Hield de beulen op de been,
Liet de heksen levend branden,
Stilde honger met een steen,

Bracht de pelotons te velde,
Plantte trauma's in het kind,
Vormde non-valeurs tot helden,
Sloeg de ogen eeuwig blind ...

Zij die Cabaret PePijn liefheid, mildheid en vrijblijvendheid meenden te moeten verwijten, keken vreemd op toen Liselore Gerritsen in 1969 dit protest de zaal in slingerde. De voortreffelijke muziek was van de begeleidende pianist Rob van Kreeveld, die ook haar verontwaardiging over het calvinistische Nederland-op-Koninginnedag suggestief wist te illustreren:

... O Nederland, mijn kermisland,
Mijn eens per jaar geboorteland,
Mijn smakkend, schreeuwend,
*   zwetend land,*
Jouw feestterrein, mijn vaderland ...

Het zag er naar uit dat Nederland, na Willy Corsari, Manna de Wijs-Mouton en Martie Verdenius, een nieuwe dichteres-zangeres rijker was geworden. Na de opheffing van Cabaret PePijn heeft Liselore Gerritsen deze verwachting maar ten dele waar gemaakt, ondanks een aantal loffelijke artistieke experimenten met kunstenaars als Henk van Ulsen, Ramses Shaffy, Laurens van Rooyen en Harry Sacksioni. Maar zij blijft het waard om gevolgd te worden.

... Want nooit is er ooit iets voorbij,
Zelfs niet als je het wil.
Een nieuwe jas voor een oud gevoel
Is het enige verschil ...

Cabaret PePijn viel als ensemble op door zijn distinctie en muzikaliteit. En hoewel Paul van Vliet een minder briljant conférencier bleek te zijn dan Sieto Hoving, werden zijn tekorten vaak opgeheven door de charme van zijn persoonlijkheid. Ook de warmte die van het totale ensemble uitstraalde vergoedde veel van de momenten waarop sterk 'over het voetlicht' komende theaternummers ontbraken. Dat PePijn, net als alle andere cabarets, voor- en tegenstanders heeft gekend, is een normale zaak. Maar nooit heeft een gezelschap aan zoveel klakkeloze verering en kortzichtige verguizing blootgestaan als Cabaret PePijn in de zogenaamde 'Claus-periode'. Paul van Vliet glimlachte en bleef doodgewoon zichzelf; later zou bij het opmaken van de balans blijken dat zijn optreden in de Ridderzaal een doorbraak in zijn carrière heeft betekend.

Nadat de nationale storm was gaan liggen is er nog één keer een – lichte – deining ontstaan, toen de KRO-tv het persiflerende ensemblenummer 'Weekend' verbood, waarin de spot werd gedreven met de rage van sexadvertenties in *Vrij Nederland*: 'Cabaret PePijn, vrije opvattingen, zoekt mogelijkheden ...' In mei 1970 werd dit cabaretnummer geschrapt 'omdat katholieke kijkers weleens op een idee zouden kunnen komen.'

Naast zijn affiniteit met het romantische chanson – zoals het populair geworden liedje 'Meisjes van dertien' – toonde Paul van Vliet voortdurend zijn gevoel voor relativerende humor. Een uitschieter was bijvoorbeeld zijn creatie van 'Bram uit de Commune', waarin hij – wham, recht voor z'n raap! – het toenmalige modieuze jargon van de hippe vogels parodieerde, een roemrucht nummer dat door sommige principerijders als reactionair werd veroordeeld.

Het blijft nu eenmaal een treurig feit dat niet alleen in extreem rechtse, maar ook in extreem linkse kringen opvallend weinig wordt gelachen. Bij het in 1965 opgerichte maoïstische ensemble Das Reichskabarett in Berlijn, werd gelach tot een nieuw taboe verheven. In die jaren reikten de armen van de heer Mao en diens culturele echtgenote (een voormalige variété-artieste die Beethoven als 'burgerlijk' verbood) uiterst ver; in Nederland kon men zelfs de latere minister André van der Louw in een Mao-kostuum aanschouwen. Maar Paul van Vliet hulde zich in een hip uniform en liet heel ons land van harte lachen om een typisch tijdverschijnsel.

Zoals Willem Parel eens de loopbaan van Wim Sonneveld een andere wending heeft gegeven, zo zette Bram van de Commune de deur naar de showbusiness open voor Paul van Vliet.

... Je hebt een theatertje,
Een klein theatertje!
En weet u wat het is?
't Is te klein ...

Op zondag 16 mei 1971 werd op een bijeenkomst van vrienden van het eerste uur Cabaret PePijn officieel ontbonden; Paul van Vliet en Liselore Gerritsen gingen ieder hun eigen weg. Hoe feestelijk die bijeenkomst ook was, er heerste toch iets van de stemming bij een koffiemaaltijd na een begrafenis. Maar Paul van Vliet heeft – net als zijn grote voorganger Wim Sonneveld in wiens voetsporen hij is getreden – in zijn one-manshows die hij kort daarna voor een meer uitgebreid publiek is begonnen, duidelijk zijn cabaretafkomst bewezen. Naast het koortsachtig bedenken van nieuwe, bijna verplicht geworden komische typetjes, valt er een verdieping te constateren die tot aandoenlijke momenten leidt. Voor Paul van Vliet betekenden zeven jaar PePijn de boeiende en leerzame proloog tot een avondvullend solo-optreden als veelzijdig entertainer, die zelfs de nooit eerder vertoonde stunt uithaalde zijn programma's in het Engels uit te voeren ten behoeve van de toeristen: a one-man satirical show *The truth behind the dykes*. Dit gedenkwaardige initiatief leidde in 1974 tot een geslaagd experiment in de Verenigde Staten, Canada en Engeland.

... The Hague is an elderly lady,
a lady too old to be gay,
Too old to be naughty,
Too old to be shady;
The Hague is as wild
As the Y.M.C.A. ...

Sommige niet-Amsterdammers hebben de hoofdstad van ons land weleens verweten het 'cabaretmonopolie' te bezitten. Een zonderling verwijt dat wellicht valt te verklaren uit het feit dat het Nederlandse cabaret niet alleen in Amsterdam is geboren, maar dat ook daarna veel initiatieven in de hoofdstad hun oorsprong vonden. Men vergeet daarbij dat cabaret niet alleen vakkundige initiatiefnemers nodig heeft, maar ook een geïnteresseerd publiek bij wie het gehoor vindt. Den Haag heeft zeven jaar zijn eigen Cabaret PePijn gehad, Haarlem bezat tussen 1962 en 1965 het Cabaret Adam en Eva met Fiet en Frans Koster, het Haarloheimtheater experimenteerde met jonge groepen en solisten, terwijl de feministische volksliederenzangeres Cobi Schreijer in de Waagtaveerne niet alleen Boudewijn de Groot maar ook Joan Baez en Pete Seeger welkom heette. Delft kent sinds 1965 zijn jaarlijkse Cameretten Festival waar Marnix Kappers in 1966, Ivo de Wijs in 1967, Cabaret Don Quishocking in 1968 en Cabaret Vangrail in 1974 de eerste prijs kregen toegewezen. Een stad als Utrecht deed zijn best met een eigen Muzeval, waarin helaas ook een aantal mislukkelingen gevangen werden. En Rotterdam had de clown Tom Manders met een cabaretachtig ensemble dat zich zelfs aan Speenhoff-liedjes wijdde, Louis Lemaire die actief was 'In den twijfelaar' en Ansje van Brandenberg die jarenlang haar Winkeltje beheerde.

Friesland had vijfentwintig jaar lang zijn bloedeigen Tetman de Vries, opgevolgd door zijn getalenteerde leerling Rients Gratama (1932) die in 1968 –aangemoedigd door Wim Sonneveld – zijn cabaretgebied met veel succes verruimde door zich van de Nederlandse taal te bedienen.

...Trappetje op,
Nee nee,
Trappetje af,
Rustig naar benee
Naar de laatste tree ...

In samenwerking met producer John de Crane en regisseur Johan Verdoner ontstonden er ook geslaagde ensembleprogramma's met leerlingen van de Akademie voor Kleinkunst in Amsterdam, zoals Selma Susanna, Coen van Vrijberghe, Tetske van Ossewaarde, Hans van der Woude, Elsje Slats, Jan Simon Minkema en Nelleke Burg. De meeste teksten waren van Rients Gratama zelf, terwijl Cees Bijlstra het muzikale facet voor zijn rekening nam.

Het blijft natuurlijk een niet te weerleggen feit dat Amsterdam altijd een cabaretcentrum is gebleven en dat het debuut in de hoofdstad als een eindexamen wordt ervaren door nieuwe groepen of solisten (zoals Rients Gratama in september 1969). Ook de jaren zestig vertoonden weer veel Amsterdamse cabaretinitiatieven, waarvan de meeste zich echter bewogen in de sfeer van het café-chantant: Max Tailleurs befaamde 'Doofpot' die dertien jaar heeft bestaan, het folksongcafé ''t Cloppertjen', het jiddische Li-La-Lo-Cabaret van Jossy en Jacques Halland dat in 1959 werd geopend, een dosis Jordaan-Cabaret in het populaire café van Tante Leen of in gebouw De Palm met de onvervalste pijn en gein van Truce Speyck, Willy Brands, Willy Alberti of diens volle neef Johnny Jordaan:

... *Aan de voet van die ouwe Wester*
Heb ik vaak in gedachten gestaan,
Ik heb er dikwijls staan te dromen
In die mooie, die fijne Jordaan ...

Van 1964 tot 1974 was Henk Elsink (1935), na zijn medewerking aan het ABC-Cabaret van 1961 tot 1963, de sympathieke kroegbaas van het restaurant-cabaret De Koopermoolen waar hij tussen de verschillende gerechten door een scheutje cabaret, met onder meer teksten van Tony van Verre, in zijn menu's heeft verwerkt. Maar dat was uit de aard der zaak wat minder pittig dan wat Eduard Jacobs in dezelfde straat op nummer 143 heeft geserveerd. Op muziek van Jelle de Vries zong Henk Elsink zijn lijflied:

... *'k Heb zo vaak gestoeid*
  in de Warmoesstraat
Met een droom die geen droom blijven zou.
'k Heb zo vaak gespeeld
  in de Warmoesstraat
Met die droom van een eigen theater.
Geen dag of ik ging hier voorbij,
En ik dacht dan:
Dat wordt allemaal van mij! ...

Rients Gratama met Elsje Slats, Hans van der Woude, Nelleke Burg en Jan Simon Minkema

Henk Elsink in de Warmoesstraat

Net als Paul van Vliet verruilde Henk Elsink zijn kleine theatertje voor het grote Theater Carré: 'Noem ons comedians, light entertainers. Er is geen goed woord voor eigenlijk in het Nederlands. Het zijn allemaal cabaretiers, zo noemen we dat om het makkelijk te houden. Hermans is geen cabaretier, Van Vliet is eigenlijk ook geen echte, ikzelf ben ook geen cabaretier. Van Duyn is een komiek. Ik zeg liever dat we allemaal typische entertainers zijn, light entertainers. Amuseurs zou je kunnen zeggen.' (1977)

Amusement op hoog literair (gedichten van Hans Lodeizen) en muzikaal (composities van Scarlatti) niveau bood het artistieke cabaret Shaffy Chantant, dat op 22 oktober 1964 officieel startte in het intieme Miranda Paviljoen aan de Amstel. De première werd een complete sensatie en het liep storm.

... In oktober kwamen wij
In een storm elkander tegen,
Onze liefde bloeide bij
Mist en hagel, wind en regen ...
（GUY BÉART–HANS ANDREUS）

Na allerlei mislukte pogingen – zoals in 1955 in de Doelenzaal – was het de geniale acteur-chansonnier Ramses Shaffy (1933) eindelijk gelukt om in het cabaretgebeuren een wezenlijke artistieke daad te stellen. Samen met de later zo bekend geworden acteur Joop Admiraal, de begaafde pianist Polo de Haas en 'met zulke groentjes in het cabaret als de zingende vuurtorenwachtersdochter Liesbeth List en de gamine-achtige ex-mannequin Loes Hamel' bracht hij amusementskunst volgens de klassieke cabarettradities in een moderne vorm. 'Hun cabaret is een genre apart naast het werk van andere cabaretiers, die het accent leggen op de politiek, de maatschappelijke satire, het vleugje wijsgerigheid, de luchtige kolder. Shaffy en de zijnen brengen een literair-poëtisch cabaret, waarin vooral lichtvoetig romantisch wordt gespeeld met de liefde, terwijl daarnaast luchtige spot en moderne sick jokes worden afgevuurd.' *(Algemeen Dagblad)*
Nederland verwelkomde enthousiast een jonge, nieuwe uitgave van Jean-Louis Pisuisse. En de toen vijfenzeventigjarige Fie Carelsen trok naar het Circus-Theater in Scheveningen om zich persoonlijk van zijn onweerstaanbaarheid te overtuigen.

... De ene wil de ander
Maar die ander wil die ene niet,
Die ander wil een ander,
Maar die ene heeft verdriet ...

Ook Liesbeth List (1941, Java) werd met een soortgelijke hulde gelukkig gemaakt; na de Amsterdamse première werd zij omhelsd door een ontroerde Fien de la Mar. Onder de tonen van Shaffy's meeslepende liedje 'Cantate' kwam ze als vrij onbekend zangeresje plotseling in de nationale belangstelling. Nederland had weer een chanteuse van formaat gevonden; na Fien de la Mar, Conny Stuart en Lia Dorana was de toekomst er somber gaan uitzien. Charme en intelligentie, distinctie en allure zijn de elementen die haar optreden, zowel bij een groot orkest als met een piano in een cabaretzaaltje, een internationaal cachet hebben gegeven, waardoor ook buitenlandse deuren voor haar opengingen. Het was Ramses Shaffy die haar – op tweeëntwintig jarige leeftijd – de grote kans heeft geboden; bij hem vond ze de ongedwongen, vriendschappelijke sfeer om in volkomen vrijheid te zingen wat ze fijn vond. Ze bekwaamde zich in Frans, Duits, Engels en Grieks repertoire en werd daarbij muzikaal vooral gesteund door de uiterst veelzijdige pianist Louis van Dijk. Ze viel speciaal op met haar vertolkingen van door Ernst van Altena vertaalde Jacques

Brel-liedjes, waarvoor ze in 1970 met een Edison werd bekroond.

... In dat oud Amsterdam
Zie je zeelieden zwieren
En de meiden versieren
Lijf aan lijf, warm en klam.
Ze draaien hun wals
Als een went'lende zon
Op de klank, dun en vals
Van een accordeon ...

Hoewel Ramses Shaffy in het seizoen 1964-1965 de populairste chansonnier van ons land was geworden, heeft de vreugde van Shaffy Chantant helaas maar kort geduurd. Door allerlei omstandigheden op het niet-artistieke vlak spatte het ensemble uit elkaar. In het voorjaar van 1968 heeft het er even op geleken dat er in het gebouw Felix Meritis (later omgedoopt in Shaffy Theater) een herleving zou komen van de oorspronkelijke opzet, met Marjol Flore, Sylvia Alberts, Thijs van Leer en Louis van Dijk. Maar de glans uit de begindagen was verdwenen door de hippe pretenties die inhoud en uitvoering overstemden. In het daarop volgende 'Shaffy verkeerd' (met onder meer de acteur Lex van Delden) maakten de verkeerd verwerkte Amerikaanse indrukken die Ramses Shaffy in New York had opgedaan, van de vertoning als geheel een geforceerde mode-uiting zonder ziel. Deze betreurenswaardige ontwikkeling hield ten nauwste verband met de gecompliceerde natuur van de initiatiefnemer. Zijn chaotische instelling, resulterend in een onverantwoordelijk tekort aan zelfdiscipline, heeft een ontijdig einde gemaakt aan een van de oorspronkelijkste na-oorlogse cabaretexperimenten. Maar zijn roem en de daarmee verkregen goodwill waren zo groot geworden, dat hij er nog heel lang op zal kunnen teren. Meestal gebeurt dat in samenwerking met zijn collega-vriendin van het eerste uur: Liesbeth List (die overigens verstandiger met haar talent is omgesprongen). De relatie Shaffy-List doet in veel opzichten aan de combinatie Sonneveld-Stuart denken, maar misschien zal uiteindelijk de Bhagwan degene blijken te zijn die hij onbewust al jaren hoopte tegen te komen.

Na zijn zo geslaagde première in 1964 verklaarde hij openhartig: 'Ik ben misschien de meest pure, zuivere levensgenieter die er bestaat. Een levensgenieter in de meest uitgebreide zin van het woord. Ik heb een hoogst ellendige en tegelijk hoogst opwindende en onvergetelijke jeugd achter de rug. Ik ben geboren in Frankrijk. Mijn vader woont nu in Caïro, mijn moeder in Parijs. Ik heb vijf halfzusjes en vijf halfbroertjes, volbloed Egyptenaartjes. In 1939 kwam ik met vakantie in Holland. Ik ben er nooit meer weggegaan. Pleegouders ontfermden zich over mij. Ik deed gymnasium alpha (niet afgemaakt), ging naar de kunstnijverheidsschool (niet afgemaakt), tekende en schilderde, en ging daarna naar de toneelschool (wel afgemaakt).Ik weet niet meer wat ik allemaal gedaan heb. Hier in Holland – dat rotfijne land waar ik zielsveel van houd – zeggen ze: je moet je niet versnipperen. Nonsens. Natuurlijk kun je alles goed doen. Iedereen die enigszins talent heeft, kan dat. Als je maar wilt. Ik heb ook Russisch bloed; alle Slavische mensen hebben dat, zij willen en kunnen alles doen. Muziek maken, schrijven, schilderen, acteren, alles tegelijk. Ik wil leven, de volheid van het leven proeven. Het gewone alledaagse leven is mijn uitgangspunt. Mijn voorstelling van de toekomst is vaag. Ik leef van dag tot dag. Het is de kunst om je noodlot te leren nemen.'

... 't Is stil in Amsterdam,
De mensen zijn gaan slapen.
Ik steek een sigaret op

Première 1964 met Ramses Shaffy, Liesbeth List, Loesje Hamel en de pianist Polo de Haas

Herman van Veen en Lenny Kuhr met regisseur Nico Knapper

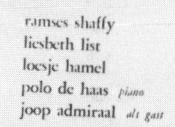

ramses shaffy
liesbeth list
loesje hamel
polo de haas *piano*
joop admiraal *als gast*

SHAFFY CHANTANT

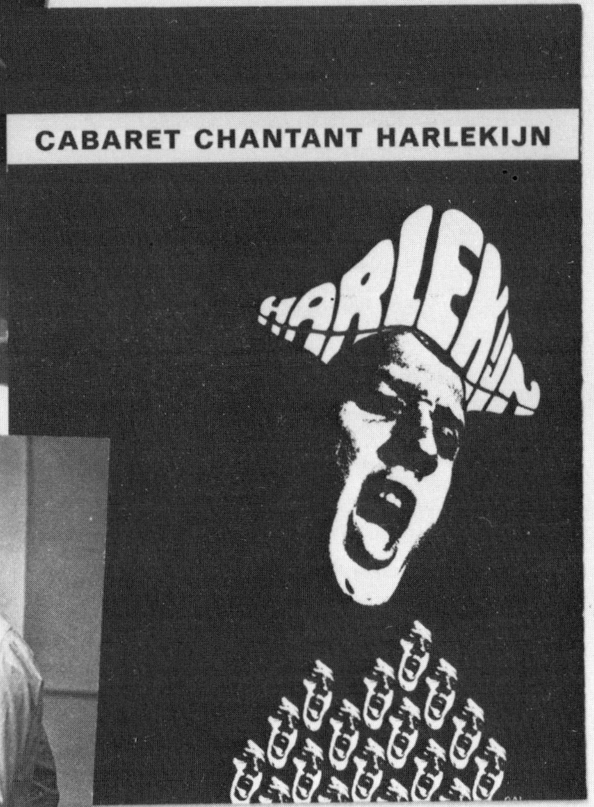

CABARET CHANTANT HARLEKIJN

HARLEKIJN

*En kijk naar 't water.
Ik denk over mezelf
En denk over later,
Ik kijk naar de wolken
Die overdrijven,
Ik ben dan zo bang
Dat die eenzaamheid zal blijven,
Dat ik altijd zo zal lopen
Op onmogelijke uren,
Dat ik er aan zal wennen
Dat dit zal blijven duren,
Als de mensen zijn gaan slapen.
'tIs zo stil in Amsterdam,
Ik wou dat ik nu eindelijk
Iemand tegenkwam ...*

In de romantische Shaffy-sfeer ontwikkelde zich een volstrekt uniek theaterfenomeen, waar zelfs de grijze grootmeester Wim Kan volledig door werd verrast; op 18 december 1967 schreef hij een profetisch gebleken brief aan de tweeëntwintigjarige Herman van Veen, naar aanleiding van een voorstelling van diens Cabaret Chantant Harlekijn:
'Zaterdagavond hebt u ons in de Haarlemse Stadsschouwburg een enorme verrassing bezorgd! Hartelijk bedankt! Het had iets buitenlands ... Alleen dáár is het nog mogelijk (leek het mij nog mogelijk) plotseling een groot talent te ontdekken, zonder er eigenlijk ooit van gehoord te hebben. Waar komt u vandaan? (zou ik willen vragen) en direct daarna: Waar haalt u het vandaan? Uw optreden heeft een geladenheid, af en toe een vreemde felheid, snel opgevolgd door een soort krachtige melancholie. In een klein land, vol van talent, bent u een uitschieter (geloof ik). Ik ga u aandachtig 'gadeslaan' en wachten of ik u zie 'slagen'. Ik hoop het en voorspel het (wel een beetje griezelig voor mijn reputatie, want met zulke zwart op wit waarzeggerij kan je ontzettende figuren slaan!)'

*... Een oud gordijn,
Een blij refrein,
Mijn naam is
Harlekijn ...*

Op 29 augustus 1976, bij de viering van het veertigjarig bestaan van het ABC-Cabaret, gaf Wim Kan in de Haagse Koninklijke Schouwburg zijn historisch zo belangrijk geworden Davids-ring door aan de 'uitschieter' Herman van Veen.

Ten overvloede: de Davids-ring werd in 1948 als onderscheiding bedacht door de gemeente Rotterdam bij de zestigste verjaardag van de revue-artieste Henriëtte Davids, 'uit erkentelijkheid voor haar grootse prestaties op het gebied der kleinkunst en als posthume hulde aan Rika, Hakkie en Louis'. Bij haar officiële afscheid in 1954 vermaakte zij dit symbolische souvenir aan Wim Kan, die het Nederlandse cabaret volledig had weten te vernieuwen. De avond na deze plechtigheid kwam Wim Sonneveld in het Nieuwe De La Mar-Theater op met een hem door de neus geboorde ring. Tot de in de zaal aanwezige Henriëtte Davids zei hij: 'U hebt gelijk gehad met hem aan Wim Kan te geven. Wij hier vinden hem ook de beste.'
In 1976 motiveerde Wim Kan zijn keuze door te verklaren dat, de traditie volgend, Paul van Vliet misschien in aanmerking zou zijn gekomen, 'wiens werk in het verlengde ligt van het mijne. Maar ik wil die traditie doorbreken door hem uit te reiken aan iemand die ons vak een extra dimensie heeft gegeven'.
Herman van Veen (1945), leerling van het Utrechts Conservatorium, kwam in 1967 als een onstuimig wonderkind onze theaterwereld binnenvallen. Zoiets gebeurt uiterst zelden; alleen Louis Davids heeft, toen hij als achtjarige miniatuurkomiek op de kermis

zijn veelzijdige carrière begon, het predikaat 'wonderkind' mogen ontvangen. Dat nieuwe, jonge talenten er in de artistieke 'vriendjeskliek' niet aan te pas zouden komen – zoals veel onbegrepen en opstandige kneusjes uit het alternatieve circuit herhaaldelijk beweren – werd weer eens gelogenstraft door het oprechte enthousiasme van oudere vakmensen. Nooit zijn er meer superlatieven gebruikt dan bij de entree van deze cabaretier-clown-chanteur-komiek-musicus. Een benijdenswaardige opkomst met als nadeel dat een dergelijke snel verkregen status constant bewezen moet worden om alle verwachtingen waar te maken; struikel- en valpartijen krijgen meer aandacht dan in normale omstandigheden.

De eerste verwachtingen wezen in de richting van de cabaretkunst, mede veroorzaakt door de 'Werkwinkel voor het Nederlandse chanson' van televisieregisseur Nico Knapper (die men Herman van Veens ontdekker zou mogen noemen) en de journalist Frans van Lier, waarin hij nauw heeft samengewerkt met jonge collega's als Marnix Kappers, Sylvia Alberts, Joost Nuissl, Lenny Kuhr en Dick Poons. Deze idealistische Stichting organiseerde kunstzinnige en kritisch begeleide voorstellingen als tegenhanger van de oppervlakkige luisterliedjesrage die in ons land was losgebarsten. Ook de allereerste openbare optredens van Herman van Veen duidden al op de cabaretformule; in december 1965 vond de première plaats van 'een cabaret-programma met een sterk klassiek tintje' door de groep Musickjoke met Erik van der Wurff, Laurens van Rooyen, Marijke Bosma en Herman van Veen. Ook de eerste recensies spraken van 'een waardevol element in de Nederlandse cabaretwereld', 'kleinkunst voor klein publiek' en 'groots cabaret'. Maar in de praktijk is gebleken dat de cabaretwereld dit uitzonderlijke theaterdier ten onrechte in de eigen stal wilde opsluiten; Herman van Veen is in geen enkel hokje onder te brengen en is met geen andere kunstenaar te vergelijken. Bij de uitreiking van de 'Prijs van de kritiek' in 1975 door de Kring van Nederlandse Theatercritici, werd het woord cabaret niet meer gebruikt.

Bij de talrijke felicitaties was een gedichtje van Freek de Jonge, die in de loop van de tijd een opmerkelijke affiniteit is gaan vertonen met het werk van Herman van Veen:

Als je wilt lopen spring je meestal,
Als je iets wil zeggen zing je meestal,
En het lachen verging je meestal
Toen je wou wezen wat je moest zijn:
Een harlekijn.

Harlekijn van Veen overrompelt zijn publiek altijd weer met zijn muzikaliteit en intelligentie, zijn aangeboren mimiek en plastiek, zijn eenvoud en oprechtheid, en niet het minst door de soepele en gevoelige zangstem van een moderne minstreel.

... Ik hou van jou met alle vier m'n poten,
Ik hou van jou met heel m'n kop,
Ik wil met jou m'n hondebroodjes eten,
Jij mag slapen in mijn hondehok ...

Door zijn grote charme bestaat de bereidheid om hem zijn soms wat mistig, symbolisch en ongrijpbaar uitgevallen werkjes te vergeven die uitsluitend het creëren van 'een lekker sfeertje' schijnen te beogen. Men krijgt weleens de indruk dat hij nu en dan dreigt vast te lopen in een ethische privéreligie waarin niemand hem schijnt te kunnen afremmen. Misschien ook heeft hij wat te veel hooi op zijn vork genomen door zichzelf tot producer en regisseur van zijn eigen shows te benoemen, waardoor zijn vaak experimentele werk niet de kritische begeleiding krijgt die het nodig heeft. Hoe dan ook, de oorspronkelijke verwachtingen die ons cabaret heeft gekoesterd ('jeugdige meteoor op cabaretplanken') zijn niet uitgekomen; qua vorm en inhoud kan hij nu beter gerangschikt worden onder de solo-entertainers van hoog niveau.

Maar ondanks zijn huidige overstelpende binnen- en buitenlandse activiteiten op het veelomvattende terrein van soloshows, toneelstukken, televisie, films, grammofoonplaten, boeken, tijdschriften en niet te vergeten zijn persoonlijke bemoeienissen ten behoeve van uitvoerende kunstenaars bij Harlekijn Holland, blijft merkwaardig genoeg de cabaretsfeer uit zijn beginjaren min of meer aan hem verbonden. Dat is voornamelijk te danken aan een aantal voortreffelijke teksten van de produktieve, poëtische auteur Rob Chrispijn.

... Wijs me waar de toetsen zitten,
dan speel ik iets voor jou
Zonder er bij na te denken
waarom ik van je hou ...

Van de andere auteurs noemen we Willem Wilmink, Ferenc Schneiders en Lennaert Nijgh; de fraai gecomponeerde en niet minder fraai uitgevoerde muziek is meestal van Erik van der Wurff, Chris Pilgram, Harry Sacksioni of Laurens van Rooyen. Maar vaak zijn tekst en muziek van Herman van Veen zelf, zoals het schrijnende liedje over een jongetje dat in het ouderlijk huis veel liefde tekort komt: Omaatje.

... Ik stopte laatst een knikker
In de bek van een kikker,
Die toen heel gek stond te hikken;
Even later was-ie dood.
Oma, als ik stiekem
Die knikker in de soep doe,
Gaan pappa en mamma dan ook ...
Mag ik dan voor altijd bij jou? ...

Op zulke momenten hebben we de neiging om Herman van Veen als volbloed cabaretier te ervaren, maar in een aan hem gewijde aflevering van het schoolblad *De Snufferd* uit Vught, deed hij de volgende uitspraken:

Herman van Veen in Carré

De eerste langspeelplaat

'Nee, ik vind het geen cabaret, althans wat ik onder cabaret versta: een niet-professionele geëngageerde uiting. Cabaret komt vaak voort uit studentenbewegingen, uit politieke bewegingen; Don Quishocking vind ik zo'n voorbeeld, Koot en Bie. Koot en Bie vind ik ontzettend leuk, maar niet zo professioneel, alleen een karikatuur. Is *Neerlands Hoop* cabaret of is Jos Brink cabaret? Misschien is Jos een belediging voor Freek en Freek een belediging voor Jos. Ik begrijp niet dat er cabaretiers zijn die mensen voor paal zetten terwijl ze zelf uit hun mond stinken. Dat is onder andere waarom ik zo'n hekel aan cabaret heb, omdat het altijd gaat over met naam genoemde mensen, en deze mensen worden gehekeld en belachelijk gemaakt; dat vind ik niet juist, dat is heel gemakkelijk. Als je het doet dan moet je dat op een erg intelligente en heel briljante manier doen en daar zijn er maar een paar toe in staat, die dat dan met liefde voor die mensen doen. Uit liefde voor die mensen hun onvermogen omdat dat net zo groot is als hun eigen onvermogen. Wim Kan vind ik dan een van de zuiverste voorbeelden van wat cabaret zou zijn, maar wat heb ik dan met Wim Kan te maken? Alles en niets, in die zin dat we allebei op dezelfde plaats staan, vanuit hetzelfde uitgangspunt en dezelfde mentaliteit vertrekken. Dat is dus de gemeenschappelijke liefde voor de mensen die er zitten. Onze uiting is echter volstrekt anders. Wat is klassieke muziek en wat is moderne muziek en waar begint wat en waar eindigt wat?' (interview 1980)

... Door een toeval kwam jij in m'n leven,
Uit berekening bleef je bij mij.
Je hebt me warmte en aandacht gegeven
En jouw huilbuien kreeg ik er bij.
Ik zeg je niet wat je voor me betekent,
Omdat er domweg geen woorden voor zijn.
Ik ben door eenzaamheid aan je geketend,
Het kietelt, het schrijnt, het doet pijn.
Hou van mij ...

(ROB CHRISPIJN)

Wim Kan schreef voor het schoolblad uit Vught een speciale inleiding: 'Jongen, ik zag je geboren worden in Haarlem op een avond in de Stadsschouwburg. De zaal was halfvol en het succes volledig! Met "drie schuintamboers" roerde je de grote trom dat horen en zien je verging. En ik dacht: het is een bijzonder kind en dat is het. En ik volgde het spoor dat je trok door Nederland; ik zag je balanceren over de rugleuningen van de stoelen van Carré. En je liet je met het brandscherm mee omhoog halen. En je zong, zonder microfoon, in die eindeloos grote ruimte Jacques Brels ontroerend lied "Als liefde zoveel jaar kan duren" en je kon een speld en mijn tranen horen vallen. Toen kwamen er ineens 6 kinder-teevee-programma's uit Duitsland overgewaaid met nog eens 6 op komst en een film en plannen voor een volgende film en een Harlekijn-voetbal-elftal en Unicef en 148 grammofoonplaten! Je was al in Engeland toen ik nog dacht: die dekselse jongen zit ergens in Hamburg, Zürich of Parijs. Misschien zit je nu wel op Broadway. Ik kan je niet meer volgen. Sta je ooit nog wel eens stil voor een stoplicht of rij je met een rotgang door het rood? Wanneer kom je met Babette en Valentijn weer eens een boompje planten in onze tuin? Ik lees zoveel over je en ik weet zo weinig van je af. Ze vragen een voorwoord hier in Vught bij een scriptie die ze over je hebben gemaakt. Ik zal ze verwijzen naar de encyclopedie. Daar sta je in: "Veen – Herman van (1945) cabaretier." Meer weet ik ook niet, maar het is genoeg. Dag Herman, zul je niet vallen?'

... Als liefde zoveel jaar kan duren
Dan moet het echt wel liefde zijn,

Ondanks de vele kille uren,
De domme fouten en de pijn.
Heel deze kamer om ons heen
Waar ons bed steeds heeft gestaan,
Draagt sporen van een fel verleden.
Die wilde hartstocht blijkt nu heen,
Die zoete razernij vergaan,
De wapens waar we toen mee streden.
Ik hou van jou,
Met heel m'n hart en ziel
Hou ik van jou,
Langs de zon en maan
Tot aan het ochtendblauw,
Ik hou nog steeds van jou ...

(LENNAERT NIJGH)

De door Toon Hermans in 1955 geïntroduceerde Amerikaanse amusementsformule van de one-(wo)man-show, soms gehanteerd in samenwerking met een of meer gasten, vond in Herman van Veen een uitzonderlijke vertegenwoordiger. Ook anderen gingen er toe over en we noteren – in chronologische volgorde – de volgende cabaretnamen: Wim Sonneveld, Seth Gaaikema, Fons Jansen, Rients Gratama, Wim Kan, Jasperina de Jong, Paul van Vliet, Frans Halsema, Robert Long en Freek de Jonge. Sommigen verklaarden dit soloshow-verschijnsel uit zelfverheerlijking en zelfoverschattende egotripperij ('Acteren is een vorm van masochistisch exhibitionisme' zei Laurence Olivier), anderen – waaronder C. B. Doolaard in 1969 – vreesden een modieuze invloed van de Amerikaanse musicalsfeer: 'Dat het snel om zich heen grijpende musicalvirus ook het cabaret zou besmetten, lag voor de hand. In die sector hebben we de vette jaren voorlopig wel gehad. Het gaat er tegenwoordig niet meer om hoe raak en spits het is, maar overwegend hoe leuk en showy het meedeint met de mode.' En weer anderen – zoals Sieto Hoving in 1970 – spraken over economische factoren: 'De tendens van het kleine zaakje neemt toe, dat zie je ook met de eethuizen, waar de patroon zelf doorheen loopt. De sociale lasten zijn zo hoog, dat man en vrouw het alleen nog maar zelf kunnen doen.'

Maar dit laatste motief gold uiteraard niet voor de cabaretsolisten die de piano vervingen door een volledig orkest ...

Dus dan misschien toch een narcistisch verschijnsel in 'the age of me', met hier en daar wat schoolmeesterachtige, wereldverbeterende psychobabble?

Deze typerende ontwikkeling ging meestal gepaard met het bespelen van grotere theaters (van de kroeg naar Carré!) en daarmee werd in veel gevallen een randgebied van de cabaretkunst gecreëerd. De oorspronkelijke vorm was vervallen en het werd uitsluitend de inhoud (de een wat meer, de ander wat minder) die doorslaggevend moest zijn voor ons waardeoordeel. Maar dit subjectieve criterium maakt het er voor de geschiedschrijver niet makkelijker op: waar begint de showbusiness en waar eindigt het cabaret-artistique? En zal deze nieuwe vorm in staat zijn de oude voorgoed te verdringen?

In 1964 kozen twee solisten het cabaretvak met opmerkelijke programma's: Seth Gaaikema en Fons Jansen. Beiden zijn afkomstig uit een karakterbepalend godsdienstig milieu. Beiden missen de artistieke uitstraling van een Herman van Veen of een Wim Kan, maar door de authenticiteit van hun persoonlijke kwaliteiten hebben zij in de loop van de jaren een eigen plaats gekregen.

De cabaret bedrijvende Neerlandicus en zingende auteur Seth Gaaikema (Uithuizen 1939), telg uit een geslacht van louter dominees, richtte in zijn eerste studiejaar aan het Stedelijk Gymnasium in Groningen een amateurcabaret op. De journalist Jaap van de Merwe – telg uit een geslacht van louter politieagenten – schreef in 1958 over hun studentikoze cabaretprestaties: 'Ze zijn geestig. Hun meeste nummers eindigen verrassend. Het succes danken zij in hoge mate aan de wild-geestdriftige manier waarop hun "premier" (en jeune is hij ook nog: eerstejaars) Seth Gaaikema ronddoolt door vrijwel alle nummers. Hij is de meest spitse student-conférencier die ik ken.'

Dat Seth Gaaikema met goed gevolg Nederlandse taal- en letterkunde studeerde bleek direct al uit een vroegtijdige 'examenproef' in 1960 met zijn opvallend goede vertaling van de musical *My Fair Lady*. Heel Nederland riep: 'As 't effe kan'.

...De sterke drank most eigenlijk verdwijne
Met de café's in elke straat of steeg,
De sterke drank most eigenlijk verdwijne
Dus: as 't effe kan ja dan,
As 't effe kan, ja dan
Zuip ik zellef alle flessen leeg ...

Tussen haakjes: in 1962 werd dit lied van Johan Kaart – via een NCRV-veto – verboden in een Nationaal Programma van de NTS ter ere van het vijfentwintigjarig huwelijksfeest van Juliana en Bernhard.

... Je mag je vrouw nooit
   bedriege met een ander,
Door al die kind'ren
   is ze toch al overwerkt,
Je mag je vrouw nooit peste met een ander
Dus: as 't effe kan ja dan,
As 't effe kan, ja dan
Zorreg ik dat ze d'r niks van merkt ...

In 1961 ging de amateurcabaretier Seth Gaaikema op tournee in binnen- en buitenland met een geslaagd *Avondje Nederlands* en in 1962 verscheen zijn eerste Phonogramplaatje – een zogenaamd ep-tje –, dat nu (samen met een SGI-opname uit 1959) een collector's item is geworden:

... Als ik u zeg dat ik kom uit Uithuizen,
Dan zit daar niet zo heel veel poëzie in.
Ik voel me erg uithuizend,
Het is een plaats uit duizend,
Het leven is er bruisend – soms –,
Maar de klank Uithuizen
Daar zit niet een-twee-drie
   een melodie in ...

Op de hoes van dit plaatje stond een aanbeveling van Wim Ibo: 'In de Hilversumse Phonogram-studio heeft student-cabaretier Seth Gaaikema zeven uur lang op zijn vier liedjes gezwoegd met een pauze van tien minuten. Want hij heeft dat wik-en-weeg precieze van Wim Kan en dat onblusbaar levensblije van Toon Hermans, twee nationale kleinkunstfiguren die hij oprecht bewondert. Hij is er trots op Corry Vonk en Wim Kan zijn leermeesters te mogen noemen, omdat ze hem duidelijk hebben gemaakt "waar 't om gaat en hoe je je weg moet vinden". En die tien minuten pauze gunde hij zichzelf alléén maar onder de zachte dwang van programmaleidster Rine Geveke, die hem moederlijk adviseerde: "My fair boy, ga nou es even een stukje om."

De intellectuele benadering van z'n originele onderwerpen, de gevoelige ondertoon bij het jonglerend spelen met de Nederlandse taal, zijn muzikale aanleg (in niet geringe mate gestimuleerd door zijn compagnon Roelof Stalknecht die praktisch al zijn liedjes van zeer persoonlijke muziekjes voorziet), zijn bedachtzaam enthousiasme en zijn knipogende spot zijn de ingrediënten van een artistieke mélange die op deze (eerste!) plaat voor talloze verrassende momenten hebben gezorgd. Seth Gaaikema is 23 jaar en heeft Nederland nu al een gevleugeld woordje gegeven: "As 't effe kan" (via Johan Kaart), terwijl op oudejaarsavond 1960 (via Wim Kan) "Truus Kennedy" in

het middelpunt van de belangstelling kwam te staan. 't Is allemaal begonnen "toen ik vroeger als eigenwijze jongen in Groningen een studentencabaret heb opgericht, dat ik vier jaar heb geleid. Want als je student bent heb je een heerlijke manier van leven: een halve dagtaak en de rest van de tijd vul je op met roeien of toneelspelen. Voor mij was het cabaret, omdat je daarbij een uitgelezen publiek om je heen hebt. De Utrechtenaren zijn de pioniers geweest, met Johan Noordmans aan het hoofd. Hij gooide alles omver en bracht het zuivere studentikoze cabaret, dat eigenlijk nooit geëvenaard is. Het studentencabaret is langzaam gecultiveerd en semi-beroepscabaret geworden. Wat mijzelf betreft: ik wil niets liever dan dat mijn cabaretwerk snel losgemaakt zal worden van mijn student zijn."
Seth Gaaikema is al aardig op weg, want iedereen die dit plaatje bezit zal moeten toegeven: Het is een goeie Seth!'

... Steeds aan liedjes schavend,
Steeds met liedjes bezig,
Steeds maar weer proberen
Om origineel te zijn,
En nou, het is wanhopig,
Maar ik hou van jou
En heus ik blijf voorlopig
Je eeuwig trouw,
En je ogen zijn blauw,
Elke avond ...

Wie dit plaatje zo'n twintig jaar later beluistert, zal moeten toegeven dat hij sindsdien zijn zangtechnische mogelijkheden duchtig heeft bijgeschaafd; hij is dan wel geen zanger geworden als zijn idool Gilbert Bécaud, maar ook geen 'gecastreerd varken' zoals een Duitse krant hem in 1973 (na een tv-uitzending) meende te moeten noemen. In 1964, toen hij was geslaagd voor zijn doctoraal examen Nederlands, besloot hij beroepscabaretier te worden en zijn geboortestreek beloonde hem in 1966 met de Culturele Prijs van de provincie Groningen. Wim Kan – voor wie hij in 1963 ook nog het succesrijke lied 'Nee, we noemen geen namen' had geschreven – voerde bij de officiële plechtigheid het woord: 'Men spreekt over schilderkunst, dichtkunst, toneelspeelkunst, maar zelden zegt men cabaretkunst. Wij zijn nog nooit in de prijsklasse der hogere kunst gevallen. Plotseling zijn wij cultuur. Jij wordt nu, Seth, je van hèt van ons cabaret, en hiermee begint in Groningen voor ons de victorie.'
Seth Gaaikema veroverde Nederland met een aantal programma's – na 1970 met muzikale assistentie van Henk van Dijk uit de Sonneveld-school – waarin hij experimenterend op zoek was naar zichzelf. Jarenlang leek het alsof hij niet wist te kiezen tussen de stijlen van Wim Kan en Toon Hermans, tussen spiritueel cabaret voor een 'uitgelezen publiek' en vrijblijvend amusement voor de grote massa, tussen het Nieuwe De la Mar-Theater en Carré, tussen een godsdienstige overpeinzing in de vorm van een gevoelig cabaretliedje (zoals 'Twijfelen') en een commerciële carnavalschlager (zoals 'Wat een spreker is die man') in het bruiloften-en-partijen genre.

... Heer, ik kom hier om te twijfelen,
Twijfelen of u bestaat.
Ze zingen Hallelujah,
Dat slaat op u, ja, inderdaad.
Maar ze zingen het zó flink,
En ze zingen het zó sterk,
En als ze even op dreef zijn, nou,
Dan dreunt de hele kerk.
Dan is 't bijna een soort van engelenlied,
En kijk, zó zeker ben ik niet ...

... Wat een spreker is die man,
Wat een spreker is die man,
Da's een man die ouwehóéren kan ...

En soms, wanneer hij woordenoverspel pleegde, deed hij zelfs even denken aan stijl en genre van tandarts-cabaretier Chiel de Boer. Het leek meer dan duidelijk dat hij met zijn gevarieerde programma's het elk-wat-wils principe nastreefde, waardoor hij eerder een entertainer dan een cabaretier genoemd moest worden. Ook de keuze van sommige medewerkenden wees in die richting: Willeke Alberti, de clown Rexis en het zangduo de Blue Diamonds. Het was alsof een driftige geldingsdrang zich van hem had meester gemaakt, waarmee hij voor de buitenwereld zijn onzekerheid wilde verbergen. Eigenwijs stampvoetend wist hij zijn wil door te drijven en kwam – dat moet gezegd – vaak tot organisatorisch knappe resultaten. In televisieshows liet hij zelfs fanfarekorpsen opdraven. Geen wonder dat sommigen hem een vreemde, ongrijpbare vogel noemden en dat anderen spraken van een burgerlijke amuseur. De kritiek op zijn toenmalige oppervlakkige programmapolitiek kon hij moeilijk verdragen, zeker niet toen zelfs het woord 'burgertrut' was gevallen. Maar in het midden van de jaren zeventig openbaarde zich een opmerkelijke koerswijziging; de periode waarin hij met een drammerige bezetenheid zichzelf constant wilde bewijzen, leek voorgoed voorbij. Het herstel van zijn geloofwaardigheid leidde er zelfs toe dat er in de jaren tachtig wordt gesproken over 'de opvolger van Wim Kan'.

... Terug naar de bron,
Terug naar de borst.
Gewoon even zeggen:
Mammie ik heb dorst ...

Over zijn terugkeer naar het oorspronkelijke uitgangspunt – de gerichte cabaretkunst op hoog niveau – zei hij in diverse interviews onder meer met Henk van Gelder: 'Ieder mens heeft een golfslag in zijn leven. Alleen, wij hebben een vak dat alles op de spits drijft, waarin emoties in showbiz worden omgezet. Je kunt dat groot doen, met fanfarekorpsen, maar ook klein, met één pianootje. Mijn show is veranderd, intelligenter geworden, sneller. Niet meer zo vet, niet meer zo zaterdagavondachtig. Die grote, dikke, platte meezingers doe ik niet meer. Ik ben volwassen geworden. Gaaikema is rijp, dat méén ik, ik maak geen slappe thee meer. Ik heb altijd gedacht aan de kijkcijfers. Maar nu doe ik niet meer wat ik niet echt voel. Ik ben nu teruggegaan tot de kern. Ik heb geëxperimenteerd. Cabaret komt uit de kroeg. Ik heb in tien plaatsen in Groningen gewerkt in feestzalen, achter het café. Seth op toer, alleen met de piano. Doen waar ik zin in had, zo snel en zo alert mogelijk. Daar ben ik erg van opgeschoond en er is nu veel uit m'n programma's verdwenen, er is een stuk viezigheid af. Ik was de laatste jaren een beetje in de stunts terechtgekomen. Ik vond 't enig toen, maar ik was veel te veel bezig met de vorm en de inhoud hing er maar zo'n beetje bij. Daardoor was ik erg kwetsbaar voor kritiek, en dat kwam hard aan. Nu pas heb ik het gevoel dat ik kan zeggen: hier sta ik, dit ben ik. En dan kun je kritiek hebben op wie ik ben, wat ik vind, maar ik hoef nu niet meer vanuit de verdediging over m'n programma te praten. Ik denk dat er in de toekomst een aantal mensen voor me zullen kiezen, niet meer de grote massa; ik wil minder concessies doen, me richten op het publiek dat dat wil horen en dat was vroeger anders. Ik treed nu liever op in het Nieuwe de la Mar dan in Carré. In het De la Mar kan ik echte kleinkunst doen.'

... Pastorie in het Noorden,
in een dorp op een steenworp van de zee,
waar jouw vader de Gewijde Woorden
's zondags voorleest, hij is dominee ...

Seth Gaaikema als student-cabaretier in 1955

Met Toon Hermans

Met Wim Kan

Seth Gaaikema en Michel van der Plas op het Congres van het Genootschap Onze Taal in 1968: het Nederlands in lied en cabaret

In 1978 heeft Gaaikema de teleurstelling over zijn mislukte musical *Swingpop* moeten verwerken, maar misschien is die ervaring een reden te meer om zich nu blijvend te specialiseren in de cabaretsector. In 1981 vertaalde hij zelfs gedichten van Heinrich Heine:

... M'n lief, toen ik te slapen lag
En jouw gezicht vlak voor me zag,
Toen raakte ik totaal van streek
Zoals je keek—je leek zo bleek.
Alleen je lippen waren rood,
Wie kust die eenmaal wit? De dood.
En doven zal hij dan het licht
In d'ogen van zo'n lief gezicht ...

Na zijn spectaculaire omzwervingen in de showbusiness kan Seth Gaaikema nu weer in één adem genoemd worden met zijn collega Fons Jansen, die net als hij in 1964 de cabaretberoepsstatus heeft aangenomen. Zoals het woord cabaretier letterlijk herbergier betekent, zo moet het begrip conférencier officieel worden vertaald met spreker. Merkwaardig genoeg is Fons Jansen (Bussum 1925) zijn optreden inderdaad begonnen met het houden van lezingen. Zijn lichtvoetige voordrachtsavonden over onze gecompliceerde samenleving goot hij tenslotte in een cabaretvorm, door het spreekgestoelte in te ruilen voor een toneel. Als jongen had hij zich al tot het theater aangetrokken gevoeld (ondanks ouderlijke bezwaren) en hij bezat—net als Kan, Sonneveld en Hermans—een aparte bewondering voor de unieke revuekomiek Johan Buziau. (Overigens berust de opvatting dat Buziau 'een maatschappij-kritische clown' zou zijn geweest op een veel voorkomend misverstand dat wortelt in een blijkbaar onuitroeibare legendevorming die in de oorlogsjaren is begonnen.)
De door jezuïeten opgeleide Fons Jansen zou wonderlijke wegen bewandelen alvorens hij de cabaretplanken opklom: kantoorbediende bij een oliemaatschappij, nieuwslezer bij het ANP, militair in Indonesië, omroeper in Djakarta, programmaleider in Surabaja, redactiesecretaris van het maandblad *G-3* (Goede Geest Gemeenschap) voor katholieke militairen, stafmedewerker en gespreksleider bij het vormingscentrum Waalheuvel bij Nijmegen, en bovendien nog succesvol auteur van boeken over liefde, huwelijk en gezin. Tussen 1960 en 1962, toen hij in dienst was van de Wereldomroep, ontstonden zijn cabaretplannen. Onder auspiciën van *G-3* (en later op uitnodiging van de KRO) gaf hij als amateurcabaretier zijn eerste serie voorstellingen voor besloten gezelschappen in zijn eigen, katholieke milieu. Heerlen beleefde de première in de zomer van 1962.

... Roomsen, Roomsen,
Roomsen onder mekaar!
Dat geeft meteen die band van
U heeft er ook verstand van,
Dat geeft meteen die binding
Van u hebt ondervinding.
Met al die Roomse praatjes
En met parochiebladjes,
Met wierook en met kruisjes,
Met honderd heilige huisjes.
U voelt het en vandaar:
Roomsen boven mekaar,
Roomsen naast elkaar,
Roomsen onder elkaar ...

In wat Fons Jansen zijn gretig publiek ('fonspatiënten') toen te vertellen had, klonk de stem van de tijdgeest, waardoor hij direct al het stempel kreeg van de voluit geëngageerde cabaretier. Hij viel op door zijn kritische instelling, zijn vermogen tot relativeren, zijn consciëntieuze werkwijze en niet het minst door zijn moed om in het openbaar zijn geloofstwijfels te belijden. Wat dat betreft mag hij in zijn beginjaren een functionele cabaretpionier worden genoemd, want de incidentele religieuze grappen van collega's als Wim Sonneveld (Frater Venantius), Corry Vonk (Zuster Corriola), Toon Hermans (De sprekert) of Max Tailleur (pastoorsmoppen), stonden in geen verhouding tot zijn avondvullende spotternijen en zotternijen op kerkelijk terrein.

Aanvankelijk heeft hij veel weerstanden moeten overwinnen voor hij met zijn voor die dagen ongehoorde vrijmoedigheden door zijn geloofsgenoten werd geaccepteerd. Rond 1966 verklaarde hij: 'Bij de katholieken en gereformeerden was twijfel vroeger zonde. Het onderdrukken van de vrijheid van meningsuiting is al iets kwalijks, maar als je gaat beginnen met de vrijheid van intern denken aan te tasten... Door het onderdrukken van twijfels heeft zo'n religie een neurotische werking en dat moet je toch niet hebben. Het moet wel een blijde boodschap blijven, het heil mag geen onheil worden. Ik kom uit een vervormde generatie, die uit puur lijfsbehoud in zijn eigen twijfels is gaan boren. Ik stelde een onderzoek in naar de oorsprong van de doodzonde en hoe verder ik groef, des te duidelijker werd het dat we belazerd waren. Aan het begin van de jaren vijftig begon de zaak te schuiven. En de jongeren zagen eerder dan de ouderen dat er iets rommelde. Toen ik mijn programma's uitprobeerde, voor bijvoorbeeld een zaal vol nonnen of paters, dan keken ze mekaar aan en dan zagen ze het van mekaar, het lachen, waarop als een soort bevrijding de hele zaal zich rot begon te lachen. Ik was bezig te getuigen, waarbij ik niet een predikantenboodschap uitdroeg, maar toonde: Jongens, ik zit hiermee, hoe is het met jullie? Het ging me om de mensen die je gemarteld zag worden. De mentaliteit werd getekend door: alles is verboden, behalve wat mag en dat is verplicht'.

... Lekker lekker lekker alles zeggen,
Lekker zeggen wat je eigenlijk niet mag!
Lekker lekker lekker zitten kwetsen,
Lekker schelden op het wettige gezag ...

Ondanks het bekende en vertrouwde verschijnsel dat hier en daar in het rechtse kamp werd geroepen 'dat gaat te ver' en in het linkse 'dat gaat niet ver genoeg', hield Fons Jansen zich aan zijn eigen – gewetensvolle – normen en daarmee wist hij zich door de jaren heen overtuigend te handhaven: 'Ik meen dat alle vormen van cabaret getuigend zijn, men getuigt van zijn eigen reactie op dingen van heel uiteenlopende aard, van wereldgebeuren tot stadsgebeuren, van een smartelijke liefde tot een wandeling door het bos. De cabaretier zegt: Ik zie het leven zó! en dat is onvermijdelijk een boodschap. Het goede heeft altijd een slechte kant en daar moet dan weer iets aan gedaan worden. Iets is nooit goed of slecht. Cabaret is peiling van de publieke opinie. Het wil slechts ontspanning brengen in een tijd vol veranderingen. Veranderingen op godsdienstig terrein wekken nogal eens onbehagen; ongeduld, teleurstelling, onzekerheid, twijfel.
Voor de botsing van gevoelens en meningen kan de humor geen oplossing zijn, maar wèl een pijnstiller en ontspanning.'

... Wij hebben jaar op jaar
  een kind gekregen,
Weet je dat nog, oudje?
De dokter had 'r wel es wat op tegen,
Weet je dat nog, oudje?
Toch zeiden wij toen:
Het is de wil van de Heer.
Nu schrijft hier een bisschop:
Dat hoeft nou niet meer.
Weet je dat al, oudje? ...

Bescheiden, wars van overbodige publiciteit en afkerig van gevaarlijke – want betrekkelijke – televisieroem, werkt Fons Jansen constant schavend aan de vervolmaking van zijn podiumpresentatie. In de loop van de jaren schiep hij een aantal komische typetjes die zeer populair zijn geworden, zoals zijn opstandige kleuter:

... Kinderen aller landen, verenigt u.
Kind zijn is geen schande, verdedigt u.
Net zolang zeuren, net zolang drensen,
Weg, weg, weg met de grote mensen ...

Net als zijn collega Seth Gaaikema is Fons Jansen in de allereerste plaats een spiritueel auteur: 'Het leukste en het voornaamste is het schrijven. Wat ik doe is eigenlijk helemaal verbaal, het is schriftelijk werk. Ik ben een tekstschrijver die niets anders doet dan de boel gedisciplineerd opzeggen.'

Toen hij in september 1964 het besluit nam om zich volledig aan het cabaretvak te gaan wijden, verstevigde hij zijn professionele status door een groot aantal lessen: zang bij Bep Ogterop en Kees Smulders, pantomime bij Rob van Reijn, toneel bij Henny Orri en beweging bij Johan Verdoner. De Roomse cabaretier Fons Jansen kreeg met zijn eerste programma *De Lachende Kerk* – dat ook 'Zo is het toevallig ook nog eens, o Heer' had kunnen heten – een algemene populariteit. Ook de lof die hem door recensenten werd toegezwaaid was algemeen: 'Fons Jansen laat de kerk lachen', 'Fons Jansen liet de kerk in het midden', 'Ook niet-katholieken zullen Fons Jansens humor kunnen waarderen', 'Roomse zelfspot in eenmanscabaret', 'Bevrijdende Roomse humor'. En in zijn programmaboekje stond te lezen: 'Dat kan zeker alleen beneden de Moerdijk. Dat kan zeker alleen boven de Moerdijk. Dat kan zeker alleen voor priesters. Dat kan zeker alleen voor leken. Bij zusters kan dat niet hè? Als er maar geen andersdenkenden in de zaal zitten hè? Dit is natuurlijk alleen voor intellectuelen zoals wij, niet? ... En overal moeten wij antwoorden dat het overal kan, in Leeuwarden minstens zo goed als in Venlo. Het publiek is veel wijder dan we oorspronkelijk dachten.'

Sommige sceptici die hem een 'gelegenheidshumorist' noemden kregen de zwarte kous op de kop, toen hij na zijn katholieke programma een evengoed oecumenisch solocabaret vertoonde, gevolgd door een zogenaamd algemeen programma waarmee hij in 1968 zijn naam als veelzijdig cabaretier definitief vestigde: *Driemaal Andermaal.* In *Het Parool* schreef recensent Hans van den Bergh – in zijn jonge jaren student-cabaretier – uiterst lovende woorden: 'Mijns inziens is deze spitse prater ten onrechte nog niet als vierde man naast de grote drie van onze cabaretwereld erkend. Zonder er enige ophef van te maken, en zonder de hulp van mooie vrouwen, verrassende decors of swingende combo's, speelt Fons Jansen met gemak een dikke twee uur vol op een bijzonder gedegen niveau. Er valt geen gevoelige zangstem te beluisteren, maar wel een stuk of wat puntgave liedjes en in het neerzetten van mannetjes toont Jansen zelfs een rasechte theaterpersoonlijkheid vooral door de perfectie waarmee hij zijn eigen persoon weet te verstoppen. Pianist Frans Oudhoff slaat simpele maar sympathieke muziekjes uit de vleugel en tot en met de teksten in het programmaboekje is alles evengoed bedacht en gaaf uitgevoerd.'

De vergelijking met Kan, Sonneveld en Hermans was al eens eerder gemaakt, waarschijnlijk omdat de wens de vader van de gedachte wilde zijn. Want ondanks de flair en de routine die Fons Jansen zich in de loop van de jaren eigen heeft gemaakt, mist zijn verkregen vakmanschap – zoals bij de méés-

fons jansen

DE LACHENDE KERK

Het eerste programmaboekje van Fons Jansen

Fons Jansen als typeur

Fons Jansen in 1981

te opvolgers – toch de geniale glans van artisticiteit die 'de grote drie' altijd heeft gekenmerkt. Soms maken zijn verhalen een doorzichtig gefabriceerde indruk, alsof de afzonderlijke spitsvondigheden door een computer aan elkaar zijn gelast. Bovendien sluipen er – kennelijk door een constructiefout – weleens moppen in zijn conférences die veeleer in een schoolbank of op een barkruk thuishoren. Maar meestal worden deze oneffenheden weer weggevaagd door een briljante overpeinzing: 'Hoe vond u Gijssen, de Ajatolla van Roermond? Er zijn nog altijd mensen die zeggen: BISSCHOP Gijssen. Nou, ik vind het helemaal geen bisschop. Ik vind het een strafschop. Laatst was Gijssen bij de paus, om de paus tot de orde te roepen. Hij zegt: heilige vader, kom niet naar Nederland. Puinhoop. Ik zie u al door Amsterdam rijden, dat de mensen zeggen: wie is die mevrouw op die vrachtwagen? Nee, komt u dan liever naar Limburg. Daar is alles nog gaaf. We hebben nog een gezin met eenentwintig kinderen. Zegt de paus: een respectabel aantal. Wilt u deze kerkelijke onderscheiding aan die vader en moeder overhandigen? Gijssen terug. Overhandigt. Pa bedankt – namens het peleton – en zegt: ik vind het temeer sportief van de paus, want wij zijn niet eens katholiek. Wij zijn protestant. Zegt Gijssen: dan gaat het niet door. Pa: waarom niet? Gijssen: dacht u dat de heilige vader hoge onderscheidingen gaat geven aan een stel ketterse sexmaniakken?'

Om de eventuele eentonigheid van zijn werk al bij voorbaat de kop in te drukken, houdt hij zich nu en dan bezig met 'nevenprogramma's', zoals *Ongewoon recital* of *Kleintje Kunst* in samenwerking met de zo chansongevoelige actrice Henny Orri en de klassieke pianist Frans van Dalen. Maar zijn voornaamste activiteiten blijven zich bewegen op het terrein van het getuigende solocabaret: 'Ik getuig te pas en te onpas dat ik geen held ben. Ik ben meer een voorzichtige rebel. Ik leef met de spanning van: dat is waar en dàt is ook waar, ik kom er niet uit en floep: vlucht je d'r uit met een grappie. En daar ga je de gemeente dan in voor. Die blijkt het bijzonder prettig te vinden. Ik ben net de Kerk uit, een paar jaar geleden zat ik nog tot over mijn oren in de kerkelijke problematieken. Ik begin nou pas te beseffen, dat de maatschappij ook belangrijk is. In ieder geval komt er nog een vijfde programma. De clausule, je kan wel dood en begraven zijn, zit er bij mij altijd in. Er is geen thema, dat bij zoveel aan de orde komt als de Dood.' (1972)

... De mensen zijn bang
  dat d'r leven straks stopt
Want als er niks nakomt
  dan zijn we gefopt
omtrent het leven.
De een gelooft van ja de andere van nee
een derde zegt: als er wat is valt het mee.
Maar achter de dood
  daar is één ding een feit:
Je bent van een hele hoop angsten bevrijd,
Er valt vrijwel niks te bederven.
Mens, durf te sterven! ...

Ondanks zijn voorbehoud startte Fons Jansen na zijn vijfde solo met een volledig nieuw programma in 1981. En opnieuw wist hij zich voor een dankbaar reagerend publiek te handhaven met een optimaal gebruik van zijn – beperkte – artistieke middelen en mogelijkheden.

... Iedereen wil iets
Behalve Nederlanders
Die willen handhaven
Die willen dus helemaal niks
Die hebben alles al
Dat hebben willen ze handhaven

*Daar werken ze zich rot voor
Want handhaven is een aktiviteit
Veranderen gaat vanzelf
Alles wat leeft verandert vanzelf
Niet veranderen is hard werken
Vandaar: 'nous maintiendrons?'
Zullen we handhaven? ...*

De cabaretoogst van de jaren zestig is historisch gezien buitengewoon rijk geweest; naast het klassieke ABC-Cabaret waren er minstens acht nieuwe ensembles en solisten opgestaan. Deze onderling zo uiteenlopende groeperingen hielden elkaar in evenwicht, maar toen de realistische stroming — die zijn hoogtepunt vond in het tv-programma *Zo is het* — de markt begon te overvoeren, ontstond bij kunstenaar en publiek als reactie weer een grotere belangstelling voor het meer romantisch getinte cabaret. De behoefte aan steeds wisselende facetten — die zonder elkaar niet zouden kunnen bestaan — openbaarde zich in deze periode duidelijker dan ooit. Michel van der Plas schreef: 'Moet je nu perse met kleerscheuren de zaal uit komen? Of moet je juist, weer in de buitenlucht staande, het opgeluchte gevoel hebben dat alle problemen tenminste voor één dag uit de wereld gelachen zijn? Als er één ding prettig is bij cabaret-in-het-algemeen, is het dat niets moet — dat alles mag. En als er één ding prettig is bij het Nederlandse cabaret van dit ogenblik, is het dat de liefhebber alle kanten op kan: van shock tot show. Het beste bewijs voor de bloei van het Nederlands cabaret op het ogenblik is misschien wel dat de pak-weg tien beroepsinstituten in vreedzame coëxistentie een eigen gezicht hebben en handhaven en stuk voor stuk met dat eigen gezicht een verrassend omvangrijk publiek weten te trekken. De diversiteit is te aanvaarden als rijkdom.'
De voor- en tegenstanders van de twee hoofdgroeperingen gooiden elkaar weleens de kreten 'links' en 'rechts' naar het hoofd, maar dat beperkte zich voornamelijk tot de kringen der specialisten; Harry Mulisch verweet Ramses Shaffy rechts cabaret te brengen en *De Volkskrant* riep over de Ridderzaal-conférence van Paul van Vliet: 'Dat is geen cabaret meer, maar eerbetoon aan het koningshuis.' De situatie werd pas zorgelijk toen het favoriete Lurelei-Cabaret besloot om de wegen van de showbusiness te gaan bewandelen (met om te beginnen een minder geslaagde produktie in het City Theater), waardoor het oerverlangen naar wat meer 'spotten en klagen' zich zelfs uitte in wanhopige kreten als 'cabaret is dood' en 'cabaret is uit'. Terugblikkend in 1980 schreef Fons Jansen: 'De kreet het-cabaret-is-dood is een jaar of tien geleden het eerst gelanceerd door het dagblad *De Tijd*. Het dagblad *De Tijd* schreef: het is afgelopen met het cabaret. En het was ook afgelopen. Maar met het dagblad *De Tijd*.'
Frans Halsema (voormalig medewerker van Lurelei- en ABC-Cabaret) en Gerard Cox (voormalig dichter-zanger en Lurelei-medewerker) hadden geen beter moment kunnen uitzoeken voor de geboorte van hun N.V. SPOT (afgeleid van spotlight en spotternij); het kind kwam precies op tijd en op het geboortekaartje stond te lezen: 'Dit programma is een samenloop van omstandigheden. Gerard had het Lurelei-theater, en Frans had Adèle. In deze tijd van fusies lag een samengaan voor de hand. Beiden kunnen wij nu vrijelijk over zowel Adèle als het Lurelei-theater beschikken. Wat is cabaret? Is het dood? Heeft het zichzelf reeds overleefd? Is het verouderd? Of is het gewoon goed of niet goed? Heel lang zouden wij hierover met u van mening kunnen verschillen. Wij hebben een plan. Cabaret leeft, zolang er twee soorten mensen zijn: mensen om het te doen en mensen die er naar kijken.

Als u nou gaat kijken dan zullen wij het doen. Met blijdschap geven wij kennis!'
Op 26 september 1968 stond een opgewonden publiek juichend om de wieg geschaard, en het enthousiasme over de kerngezonde baby, gevoed door de beste tekstschrijvers en componisten met regisseur Johan Verdoner als kraamheer, werd volledig door de pers gedeeld. Deze nieuwe onderneming bleek een schoolvoorbeeld te hebben geschapen van een vakkundig, eigentijds cabaret, dat aan de beste dagen van Lurelei deed herinneren. Het valt dan ook uitermate te betreuren dat dit initiatief maar tot twee produkties heeft geleid.
Gerard Cox (Rotterdam 1940) werd zich bewust van zijn onstuitbare artistieke ambities toen hij als onderwijzer voor de klas stond. Hoewel de toneelschool in 1962 geen acteur in hem zag, keerde hij niet naar zijn oude beroep terug en begon moeizaam met het schrijven en zingen van liedjes, geïnspireerd door Jules de Corte en de grammofoonplaten van de student-chansonnier Jaap Fischer. Hij gebruikte Vlaanderen als oefenterrein en kwam in Nederland in de belangstelling, toen hij met de student Jan Willem ten Broeke een cabaretje begon in een Delftse kelder. Hun samenwerking groeide uit tot een avondvullend programma, waarmee hij ook het Lurelei-theater ging bespelen. Toch had hij zichzelf nog niet gevonden en hij stond nèt op het punt zich in de sombere rij te scharen van rancuneuze dichter-zangers die zich onbegrepen wanen, toen Eric Herfst hem in 1966 vroeg het Lurelei-ensemble te komen versterken. Direct al, bij de première, bleek zijn optreden een openbaring te zijn: de chansonnier Gerard Cox, die ten onrechte had gemeend dat hij al boeiend genoeg was voor een soloprogramma, ontpopte zich in de Lureleisfeer als een perfecte cabaretier. Het leek alsof hij eindelijk, na vier jaar zoeken 'thuis' was en na twee seizoenen met voortreffelijk materiaal van Guus Vleugel, werd zijn succes 'als vanzelf' voortgezet bij de N.V. SPOT. Van zijn eigen teksten viel speciaal op 'De liedertjes', een sarcastische persiflage op de grote mode van uit het Frans vertaalde poëtische chansons:

... Al was de inhoud dan wel truttig ,
En de portee ervan een beetje klein ,
Wie daar op let is te pietluttig ;
Vertaalde liedertjes zijn zo fijn.
Heel zelfverzekerd, vol vertrouwen,
Komen zij met die teksten aan,
't Is weer wat anders dan 'Arme ouwe',
Je valt er ook niet zoveel builen aan.
Ze zullen 'n zware pijp gaan smoren
Als er eens zal worden gevraagd:
Zeg, waar wil jij nu bij horen,
Waar voel jij je door belaagd?
Zijn er dingen die je bezig houden,
Ben je soms ook over iets verrukt,
Of tracht je slechts de mode bij te houden
En ben je blij als je dat is gelukt? ...

Toen de geëngageerde cabaretier Gerard Cox na een paar jaar besloot om zijn 'immitsj' van fanatieke cynicus om te gooien en te bewijzen dat hij in wezen een aardige jongen was, tastte deze koerswijziging uit de aard der zaak de geloofwaardigheid van zijn vroegere getuigenissen aan. En de kritiek op zijn metamorfose bereikte een hoogtepunt toen hij zèlf het liedje 'Salut les amoureux' van Joe Dassin ging vertalen, waarmee hij de top van de hitparade wist te halen: ''t Is weer voorbij die mooie zomer'. In 1974 liet het cabaret van Ivo de Wijs hem 'een zware pijp smoren' met het lied 'Pak de poen Ome Gerard':

... Eens verklaarde jij de charmezang
   voor gek, Ome Gerard,
Jij hebt de jongens zonder idealen
Die hun emoties eeuwig
   uit het Frans vertalen

Al bij Lurelei bezeken tot en met.
Je had vroeger een verrekte grote bek,
  Ome Gerard,
Willem Duys vond je totaal
  niet te vertrouwen
En je greep de koningin in 'Arme ouwe',
Want je maakte scherp en cynisch cabaret.
Dat was toen, Ome Gerard,
Elk seizoen, Ome Gerard,
Kwam jij met een nieuwe zure scheut
  citroen, Ome Gerard.
Nu zing jij eikelige liedjes
  van de zomer en de mei,
Wel, die zomer is wat ons betreft voorbij ...

Het was alsof Dirk Coster weer even om de hoek kwam kijken. Hoewel Gerard Cox – gevoelig en kwetsbaar als hij van nature is – de aanval op zijn integriteit moeilijk kon verwerken, reageerde hij toch sportief: 'Het gaat steeds weer over de Mooie Zomer bij de kritiek. Ik heb er veel geld mee verdiend, daar was ik heel blij mee. Alleen de consequenties, daar heb ik 't moeilijk mee gehad. Je komt in het circuit van de Losse Groeven en zo, en je kunt 't tegenover je platenmaatschappij niet maken om je daaraan te onttrekken. Maar ik kan me wel voorstellen dat iemand als Ivo de Wijs, die blijkbaar een navolger van me was, dan teleurgesteld is en er een nummer over schrijft. Frans Halsema en ik hebben ooit precies zo'n nummer over Toon Hermans gemaakt. Zelf zeg ik de laatste jaren nooit meer iets over een collega. Iedereen moet maar op z'n eigen manier zalig zien te worden.' Achteraf bleek Gerard Cox dus inderdaad een aardige jongen te zijn, die er spijt van had dat hij vroeger weleens een te grote bek had opgezet. Bovendien slaagde hij er in een oude droom waar te maken door als volwaardig acteur bij 'het grote toneel' geëngageerd te worden.
Frans Halsema (Amsterdam 1939) heeft een uiterst merkwaardige levensloop: herenmodeverkoper, kantoorbediende, banketbakker, marinier, piano-entertainer, cabaretier. Hij was een van de allereerste Lurelei-medewerkers en werd na drie succesvolle seizoenen door Wim Kan uitgenodigd voor het ABC-Cabaret, waar hij bijna drie jaar heeft gewerkt. Deze ABC-periode, waarin hij zich heeft gespiegeld aan de wijsheid, de kennis en de routine van Wim Kan, is doorslaggevend geweest voor zijn verdere loopbaan, waarin hij zich tot een veelzijdig cabaretier heeft ontwikkeld. Hij leerde 'de lollige broek' uit te trekken, maar wist daardoor precies hoe hij met zijn Boeken-bal-lade 1967 de hele Nederlandse schrijverswereld kon laten meezingen bij een parodie op een bruiloften-en-partijen-potpourri: 'Tante Mien, mag ik je titels effe zien'.
Als auteur en componist zou hij zeker in staat zijn geweest om, met de eigen liedjes van Gerard Cox, het gehele eerste SPOT-programma vol te schrijven, maar de beide ervaren en kritische compagnons waren zo verstandig om hun eersteling geen enkel risico te laten lopen en tal van andere schrijvers voor hun programma te interesseren: Michel van der Plas, Guus Vleugel, Jaap van de Merwe, Heinz Polzer, Rinus Ferdinandusse, Jan Blokker. Zo ontstond een ijzersterke samenstelling, vol afwisseling, waarbij alle cabaretelementen een kans kregen: satire en sentiment, kolder en filosofie, poëzie en parodie, realisme en romantiek. De beide partners, geassisteerd door pianist-componist Boudewijn Leeuwenberg, excelleerden als acteurs en zangers in een nummer over hun jeugdsentiment: Sentimental journey.

... Maar dat komt nooit meer terug,
  dat is voorbij.
Erik de Noorman en Dick Bos
  zijn al vergeten,

't Is niks bijzonders meer
  om nassi te gaan eten
En Kap'tein Rob ligt heel ver weg
  en op dood tij.
D'r zegt nu niemand meer op straat:
  Hee, kijk een brommer!
Er rijdt geen kikker meer
  over de Bos en Lommer.
Toen bliezen Lieftinck, Romme, Oud
  nog hun partij,
Maar dat komt nooit meer terug,
  dat is voorbij ...

... Het weer is net wat opgehelderd,
't Is zondagmiddag, Buitenveldert.
De flats zijn hoog en goed gebouwd,
Daartussen is het kaal en open.
De jongen en het meisje lopen
Er eenzaam en verliefd en koud.
De groenstrook langs de supermarkt
Ligt nog te jong, te aangeharkt
Tussen de voorrangswegen.
Hij zegt: 'Ik wil met je naar bed',
Zij hoort het niet, want er daalt net
Gierend een DC-9 ...

Het meeste tekstmateriaal kwam van de vruchtbare auteur Michel van der Plas (Den Haag 1927). Naast zijn dichterschap en zijn werk als publicist – hij schreef een veertigtal boeken – heeft hij zich altijd al tot 'de lichte muze' aangetrokken gevoeld. In het begin van de jaren vijftig werd hij als cabaretauteur ontdekt door Wim Sonneveld: 'Toen Sonneveld me de eerste keer vroeg was dat een geweldige eer. Ik zei: meneer, ik weet niet of ik dat kan.' En hij schreef prompt, met muziek van Jelle de Vries: 'Daarom neem ik bloemen voor je mee' en voor Conny Stuart: 'Exotisch Alkmaar'. In 1953 lukte het hem om, op uitnodiging van Jetty Paerl, een poëtische tekst te schrijven bij een bestaande melodie van Guus Jansen sr. Dit lied: 'Die ene maand met jou' werd in een Amsterdams cafeetje bij een antieke piano geboren en vervolgens tot ieders verrassing op het Knokke-Festival bekroond. Michel van der Plas behoort tot de auteurs die, net als Annie Schmidt, de beste teksten schrijven wanneer ze weten wie ze uitvoert; dat werkt inspirerend en stimulerend: 'Het succes van je teksten is voor honderd procent te danken aan de uitvoering. Ik heb het geluk gehad voor heel goeie mensen te schrijven: Sonneveld, Conny Stuart, Jasperina de Jong, Leen Jongewaard, Frans Halsema.'

Na het eerste SPOT-seizoen werd Adèle Bloemendaal opgevolgd door Conny Stuart, die haar meesterlijke Annie Schmidt-monoloog 'Vrouw aan de bar' meebracht. Het programma was gered, want het vertrek van Adèle Bloemendaal (Amsterdam 1933) had te maken met haar onberekenbare natuur die zich al eerder had gemanifesteerd bij Jaap van de Merwe, Sieto Hoving en Eric Herfst. Alleen de geduldige en begrijpende producer-regisseur Rob Touber (1936-1975) is er een aantal jaren in geslaagd haar bijzondere gegevens in televisieshows uit te werken. Na zijn dood heeft zij – tot nu toe – nauwelijks verdere cabaretactiviteiten ontplooid. Helaas, want met haar komische en tragische talenten had zij een cabaretière kunnen worden in Fien de la Mar-stijl. Ook in het Cox-Halsema-Cabaret toonde ze op een overtuigende manier haar veelzijdigheid. En ze deed haar sex-image alle eer aan in het schitterende nummer 'Na de sexuele revolutie' van Guus Vleugel en Rogier van Otterloo:

... Ik deed alleen
  wát elke hedendaagse vrouw doet,
Neem ik aan, na de sexuele revolutie,
En nu we vrijgevochten zijn
En niet meer bête en engelrein

DAAR MAKEN WIJ EEN PLAATJE VAN!

liedjes van Michel van der Plas

CONNY STUART · JASPERINA DE JONG · WIM SONNEVELD · JETTY PAERL · LEEN JONGEWAARD · FRANS HALSEMA

Exotisch Alkmaar - Liedje met bloemen - Die ene maand met jou - De schuld van het kapitaal - Daar maken we een plaatje van - Kerstpakket van de zaak - Zondagmiddag Buitenveldert - Pools liedje - Sandra - Op de Amsterdamse wallen - Kees - M'n Vlaanderenland - Suzanne - Roept u maar...

Frans Halsema en Gerard Cox met Adèle Bloemendaal

Gerard Cox en Frans Halsema met Conny Stuart

Zitten te wachten als betrof 't een executie.
Ik schoof m'n kruk wat dichterbij
En sloeg een arm om hem heen
En zei, terwijl m'n andere hand
Terecht kwam op z'n bovenbeen
En daarna slinks verdwaalde
  ergens in z'n kleren:
'Vooruit stuk, la-we meteen
  gaan copuleren' ...

Na een onderbreking waarin Frans Halsema en Gerard Cox zich afzonderlijk hebben gewijd aan musical, toneel en radio-, televisie- of platenstudio's, begonnen zij in 1973 een tweede succesvolle cabaretproduktie waarvoor Michel van der Plas opnieuw veel briljant materiaal heeft geleverd: *Wat je zegt dat ben je zelf*. Aan de piano zat Frans Ehlhart, die ook de muziek schreef voor hun door een enthousiast publiek meegezongen finalelied:

... Honderd procent zijn we geen van allen,
Geen van allen is achttien karaats,
Allemaal zijn we probleemgevallen,
Iedereen rijdt een scheve schaats.
Ja, dat zijn sombere gedachten,
Toch is er deze troost op het end:
Honderd procent zijn we geen van allen,
Maar samen zijn we honderd procent ...

De trouwe fans van het zo harmonisch lijkende duo Cox-Halsema kregen hierna maar vijftig procent toen de partners allebei op de solotoer gingen. Gerard Cox voelde zich echter – na zijn min of meer geslaagde showexperimenten met Simone Kleinsma en Leoni Jansen – voorlopig meer op zijn gemak in de toneelwereld. En in het najaar van 1982 gaat hij met 'Fien' weer op het musicalpad.

Frans Halsema bleef de cabaretkunst trouw, al kan men zich afvragen of de komische en lyrische facetten van zijn sympathieke persoonlijkheid sterk genoeg zullen blijken om de eenmansformule lang vol te houden. Een opvallend nummer uit zijn eerste programma (begeleid door Ruut Weissman, kersvers van de Akademie voor Kleinkunst), was de filosofische beschouwing over de natuurlijke verschillen tussen Jean-François en Piet van Dijk, geschreven door Friso Wiegersma:

... Ach, een vlinder kan niet sjouwen
En een karrepaard niet zweven,
't Is maar hoe je 't wilt beschouwen,
't Is maar hoe een mens wil leven ...

In zijn tweede solo zat hij zelf de hele avond aan de piano, met veel sterke cabaretnummers van Guus Vleugel:

... In 't vrouwencafé
  staat een wrakkige plee,
Daar doet een jong vrouwtje
  d'r broek naar benee
En leest op de muur
  met een kreet van plezier:
Ageeth lik me reet, en: d'Ancona was hier.
De vriendschap is heet
  en de haat is er zwart,
De rockmuziek klinkt er zo hard,
  zo keihard.
De lach is er gul en de drank niet te duur,
En ik ben de lul en de druiven zijn zuur ...

Voor zijn derde programma – in 1981 – riep hij de hulp in van Bram Vermeulen, Jan Boerstoel en drie mooie muzikale meisjes: 'The angels of hope'. Volgens *de Volkskrant* was hij in de war, volgens de *Telegraaf* had hij nu zijn draai gevonden en volgens *Het Parool* had hij zichzelf geforceerd. Hoe dan ook: hij zong een stemmingsvol liedje van de zevenendertig jarige dichter en cabaretauteur Jan Boerstoel:

... Wat zegt het,
  mensen die de honderd halen
In een bestaan, dat door de jaren heen
Steeds inniger met sterven raakt verweven,
Als steeds meer mensen, die je van je leven
Niet missen wilt, tóch doodgaan,
  één voor één.
Ik ken er godzijdank nog niet zo veel,
Maar hun getal groeit met de jaren aan,
En nú al zijn er van mijn eigen leeftijd.
Ik vraag me af hoe het met mij zal gaan ...

Tegelijk met de ongekende zegeningen van het professionele theatercabaret, werd ons land in de jaren zestig helaas geteisterd door de al eerder genoemde – uit Amerika overgewaaide – mode van de luisterliedjes-voorpubers, waarin de eigenzinnige en ongrijpbare student-chansonnier Jaap Fischer glorieus was voorgegaan:

... Daar woonden twee monniken,
  Hans en Joop,
In een klooster op een heuvel.
Ze sleten hun tijd, en dat was een hoop,
Met sigaren, wijn en gekeuvel ...

In 1977 herinnerde Jacques Klöters zich: 'Terwijl veel vrienden het verzamelde gezeur van Jaap Fischer uit het hoofd kenden (die man moet echt goed geweest zijn, want huidige veertienjarigen zingen hem nog) brulden wij de Lurelei-liederen: 'Ik dans met God zo goddelijk de tango, soms leidt God mij, soms leid ik God.'

Omgeven door een bijna mystieke legende probeerde H. F. J. Fischer, doctor in de sociale wetenschappen, vijftien jaar later onder het pseudoniem Joop Visser een comeback te bewerkstelligen, maar toen bleek de betovering van vroeger verbroken te zijn. Deze mislukking doet niets af aan het feit dat zijn opvallende succes in de dagen van de Studenten Grammofoonplaten Industrie (S.G.I.) veel nieuwe, vermeende Speenhoffjes naar pen en gitaar heeft doen grijpen. Maar helaas grepen de meesten mis: 'Ethische mensjes met de gitaar voor de buik, die het luisterliedje als een kasplantje koesteren in de ongezonde warmte van de kleintheatertjes'. (Ernst van Altena in 1970)

Opportunistisch opgeklopt door pers, radio, televisie en platenfirma's, maakten we kennis met oploscultuur en wegwerpkunst waarvan de trendgevoelige representanten na een paar jaar weer in de vergetelheid zijn geraakt. Van dit vaak voor de betrokkenen zo pijnlijke proces kan men zich overtuigen door kennis te nemen van de luisterliedjeszangers die door producer Han Peekel werden herdacht in diens – helaas nog steeds onvollendete – platenserie *Kroniek van 15 jaar kleinkunst en kabaret.*

De enige overlevende uit deze creatieve sector van de artistieke hobbyhoek is Boudewijn de Groot die – in samenwerking met de uitstekende auteur Lennaert Nijgh – zelfs enige tijd de verwachting heeft gewekt dat er een nieuwe, getuigende cabaretier was opgestaan:

... Meneer de president, welterusten,
Slaap maar lekker
  in uw mooie Witte Huis,
Denk maar niet te veel
  aan al die verre kusten,
Waar uw jongens zitten, eenzaam,
  ver van thuis.
Denk vooral niet
  aan die zesenveertig doden,
Die vergissing laatst
  met dat bombardement,
En vergeet het zesde van die tien geboden,
Die u als goed christen zeker kent ...

Boudewijn de Groot (Batavia 1944) stelde zijn artistieke gaven later in dienst van de popmuziek en bij zijn recital 1980 in de Kleine Komedie in Amsterdam, schreef Jim van Alphen: 'Het is misschien niet iets om dagelijks bij stil te staan, maar Boudewijn de Groot heeft een behoorlijk grote rol gespeeld in de acceptatie van het Nederlandstalige lied. Of hij nu louter geluk heeft gehad of zijn tijd mee, doet niet ter zake, het feit ligt er. De Nederlandstalige rockgroepen schieten op dit moment als paddestoelen uit de grond, maar het was wel Boudewijn de Groot die zo'n elf jaar geleden als eerste zanger van het Nederlandse lied met een elektrische begeleidingsband begon, ook al liep hij daarbij drie jaar achter op zijn Amerikaanse collega Bob Dylan. De Groot, ooit Nederlands populairste liedjeszanger, is het ondanks zijn schaarse optredens nog niet verleerd. En hij schroomde niet om terug te gaan in de tijd met bijvoorbeeld "Testament", "Verdronken vlinder" en "Het land van Maas en Waal". Bij heel wat artiesten is repertoire van meer dan tien jaar oud inmiddels al lachwekkend. Zo niet bij hem, dank zij de kwaliteit van de teksten, zijn herkenbare dictie en de aangepaste, gevarieerde omlijsting. Daardoor vloeiden oude en nieuwe nummers eigenlijk vrij soepel in elkaar over.'

... Onder de groene hemel,
In de blauwe zon,
Speelt het blikken harmonieorkest
In een grote regenton.
Daar trekt over de heuvels
En door het grote bos
De lange stoet de bergen in
Van het circus Jeroen Bosch.
We praten en we zingen,
We lachen allemaal,
Want daar achter de hoge bergen ligt
Het land van Maas en Waal ...

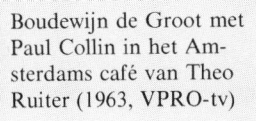

Boudewijn de Groot met Paul Collin in het Amsterdams café van Theo Ruiter (1963, VPRO-tv)

9. Neerlands hoop en wanhoop

Eigentijdse geschiedschrijving zouden we een 'paradoxale contradictie' kunnen noemen: geschiedenis schrijven over een tijdvak dat nog geen geschiedenis is! We hebben immers allemaal de neiging om onze eigen, jongste historie een grotere rol toe te bedelen dan wetenschappelijk verantwoord is. Omdat we ons moeilijk kunnen losmaken van het laatste resultaat, beschouwen we alles wat vóór ons is gebeurd als een soort aanloop tot de eigenlijke geschiedenis 'waarin de jongste tijd de apotheose wordt van iets dat men gaarne als natuur-noodzakelijk beschouwt'. (Dr. Charles Thewissen)

Met andere woorden: welke initiatieven waren in de jaren zeventig – in het licht van het verleden en met het oog op de toekomst – qua inbreng en niveau van wezenlijk belang voor de historie van ons cabaret? Bovendien is niemand gebaat met geforceerde profetieën die op een te geringe afstand worden gedebiteerd. Onze eigen tijd lijkt immers vluchtiger en onbestendiger dan ooit het geval is geweest; wie de geschiedenis van ons nationale cabaret in de afgelopen twintig jaar bestudeert, wordt onverbiddelijk geconfronteerd met groepen en solisten die veelbelovend werden genoemd maar van wie men zich op dit moment nauwelijks meer iets herinnert. Een trieste constatering, maar in de artiestenwereld selecteert het publiek meedogenloos en meestal terecht.

Toch lijkt het ons verantwoord om nu al vast te stellen dat de belangrijkste cabaretuitingen in de jaren zeventig afkomstig waren van Neerlands Hoop, Don Quishocking en Robert Long in de theaters, en van het Simplisties Verbond op de televisie.

... Geld, geld,
Het stinkt naar poep
En er kleeft bloed aan van geweld.
De arme is de lul
En de rijke speelt de held,
Met geld ...

Bram Vermeulen en Freek de Jonge

Het Nederlandse cabaretgebeuren kreeg een stevig en onuitwisbaar stempel opgedrukt door de dwarse activiteiten van twee studenten aan de Amsterdamse Universiteit: F. J. G. de Jonge (Westernieland 1944) en A. G. Vermeulen (Den Haag 1946), die zich in het jaar 1968 officieel manifesteerden als het cabaretduo Neerlands Hoop in Bange Dagen.

... Omdat ik het niet kan laten
En mijn pillen niet meer baten,
Omdat ik het niet kan laten
Zal ik meten met twee maten,
Omdat ik het niet kan laten
Zal ik altijd blijven haten,
Omdat ik nog iets te doen heb
En nog veel te weinig poen heb,
Doe ik aan cabaret ...

In de toenmalige anti-establishmentstroming met zijn buitenparlementaire verschijnselen, vertolkten zij onubbelzinnig de protesterende stem van de rebellerende jongeren door niet alleen hun collega's maar ook hun publiek met geestelijke tomaten te bekogelen.

... Tussen de middag moesten ze zonodig
Naar de peepshow toe,
Voor een piekie kutje kijken,
Vreemd gaan met je ogen,
Maar dat mag van moe.
Samen kijken door het spleetje
Naar de tieten en het reetje
Van een kneus.
Valt het gordijn dan weet je:
Je krijgt het lid weer op je neus ...

Door hun harde onderwerpen, grof taalgebruik, agressieve aansprecktoon en een welbewuste antitheaterstijl, kon de historisch geïnteresseerde cabaretliefhebber zich verplaatsen in de oertijd van het cabaret in Parijs met Salis en Bruant en in Amsterdam met Jacobs. (Zie ook deel 1 van dit cabaretoverzicht)

... Een soldaat ligt aan het front,
Hij schijt zeven kleuren stront
En er komt een tank op hem afgereden.
Hij doorziet plotseling zijn lot,
Vouwt zijn handen, bidt tot God,
En wordt door de tank tot pulp gereden ...

Met alle geweld – muzikaal vaak letterlijk – wilden zij anders zijn dan anderen, door zich provocerend af te zetten tegen het cabaret zoals zich dat in ons eigen land had ontwikkeld.

... Wat koop je voor je rechten?
Wie niet vreet gaat vechten.
De goeden en de slechten
Onderscheiden zich niet meer.
Revolutie.
Dankbaar pak je het geweer ...

Freek de Jonge, eigenzinnige zoon van een Nederlands Hervormd predikant, kwam via zijn vaders standplaatsen Workum, Zaandam en Goes naar Amsterdam, waar hij zich in 1965 kaal moest laten scheren om Nederlands te mogen studeren. Maar zijn werkelijke belangstelling ging uit naar het theater; de verrichtingen van zijn idolen Toon Hermans en Jaap Fischer hadden die verlangens al vroeg gestimuleerd. Wie het knap gedocumenteerde overzicht *Neerlands Hoop 1968–1980* van Frits Oppenoorth heeft doorgenomen, krijgt de indruk dat de onstuimige ontwikkeling van Freek de Jonge in eerste instantie te maken heeft met zijn calvinistische achtergrond en zijn opvallend uiterlijk. De daaruit ontstane onzekerheid heeft hem kennelijk tot een verzet geprikkeld dat gestalte kreeg in zijn fanatieke ambitie om zichzelf in het theater waar te kunnen maken.

... Kijk, dat is Kees,
Hij is debiel.
Dat kun je zien aan zijn gezicht;
Hij heeft van die vreemde oren,
Zijn tanden staan te ver naar voren
En zijn mond kan niet meer dicht.
Kijk, dat is Kees,
Of durf je niet te kijken? ...

'Waar liggen de grenzen van wat op het toneel wel en niet kan?' vraagt Frits Oppenoorth zich af: 'Het veelbesproken nummer dat door Freek zittend in een rolstoel wordt gebracht, heeft zijn rauwe toon gedeeltelijk te danken aan het harde gelach dat steeds weer klonk, wanneer hij het toneel op kwam rijden. Zijn vuurproef had hij doorstaan tijdens de try-out in Beverwijk, toen op de voorste rij een meisje van een jaar of zestien, tussen haar ouders, in een rolstoel zat. De moeder leek de aanblik te veel te worden, want ze verliet tijdens het nummer haar plaats, maar tijdens de bizarre vertelling, als Freek terzijde opmerkt "ik weet niet meer of ik dronken was of een slag in mijn wiel had" toont het meisje zelf uitbundig plezier. Later doet zich iets soortgelijks voor tijdens een televisieopname met publiek. Freek vertelt over een man die het ziekenhuis wordt binnengebracht, omdat hij zijn gehoorapparaat heeft ingeslikt. Waarop de zuster tegen hem zegt: Dan mag u nog van geluk spreken, dat u niet blind bent, want die blindegeleidehonden zijn niet te vreten vandaag de dag. Door deze absurde grap wordt een blinde jongeman in het publiek haast niet goed van het lachen.'

Op elfjarige leeftijd 'debuteerde' Freek de Jonge al in Zaandam en in 1964 kreeg hij zijn eerste recensie naar aanleiding van een schoolvoorstelling op het Christelijk Lyceum in Goes: 'Frank de Jong verzorgde daarna een zeer goede one-man-show.' In 1967 getuigde hij in Amsterdam van zijn definitieve plannen: 'Ik wil over vijf jaar een one-man-show op de planken brengen. Daar is behoefte aan, want de drie grote mannen worden ook een dagje ouder.'

Hij droomde er van om ééns theater Carré 'plat' te krijgen en ging op zoek naar een muzikale begeleider. Dat werd Bram Vermeulen uit Den Haag, die in Amsterdam psychologie studeerde. Samen met medestudent Johan Gertenbach formeerden zij eerst nog het kortstondige cabaret Cabariolet alvorens de Dutch Music and Comedy Show *Neerlands Hoop* in het leven te roepen. Ze experimenteerden hier en daar in het voorjaar van 1968 en voelden zich toen al – in een nog onrijp stadium – zo onoverwinnelijk, dat ze zich meldden voor het Camerettenfestival in de stellige overtuiging dat ze met de eerste prijs naar huis zouden gaan. De jury (Rine Geveke, Ruud Bos, Eric Herfst, Johan Verdoner en Wim Ibo) dacht er anders over en liet – via een democratische puntentelling – Cabaret Don Quishocking triomferen: 'Wij hebben dit gewetensvol gedaan en mocht u het met onze uitspraak niet eens zijn (ieder oordeel is nu eenmaal betrekkelijk), dan zullen wij ons gelaten door u laten stenigen.' (9 november 1968)

Neerlands Hoop eindigde op de vijfde plaats en toonde zich een slechte verliezer door de jury inderdaad jarenlang met deze uitspraak te stenigen, tot groot (leed-)vermaak van de meeste journalisten. Gemakshalve werd vergeten dat de aanwezige krantenvertegenwoordigers in Delft desgevraagd geen behoefte toonden aan een persprijs, ondanks het feit dat Rinus Ferdinandusse en Peter van Bueren vaststelden dat ze iets aparts hadden gezien. Maar misschien had een publieksprijs (die destijds nog niet bestond) de bittere pil voor Freek en Bram wat verteerbaarder gemaakt. En inmiddels is voor de zoveelste maal bewezen dat jurybeslissingen van geen enkele invloed hoeven te zijn op het verloop van een carrière; in de jaren zeventig bereikte *Neerlands Hoop* de eerste plaats in Neerlands Cabaret. Ook het omgekeerde is waar: van talloze eerste-prijswinnaars wordt nooit meer iets gehoord.

... Zo kan ik nog wel uren doorgaan,
Totdat u denkt wat een O.H. is dat.
Uw aandacht zou daardoor verslappen,
Dat zou ten koste gaan van 't wad.
Want hoe wij hier dan ook bijeen zijn,
Van gematigd links tot radikaal,
We moeten strijden voor de wadden
In het belang van allemaal ...

De officiële première van *Neerlands Hoop in Bange Dagen* vond plaats op 20 juni 1969 in Haarlem en het uitdagende programma was een onmiddellijk, doorslaand succes: 'Cabaretdoorbraak', 'Een knotse giller', 'Tranen van plezier met fijne show', 'Iets bijzonders', 'Verrassend goed', 'Aanwinst voor cabaret', 'Geslaagd beroepsdebuut van twee studentencabaretiers'. Freek de Jonge was toen vierentwintig, Bram Vermeulen tweeëntwintig jaar oud. Hun nieuwe, originele geluid werd ook verwelkomd door Annie Schmidt, Wim Sonneveld en Kees van Kooten via aanmoedigende brieven en Wim Kan zei: 'Dram en Preek zijn de beste amateurs van Nederland.'
Overigens maakte het amateuristische karakter al gauw plaats voor een meer professionele aanpak, dank zij praktische ervaring en routine naast het onmiskenbare natuurtalent van Freek de Jonge.

... Waarom wordt op deze aarde
Zo lang en oeverloos geluld?
Ik ben een democraat,

Een links geaarde, maar er
Komt een eind aan mijn geduld ...

Kenmerkend voor Neerlands Hoop was hun doelbewust streven naar publieke verwarring – wat was ernst en wat was parodie –, een instelling die zij met het Simplisties Verbond gemeen hadden.
De stimulerende en vruchtbare werking die er voor Freek de Jonge van de duoformule uitging, vertoonde al gauw ook de nadelen. In de loop van hun produkties verstevigde Bram Vermeulen het muzikale element, waardoor – zoals in *Neerlands Hoop Express* – menige tekst door de enthousiaste popmuziekbegeleiding werd weggedreund: 'Dit is een onverstaanbaar goede show.' Maar met deze grap was uiteraard het rivaliteitsprobleem niet opgelost, omdat zich langzamerhand een ander soort publiek meldde ten koste van de echte cabaretliefhebbers.

Kritiek op deze gang van zaken werd – zoals dat regelmatig het geval was – nauwelijks geduld: 'Rond Neerlands Hoop ontstond een soort groepering van Neerlands Hoopgelovigen en die mensen vonden alles prima. Bij die lui hoefde je niet met nuances aan te komen. Freek en Bram, die zich aanvankelijk afzetten tegen de gevestigde orden en tegen het geloof in theaterpersoonlijkheden zoals Herman van Veen of Jasperina de Jong, kregen dat zelf sterk aan zich gebakken en vonden dat eigenlijk prachtig, dacht ik. Al zeer snel verzamelde zich een geweldige jet-set beau monde rond de beide jongens. Men loopt op een gegeven moment weg met Neerlands Hoop, dat is wat ik ervaren heb, en men is op dat moment ongevoelig voor de, in mijn geval, onverdachte deelkritiek. Aan dát soort gelovigheid onder fans, heb ik altijd gevonden, moest eens iets gedaan worden.' (Ivo de Wijs)

NEERLANDS HOOP
1968 1980
12 JAAR BRAM & FREEK

de Volkskrant van ZATERDAG 28 JUNI 1969

Freek en Bram, Nederlands enige hoop in bange dagen:
„We weten dat we goed zijn"

AMSTERDAM, juni — Bram moet daar helemaal...

„Ik heb in één m...
Nederlandse cab...
Het is om door je...
van ellende. Zelfs...
van *Halsema* en Co...
een zo over roept...
goed. Er zit anno 1...
sentiment-numme...
woon van *Wim No*...
ben gepikt. Een id...
drie jaar oud. Cab...
land is een regelre...
gelooft je ogen en...
Er zijn twee mens...

dinsdag 9 sept. '69

Ik heb letaderyaand geweldig genoten!

Wim Sonneveld

TWEE NIEUWE CABARET-TALENTEN IN 'NEERLANDS HOOP IN BANGE DAGEN'

IN DE HOOGST wonderbaarlijke rijkdom van het Nederlandse cabaret zijn weer twee nieuwe talenten opgestaan. Ze heten *Freek de Jonge* en *Bram Vermeulen*, ze traden op in het zaaltje van Shaffy in Felix Meritis en ze wonnen het publiek met zo overrompelend veel grappen, gezeur, fratsen en frutsels, dat het publiek doodmoe van alle vormen van lachen die het een avond lang had beoefend het pand verliet. Freek de Jonge, zo is zijn een schoolboekjesvoorbeeld van...

Is hij een toneelpersoonlijkheid? H... blijkt het na afloop van het programm... in hoge mate geweest te zijn en daarin... hij ook weer helemaal anders dan Ka... Sonneveld, Hermans, Ferdinanduss... Gaaikema, Halsema, Cox en Van Vliet.

Zijn verkooptechniek is zo fladderig, rus... teloos en vlinderachtig en zo volledi... zonder de sporen van hysterie van Her... man van Veen, dat hij een avond lan... blijft verbazen door een soort eerlijk... ontkenning van persoonlijkheid en doo...

205

*... Oud en eenzaam wil ik worden,
Bevrijd van verantwoordelijkheid,
Verlost van het gezeik.
Op een schommelstoel voor het raam
Wil ik naar buiten kijken,
Zelfbewust en overtuigd
Van mijn gelijk ...*

De toenemende interne spanningen werden afgereageerd met avontuurlijke experimenten zoals de musical *Een kannibaal als jij en ik*, de moedige Argentinië-aktie *Bloed aan de paal* en een serie voorstellingen in het Londense Royal Court Theatre, initiatieven die helaas mislukten. Hoewel de Neerlands Hoop-gelovigen tot het einde bleven roepen: 'Wat Bram en Freek doen is welgedaan,' was het voor nuchtere buitenstaanders duidelijk dat er onweer in de lucht zat. Op 23 december 1979 vervloog Neerlands Hoop in Haarlem, de stad waar ze elf jaar daarvoor hun spectaculaire loopbaan officieel waren begonnen. En Freek de Jonge verwoordde de pijnlijke scheiding op rijm:

*... Het is volbracht – en dat is goed.
Ik zal doorgaan als Toon Hermans
En Bram trekt met zijn band
Van bal tot bal.
Nog een half jaar grote bekken
En zo komt hoogmoed voor de val.
Bram, wat er van ons duo restte
Is ik en ik en dan misschien hij.
Maar ik zal nooit meer zeggen:
Ik ben de beste,
Want de beste waren wij ...*

De Volkskrant wijdde een volledige pagina met commentaar aan het afscheid van 'de narren van de linkse beweging' en Wim Ibo schreef: 'Als er tussen Kees en Wim een scheiding zou zijn uitgesproken, dan zou mij dat méér hebben geraakt dan de breuk tussen Freek en Bram. Niet alleen omdat ik meer affiniteit heb gehad met het Simplisties Verbond dan met Neerlands Hoop, maar vooral omdat ik – tegen de algemene opvatting in – de samenwerking De Jonge–Vermeulen niet zo daadwerkelijk als duovorming heb ervaren. Voor mij ging het om de uniciteit van Freek de Jonge, die daarbij – voortreffelijk – werd geassisteerd door Bram Vermeulen. Nu Freek een andere begeleiding krijgt, maak ik me dus geen zorgen over zijn toekomst en blijf hopen.

Wim Kan is niet beter of slechter geworden toen Cor Lemaire werd opgevolgd door Ru van Veen. Freek de Jonge heeft zich in de afgelopen tien jaar ontwikkeld tot een onvervangbare figuur met een strikt persoonlijke stijl en een groeiend vakmanschap. Door hem kreeg ons nationale cabaret er een nieuw geluid bij, dat niemand tot nu toe heeft kunnen imiteren. Zijn sterke benen hebben de weelde van een vaak modieuze en opportunistische verering soms moeilijk kunnen dragen, maar ik blijf hopen (zie boven). En wat Bram Vermeulen betreft: hij zal zeker een formule bedenken waarmee hij zich muzikaal ongeremder kan uitleven, zonder rekening te moeten houden met het nuchtere feit dat teksten verstaan moeten worden om aan hun doel te kunnen beantwoorden.'

*...En als je de dood niet kent
kun je eigenlijk niet leven
want dood dat zul je altijd zijn
en het leven duurt maar even ...*

In 1976 had Freek de Jonge verklaard: 'Zonder Bram was ik beslist óók het toneel opgegaan. Maar ik zou een andere act hebben. Het engagement in het optreden zou wegvallen. Ik zou een soort Toon Hermans geworden zijn. Doordat je met zijn tweeën op dat podium staat, durf je toch meer. Je hebt meer vertrouwen. Ik voel me door de aanwezigheid van Bram voor een groot deel beschermd tegen het publiek.'

Vier jaar later stond hij als een geëngageerde Toon Hermans met een gedurfd cabaretprogramma op het immense podium van een uitverkocht theater Carré. Een ongekende gebeurtenis in de cabaretgeschiedenis, al moet eerlijkheidshalve worden toegegeven dat menige bezoeker hem liever terug had willen zien in de intieme sfeer van het Shaffy-Theater, waar hij destijds op een onnavolgbare manier met zijn publiek kon omgaan: 'Dit is het spel, dat zijn de prijzen, zo zijn de regels en zó moet het gespeeld worden.' En deze gevleugelde woorden drongen zich op toen zijn jongensdroom werkelijkheid was geworden: solo in Carré. In zijn nieuwe programma's (éénzijdig en véélzijdig, zinnig en ónzinnig) bleek duidelijk dat hij nu volledig zichzelf kon zijn.

Maar men constateerde bovendien naast zijn groteske grollen en rauw cynisme de verschijnselen van twijfel en verstilling. Freek de Jonge heeft zich in de loop van de jaren ontwikkeld tot een eigentijdse, absurdistische clown met alle komische en tragische facetten vandien:

... Toch kom je op
 met een lach en een pasje,
Je zingt van rozegeur en maneschijn.
Maar diep in je hart onder je jasje
Zul je altijd eenzaam zijn ...

De tijden waarin hij met zijn vriend en collega Bram Vermeulen in hoogmoedige zelfoverschatting arm in arm als Narcissus en het vrouwtje van Stavoren door cabaretland leek te gaan, schijnen door een wanhopig gevoel van droeve onmacht te zijn weggevaagd.

... Ik ben nog jong,
 maar met de dag word ik wat ouder.
Mijn idealen heb ik nooit verzaakt.
Reeds als kind
 nam ik de wereld op mijn schouder,
Ik geef toe:
 de wereld is nog niet volmaakt ...

De wat ouder wordende Freek de Jonge worstelt nu kennelijk met een charisma; na zijn slottoespraak bij het Holland Festival 1981 (een preek die zijn vader hem niet verbeterd zou hebben) schreef een geschokte Henk Spaan in *Het Parool*: 'De opdracht voor vandaag luidt: tracht zonder hulpmiddelen te gebruiken de zinnen van Freek de Jonge te onderscheiden van Krishnamurti. Onder goede inzenders worden twee mooie prijzen verloot. Eerste prijs: een ep van Jaap Fischer. Tweede prijs: een lp van Joop Visser.'
Jacques Klöters (van Don Quishocking) heeft eens gezegd: 'Cabaret is eigenlijk een vrijplaats voor geestig-baldadige jongeren.' De kwajongensjaren van Freek de Jonge zijn voorbij; waar gaat hij nu heen? Integer als hij is, zal hij deze vraag ook aan zichzelf stellen.

... Helemaal alleen ben je tenslotte,
Vóór je de toekomst, àchter je wat was.
Scania Vabis mijn mascotte,
Handen aan het stuurwiel,
De rechtervoet op 't gas.
Quo vadis Scania Vabis?

In 1968 werd op het Delftse Camerettenfestival de uitslag van de cabaretwedstrijd als volgt door de jury gemotiveerd: 'De eerste prijs kennen wij toe aan het cabaret Don Quishocking, dat een goed evenwicht toonde tussen fantasie, vorm en overdracht. De groep gaf blijk van liefde voor het cabaret, zich uitend in uitstekende verzorging van

208

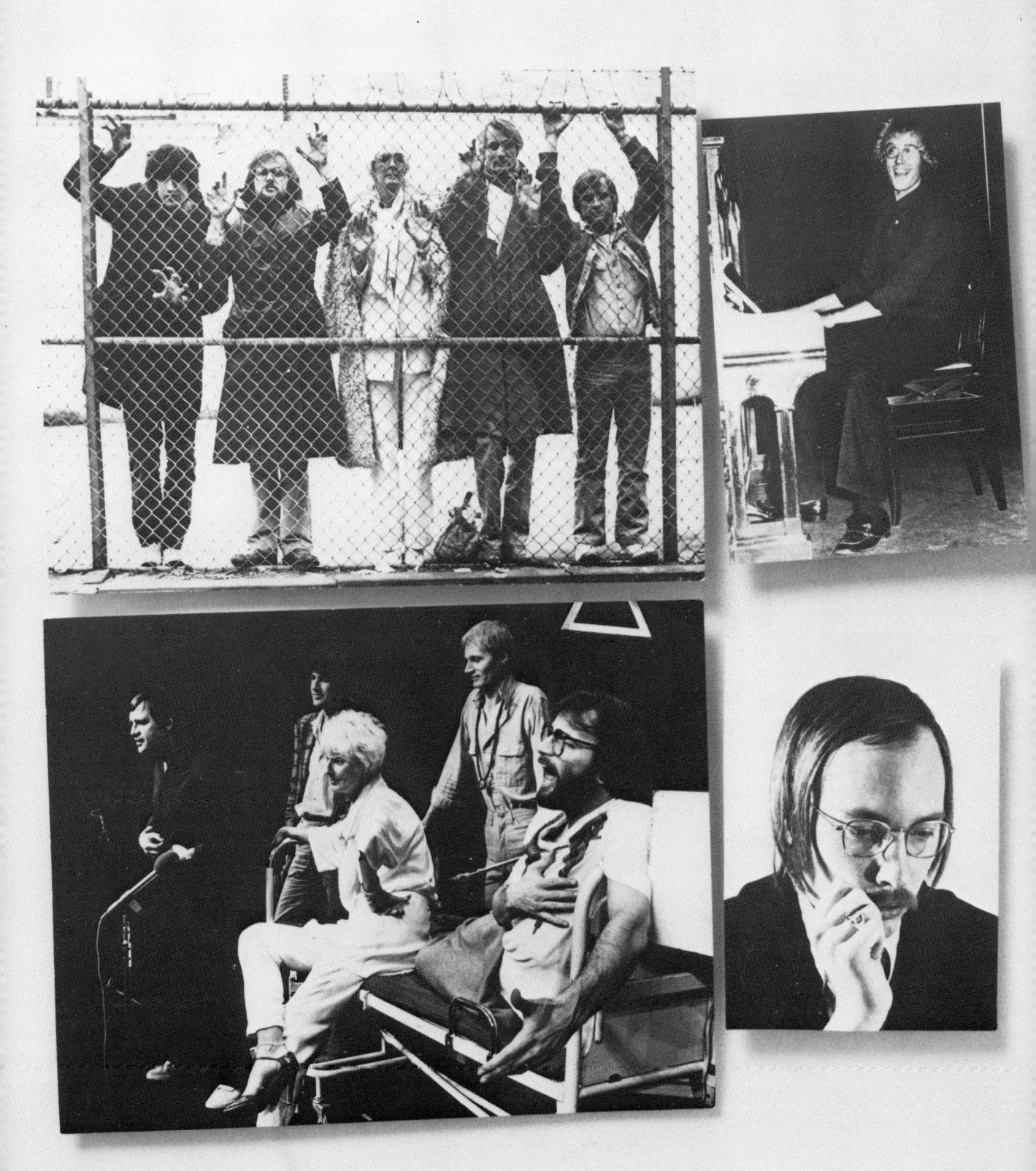

detail, zowel muzikaal als in tekstbehandeling. Uit de keuze van onderwerpen en de behandeling daarvan bleek bovendien duidelijk een engagement met deze tijd.'

Dat het Nederlandse studentencabaret meer dan welk ander cabaret het privilege geniet van ongebondenheid en onafhankelijkheid, is – door zijn invloed op het gevestigde beroepscabaret – in de geschiedenis van de jaren vijftig en zestig een belangrijke rol gaan spelen. Deze ontwikkeling, met Johan Noordmans, Rinus Ferdinandusse en Freek de Jonge als uitschieters, heeft vooral taboedoorbrekend gewerkt en vond ook in Don Quishocking een typische vertegenwoordiger.

In tegenstelling tot de extreme antitheaterstijl van Neerlands Hoop hanteerden zij de traditionele cabaretformule, maar zij lieten niet na dat op hun eigen manier te doen; experimenten – zoals met de vormgeving, gesteund door de acteur Peter Faber – werden niet geschuwd. Anke en George Groot, Fred Florusse, Jacques Klöters en Pieter van Empelen (na 1977 Willem Jan Gevers), hebben met veel denken, discussiëren en hard werken een gezelschap in stand kunnen houden dat in de allereerste plaats uitblinkt door hecht en harmonisch teamwork. De vijf totaal verschillende persoonlijkheden die samen het karakter van Don Quishocking bepalen, geven de programma's veel kleur en variëteit. De nummers zijn steeds zeer wisselend van uitgangspunt; van kolder tot sarcasme, van vrijblijvend tot getuigend, maar ze hebben een heldere directheid gemeen die sommige bezoekers weleens afschrikt als het 'gewaagde' onderwerpen betreft. In Delft zongen Anke en George Groot al hun lied 'Collecte', dat later velen heeft geschokt:

Cabaret Don Quishocking met Jan-Willem Gevers, Jacques Klöters, Anke en George Groot, Fred Florusse
'Wij zijn volstrekt in de war'
Pieter van Empelen
Jan Boerstoel

... Heeft u weer iets gegeven
   voor de hongersnood in India?
Heeft u weer iets gegeven
   voor de lijders aan malaria?
Heeft u weer iets gegeven
   voor de Pakistaanse paria?
Ja mevrouw, ja meneer, ja.
Ja, u geeft graag aan collectes,
Ja, u geeft met gulle hand,
Want u wilt daadwerkelijk helpen,
Nou, dat kan in Nederland.
Geven aan het jongerenwerk,
Geven aan de antwoordkerk,
Geven, geven, godver geven ...
U was wel gek als u niet gaf!
U komt toch zeker door te geven
Van uw schuldcomplexen af?

Maar er werd nog meer beroering gewekt toen ze – in hun verlangen om hypocrisie en valse schaamte te weren – een nummer van Jacques Klöters en George Groot hadden gewijd aan 'De K'.

... En als je op je lijf een bultje hebt
En je gewicht neemt af,
Ga je heus niet naar de dokter,
Daarvoor ben je dan te laf.
Ja, zo brengt de kanker zwijgend
Vele mensen in het graf.
Niemand weet hoe je eraan komt,
Maar je komt er nooit meer af.
Ja, de kanker dat zal iedereen beamen
Is nog steeds een ziekte
   om je voor te schamen.

Nu denkt u
   wat hebben die jongens een lef,
Ze hebben van 't menselijk leed geen besef.
Wij maken hier schaamteloos
   pret en plezier,
Want de angst voor de kanker
   zit ons tot hier ...

Over dit nummer schreef Anke Groot in hun boek *Zolang het maar niet dichterbij komt:* 'Op verzoeken om "De K" er voor één avond uit te laten, omdat de vrouw van de voorzitter zelf kanker heeft en we zeker wel begrijpen, dat voor die vrouw de avond volledig verpest zou zijn als ze ons bezig hoorde over kanker, zijn we nooit ingegaan. Ten eerste lijkt het ons naïef om te veronderstellen dat wij niet beseffen, dat elke welgevulde zaal op zijn minst tien kankerpatiënten bevat en je dan dus aan zo'n nummer helemaal niet moet beginnen, en ten tweede, omdat bezwaren altijd geuit worden door mensen, die zelf geen kanker hebben, maar het zo pijnlijk vinden voor een ander. Wij vinden dat paternalistisch gedrag. Je doet cabaret of je doet het niet, en "De K" is een van de nummers die het de moeite waard maken om cabaret te doen.'

Naast uitstekende teksten van George Groot en Jacques Klöters, introduceerden zij werk van toen nog vrijwel onbekende schrijvers als Hans Dorrestijn, Willem Wilmink en Jan Boerstoel. Vooral de laatste viel op door een eigen toon en een persoonlijke stijl, waarin de elementen ernst en humor op een aparte manier met elkaar zijn verweven. Na zijn zo geslaagde 'debuut' bij Don Quishocking in 1969 met het voorbeeldige liedje 'Opa' is Jan Boerstoel ook voor andere groepen en solisten gaan schrijven, zoals Jasperina de Jong, Frans Halsema, Gerard Cox, Leen Jongewaard, Willem Nijholt en het cabaret van Ivo de Wijs.

... De morgen
   van zijn honderdste verjaardag
Kreeg opa een beschuit bij zijn ontbijt
En deden alle zusters even aardig,
Per slot is honderd jaar een hele tijd

Zijn beste liedjes en gedichten verzamelde hij in de bundels *Opa's Verjaardag en Andere Feestelijkheden, Ik denk niet dat het ooit nog overgaat* en *De mannen zijn zo slecht nog niet.* Collega Heinz Polzer wijdde een sonnet aan zijn werk:

Mijn god, die harlekijn- en troubadourboel,
Die botte bijl, die achterlijke gein.
Ik hoop dat het u duidelijk zal zijn
Dat ik op cabaretgeouwehoer doel.

Er zijn slechts twee of drie op dit terrein
Voor wie ik geen dégôut,
   maar juist amour voel.
De namen? Goed, ik noem er één:
   Jan Boerstoel,
Geen nar, lakei of beul, maar paladijn.

Een minzaam introverte jongeman
Die dingen op een rijtje weet te zetten,
Een kenner/minnaar van zijn moedertaal

Wiens toon volwassen is en muzikaal,
Die, mits hij op zijn potentieel blijft letten
Klassiek en onnavolgbaar worden kan.

De sfeervolle muziek van het eerste succesliedje 'Opa' was van Pieter van Empelen, die ook Willem Wilminks bekend geworden 'Oude school' romantisch onderschreef:

... Ach, zou die school er nog wel zijn,
Kastanjebomen op het plein,
De zware deur.
Platen van ridders met een kruis
En van Goejanverwellesluis,
Geheel in kleur ...

Van een geheel andere kleur waren de 'Hele vieze dingen' van Hans Dorrestijn die – 'mooi van lelijkheid' – zijn aparte liedjes later ook zelf aan de piano ging zingen.

... Oorsmeer, braaksel, poep en pies
Zijn natuurlijk wel heel vies,
maar aan braaksel, slijm en snot
Gaat onze wereld niet kapot ...

Don Quishockings eerste programma beleefde zijn première op 14 september 1967 in Eindhoven en de kennismaking met Amsterdam vond plaats op 3 januari 1968 in theater 'Naar de kelder' in de Vondelstraat. De start van een Amsterdams serieprogramma viel op 1 mei 1970 in het historische Lurelei Theater. Met uitzondering van de periode 1974–1975 – toen de groep voor het eerst een pauze nodig achtte om zich over de toekomst te beraden – trokken zij door heel Nederland, maar waren niet bij iedereen welkom: 'De groep was, wat zijn kunstuitingen betreft, weergaloos knap. Zo'n gezelschap is een kind van zijn tijd. Dat is hard en wrang. Wel raak. 't Geeft 't tijdsbeeld weer. Dat is niet veel goeds en moois. 't Zou allemaal goed verlopen zijn wanneer men niet de religie ter sprake had gebracht. Men zong een psalm. Parodieerde dat, om aan te tonen dat de Mens in zijn bidden altijd egoïstisch is. Vele leerkrachten van het bijzonder onderwijs wachtten die inhoud niet af en verlieten, gekwetst door de vorm, de zaal.' *(Culemborgse Courant)* Dat ook onze vaderlandse televisie weleens moeite had met vorm of inhoud van Don Quishocking, bleek in 1977 toen de NCRV-programmaleiding opdracht gaf 'aanstootgevende' kwalificaties in het zelf-spottende lied 'Dankzij het cabaret' via een technische ingreep te laten wegpiepen; een aanstootgevende bevoogding van de kijkers. En in 1981 waren *Parool* en *Volkskrant* zò geschokt door de eerlijke, openbare behandeling van een Bhagwan-controverse in de groep, dat de medewerkenden werd aangeraden hun cabaret maar op te heffen. Zelden heeft Don Quishocking zich echter kwetsbaarder opgesteld dan door interne spanningen (die niet alleen dáár voorkomen!) naar buiten te brengen en ter discussie te stellen, met alle risico's vandien: 'We zijn volstrekt in de war.' Maar helaas, het voordeel van de twijfel – dat hen door *De Telegraaf* wèl werd gegund – was blijkbaar niet evident voor iedereen.

... Dus vooruit mevrouw, meneer,
Daar gaat-ie dan maar weer.
Ach, Wim Sonneveld was leuker,
Maar die is er nou niet meer.
We worden allemaal wat ouder,
Kijkt u maar naar onze Fred,
Ja, we worden langzamaan
Een ouwelullencabaret ...

Cabaret Don Quishocking bestaat uit semi-beroepsartiesten, waardoor niet alleen een essentiële onafhankelijkheid gewaarborgd is, maar bovendien de regelmatig terugkerende mededeling dat er een afscheidstournee op stapel staat, of dat er een afscheidsfeest wordt georganiseerd. Cabaretier-auteur Jacques Klöters – die onder meer het schitterende nummer 'Gewetensbezwaren' uit het Duits vertaalde – is docent op de Akademie voor Kleinkunst en beheert daarnaast het totale amusementspakket van het Nederlands Theater Instituut.

... Vrijheid blijheid, u bent vrij,
Hier mag iedereen
Doen en laten wat-ie wil.
Mits u zich houdt aan onze
Op democratische wijze
Tot stand gekomen spelregels.
Maar dat spreekt vanzelf ...

(KLÖTERS – DEGENHARDT)

Uit de aard der zaak weet Jacques Klöters waar hij over praat en daarom wordt er vaak naar zijn cabaretvisie gevraagd; aan het eind van de jaren zeventig filosofeerde hij – onder meer in *de Volkskrant* – globaal over de stand van de cabaretzaken: 'De afgelopen tien jaar zijn er een aantal humoristen geweest die zich van de cabaretvorm hebben bediend om er populair en rijk mee te worden. Ik doel hiermee op Paul van Vliet, Seth Gaaikema, Jos Brink en soortgelijke Billy Grahams van de lach. Het is te begrijpen dat menige jongere rilt bij de gedachte aan cabaret en naar Hauser Orkater gaat. Wat zich jaarlijks in Delft als nieuw cabaret aandient, verhoudt zich tot dit genre als Dixieland tot Jazz. Nieuwe talenten houden zich ver van de term cabaret, ook al omdat er met die pet op geen cent subsidie te krijgen is. Radicaal politieke acteurs en zangers richten geen cabaret op (het geringe succes van Frits Lambrechts en Honoloeloe is voldoende waarschuwing) maar trekken de fabriek en de sociale academie in onder de noemer activerend theater, polit-rock of noem maar op. Het Nederlandse cabaret is de laatste jaren suf en zelfgenoegzaam geworden en het publiek vertoonde de eerste tekenen van verveling. Jasperina de Jong, Gerard Cox en Ivo de Wijs werden door hun publiek in de steek gelaten zoals een verwend kind zijn speelgoed onbekommerd achterlaat. Was het tien jaar geleden anders gesteld met het cabaret? De kunstenaarsacties van 1969 gingen er aan voorbij. Dat is niet zo verwonderlijk omdat men zich niet hoefde af te zetten tegen een subsidiebeleid, bevoogding door raden voor de kunst en starre stichtingsbesturen. Het verlangen van de kunstenaars naar maatschappelijke betrokkenheid en weerspiegeling van eigentijdse problemen, was juist een sterk punt geweest van het cabaret. Lurelei, Tingel-Tangel, Jaap van de Merwe en 'Zo is het' doorbraken taboes, volgden de politieke actualiteit en hebben de onrustige meningsvorming van de jaren zestig intens meebeleefd. Cabaret was toen nog samenzweerderig, snel, spits en progressief en trok dus een dito publiek aan: studenten, artistiekelingen, snobs, ingewijden en fijnproevers.

Het meest gebruikte middel was de satire, bij voorkeur beoefend door boze moralisten die welbewust en vrolijk kwetsend hun gelijk probeerden te halen. De tijd van de stiekeme kleine zaaltjes is voorbij. De riante provincieschouwburgen zitten vol met mensen die allemaal zonodig dat leuke cabaret moeten zien. Een programma gaat soms wel vijf jaar mee. Wie is dan nog bij de tijd? Zeker niet Toon, Henk, Paul, Seth en consorten. Die zijn populair omdat ze beschaafd, amusant, gevoelig en gelovig zijn. Ze bespelen vakkundig neutraalburgerlijke sentimenten en hebben het cabaret tot een wingewest gemaakt. Toen kwam er een nieuwe generatie. Ze konden zó de opgemaakte bedjes instappen. Wilden ze dat ook? Jos Brink wel. Herman van Veen niet. Hij wist de kleffe burgermassa van zich af te houden door de kijkgewoontes te doorbreken (is het nou pauze?) en door een tocht naar het binnenste van zijn persoon te ondernemen waar alleen die in hem zijn, hem kunnen volgen. Neerlands Hoop, op en top cabaret, maakte door provocerende opmerkingen in de pers al gauw duidelijk dat ze er niet bij wilden horen. Ze wierpen zich op als popidolen en toen hun aanhang zich dreigde te verburgerlijken, zetten ze de geluidskraan wagenwijd open. In hun humor bevindt zich een element dat door ouderen vaak niet begrepen wordt als een uiting van een eigentijds levensgevoel. Het is de humor die speelt met de angst, de waanzin en de dood.

In de jaren vijftig hadden alleen de 'Grote Drie' grote publieken bestreken. De rest bleef woelen in kleine zaaltjes, studentensociëteiten en kroegen. Aan het eind van de jaren zestig kwam het grote cabaretcircuit tot stand waarin Fons Jansen, Paul van Vliet, Seth Gaaikema, Herman van Veen, Neerlands Hoop, Don Quishocking, Ivo de Wijs per Volvo Stationcar rondreizen langs een publiek dat maanden van tevoren blindelings via abonnementensystemen zijn kaartjes koopt, om tenslotte te arriveren in Carré, de pot met goud aan het einde van de regenboog. Natuurlijk zijn er schaduwkanten: de druk is groot, er wordt drie jaar van tevoren geboekt terwijl er nog geen letter op papier staat, maar het gaat goed. Al is het programma een afgang, het publiek komt toch wel.

Gaat het echt goed? Het cabaret is zijn voorhoedepositie kwijt geraakt. Gewaagde theaterexperimenten vinden niet meer plaats, verrassende gedachten hoor je zelden meer, alleen vaag ethisch geleuter, kortom een groot gedeelte van het cabaret is verburgerlijkt amusement geworden. Maar Koot en Bie hebben een heldere opdracht: het aanwijzen en bestraffen van valsisme (onechtheid) en het propageren van simplisme (echtheid). Zij zijn de komische keuringsdienst van waren en zolang dit slag mensen blijft bestaan, blijft het cabaret bestaan. Ondanks alles is het cabaret een door-en-door Hollandse theatervorm, die het verdient goed gevolgd en begeleid te worden door de critici. De kunstredacties hebben echter te weinig aandacht en sturen de kneusjes van de journalistiek op ons af.'

... Maar als we dan zo tegen
  al die samenzangen zijn,
Waarom zitten we dan wel in Carré
Bij Toon of Seth of elk willekeurig cabaret
En brullen elk stom refreintje mee?
Omdat we zellef
  van die zakkenwassers zijn,
Ja, we weten het zo goed,
Maar niemand die iets doet
Omdat we zellef
  van die zakkenwassers zijn ...

(GEORGE GROOT)

Cabaret Don Quishocking voor de tv-camera bij het Humanistisch Verbond

Het aantal Neerlandici dat zich in deze periode tot de cabaretkunst aangetrokken voelde, was opmerkelijk groot. Ook de Brabantse Ivo de Wijs (Tilburg 1945) behoorde tot de kring van Freek de Jonge, George Groot en Jan Boerstoel en het valt te betreuren dat hij zijn uitstekende cabaretprogramma's (die met die van Don Quishocking konden concurreren) na vijf succesvolle jaren heeft moeten opgeven, toen Aggie Terlingen en Richard Fritschy zich weer aan hun studie gingen wijden. Er kwam nog een verlengstuk (Formule 2) met Marnix Kappers, maar toen ook zijn oudste medewerker Pieter Nieuwint verdween deed hij geen pogingen meer een nieuw gezelschap te formeren. De samenwerking met de pianist-componist-zanger Pieter Nieuwint was al in 1965 begonnen en leidde na zeven experimentele jaren tot een beroepsstatus met opmerkelijke resultaten. De Amsterdamse première van hun eerste officiële programma *De wortels van het kwaad* in Theater Tingel Tangel (1972) was zo geslaagd, dat zij zich in één klap bij de jongste cabaretgeneratie wisten te scharen.

... Je vindt het vroeg, je ziet het laat,
Waar je ook gaat en waar je staat,
Nu onverwacht, dan obligaat,
Soms in je bed en soms op straat,
Het is het vunze surrogaat,
Het is het valse predikaat,
Het is de vochtige passaat,
En het venijnige citaat,
Het zijn de wortels van het kwaad ...

Soms waren er tekstbijdragen van Jan Boerstoel of Heinz Polzer, welke laatste als Drs. P. weleens als gast verscheen op hoogtijdagen. Maar het meeste materiaal werd door Ivo de Wijs zelf geschreven, zoals de meer dan kostelijke persiflage 'Sosjale joenit Open Doel', dat gelukkig via een grammofoonplaat bewaard is gebleven als typerend tijdsbeeld. Zijn cabaretcredo is altijd zeer helder geweest: 'Cabaret moet in de eerste plaats vermaak zijn. Er is veel te veel politieke actie die zichzelf cabaret noemt en die ongenietbaar is. Ik geloof ook dat dat heel goed is om de hovaardij van het gelijk in te dammen. Maar dat vermaak moet niet al te klootloos zijn, er zijn ideale momenten waarbij het echt samensmelt. Als het wáár is èn leuk tegelijk, dan is het hoogste bereikt wat je kunt bereiken. Zoals bij Koot en Bie, of Don Quishocking. Ik geloof dat het dan nog liever alleen maar leuk mag zijn, dan alleen maar waar. Want dat laatste, dat volkomen ironie-loze theatergedoe, daar kan ik niet tegen. Vandaar dat ik niet zo erg van Brecht houd, niet van het politieke cabaret, cabaret dat zich a priori helemaal in één hoek zet. Freek de Jonge heeft gezegd: tot elke prijs vermijden dat er ergens een avond vervelend amusement gemaakt wordt.

Daarin zit ook het criterium, dat ik heb vervat onder de noemer 'als het maar kloten heeft', 'als het maar nieuw is', 'als het maar iets creatiefs heeft'. Als het maar niet het oude, gelikte gedoe is, zoals dat nog steeds bestaat, allemaal van hetzelfde laken een pak, een liedje over de Palestijnen, een liedje over een sexuele abberatie, een liedje over de woningnood, een liedje over eenzaamheidsproblemen. Het is allemaal even saai en er is niemand die iets zelf bedenkt of die iets durft.' (1981)

Ivo de Wijs is zich na 1979 gaan wijden aan radio- en televisiewerk, terwijl hij zich als auteur bleef manifesteren bij Jasperina de Jong en Eric Herfst, zoals in het cabaretprogramma *Tussen zomer en winter* in 1980. En – zoals al eerder vermeld in hoofdstuk 5 – in de herfst van 1982 vindt de première plaats van zijn eerste musical: *Fien,* met

Cabaret Ivo de Wijs met Pieter Nieuwint, Richard Fritschy en Aggie Terlingen (1974)

Formule 2 met Marnix Kappers

Ivo de Wijs in 1981

Het eerste grammofoonplaatje van Heinz Polzer

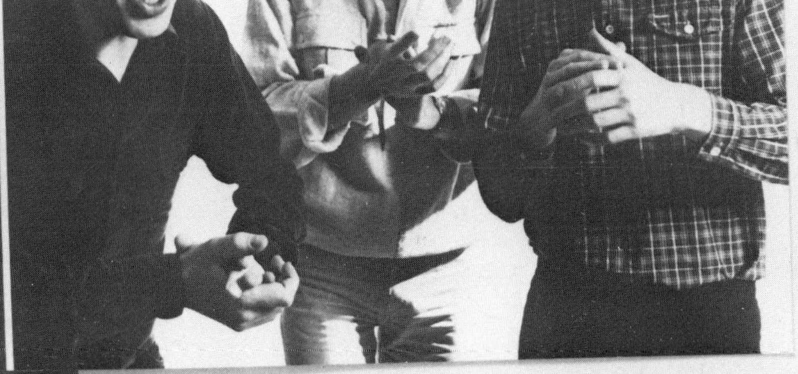

HET EENER DEERNE
en
andere
liederen
van den
gevierden
tenorzanger
DRANDUS P.
CNR
HX 1334

onder meer Jasperina de Jong, Gerard Cox, Reina Boelens, Rients Gratama, Loeki Knol, Jan Elbertse, Elsje Slats, Ruut Weissman, Doris Baaten, Bruun Kuyt en Lia Corvers. Voor de ware cabaretliefhebbers heeft de groep van Ivo de Wijs te kort, maar wel hevig, aan de weg getimmerd.

... De liefde, de liefde,
 komt voort uit het bestaan
De liefde, de liefde, van het geslachtsorgaan
De liefde, de liefde, die is verbazend leuk
De liefde, de liefde,
 en verder geen geneuk ...

Van de cabaretsolisten die zich in de jaren zeventig hebben gepresenteerd is de chansonnier (dichter-zanger) Robert Long ontegenzeggelijk de voornaamste gebleken, waarbij we met voldoening mogen vaststellen dat hij niet bij de eendagsvliegen ingedeeld behoeft te worden. Vijf jaar na zijn opzienbarende debuut in 1974 verscheen bij uitgever Peter van Lindonk zijn eerste biografie: *Robert Long, teksten.* Uit de inleiding citeren wij: 'Zing in dit land over de liefde en beperk je daarbij niet tot rijmpjes als "de lucht is blauw en ik hou van jou" en je weet zeker dat je hemelhoog geprezen en tot in de afgrond gekraakt wordt. Zing over burgerlijkheid, gezapigheid, vooroordelen, egoïsme, besmettelijke ziekten, bijgeloof, homofilie, politieke manipulatie, discriminatie, soft drugs en de dood en je kunt er vergif op innemen dat je enerzijds bijna gezalfd, anderzijds nagenoeg gestenigd zult worden. Robert Long heeft het allemaal meegemaakt. Het dualistische aspect van zijn persoontje manifesteerde zich al in de jaren zestig, toen hij zich met de regionaal vermaarde Utrechtse groepen The Yelping Jackals en Bob Revvel and the A-Ones in club- en buurthuizen, concertzalen en beatkelders ophield.'

... Soms komt een heel venijnig lied
 in mijn gedachten,
Maar dan denk ik:
 daar zit niemand op te wachten ...

Leven en loopbaan van Jan Gerrit Bob Arend Leverman (Utrecht 1943) worden gekenmerkt door onevenwichtige jeugdjaren, muzikale talenten, twaalf ambachten en dertien evangelische boodschappen.

... Want het leven was lijden,
 als je danste een heiden,
Als je lachte te luchtig,
 als je kuste ontuchtig,
Als je niet wilde werken
 of je ging niet ter kerke,
Als je lui in de zon lag
 of je fietste op zondag.
Kortom alles was verkeerd,
 want dat had je geleerd ...

Door de vroegtijdige dood van zijn moeder – hij was toen pas twaalf jaar oud – en de onrustige natuur van zijn vader heeft hij als jongen maar weinig harmonie en veiligheid gekend.

... God, wat hebben we gescholden
 en wat maakte je je kwaad,
En wat vond ik je een lul Pa,
 en wat heb ik je gehaat
Om het leven dat je leidde,
 ieder risico vermijdde,
Niet de moed had om te strijden
 voor een beetje meer geluk.
En je gewauwel over meisjes
 waar ik nooit mee trouwen zou,
Terwijl alles steeds mislukte
 tussen jou Pa en je vrouw.
En hoe jij jezelf steeds vaker
 in je kamertje opsloot
Met je kerk en met je bijbel
 die jou ook geen uitkomst bood ...

De muziek werd zijn toevluchtsoord en aan het eind van de jaren zestig had zijn popgroep Gloria een grote populariteit gekregen. Maar ondertussen droomde hij van een Nederlandstalige solocarrière.

... Wees wijs, kom bij mij,
haal je dromen allemaal bij mij.
Alleen de minst getapte droom
Dat is de droom die waarheid wordt,
Omdat de mens zich meestal liever
In onware dromen stort ...

Simon Carmiggelt schreef: 'Als ik Robert Long op de plaat *Levenslang* de zin "Alleen de minst getapte droom, dat is de droom die waarheid wordt" hoor zingen, denk ik onwillekeurig en zonder dat hij dat heeft willen aanrichten, aan zijn bliksemcarrière. Die heeft wat mij betreft iets weg van een wél getapte droom die waarheid werd. En is uiterst karakteristiek voor de essentie van zijn kunstenaarschap. Volgens mijn (bejaard) tijdsbesef was het nog maar heel kort geleden toen Robert Long, als popzanger, de ene Engelstalige hit op de andere stapelde. "Let us try" dacht en zong hij in 1973. Wat hij probeerde werd al spoedig beloond. Niet met het carnavalspetje in Uden, dat de opperste verworvenheid van de Nederlandse roem zo navrant symboliseert. Maar met een Outstanding Performance Award in Tokio. Dat was niet niks. Maar toen de hele grammofoonplatenindustrie met aangeveegde studio's en open microfoons gereed stond voor de gouden vruchten van een internationale carrière, zei hij: "Nee, voor mij geen sportauto's en swingende meiden." Hij koos voor het Nederlandse repertoire, dat hij zelf zou schrijven. Dat was een vloek in de kerk der kenners van de platenmarkt, om wier monden de bittere groeven der ervaring stonden gegrift. Wie koopt nou een plaat met Nederlandse liedjes? vroegen ze.

Corry Vonk en Wim Kan in de kleedkamer van Robert Long

Fie Carelsen en Robert Long openden in 1975 een cabarettentoonstelling in het Zeister Slot.

Het publiek gaf, in een machtig koor, het antwoord: Wij. De eerste Nederlandse lp van Robert Long werd – en dat was een wonder – een hit, die het taboe der sombere zeker weters op briljante wijze doorbrak. En dat vind ik karakteristiek voor alles wat Robert Long in het cabaret doet.'

... Als je fruit eet krijg je wormen,
Van veel wassen word je kaal
En als straks de bom zal vallen
Nou dan gaan we allemaal.
Katteharen zijn vergiftig,
Geef geen zoentjes aan een hond,
Keer nooit je rug toe naar een homo
Want dan zit ie aan je kont.
Negers zijn heel vaak gevaarlijk
Met een mes of een pistool
En kijk ook maar uit voor joden
Ook al spelen ze mooi viool.

En dat is allemaal angst, allemaal angst,
De allergrootste schreeuwers
  zijn dikwijls het bangst.
En als er ooit iets gebeurt,
  nou dan moet het zo wezen,
Wie het meeste angst heeft,
  heeft vaak het minst te vrezen ...

Robert Long was niet bang om – als een van de eerste artiesten in ons vaderland – zijn homofiele geaardheid te openbaren, ook niet toen sommige persorganen hem van koketterie begonnen te beschuldigen. Over dit onderwerp zei hij in diverse interviews: 'Ik wil me niet voordoen als een C.O.C.-propagandist, maar als ik van mijn huidige positie gebruik kan maken door wat meer begrip voor de homofiele mens te kweken dan zal ik dat niet laten. Tegen mensen die volhouden dat zoiets schadelijk is voor mijn carrière zeg ik dan: Nu kan ik het nog, over een paar jaar vraagt men zich misschien af wie die Robert Long dan wel is. Ik vind dat ik van de bekendheid die ik heb, gebruik moet maken om mijn mening naar voren te brengen. Het is teleurstellend dat er nog zoveel geheimzinnigheid en onbegrip hangt rond de homofilie. Ik ben christelijk opgevoed en heb derhalve lang gedacht dat het zo'n kwade instelling nog niet was. Langzaam maar zeker groeiden mijn bedenkingen ertegen uit tot een geweldige aversie. Ik uit mij fanatiek over alle ellende die het christendom in de loop der eeuwen over de wereld heeft uitgestort. Nu is het tijd om de dingen zo te zeggen als ze volgens jou zijn. Het geloof is per definitie intolerant omdat het is gebaseerd op zaken die niet zijn bewezen. In de loop der eeuwen werden mensen gemarteld. Nu nog worden mensen in hun sexuele uitingsmogelijkheden beknot. Iedereen kan hier met religieuze motieven en een foldertje in de hand aanbellen. Ongestraft. Ik kan er niets tegen doen. Wat denk je dat er zou gebeuren als ik hier in de straat overal zou willen aanbellen met de boodschap dat er meer geneukt moet worden. Voor ik het eind van de straat heb bereikt hebben ze me al in een dwangbuisje gestopt.'

... Vergeet de moraal
  van je moeder en vader,
't Was goed bedoeld
  maar 't verrijkte je niet.
Zie toch je hart als een heel grote ader
Die als je dat wilt
  plaats aan tientallen biedt ...

Uit de aard der zaak wilde Robert Long zijn Nederlandse getuigenissen niet alleen op de grammofoonplaat kwijt, maar ook in het theater. Hoewel hij daarbij heeft kunnen profiteren van de podiumervaring uit zijn Johnny Halliday-achtige periode, bleek hij in de praktijk geen begenadigd conférencier of acteur te zijn; de kracht van zijn optreden

218

lag in de eerste plaats in zijn boeiende persoonlijkheid ('de zichtbare uiting van de ziel'). Maar in de loop van de jaren wist hij zijn presentatie beduidend te verbeteren, waarbij hij veel te danken heeft aan Dimitri Frenkel Frank en Leen Jongewaard. Naast zijn soloshows – met Cobi Schreijer, Nelleke Burg en Ansje van Brandenberg als respectievelijke gasten – werkte hij mee aan twee succesvolle cabaretprogramma's van Dimitri Frenkel Frank met Jenny Arean en Jérôme Reehuis, maar gokte helaas verkeerd met zijn optreden in de musical *Swingpop* van Seth Gaaikema. Toch zou dit mislukte experiment in een positief resultaat verkeren door de ontmoeting met de uiterst veelzijdige acteur Leen Jongewaard, die eveneens aan deze produktie verbonden was. Diens gastoptreden in het daarop volgende Robert Long-programma groeide uit tot een dusdanige harmonische samenwerking, dat er van een duovorm gesproken kon worden. Meer dan ooit bewees Robert Long dat hij ook in staat was om teksten voor anderen te schrijven; de aangrijpende monoloog 'Ik heb hem naar de trein gebracht' voor Leen Jongewaard is daarvan een overtuigend bewijs.

Leen Jongewaard (Amsterdam 1927), van 1953 tot 1964 verbonden aan de toneelgroep Puck (later Centrum), beschikt over een rijke ervaring op het terrein van cabaret en musical; we noemen slechts *Mensen, hee mensen* (Mies Bouhuys), *Cabaret Lurelei* (Guus Vleugel), *Heerlijk duurt het langst* (Annie Schmidt), *De kleine parade* (Friso Wiegersma), *De Engel van Amsterdam* (Lennaert Nijgh), *Swingpop* (Seth Gaaikema) en vele succesvolle radio- en televisieseries (Jelle de Vries, Annie Schmidt, Eli Asser). Zijn samenwerking met Robert Long bleek opnieuw een schot in de roos te zijn: 'Robert Long en Leen Jongewaard schrijven cabaretgeschiedenis', 'Robert en Leen spuien hun ongenoegen fel en vakkundig', 'Robert Long + Leen Jongewaard: twee-eenheid op hoog niveau', 'Robert Long en Leen Jongewaard: sterk duo', En Joop Bromet schreef in *Elsevier*: 'Ook in historisch opzicht een belangwekkend cabaretprogramma. Zoals het Lurelei-Cabaret in de jaren zestig op exact het juiste moment leiding wist te geven aan een algeheel gevoel van onbehagen, zo weten Long en Jongewaard hun houding ten aanzien van de samenleving van dit moment in theater te vertalen. En dat is de afgelopen jaren geen enkele cabaretier zo oorspronkelijk gelukt.'

Dat ons cabaret 'dood' zou zijn, alle taboes doorbroken en alle onderwerpen behandeld, werd door de felgetuigende programma's *Duidelijk zo!?* en *Tot hiertoe heeft de Heere ons geholpen* meer dan duidelijk gelogenstraft en natuurlijk bleven ook nu – precies een eeuw na de geboorte van het cabaret op Montmartre – de burgerlijke protesten niet uit. Tijdens de proefvoorstellingen van hun tweede programma diende de zevenendertigjarige Eindhovense dominee A. J. van de Wetering een aanklacht in bij de officier van justitie te Amsterdam, over een satirische behandeling van de Evangelische Omroep: 'Vrij en blij', geschreven door Robert Long en gezongen door Leen Jongewaard.

... Want was ik God, ja God,
Nou dan nam ik het niet langer
Dat er met me werd gespot;
Ik gaf de allerzwaarste straf
Die ik ooit aan mensen gaf,
Mocht je zelf een keer genieten
Van de louterende pijn,
Voor je goddeloos gelul
Voor je domme flauwekul
Voor je harteloze smoesjes
En je liefdeloos venijn.
En ik zorgde zeer beslist
Dat je met z'n allen wist

Dat ik absoluut geen lid
Van jullie omroep wilde zijn ...

De reactie op dit Eindhovense protest werd voor het duo verwoord door hun manager John Drogtrop: 'Aanvankelijk waren ze geamuseerd, maar dat sloeg snel in grote woede om. Ze worden meer dan ooit bevestigd in het gevoel nuttig bezig te zijn. Hun programma gaat ondermeer over de minder wordende verdraagzaamheid, over discriminatie en zo. Er is nog een hoop werk voor ze te doen.' Dit laatste bleek maar al te waar toen de Evangelische Omroep in december 1981 zijn leden opriep zich schriftelijk te verweren tegen de antidiscriminatieplannen van onze regering: 'Het voorontwerp vormt een regelrechte bedreiging van de vrijheid om in dit land te werken naar bijbelse normen. Christelijke instellingen konden tot nog toe hun medewerkers of de mensen die aan hun zorgen zijn toevertrouwd zeggen: We vinden het op grond van het woord van God ongeoorloofd dat je, dat u, in een homofiele relatie leeft of ongetrouwd samenwoont.'

De Amsterdamse officier van justitie, A. E. Broek-Blaauboer, kon in het gewraakte cabaretlied geen strafbare, godslasterlijke elementen ontdekken; Robert en Leen mochten vrij en blij verder werken, zonder door christenen vervolgd te kunnen worden.

Robert Long en Leen Jongewaard

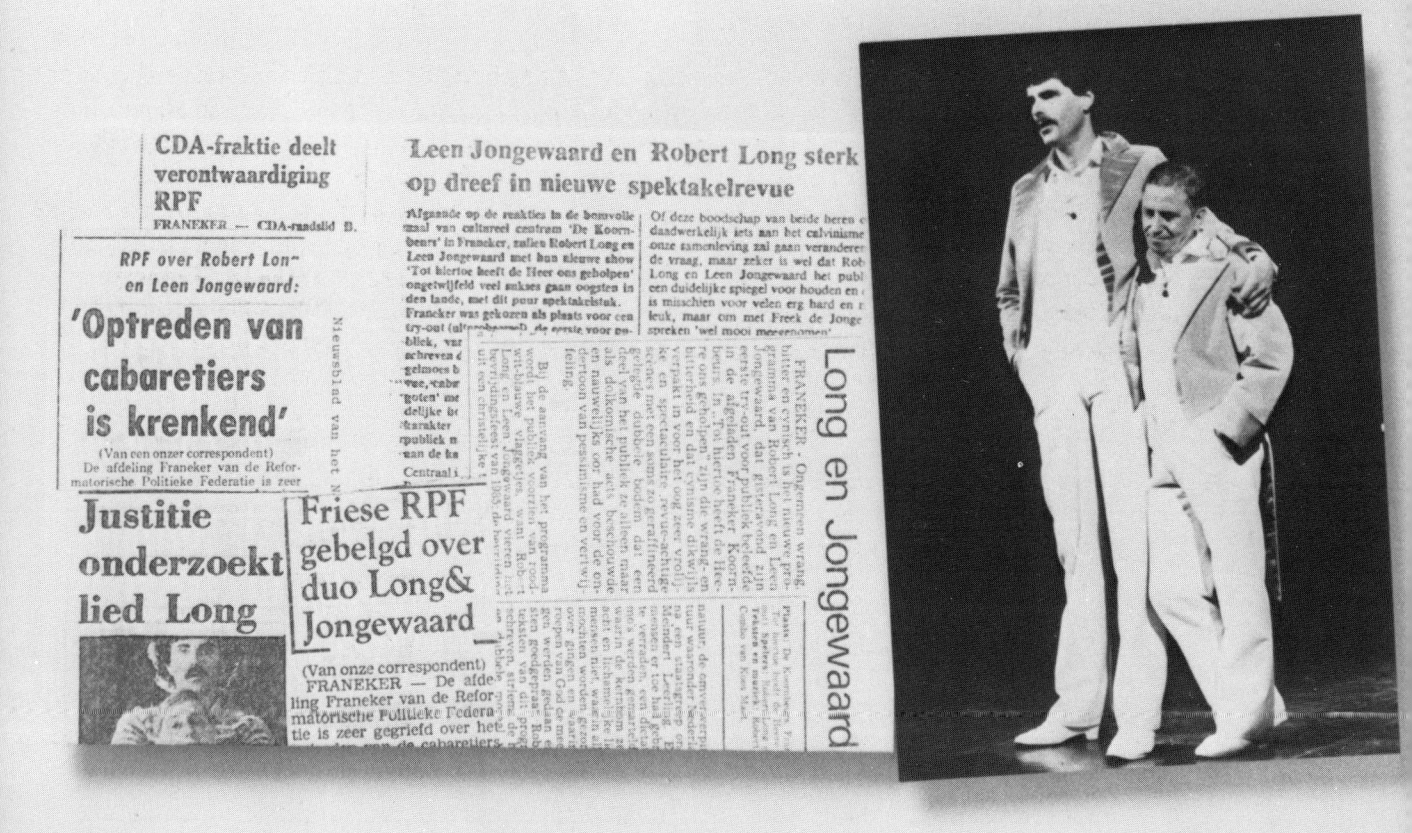

... Jezus redt, Jezus redt
Alle mensen uit de nood,
Jezus, redt Jezus,
Redt Jezus uit de goot ...

Robert Long was, vooral in zijn beginjaren, niet altijd in staat om zijn – overigens gerechtvaardigde kritiek – in de juiste artistieke vorm te gieten. Net als Freek de Jonge hanteerde hij soms blindelings de botte bijl, waarbij men zich kan afvragen of daarmee het beoogde doel wordt bereikt. Een reactie die voortkomt uit overwònnen woede, teleurstelling of verdriet, kan vaak effectiever werken dan een impulsieve schreeuw van machteloze agressie. Zo werden de sexvoorschriften uit Rome door Wim Kan destijds gecommentarieerd met de kritische kantekening: 'Wie de sport niet bedrijft, moet zich ook niet met de spelregels bemoeien,' maar Robert Long zong in zijn lied 'Homo sapiens':

... Elk diertje z'n plezier, nietwaar?
Dat is voor niemand een bezwaar.
Behalve in de ogen van zo'n klootzak
Als een Gijssen,
Die man bekijkt de wereld
Met zo'n vrome zure smoel,
Omdat-ie zelf niet neuken mag
Meent-ie vol afgrijzen
Z'n medemens die anders is
Terecht te moeten wijzen ...

Men zou in dit verband ook kunnen stellen: 'Ieder vogeltje zingt zoals het gebekt is,' teneinde er angstvallig voor te waken dat niemand zich het recht kan toeëigenen om die vogels van verschillende pluimage de mond te snoeren. En dat werd wel degelijk geprobeerd door christelijke hoogwaardigheidsbekleders van RPF, SGP, GPV en CDA in Franeker en Sliedrecht, die de uitverkochte voorstellingen van Long en Jongewaard wilden verbieden.

Op 21 december 1981 schreef Jacques d'Ancona in het *Nieuwsblad van het Noorden*: 'Het is bij navraag gebleken, dat protesterende geschokte vaderlanders het programma van Long en Jongewaard niet eens zelf hebben gezien. En niettemin komen ze met dit soort acties. Ik vind dat hoogst gevaarlijk en griezelig. Want het toont aan, dat Robert Long gelijk heeft dat hij van zijn kant waarschuwt. De vorm die hij daarvoor kiest in 'Tot hiertoe heeft de Heere ons geholpen' is niet die van lichtvaardig vermaak. Zijn show met Jongewaard bevat elementen van revue en volkstoneel met als uitgangspunt de viering van het bevrijdingsfeest van 1985: het einde van de christelijke terreur, van de EO-signatuur, de omverwerping van de dictatuur waaronder Nederland zuchtte na de staatsgreep van Meindert Leerling. Een regime dat mensen er toe bracht elkaar te verraden, een dictatuur die homo's liet martelen, de kernbom moreel aanpreest en lichamelijke liefde tussen twee mensen afkeurde. Een tijd waarin liedjes werden gezongen die nergens over gingen en waarin onder het mom van het aanroepen van God zeer goddeloze dingen werden gedaan en goedgepraat met Bijbelteksten. Robert Long vernietigt de huichelachtigheid van de dubbele moraal van een bepaald soort christenen, vooral van hen die je wijs maken dat ze God en zijn bedoelingen persoonlijk menen te kennen. Ik houd het er op dat dat niet onchristelijk is. En dat het bedenkelijk is om te pogen hem het zwijgen op te leggen. Temeer omdat het slechts één facet is in een veel geschakeerder programma, dat inmiddels door al dit gedoe er omheen een gigantische belangstelling trekt en in de sensationele sfeer dreigt te raken. Goed luisteren en willen luisteren blijft een kunst die ik als privé huiselijke wens graag onder de kerstboom deponeer.' Franeker, Sliedrecht, Eindhoven ... Een cabarethistoricus denkt aan Helmond, waar in 1906 de dichter-zanger Koos Speenhoff door de politie van het toneel werd gehaald.

... Het waren twee aardige mensen,
Nog zonder verstand en gezond,
Die hielden zoveel van elkander
Alsof er geen wetboek bestond ...

(Zie het hoofdstuk 'Verboden toegang' in deel 1)

NEERLANDS HOOP, DON QUISHOCKING EN ROBERT LONG; de nieuwe oogst was inderdaad minder rijk dan in de jaren zestig. Toch getuigde de daaruit voortvloeiende paniekstemming – hier en daar sensationeel aangekweekt – niet alleen van weinig historisch inzicht en realiteitsbesef (zie ook het 'oude testament'), maar bovendien van een onterechte verwaarlozing van veel andere groepen en solisten uit deze periode. Het cabaret van Ivo de Wijs – in de schaduw van Don Quishocking – hebben we al met ere genoemd en we mogen ook niet voorbijgaan aan het werk van een chansonnier als Wim Hogenkamp die – in de schaduw van Robert Long – een verdiende publieke belangstelling mocht ondervinden. Toen hij bovendien in de musical *Swingpop* diens rol vakkundig had overgenomen, groeide het vertrouwen in zijn toekomstige verrichtingen. Verder waren er twee discipelen van Jaap van de Merwe die opmerkelijke cabaretprestaties hebben geleverd: Frits Lambrechts en Rob van de Meeberg die beiden het 'politiek pamflet in theatervorm' als uitgangspunt hebben gekozen.

FRITS LAMBRECHTS
(Amsterdam 1937)
Een Ernst Busch-achtige cabaretier, die via Jaap van de Merwe, Henk Elsink, Wim Kan en Sieto Hoving een zelfstandige loopbaan begon en zijn communistische ideeën niet onder cabaretstoelen of banken stak. Ondanks zijn plezierige volkse zangstem en zijn sympathieke uitstraling die vaak vertederend werken, kregen zijn strijdvaardige programma's (soms in samenwerking met artiesten als Elsje de Wijn, Martin Brozius, Sylvia Alberts, Margriet de Groot, of Rob en Wim van de Meeberg) te weinig respons. Dat was niet alleen het gevolg van een groeiende publieke vermoeidheid ten opzichte van het fanatieke boodschappencabaret, maar ook van zijn eigen artistieke beperkingen; als oprecht bewogen liedjeszanger (Beursplein 5) is hij beter geslaagd dan als demagogisch conférencier die van dik hout planken zaagt.

ROB VAN DE MEEBERG
(Arnhem 1944)
Telg uit een muzikale familie – zijn broer Wim is een voortreffelijke pianist-componist – die door Lambrechts in het cabaret van Van de Merwe belandde en daar plotseling opviel door zijn emotionele vertolking van het Braziliaans protestlied 'Lege buik'. Ook hij ging op eigen kracht verder (soms in samenwerking met zijn broer of met artiesten als Hessel van der Wal, Marius Monkau of Beatrijs Sluijter), maar moest eveneens ervaren dat hij met zijn linkse geluiden op de duur een kleiner publiek tot zich trok dan waarop hij had gehoopt. Wie zijn laatste programma *Langsslinksewegen* heeft gezien (teksten onder meer van Rob en Wim van de Meeberg, Jaap van de Merwe en Jan Boerstoel), kan deze gang van cabaretzaken alleen maar betreuren. Zijn Honoloeloe-collega Hessel van der Wal waagde zich overmoedig aan een soloprogramma.

De jaren zeventig lieten ons kennismaken met nog veel meer initiatieven die de moeite waard bleken te zijn, zoals Tekstpierement, Vrouwencabaret, Vangrail en Cabaret Nar.

Op pagina 224:

Frits Lambrechts

Vrouwencabaret Natascha Emanuels met Lia Karon, Liesbeth van Apeldoorn, Carla Delfos en Cilly Dartell

Jos Brink, Frank Sanders en Henk Bokkinga

Rob van de Meeberg en Hessel van der Wal

Marjol Flore (dochter van Françoise Flore)

Op pagina 225:

Cees Rutgers

Wim Hogenkamp

Kees van Kooten en Wim de Bie

Jo Spiers, Dorien Mijksenaar en Perry Cavello

Cabaret Nar met Aletta de Nes, Youp van 't Hek en Hans van Gelder

CABARET TEKSTPIEREMENT
(1972–1979)

Akademie-leerling Frank Sanders werd tijdens zijn opleiding al gedreven door het vurige verlangen om later een eigen gezelschap te kunnen beginnen. Dank zij zijn doorzettingsvermogen en vasthoudendheid lukte het hem om, na zijn medewerking aan de musicals *De Stunt* en *Sweet Charity* met Jasperina de Jong, voor zijn idealistische plannen vastere grond onder de voeten te krijgen. Dat was voornamelijk te danken aan de komst van zijn vriend en collega Jos Brink, die in 1968 een gedeelde derde prijs met Mady Misset in ontvangst mocht nemen bij het Cabaretconcours van het Amsterdamse I.C.C.: 'Jos Brink is op de cabaretplanken een sterke, maar ook erg egocentrische persoonlijkheid. Hij schijnt er meer op uit de zaal te imponeren dan te winnen. Zijn conferences houden een belofte in, maar de teksten van zijn liedjes zijn over het algemeen te gewild en de vertolking daarvan te zelfingenomen en gemaniëreerd. Als hij er in slaagt zijn talent zuiver te richten komt er iets waardevols.' (C. B. Doolaard)

Met de teksten van de talentvolle en intelligente theaterpersoonlijkheid Jos Brink (1942) en de regie van Akademie-directeur Johan Verdoner, ging Cabaret Tekstpierement in 1972 definitief van start. De verdere medewerkenden van het eerste uur waren Guuske Kotte, Lia Karon en pianist-componist Henk Bokkinga, terwijl later ook Sylvia Alberts, Sytha Bolt en Lucie de Lange hun bijdragen hebben geleverd. Met veel vallen en opstaan (er zaten soms maar dertig mensen in de zaal) drong deze nieuwe groep in de loop van de jaren door tot de top van de publieke belangstelling, mede veroorzaakt door de groeiende bekendheid van Jos Brink die in menig tv-spelletje de lollige broek had aangetrokken. Daardoor werd hij meer dan ooit de centrale figuur die zijn eigen stempel op ieder programma drukte. Zelf spreekt hij van zijn 'controversiële persoonlijkheid' en dat is geen wonder wanneer men naar zijn tegenstanders luistert: 'De Nederlandse planken worden nog steeds geteisterd door Jos Brink. Het is niet echt slecht wat die jongen doet, hij kan best wat, maar alles wat hij brengt is vals, onecht en afgekeken. Niets origineels is erbij. De toneelpresentatie van Jos Brink is een mixage van Wim Kan, Wim Sonneveld en Toon Hermans, z'n grappen komen onveranderlijk uit moppenboekjes, z'n glimlach komt uit een feestwinkel en verder wil ik er niets meer over zeggen.' (Ivo de Wijs)

In het verlengde van deze afkeer ligt het oordeel van Jan Paul Bresser, die jarenlang de programma's heeft gerecenseerd: 'Tekstpierement is een best wel aardig consumptiecabaret – mooi maar oppervlakkig; het zou misschien beter gewoon Pierement kunnen heten.' Voor zijn kwisprestaties bij de AVRO kreeg Jos Brink in 1979 de TeleVizier-ring, die hem door Wim Kan – winnaar 1978 – aan de vinger werd geschoven. En Henk van Gelder schreef: 'Jos heeft het dus bij het grote publiek volledig gemáákt. Dat is zijn goede recht. Ik hou niet zo van die kokette lachebekkerij in die kleffe burgermanskwis van Fred Oster. En ik heb de pest aan het rattenblad *Privé,* waarin hij vrolijk met zijn eigen wekelijkse rubriek meedraait. Maar het is zijn goede recht. Daarentegen vind ik wel, dat hij een paar mooie liedjes heeft gemaakt op zijn solo-elpee, dat hij uitstekende nummers heeft geschreven voor zijn cabaretgroep Tekstpierement en dat hij een paar uitstekende grappen vertelde bij zijn optreden voor de koninklijke familie. Terecht heeft Wim Kan hem daarvoor geprezen. Jos zegt zelf, dat al dat geflirt met de zwijgende meerderheid tot doel heeft om meer publiek (en daarmee meer financiële mogelijkheden) te trekken naar zijn theater-

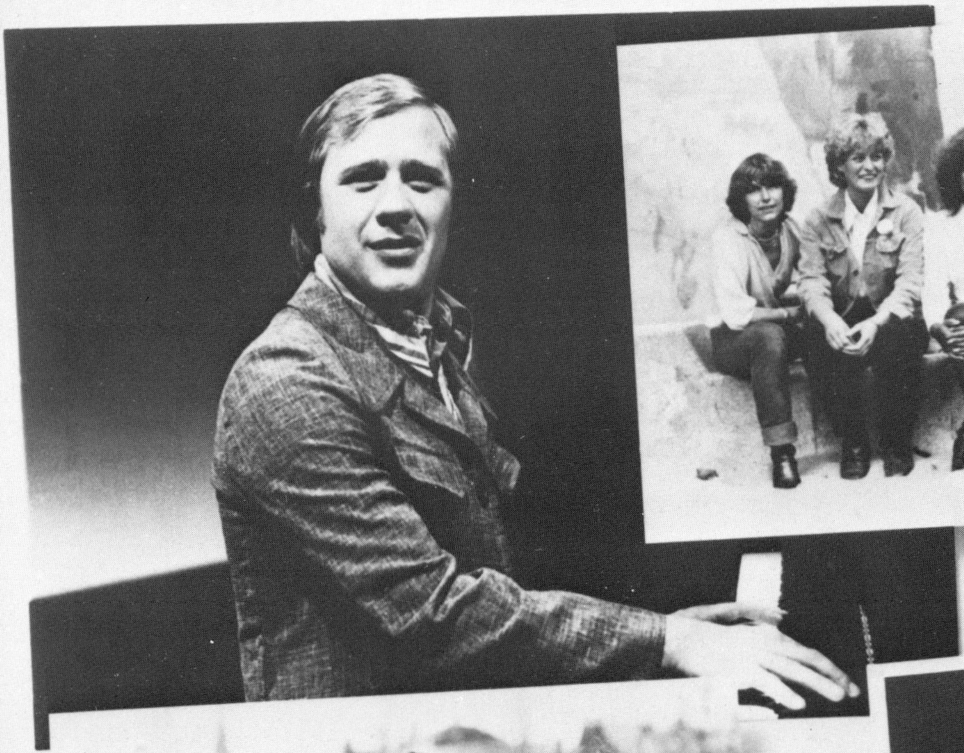

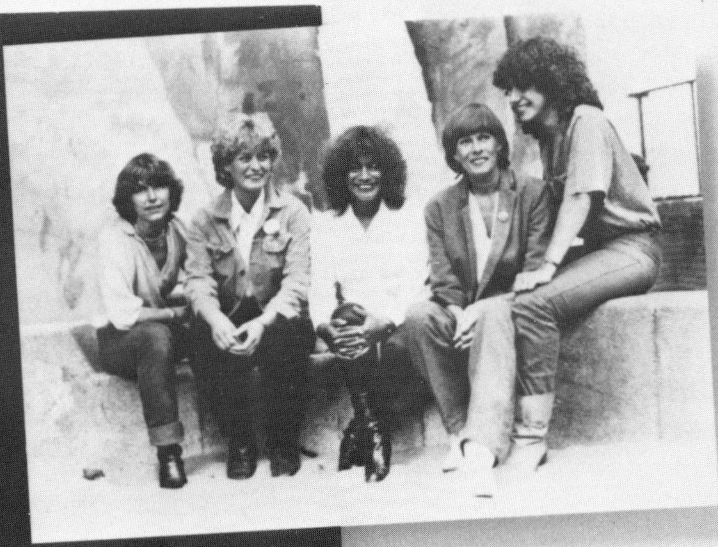

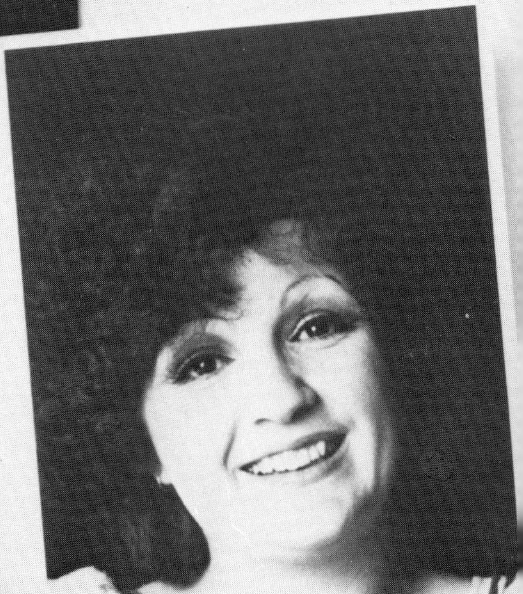

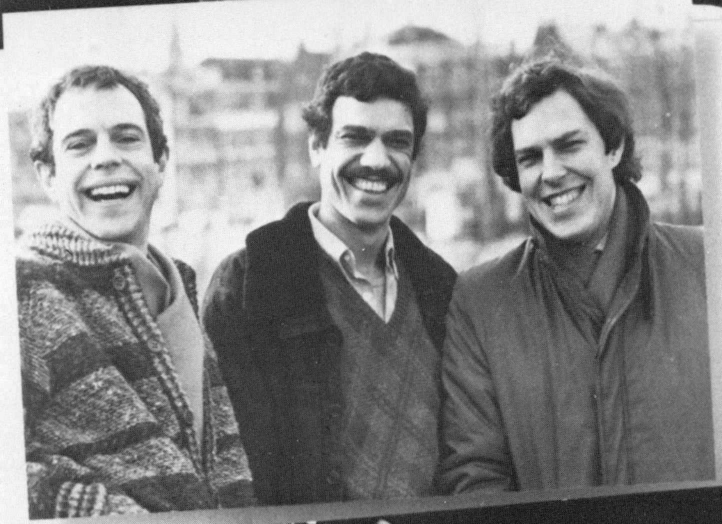

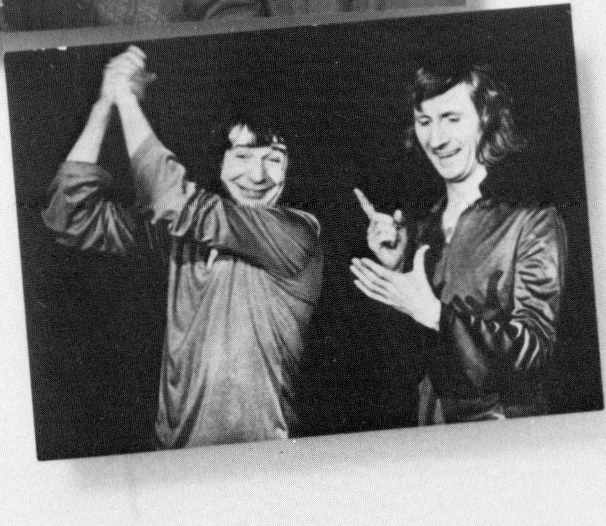

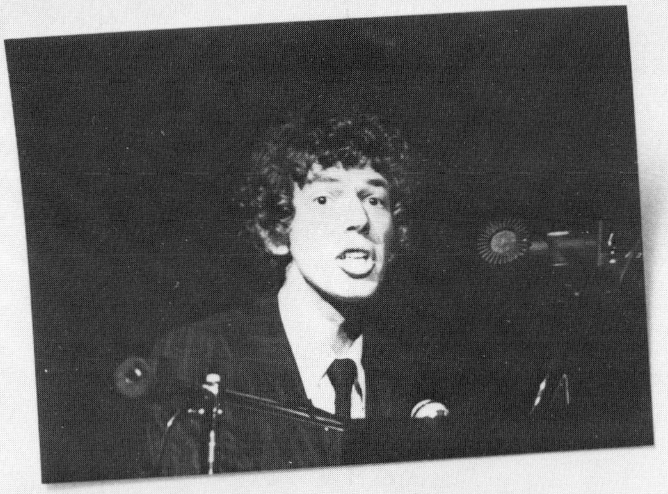

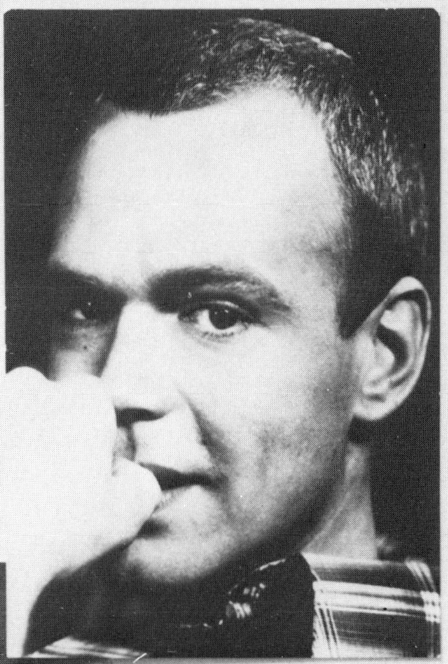

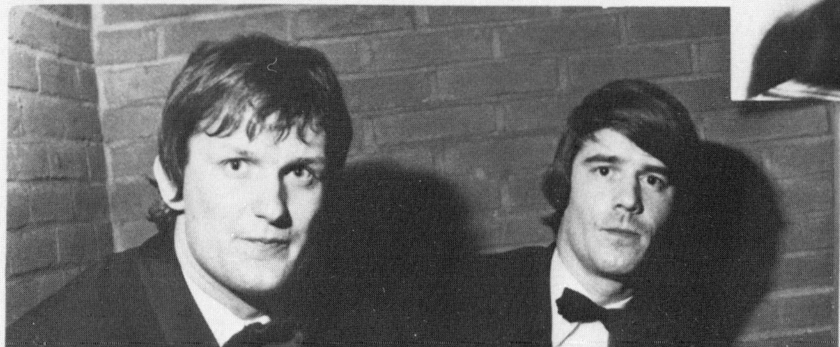

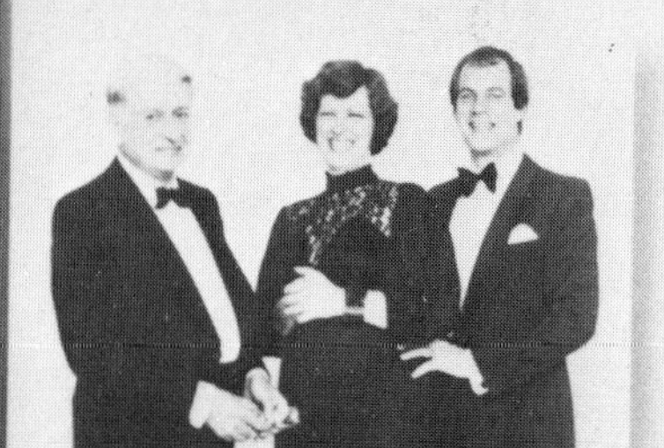

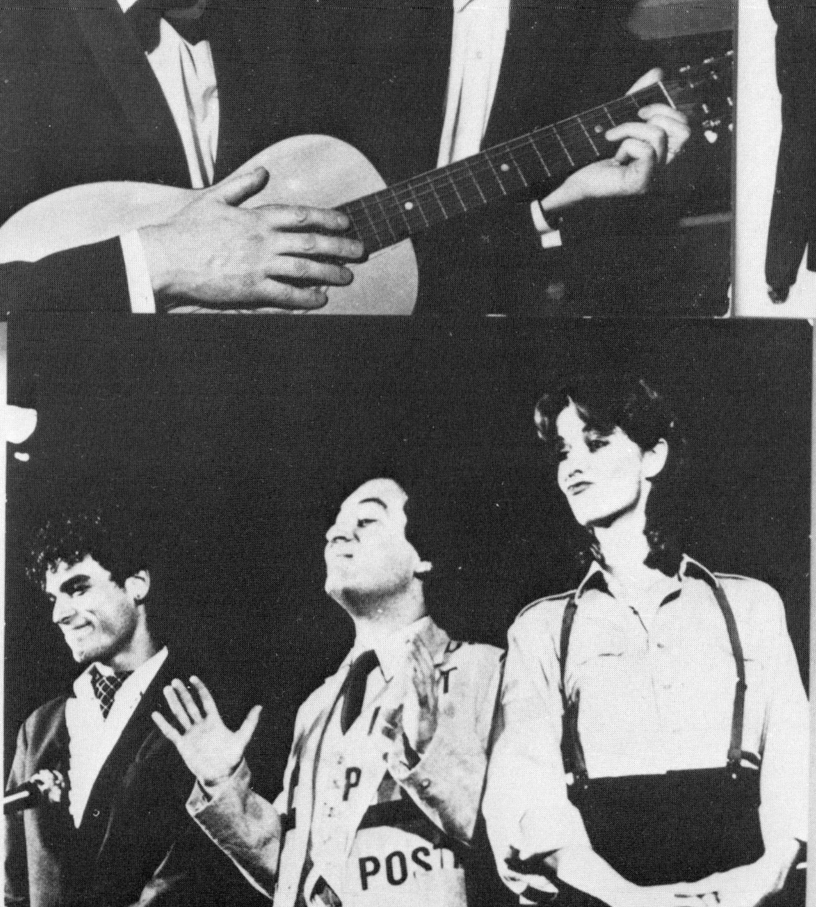
POST

activiteiten. De AVRO zendt tv-registraties van Tekstpierement uit in ruil voor zijn medewerking aan dat kwisgedoe. Maar tegelijkertijd laat hij bij die tv-registraties uit eigen vrije wil harde grappen over Van Agt en Wiegel weg. En hij krijgt verkeerd publiek in de zaal, dat helemaal geen harde grappen of mooie liedjes wil horen. Ik heb meer waardering voor groepen als Ivo de Wijs en Don Quishocking, die – net als hij – hard hebben moeten werken voor erkenning, maar nu volle zalen trekken zonder al die idiote concessies. Je wordt er namelijk als cabaretier zo verdomd ongeloofwaardig van. Gefeliciteerd met je TeleVizier-ring, Jos Brink. De mensen vinden alles prachtig wat je doet. Je kunt je vast nog jarenlang behaagziek koesteren in die aanbidding. Je kunt ook voor iets anders kiezen, maar dan moet je wel voortmaken.'

In dat zelfde jaar koos Jos Brink voor de musical en daarmee werden veel aarzelende vragen van onzekere cabaretliefhebbers beantwoord, die hem op de een of andere manier onwaarachtig hadden gevonden. Want in die commerciële glittersfeer kreeg hij eindelijk de kans om volledig zichzelf te zijn en daarmee zijn ware gezicht te tonen. Met het onzindelijke produkt *Amerika-Amerika* kon hij zich wellustig wentelen in een smakeloze hutspot van 'komische humor' en vals sentiment. Staande ovaties van de grote massa bewezen hem dat hij de juiste keuze had gemaakt en de kritiek van een minderheid – die hem als allround vakman volledig erkent – schijnt hij glimlachend te willen afdoen met een legendarische uitspraak van zijn Amerikaanse showbiz-collega Liberace: 'I cried all the way to the bank.' En wat de toekomst betreft zou het waarschijnlijk niemand verbazen wanneer hij een one-man-show zou beginnen met Frank Sanders als producer-regisseur.

VROUWENCABARET
van Natascha Emanuels (1971–1981)
Zoals Cabaret Tekstpierement kon profiteren van een hernieuwde hang naar burgerlijk vermaak (met een modieus-progressieve tik), zo kon de geëmancipeerde balletdanseres en latere musicalartieste Natascha Emanuels (1940) gebruik maken van de sfeer rond de feministische beweging in de jaren zeventig; zij verschafte een spreektrompet voor de gerechtvaardigde wensen, verlangens en eisen van de moderne Nederlandse vrouw. En voor dat protestelement was de cabaretformule natuurlijk uitermate geschikt, al werd van de artistieke mogelijkheden helaas geen optimaal gebruik gemaakt. Natascha Emanuels – die zichzelf tot ster van haar ensemble had uitgeroepen – bleek namelijk een groter organisatorisch dan artistiek talent te bezitten, waardoor de diverse produkties met constant wisselende medewerksters nauwelijks boven de middelmaat zijn uitgekomen. En dat lag niet alleen aan de presentatie, maar ook aan het tekstmateriaal. In het eerste programmaboekje liet Paul van Vliet desgevraagd weten wat hij van dit nieuwe initiatief vond: 'Van een programma zonder mannen geldt hetzelfde als een programma zonder vrouwen, èn een programma met mannen en vrouwen, èn een programma zonder mannen en vrouwen: het moet een goed programma zijn voor mannen èn vrouwen.'
De waarheid van deze uitspraak werd in het tienjarig bestaan van het Vrouwencabaret vaak pijnlijk gedemonstreerd; over het derde programma schreef Ruud Gortzak in *De Volkskrant:* 'Wat ze brengen heeft meer het karakter van een revue dan dat van pittig cabaret en daar is op zichzelf niets tegen, al geeft het mij aan het slot van de avond toch hetzelfde rare gevoel als al die bloemen die op het podium werden gelegd. Ze waren natuurlijk goed bedoeld, maar voor mij her-

schiepen ze Tingel–Tangel op dat moment in een chapelle ardente en bij alle vreugde over het aardige programma kon je tegelijkertijd denken dat hier het Vrouwencabaret ten grave gedragen werd.'

Maar er waren ook veel positieve kritieken in het hele land, zodat de begrafenis nog jaren op zich heeft laten wachten. Toch raakte het Vrouwencabaret, ondanks pittiger produkties als *Een traan voor elke roos* in het Holland Festival, langzaam maar zeker uitgepraat: 'Problemen als abortus, verkrachting, geweld tegen vrouwen, emancipatie en rolpatronen zijn voldoende behandeld,' zei een vermoeid geraakte Dolle Mina en nam voorlopig afscheid van het Nederlandse cabaret.

CABARET VANGRAIL (1974)

Van de groepen die via het leerlingenbestand van de in 1962 opgerichte Akademie voor Kleinkunst het levenslicht zagen, heeft Cabaret Vangrail een bescheiden maar opvallend succes geboekt. De oorspronkelijke formatie bestond uit Cees Rutgers (tekst), Guus Ponsioen (muziek), Reina Boelens, Elsje Slats en Ad de Bont, die in 1974 de eerste prijs wegsleepten op het Cameretten-festival: 'Amsterdam, wat jammer nou, maar ik kan je niet zeggen hoeveel ik van je hou.' Hoewel de cast voortdurend wisselde en bovendien steeds kleiner werd, bleef door de teksten en leiding van Cees Rutgers (die bovendien een conférencier is met een eigen stijl) een fantasierijk, pastelkleurig karakter gehandhaafd. Vangrail behoort ook tot de eerste nieuwe groepen die de aloude formule van een themaprogramma in ere herstelden; de Friedrich Holländer-vorm, zoals die in de jaren veertig en vijftig ook door Wim Kan en Wim Sonneveld werd toegepast. In het programma *Ach laat mij toch niet sterven op het station van Etten-Leur* vertelde Cees Rutgers zelfs een compleet verhaal, geassisteerd door Georgette Reyewski en Ruth Walter. Het experimentele café-theatertje De Suikerhof in Amsterdam ('off-off-Broadway') is meestal hun oefenterrein.

CABARET NAR (1975)

Van de talrijke nieuwe solisten of groepen die in 'het alternatieve circuit van de kleine theaters' hun bestaansrecht nog moeten bewijzen, schijnt Cabaret Nar van Youp van 't Hek (1954) op dit ogenblik de beste kansen te maken. Hoewel hun eerste grammofoonplaat (met Ruth Walter en Jan Kokken) voorbarig genoemd moest worden, bleek de tweede registratie (het deel na de pauze van het programma *Zonder twijfel* met Aletta de Nes en Hans van Gelder) een beduidend rijper produkt op te leveren. Dat is voor een groot deel te danken aan de supervisie van de voormalige Don Quishocking-medewerker Pieter van Empelen, maar ook aan de geslaagde vorm en uitwerking van een origineel cabaretverhaal (zie Vangrail), waarin Youp van 't Hek zich als geloofwaardig acteur ontpopte die het publiek niet alleen liet lachen, maar ook wist te ontroeren. In het najaar van 1981 ging het gerucht dat hij speelde met de gevaarlijke gedachte om zich te gaan wagen aan een soloprogramma. Maar dat zou – net als die eerste grammofoonplaat – nogal voorbarig zijn.

KEES VAN KOOTEN en WIM DE BIE

Hoewel zij eigenlijk niet in een theaterboek thuishoren, zijn zij met hun cabareske activiteiten voor de radio, de televisie en op de grammofoonplaat zó uniek geworden, dat men hun namen moeilijk kan negeren! Wim de Bie (1939) en Kees van Kooten (1941) hadden als studievrienden in Den Haag al een eigen cabaret en kwamen via een reeks van radio- en televisie-uitzendingen *(Multiplex, Uitlaat, Fenklup, Klisjee-*

mannetjes, Hadimassa, Gat van Nederland) tot een onovertroffen samenwerking in hun *Simplisties Verbond* bij de VPRO-tv. Met een bewonderenswaardige frequentie weten zij zich op hoog niveau te handhaven; in de grijze brij van televisie-amusement vormen zij de smakelijke krenten, origineel, spiritueel en baanbrekend.

Het antieke Nederlandse monstrum dat omroepbestel heet, dwingt de diverse clubs om zich uit angst voor klantenverlies zo commercieel mogelijk op te stellen. Een van de noodlottige gevolgen is dat het ware cabaret – als typisch Nederlands cultuurgoed – nauwelijks aan bod komt. Het is nogal griezelig om vast te stellen dat democratische spelregels (sinds de jaren dertig is het aantal omroepen minstens verdubbeld) hebben geleid tot de dictatuur van een teeveemassa met het bevattingsvermogen van twaalfjarigen. Daardoor is de hooggeroemde culturele veelvormigheid verworden tot commerciële vormloosheid. Gelukkig vormt de VPRO een gunstige uitzondering, met Kees van Kooten en Wim de Bie als cabareteske exponenten.

Zoals al eerder vastgesteld, kenmerkten de jaren zeventig zich over de hele linie door de toegenomen behoefte aan makkelijk te consumeren vrijblijvend vermaak. De meeste experts die deze ontwikkeling veroordelen, klagen over een vuur dat ze zelf hebben aangestoken. Veel geëngageerde commentatoren hebben immers jarenlang de infantiele uitspattingen van incompetente cabaretdilettanten toegejuicht en aangemoedigd. Het mag daarom geen verbazing wekken dat als reactie menige cabaretliefhebber zich stilzwijgend van dit verwordingsproces heeft afgekeerd. Een nieuw publiek dat voor het vakkundige, artistiek verantwoorde cabaret gewonnen zou kunnen worden (zoals dat met name 'in de provincie' nog steeds het geval is), vlucht voor het stuitende amateurisme van cabaretiers en hun commentatoren naar de gezellige en beschaafde entertainers met-een-liedje-en-een-praatje. Of ze

Jan Simon Minkema

gaan op zoek naar de veilige sfeer van de goeie-ouwe-tijd-van-toen. En in dat licht is bijvoorbeeld het grote succes te verklaren van het 1925-programma *Onder de bomen van het plein* bij het zevenhonderdjarig bestaan van Amsterdam, of van de nostalgische café-chantant-programma's zoals die met een knipoog worden uitgevoerd door Robert Kreis en Marjol Flore, of historisch verantwoord door het zo professionele trio Dorien Mijksenaar – Perry Cavello – Jo Spiers.

Daarmee is dan precies het omgekeerde bereikt van wat dogmatische propagandisten met hun extreme principes wilden zien gebeuren.

Overigens werd er in deze warrige jaren wel degelijk een toekomstig publiek gekweekt door jonge kinderen te confronteren met de moderne cabaretkunst. Het meer dan loffelijk initiatief van Jan-Simon Minkema (1950) om de eeuwige poppenkasten en goochelaars te vervangen door een intelligent, progressief en vakkundig Kindercabaret, mag beschouwd worden als een van de bijzondere resultaten die door de opleiding aan de Akademie voor Kleinkunst werden bereikt. Samen met zijn Akademie-collega's Hetty Heijting en Beatrijs Sluijter richtte hij in 1975 de groep Potvoordrie op die – later ook met Lia Corvers, Ruut Weissman, Elsje Slats en Ad de Bont – tot 1980 pionierswerk heeft verricht. Na die vijf jaar bleef de sfeer van dit aparte cabaret bewaard op twee langspeelplaten, in de NCRV-serie *De Familie Knots* met Hetty Heijting (teksten), Jan-Simon Minkema en Marnix Kappers, en bij de huidige groep 'Mevrouw Smit' met Beatrijs Sluijter, Wil Heins, Roeland de Wolf, Ad de Bont, Elsje Slats en Jan Elbertse, allen afkomstig van de Akademie voor Kleinkunst.

Tot nu toe heeft dit twintigjarig instituut geen grote sterren voortgebracht (die verschijnen in het theater blijkbaar 'vanzelf'), maar wel een aantal veelzijdige groepen en solisten van wie de namen met grote regelmaat in deze cabaretbijbel konden worden vermeld.

In 1959 richtten een aantal jongeren die zich in het amusementsvak wilden bekwamen de Stichting Werkgroep Nederlands Cabaret op. De spil was Bob Bouber (kleinzoon van dé Boubers), die het zelfs lukte om een 'aanmoedigingssubsidie' van de overheid los te krijgen. En bovendien kreeg hij de steun van Baron d'Aulnis, die van het begin af het belang van een dergelijk opleidingsinstituut heeft ingezien; een visie die in die tijd nog maar door weinigen werd gedeeld. Van de docenten die door Bob Bouber werden aangetrokken maakte ook Johan Verdoner deel uit. Deze had, samen met Jo Gütlich, een balletschool in hetzelfde gebouw waar de cabaretschool een onderdak had gevonden (toen nog in de Albert Cuypstraat). Helaas, Bob Bouber slaagde er niet in zijn experimentele onderneming van de grond te krijgen en ontving daardoor geen subsidie meer. Hij trok zich terug en Johan Verdoner nam voorlopig zijn werkzaamheden over. Een door de Raad voor de Kunst in het leven geroepen adviescommissie met Marie Hamel, Hans Tiemeyer, Sieto Hoving, Piet Muyselaar en Wim Ibo, trachtte te redden wat er te redden viel en mocht de voldoening smaken 'Den Haag' ervan te overtuigen dat voortzetting van dit initiatief onder leiding van Johan Verdoner (die intussen samen met Jo Gütlich alle financiële zorgen op zijn schouders had genomen) tot een verantwoord opleidingsinstituut zou kunnen uitgroeien. Tegelijkertijd werd de naam veranderd in 'Stichting Akademie voor Kleinkunst' (het woord kleinkunst in de betekenis van amusementskunst, om niet alleen het cabaret maar ook de musical en de show in

Akademie voor Kleinkunst in 1977

Akademie voor Kleinkunst in 1981

Johan Verdoner

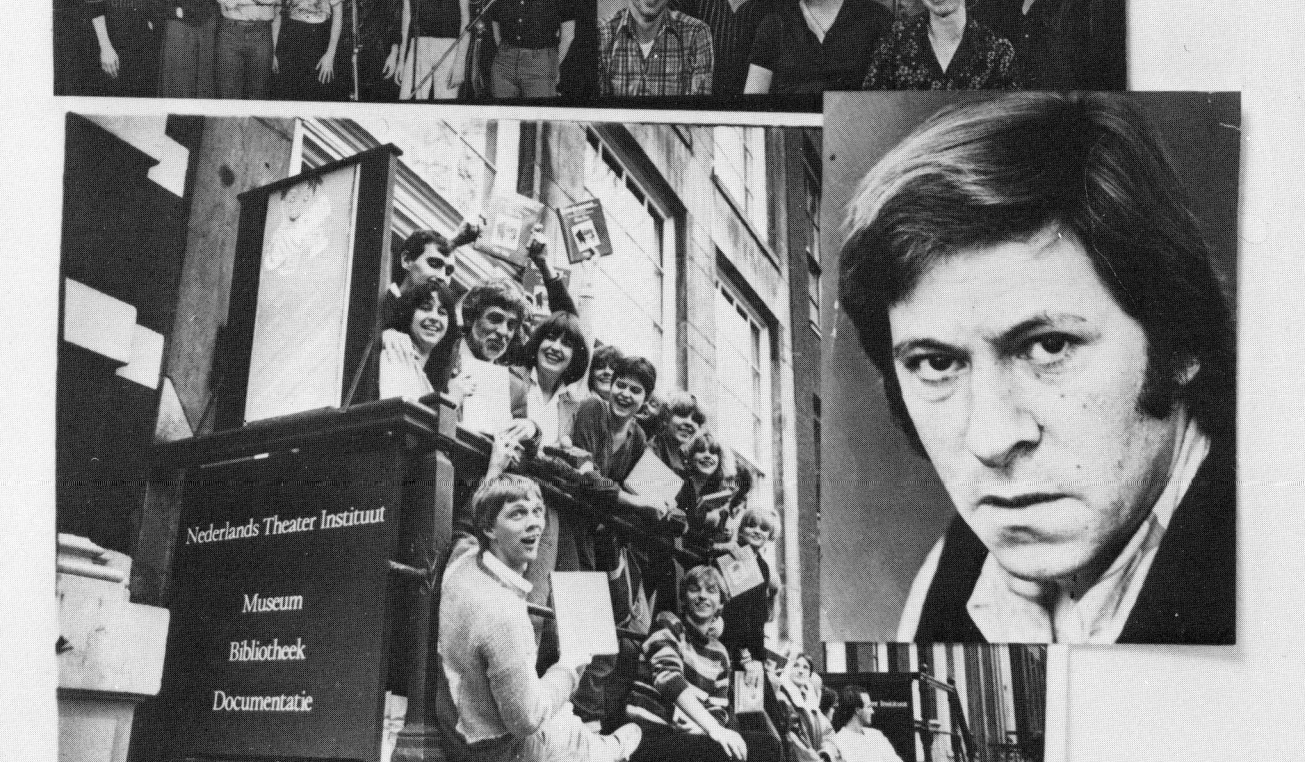

de opleiding te betrekken) en in 1962 werd Johan Verdoner officieel tot directeur benoemd. De officiële aansluiting bij de Mammoetwet volgde in 1968 en ondertussen is de Akademie een onderdeel geworden van de Theaterschool, terwijl in 1976 een fusie werd aangegaan met de Nel Roos-Akademie. Bij het vijftienjarig jubileum verscheen een speciale – nu al historisch geworden – langspeelplaat van leerlingen en oud-leerlingen: Cabaret Vangrail (met Cees Rutgers, Reina Boelens, Ad de Bont, Annette Nijder en Guus Ponsioen), Ruut Weissman, Carla Delfos, Leoni Jansen, Jan Elbertse, Marja Gamal, Theo Nijland, Robert ten Brink, Seral Marcelis èn de cabaretière Nelleke Burg die het jaar daarvoor als eerste in aanmerking was gekomen voor de Pisuisse-Prijs. (zie ook deel 1) Door een testamentaire beschikking van de actrice Fie Carelsen (1890–1975) werd de naam van de vader van het Nederlandse cabaret aan de Akademie verbonden. En het is alsof hij nog dagelijks tegen de leerlingen zegt: 'Het leven zelf maakt je tot een goed artiest, en dat doet het niet in luttele jaren.'

... Je leeft maar heel kort,
   maar een enkele keer,
En als je straks anders wilt,
   kun je niet meer;
Mens, durf te leven!
Vraag niet elke dag van je korte bestaan:
Hoe hebben m'n pa
   en m'n grootpa gedaan?
Hoe doet er m'n neef
   en hoe doet er m'n vrind?
En wie weet hoe of dat nou
   m'n buurman weer vindt?
En wat heeft 'Het Fatsoen' voorgeschreven?
Mens, durf te leven! ...

akademie voor kleinkunst lindengracht 93 amsterdam

de door de toneelspeelster fie carelsen ingestelde

pisuisse prijs

ter herinnering aan de cabaretier jean-louis pisuisse (1880-1927)

werd heden

uitgereikt aan

ter aanmoediging van zijn/haar onmiskenbaar theatertalent

direktie en docenten

10. En nu ...

Van een kroniekschrijver wordt graag verwacht dat hij tussen de bedrijven door ook nog als profeet zal optreden. Wanneer hij zich die status ijdel laat aanmeten, komt hij meestal tot uitspraken waarvoor hij zich later pijnlijk gaat generen. Wie de geschiedenis beschrijft kan immers alleen maar op zoek gaan naar een mogelijk verband tussen bepaalde ontwikkelingen, waarin hij voorzichtig probeert een zekere lijn te ontdekken. Dat is in de theaterwereld vaak moeilijker dan op andere gebieden; het individualisme van de kunstenaar, die zich in zijn tijd op zijn manier wil uiten, maakt het verloop van ontwikkelingen over het algemeen onvoorspelbaar.

Wat men van een kronikeur (zoals de schrijver van dit boek) wèl zou mogen verwachten is dat hij over een bepaalde periode zo objectief mogelijk de balans opmaakt. In november 1979 luidde die – ten behoeve van een toenmalige radiorubriek – als volgt: 'Nu we aan het eind van de jaren zeventig zijn gekomen, moeten we constateren dat het slecht gaat met het slechte cabaret. Dat geeft mij persoonlijk veel voldoening. Want ik heb mij jarenlang verbaasd over de verheerlijking van het amateurisme in mijn vak, zoals dat door sommige creatieve kneusjes met veel goede bedoelingen kritiekloos wordt uitgeoefend. Zij zitten nu met de onvermijdelijke brokken en geven daarvan alles en iedereen de schuld, zonder zich af te vragen of ze misschien zélf tekort zijn geschoten; in talent, in kwaliteit, in vakmanschap. Want als die drie factoren ontbreken of maar gedeeltelijk functioneren, krijgt het publiek terecht genoeg van vervelende middelmatigheid en domme zelfoverschatting. Op de duur blijven de teleurgestelde toeschouwers weg en theaterdirecteuren sluiten zich automatisch bij deze gang van zaken aan, omdat het publiek sinds mensenheugenis het laatste woord heeft.

Het goede cabaret is kwantitatief minder aan bod dan in de jaren zestig. Maar ik vind dat geen reden om modieus en paniekerig te roepen dat er een malaise is ontstaan, of dat het cabaret geen toekomst meer zou hebben. In de hele geschiedenis van de cabaretkunst tekent zich een golvende beweging af; een volkomen natuurlijke kwestie van vraag en aanbod.

En wie zijn we dan wel in dit kleine landje om te eisen dat we jaarlijks het recht zouden hebben op een paar nieuwe, grote talenten? Dat is een op niets gebaseerde hoogmoedige instelling. Laten we daarom maar een beetje dankbaar zijn voor wat ons op dit moment gebleven is: Wim Kan, Tingel-Tangel, Don Quishocking, Freek de Jonge en Robert Long. Die hebben stuk voor stuk niet over belangstelling te klagen. Zónder subsidie! Amen.'

De cabaretkunst is een eeuw geleden in Frankrijk ontstaan, toen een minderheid onder kunstenaars en publiek moe en misselijk was geworden van banaal vermaak uit de commerciële amusementsfabrieken. Als symbool van verloedering moge het knetterende succes gelden van de professionele windenlater Joseph Pujol, die rond de eeuwwisseling in de Moulin Rouge zijn hysterisch geworden toehoorders in bochten liet wringen van het lachen-gieren-brullen. 'En nu allemáál!' Het optreden van deze uitzonderlijke kunstenaar werd vorstelijk gewaardeerd; niet alleen bedroeg zijn honorarium het dubbele van zijn beroemde tijdgenote Sarah Bernhardt, maar zelfs de Belgische koning Leopold II kwam hem in Parijs bewonderen op een speciale grand-gala om hem na afloop met een louis d'or te belonen.

Ook onze eigen tijd kent vakkundige petomanen, zowel op de beeldbuis als in het theater. Maar er zal gelukkig altijd een minderheid blijven bestaan die de stank van dit soort showbusiness niet kan verdragen.

De start van het Nederlandse cabaret was veelbelovend. Hoewel onze pioniers Eduard Jacobs, Koos Speenhoff en Jean-Louis Pisuisse hier en daar weerstanden hebben moeten overwinnen inzake sommige taboedoorbrekende onderwerpen of een vrijmoedig, ondubbelzinnig taalgebruik, ontstond er tenslotte een gericht publiek dat duidelijk bewees hoezeer er ook in ons land behoefte bestond aan amusement dat wat meer te melden had dan 'Tararaboemdié'.

Na de eerste wereldoorlog (die met zijn gesloten grenzen het Nederlandse cabaret de best denkbare kansen had gegeven) kreeg de nieuwe kunstvorm een ernstige crisis te doorstaan, toen het uitgaansleven zich steeds meer richtte op dancing en variété (in onze dagen: popmuziek en show!), waardoor het cabaret genoodzaakt werd veel water bij zijn wijn te doen: cabaret-revue, cabaret-dancing. Maar in de jaren dertig bouwde Louis Davids een artistieke brug naar de cabarets van Wim Kan en Wim Sonneveld, die op hun beurt de weg hebben vrijgemaakt voor een nieuwe stroming in de jaren zestig, met Sieto Hoving als pionier.

In deze ongekende bloeiperiode werd ons cabaret eindelijk volledig volwassen; zowel in onderwerpen als in taalgebruik verwierf het – tegen de aanvankelijke verdrukking in – de onontbeerlijke vrijheid waar het sinds zijn ontstaan al recht op had gehad. Maar deze verheugende ontwikkeling vertoonde ook schaduwkanten, toen het linkse kamp de cabaretkunst wilde monopoliseren. Bij kunstenaar en publiek ontstond een verwarring die het cabaret in zijn totaliteit veel schade heeft berokkend. Wie tegen beter - historisch - weten in drammerig blijft doorzeuren dat cabaret alleen cabaret is als er politiek op staat, is uiteraard dubbel teleurgesteld wanneer in een bepaalde periode de cabaretkunst voor een deel wordt weggedanst (zoals in de donkere jaren dertig) of voor een deel wordt opgslokt door de showbusiness (zoals in de 'restaurerende' jaren zeventig). Bovendien bleek in veel gevallen de alleenzaligmakende geëngageerdheid op uiterlijke schijn te berusten, waardoor Albert Camus terecht kon verzuchten: 'Ik zou graag zien dat kunstenaars wat minder geëngageerd waren in hun kunstuitingen en iets meer in hun leven van alledag.'

In de jaren zestig en zeventig werd de cabaretwereld constant geconfronteerd met 'het duister niemandsland tussen gewin en geweten' (Simon Carmiggelt) en met menselijke onmacht om daadwerkelijk principieel en consequent te zijn. Veel cabaretkunstenaars liepen over naar de showbusiness of creëerden een eigentijdse tussenvorm die naar het oordeel van sommigen op de lange duur het oorspronkelijke cabaret-artistique definitief zou kunnen verdringen.

Maar wie uitroept dat we in de jaren tachtig op het punt zijn aangekomen waarop alle onderwerpen uitputtend behandeld zijn en alle taboes voorgoed doorbroken, schijnt te vergeten dat het in de eerste plaats gaat om de artistieke behandeling van een onderwerp en dat het doorbreken van taboes geen doel was, maar een middel om in vrijheid een artistiek en vakkundig verantwoord doel te bereiken. Hetzelfde geldt voor het openhartige taalgebruik; een cabaretier die de 'moed' heeft om zogenaamde schuttingwoorden op het toneel uit te schreeuwen om progressief te lijken, demonstreert uitsluitend zijn puberale frustraties. Een ware cabaretkunstenaar zal zijn vrijheid niet mis-

bruiken en de nieuwe verworvenheden aanwenden om een intelligent publiek een geëmancipeerd programma voor te zetten, eindelijk ontdaan van schijnheilige kleinburgerlijkheid en bekrompen fatsoensnormen.
Door de veroveringen die het cabaret in de loop van zijn geschiedenis op het terrein van de artistieke vrijheid en bespreekbaarheid heeft gemaakt, staat het in wezen nog maar aan het begin van zijn ontwikkeling. Wie bevreesd is dat het, door zijn elementaire doel te bereiken, tegelijkertijd bezig is zichzelf langzaam maar zeker op te heffen, hecht te veel waarde aan het voorbijgaande verschijnsel van een verminderde belangstelling aan het begin van de jaren tachtig. De jaren dertig vertoonden precies hetzelfde beeld; in tijden van crisis en malaise toont het grootste deel van het uitgaande publiek een duidelijke voorkeur voor licht en luchtig amusement om de dagelijkse zorgen en spanningen voor een avondje te kunnen vergeten. Bovendien hebben de geëngageerde jaren zestig een morele kater opgeleverd, toen bleek dat idealistische dromen de neiging vertonen om in rook op te gaan. In dat ontnuchterende proces gingen veel oprechte overtuigingen jammerlijk verloren en ontstond er een toekomstloos beeld, zonder geloof. En wie kan zonder geloof nog een belijdenis afleggen?
Maar wie het cabaret wat ruimer wil zien dan een exclusieve uiting die zich beperkt tot maatschappij-kritische betrokkenheid, is ten aanzien van de toekomst die deze nog jonge kunstvorm te wachten staat niet zo pessimistisch gestemd. Voor hem is het cabaret immers het eigentijdse spiegelbeeld van alles wat zich in ons, met ons en om ons afspeelt. Daarom gelooft hij op goede gronden dat er altijd weer individualistische kunstenaars zullen opstaan die voor hun persoonlijke getuigenissen – op welk terrein dan ook – het artistieke cabaret als de meest geschikte vorm zullen kiezen. Oppervlakkigheid, middelmatigheid en domheid in andere amusementsuitingen zullen de idealistische cabaretier altijd weer tot verzet prikkelen, waardoor hij met zijn pretentieuze ambities zijn eigen weg zal blijven gaan. Hoewel de vorm van het artistieke cabaret in de loop van zijn onstuimige geschiedenis soms veranderingen heeft ondergaan, is de inhoud dezelfde gebleven. Van 1895 tot 1981, van Eduard Jacobs tot Freek de Jonge, klonk de vermanende strijdkreet: 'En nu de moraal van dit lied'.

Het chansonnet is geen sonnet,
Geen ode of ballade,
't Heeft niet het air van literair
Te doen met veel parade.
Het wil alleen in 't algemeen
De mensen amuseren,
Maar als het kan zo nu en dan
De mensen ook iets leren ...

(EDUARD JACOBS)

Register

De *cursieve cijfers* verwijzen naar de foto-bijschriften.

ABC-Cabaret 7, 10, 14-18, 20, 22-24, 26, 27, 29, 34, 41, 53, 54, 58, 70, *84*, 86, 135, 146, 174, 178, 192, 194
Adam en Eva, Cabaret 173
Adams, Bernice 154
Admiraal, Joop 175
Aerden, Ben 44, 122, *122*
Alberti, Willeke 185
Alberti, Willy 174
Alberts, Sylvia 176, 179, 222, 223
Alphen, Jim van 199
Altena, Ernst van 121, 175, 198
Ancona, Jacques d' 221
Andreus, Hans 175
Apeldoorn, Liesbeth van *223*
Arabesque, Trio 22, 122, 123, 124
Arbous, Emmy 54, *55*, 140, 158
Arean, Jenny 23, *24*, 137, 164, 219
Arno, Siegfried 18
Arnoldi, Ko 12, 52, 146
Asser, Eli 59, 70, 219
Astaire, Fred 60
Aulnis, Baron d' 229

Baaten, Doris 216
Baay, Chris 24
Bachman, Boyd *117*, 118
Bandy, Lou 22, 134
Bannink, Harry 51, 60, 61, 73, 77, 116, 124, 130
Barger, Marcel 20, 43
Béart, Guy 175
Beaudoux, Cisca 148
Bécaud, Gilbert 184
Beck, Hetty 138
Benavente, Fred 161
Bennekom, Cissy van 14
Bergh, Adriana van den 45
Berger, Ludwig 125
Bergh, Hans van den 10, 189
Berghegge, Fientje 14
Bergman, Kees 150
Berk, Marjan 151, 162
Bernett, Sheila 133
Beugels, Paul 28
Beuker, Han 13, 14, 15, 34, 43, 54, 56, 96, 127
Bie, Wim de 39, 181, 206, 213, 214, *223*, 227, 228
Biermann, Wolf 167
Bijlstra, Cees 173
Bijmoer, Wim *67*, 70, 72
Bloemendaal, Adèle 87, 91, 148, 151, 162, 164, 168, 192, 195, *197*

Blok, Hetty 22, 44, 54, 58, 74, *76*, 77, 87, 91, 100, 116, 121-133, *122*, *123*, 124, *128*, 133, *133*, 135
Blok, Jan 56, 74
Blokkendoos, Cabaret De 10, 13, 14, 97
Blokker, Jan 35, 158, 194
Blue Diamonds, de 185
Boelens, Reina 154, 214, 226, 231
Boer, Chiel de 83, 86, 87, *90*, 96, 133, *133*, 185
Boer-van Rijk, Esther de 46
Boerstoel, Jan 87, 197, *209*, 210, 214, 222
Bokkinga, Henk 223, *223*
Bolt, Sytha 223
Bomans, Godfried 28, 124
Bont, Ad de 227, 229, 231
Booy, Maria de 148
Borel, Louis 24
Bos, Ruud 61, 125, 152, 154, 157, 162, 164, 203
Bosch, Ko van den 44, *88*, 91, 100, 134
Bosma, Marijke 179
Bouber, Aafje 112
Bouber, Bob 229
Bouhuys, Mies 219
Bouma, Maya 23, 74, 145, *150*
Bouwman, Mies 67, 158, 164
Bouwmeester, Lily 146
Bouwmeester, Louis 16
Bouwmeester, Wiesje 43, 111
Bow, Jack 119, 148
Boyer, Lucienne 58, 116
Braak, Menno ter 84, 93
Braak, Ted de 161
Brandenberg, Ansje van 173, 219
Brandenberg, Steye van 120
Brands, Willy 174
Bree, Louis de 97
Brel, Jacques 121, 175, 181
Bresser, Jan Paul 79, 223
Brink, Jos 168, 181, 212, 223, *223*, 226
Brink, Robert ten 231
Brink, Wim van den 52, 127
Broedelet, Johan W. 128
Broeke, Jan Willem ten 193
Bromet, Joop 219
Brouwer, Aart 162
Brozius, Martin 222
Bruant, Aristide 162, 202
Brusse, Kees 44, 54, 74, *76*, 128, *128*, 130, *133*, *134*, 135
Brusta, Antoine *90*, *133*
Bueren, Peter van 168, 203
Burg, Nelleke 173, *174*, 219, 231
Busch, Ernst 140, 222
Buziau, Johan 46, *109*, 110, 111, 134

Cabriolet, Cabaret 203
Capelle, Frans van 116
Capri, Agnès 48
Carelsen, Fie 167, 175, *217*, 231
Carmiggelt, Simon 20, 24, 33, 38, 60, 61, 70, 101, 105, 134, 137, 217, 233
Caroussel, Cabaret de 97
Cavello, Perry *223*, 229
Centraal Theater, Cabaret 130
Centraal Toneel 44, 56, 130
Chat Noir, le 9
Chevalier, Maurice 14, 48, 111
Chrispijn, Rob 180, 181
Cnossen, Wiebe 148
Collin, Paul *199*
Contran, Lion 138
Corsari, Willy 171
Corte, Jules de 125, 136, 137, 193
Corvers, Lia 216, 229
Coster, Dirk 168, 194
Cox, Gerard 50, 87, 118, 137, 151, 161, 164, 167, 168, 192-195, 197, *197*, 210, 212, 214
Crane, John de 73, 77, 80, 125, 154, 173
Croo, M. H. du 43, 127

Dalen, Frans van 191
Damia 48
Dartell, Lilly *223*
Dassin, Joe 193
Davids, Henriëtte 39, 167, 178
Davids, Louis 9, 12, 14, 15, 17, 20, 24, 34, 40, 44, 50, 51, 84, 86, 91, 93, 96, *99*, 111, 125, 138, *138*, 154, 158, 167, 178, 233
Deen, Paul 91, *147*, 148, 149
Defresne, Wies 119
Degenhardt, Franz Josef 211
Delden, Lex van 176
Delfos, Carla *223*, 231
Denijs, Wouter 13-16, 34, 56, 96, 145, *147*, 148
Derby, Willy 17, 22
Dijk, Chef van 125
Dijk, Henk van 56, 120, 184
Dijk, Ko van 44, 127, 146
Dijk, Louis van 175, 176
Dix Heures, Cabaret de *84*
Doderer, Joop 54, *55*, 60, *138*, 140
Dokter, Cor 134
Domela Nieuwenhuis 136, 165
Donker, Greetje 91
Don Quishocking, Cabaret 173, 181, 201, 203, 207, 209, *209*, 210, 211, 213, *213*, 214, 222, 226, 232
Doolaard, C. B. 182, 223
Dooyes, Max 91
Dorana, Lia 24, 44, 52, *53*, 54, 56, 58, 72, 74, *76*, 91, 116,

119-121, *120*, 122, *122*, 124, 127, *128*, 164, 175
Dorell, Alice *84*, 86
Dorrestijn, Hans 87, 210
Dort, Wieteke van 24
Doucet, Clément 14
Doyer, Truuk 44, *128*, *133*
Dreelen, John van 14
Dresselhuys, Mary 44, 52, 77, 127, 130, *133*
Driehuis, Klaas 162
Drogtrop, John 220
Duinhoven, Ton van 23, 70, *90*, 91
Dull, Ben 93
Duyn, André van 39
Duyn, Flip van 154
Dylan, Bob 165, 199

Eenvoudigen, Cabaret der 10
Ees, Jan van 96, *101*, 111
Ehlhart, Frans 197
Elbertse, Jan 216, 229, 231
Elias, mr. E. 111
Elsensohn, Johan 24, 43, 96
Elsink, Henk 24, 174, *174*, 175, 222
Emanuels, Natascha 91, *223*, 226
Empelen, Pieter van 209, *209*, 210, 227
Engers, Adolphe 46
Ensemble 118
Eyk, Henriëtte van 61, 138
Ezerman, Lau 14, 16, *28*

Faassen, Ina van 61
Faber, Peter 209
Ferdinandusse, Rinus 35, 70, 158, *159*, 161, 194, 203, 209
Ferrat, Jean 50
Fillekers, Jan 161
Fischer, Jaap 193, 198, 202, 207
Flink, Coen 74
Flore, Françoise 44, 91, *128*
Flore, Marjol 91, 176, 229
Florusse, Fred 209, *209*
Fontaine, Stella 13
Frank, René 24, 27
Frenkel Frank, Dimitri 35, 70, 158, 219
Frenkel, Frank, Gregor 161
Frijda, Nellie 164
Fritschy, Richard 214, *214*

Gaaikema, Seth 38, 39, 60, 143, 168, 182-187, *186*, 189, 212, 213, 219
Gabel, Dick 133
Gaîté, Cabaret La 18, 119, 125, *127*
Gamal, Marja 231
Gauty, Lys 48, 116, 119
Geiler, Voli 133
Gelder, Hans van *223*, 227

236

Gelder, Henk van 185, 223
Gelder, Max van 96
Gerritsen Liselore 164, *168*, 170, 171, *171*, 172
Gerson, Dora 51, 86, 138
Gertenbach, Johan 203
Geveke, Rine 50, 183, 203
Gevers, Willem Jan 209, *209*
G.G.-Cabaret 34, 44, 138, *138*, 140, 141
Giezen, Fietje *128*
Gilhuys, Rie 44, 83, *83*, 87, 88
Gilliams, Jenny, zie Pisuisse, Jenny
Gimberg, Jack 44, 128, *128*, 131
Gimberg, Louis 14-16, 18, *28*, 44, 99, 100
Goemans, Pieter 64
Goossens, F. 44
Gooyer, Rijk de 23
Gorp, Corrie van 61
Gortzak, Ruud 226
Gratama, Rients 173, 174, *174*, 182, 214
Greshoff, Jan 30
Greul, Heinz 160
Groot, Anke 91, 209, *209*, 210
Groot, Boudewijn de 164, 168, 173, 198, 199, *199*
Groot, George 91, 209, *209*, 210, 213, 214
Groot, Guidor de 148
Groot, Margriet de 23, 157, 222
Grossouw, Piet 100, 101, *101*, 102
Grünbaum, Fritz 51
Gruyter, Julia de 44, 53, 91, 130, 131, *133*
Guilbert, Yvette 97, 124, 125
Guilleron, Coosje 44, *128*
Guthrie, Woody 165
Gütlich, Jo 229
Guttman, Karl 101

Haagman, Armand 13
Haagman, Louissette 13
Haags Studenten Cabaret 158
Haas, Alex de 91, 95, 121, 135
Haas, Polo de 175, *177*
Haasse, Hella 44, 52, 56, 57, 100, 116, 131
Hagedoorn, Georgette 64, 124, 125, 127, 130, *133*, 158
Hahn, Jan 13
Hal, Han, zie Janssen, Hubert
Hall, Henri ter 12
Halland, Jacques 174
Halland, Jossy 174
Halsema, Frans 24, 50, 115, 118, 151, 161, 168, 182, 192, 194, 195, 197, *197*, 210
Hamel, Loes 175, *177*
Hamel, Marie 229
Hamel, Meyer 12, 14, 97
Harlekijn Cabaret 167, 178

Hartkamp, Gerard *18*, 52
Hauer, Arend 86
Hauser Orkater 212
Heawood, Johnny 133
Heijermans, Sant 24
Heijting, Hetty 229
Heine, Heinrich 96, 187
Heins, Wil 229
Hek, Youp van 't *223*, 227
Hemert, Willy van 44, 57, 96, 100, 121, 122, 133-135, *133*, *134*
Henning, Pam 23
Henselmans, Annemarie 154
Herfst, Eric 105, 146, 150-154, *152*, 156, 157, 193, 195, 203, 214
Hermans, Toon 22, *22*, 23, 26, *31*, 40, 41, 44, 50, 56, 59, 61, 75, 107-116, *107*, *109*, *115*, 134, 141, 182-184, *186*, 187-189, 194, 202, 206, 207, 212, 223
Hermus, Cor 12, 14, 15, 135
Hermus, Guus 44, 83, *83*, 87, 89, 91
Heuvel, Aad van den 27, 41, 161
Heyblom, Sara *43*, 44
Heynen, Charles 43, 127
Hirsch, Fritz 20, 133
Hoekstra, Jan *67*, 70
Hofstra, Jan Willem 101, 102
Hogenkamp, Wim 222, *223*
Holländer, Friedrich 18, 29, 227
Hora Adema, Wim 57, *67*, 70
Horst, Henk van der 161
Houten, Rudy van 152, 157
Hoving, Marijke 24, 145-148, *145*, *147*
Hoving, Sieto 14, 24, 27, 34, 118, 145-150, *145*, *147*, 154, 163, 167, 172, 182, 195, 222, 229, 233
Hoyte, Fred 122, *122*
Hugas, Ferd *168*, 170
Hullebroeck, Emiel 122
Hulshof, Gerard 161
Hulsing, Ber 44, 70, 138, *138*, 140, 141
Hulsing, Uut 44, 138, *138*, 140
Hulzen, Joop van 101

Ibo, Wim 43, 44, 65, *76*, 122, *122*, 128, *128*, *133*, 134, 152, 160, 168, 183, 203, 206, 229
Iependaal, Willem van 87
Inktvis, Cabaret De *67*, 67, 70, 143

Jacobs, Eduard 9, 145, 146, 158, 165, 167, 174, 202, 233, 234, *235*
Jansen, Fons 70, 182, 187-192, *191*, 212

Jansen, Guus 195
Jansen, Leoni 197, 231
Janssen, Hubert 46-48, 52, 59, *63*
Janssen, Pierre 108
Janssens, Magda 12
Johnny en Jones 20
Jones, Donald 74, *76*, 145, *150*
Jong, Jasperina de 23, 39, 50, 105, 137, 150-158, *152*, *156*, *159*, 182, 195, 204, 210, 212, 214, 223
Jonge, Freek de 39, 155, 165, 168, 179, 181, 182, *201*, 202-207, 209, 214, 221, 232, 234
Jonge Nederlanders, Cabaret De 44, 119
Jongewaard, Leen 77, 87, 151, 195, 210, 219-221, *220*
Jooss 15
Jordaan-Cabaret 174
Jordaan, Johnny 174
Jouy, Jules 162
Justesen, Per 149

Kaart, Johan 97, 183
Kan, J. B. 10, 18, 38
Kan, Wim 9-14, *11*, *16*, *18*, *22*, *28*, *31*, *33*, 43, 51, 53, 64, 67, 70, 73, 75, 83, 86, 87, 89, 107, 116, 120, 123, 124, 131, 132, 135, 141, 143, 145, 146, 148, 157, 161, 164, 167, 168, 178, 181-185, *186*, 187, 189, 194, 204, 206, *217*, 221-223, 227
Kappers, Marnix 24, 173, 179, 214, *214*
Karon, Lia 223, *223*
Kästner 51, 130
Kat, Jo 14, 44, 119, *133*
Kellenbach, Peter 44, 52, 56, 119, 122, 133, *133*, *134*, 135
Kelling, Coba 131
Keuls, Claudette 79
Kindercabaret 229
Kleinsma, Simone 197
Klein Toneel 125
Kloos, Willem 69, 70, *78*
Klöters, Jacques 24, 198, 207, 209-211, *209*
Kluppell, Kitty 54
Knapper, Nico 112, *113*, *177*, 179
Knappert, Kitty 100, 135
Knol, Loeki 216
Koekoek-Cabaret 10
Kok, Mimi 23, 74
Kokken, Jan 227
Koning, Christiaan de 154
Koolhaas, Anton 10, 26
Koopman, Joop 40
Kooten, Kees van 39, 70, 151, 152, 181, 204, 206, 213, 214, *223*, 227, 228

Koplamp, Cabaret De 44, 119, 128, *128*, 130, 131, *133*, 135
Koppen, Ans 52, 138
Koppen, Nell 77, 91
Koster, Fiet 173
Koster, Frans 173
Kotte, Guuske 223
Kous, Walter 74
Kreeveld, Rob van 170, 171
Kreis, Robert 229
Krevelen, Gerard van 116, 119
Krijn, Dries 44
Kuhr, Lenny *177*, 179
Künneke, Evelyn 53
Kurhaus-Cabaret 17, 20, 34, 51, 84, 125, 127
Kuyper, Ruud 108
Kuyt, Bruun 216

Labij, Trudy 77
Lachhoek, De 10, 13
Lambrechts, Frits 24, 137, 148, 161, 164, 167, 212, 222, *223*
Lange, Anny de 133
Lange, Lucie de 223
Lanting, John 151, *152*
Laseur, Cees 44, 74, *76*, 119, 128, 130, *133*
Leer, Tineke van 112, 133, 140, 148
Leer, Thijs van 176
Leeuwe, Enny de 91
Leeuwenberg, Boudewijn 194
Leidsepleincabaret 134
Leids Studenten Cabaret 170
Lemaire, Cor *18*, 22, *31*, 34, 35, 74, *76*, 86, 102, 103, 116, 122, 123, *123*, 206
Lemaire, Jan 44, 121, 130, 131, *133*
Lemaire, Louis 173
Leur, Joop de 14
Leur, Sylvia de 23, 151, *152*
Leverman, Jan Gerrit Bob Arend, zie Long, Robert
Liber, Jan 114
Liempt, Wout van 32, 38
Lier, Frans van 179
Li-La-Lo-Cabaret 174
Linden, Dolf van der 116
Lindes, Maria 151, *152*
List, Liesbeth, 175, 176, *177*
Lodeizen, Hans 175
Lohr, Peter 162, *162*
Long, Robert 23, 115, 155, 182, *201*, 216-222, *217*, 232
Louisette 52, 83, 131
Lugt Melsert, Cor van der 52
Lurelei, Cabaret 27, 34, 150-158, *152*, 162, 167, 192, 193, 212, 219
Lus, Tilly 125
Lutz, Luc 91, 161

Mallemolen, Cabaret De 43, 127

Manders, Tom 173
Mann, Erika 15, 18
Mar, Charles de la 95, 96
Mar, Fien de la (Josephina Johanna de la Mar) 13, 14, 43, 54, 83, 87, 88, *90*, 91, 95-105, *95*, *99*, *101*, *103*, *105*, 122, 127, 135, 158, 175, 195
Mar, Nap de la 12, 95, 96, *99*, 100, *101*, 125
Marceau, Marcel 64
Marcelis, Seral 231
Marle, Jesje van *109*
Mauhs, Else 12
May, Hans 96
Meeberg, Rob van de 164, 222, *223*
Meeberg, Wim van de 222
Mehring 51
Merwe, Jaap van de 38, 70, 87, 138, 146, 150, 161-165, *162*, 168, 182, 194, 195, 212, 222
Meslier, Floris 110, *111*, 112
Mikkenie 110, *111*
Meygaard, Cornelia van, zie Stuart, Conny
Mijksenaar, Dorien *223*, 229
Minkema, Jan Simon 173, *174*, *228*, 229
Misset, Mady 223
Moer, Ank van der *11*, 12
Mol, Albert 24, 44, 54, *55*, 87, 101, *128*, 131, *133*, 148
Molen, Henk van der 161
Molenberg, Henk 164
Monkau, Marius 164, 222
Moorlag, Di 44
Morris, Margie *99*, 154
Muriloff, Frans 44
Musch, Jan 34, 44, 138, *138*, 140
Musickjoke 179
Muyselaar, Piet 229

Nar, Cabaret 222, *223*, 227
Nederlandse Comedie, De 146
Neef, Dini de 148
Neerlands Hoop 181, 201, 202-206, 209, 212, 213, 222
Nelson, Rudolf 29, 51, 96
Nelsons, De 17
Nes, Aletta de *223*, 227
Nierop, Ary van 135
Nieuw Rotterdams Toneel 120
Nieuwint, Pieter 214, *214*
Nijder, Annette 231
Nijgh, Lennaert 154, 180, 182, 198, 219
Nijholt, Willem 61, 79, 164, 210
Nijhuis, Bob 44, *84*, 86, 91
Nijland, Theo 231
Nijs, Rob de 148
Noordmans, Johan 141, *142*, 143, 161, 184, 209
Nooy, Beppy 112

Notenkraker, De 10
Nuissl, Joost 179
Numan, Rolien 138, *138*
N.V. Spot 192, 193, 194, 195

Oest, Govert van 112
Ogterop, Bep 189
Olivier, Laurence 182
Onbekenden, Cabaret der 110
Onwijze Kater, De 10
Oolbekkink, Henk 79
Oomen, Antoine 148
Oppenoorth, Frits 202, 203
Orri, Henny 91, 189, 191
Ossewaarde, Tetske van 173
Oster, Annemarie 151
Ostra, Paul 43, 96
Otterloo, Rogier van 152, 195
Oudhoff, Frans 189

P., Drs. 87, 194, 210, 214, *214*
Parker, Dorothy 101
Paauw, Wim 52
Paerl, Jetty 195
Paulsen, Dora 51, 52
Peekel, Han 198
PePijn, Cabaret 167, *168*, 170-173
Périn-Bouwmeester, Tilly 14, 16, *28*, 127
Perquin, Herbert *43*, 44, *83*, 87, 88, 127
Pfeffermühle, de 17, 18, 84
Piesaar, Gerard 103
Pilgram, Chris 180
Pisuisse, Eline 52
Pisuisse, Jean-Louis 9, 15, 24, 40, 70, 86, 95, 96, 116, 123, 125, 130, 158, 161, 162, 167, 175, 233
Pisuisse, Jenny 105, 167
Plas, Michel van der 51, 56, 60, 61, 68, 87, 115, 118, 143, 148, 161, *162*, *186*, 192, 194, 195, 197
Pleysier, Ary 138, 140
Plezier, Theater 110, 112
Pola, Alexander 161, *162*
Ponsioen, Guus 227, 231
Poons, Dick 179
Poons, Karel 91, 148
Potvoordrie 229
Prins, Anny 86
Prominenten, Theater der 20, 46, 51, 118
Pruis, Kees 22, 44, *109*, 110
P.S., Cabaret 121

Raaff, André de 14, 56
Rademakers, Fons 58
Rareklek, Cabaret de 52
Reehuis, Jérôme 219
Regenboog-Cabaret 135
Reijn, Rob van 189
Reiziger, Han 151

Rekers, Gerard 86, 130
Rekom, Polly van 44, *109*
Remmelts, Joan 44, 83, *83*, 87, 89
Renesse, Jacco van 23, *24*
Rexis 185
Reyewski, Georgette 227
Rigters, Henk 91
Rijn, Cor van 112
Rinnebach, Olga 43
Rombouts, Fred 112, *113*
Roos, Jeanne *67*, 70, 72
Rooskens, Simone 161
Rooyen, Laurens van 172, 179, 180
Rosen, Willy 18
Rosenfeld, Netty 161
Rossican, Isja 54
Rouché, Eri 44, 52, *53*, *83*, 87, *88*, 128, *128*
Rowold, Ben 150, 151, 152, *152*, 157
Ruiter, Paulus de, zie Tol, Jacques van
Run, Herman van 161
Rutgers, Cees *223*, 227, 231
Ruys, Anton 127
Ruys, Cor 12-14, 43, 70, 72, 96, 118, 120, 125, 127, *127*, 130
Ruys, Willy 127

Sablon, Jean 116
Sacksioni, Harry 148, 172, 180
Salis, Rodolphe 9, 202
Sandburg, Carl 123, 124
Sanders, Frank 223, *223*, 226
Savoy-Cabaret 135
Saskia en Serge 91
Scarlatti 175
Schaank, Teddy 91
Schagen, Riek 148
Schalie, Flip van der 133, 140
Schifferstein, Tonny 14
Schmidt, Annie M. G. 26, 38, 41, 54, 56-58, 60, 61, 63, 64, 67-81, *67*, *71*, *76*, *78*, 83, 87, 116, 118, 120, 121, 124, 125, 130, 152, 195, 204, 219
Schneiders, Ferenc 180
Scholten, Henk 23, 91
Scholten, Teddy 23, 91
Schoop 15
Schreijer, Cobi 173, 219
Schuil, J. B. 97, 124
Schultink, Joop 114
Schutte, Jacques 14, 56
Scott, Milly 112
Seeger, Pete 165, 173
Senn, Jean, zie Janssen, Hubert
Serban, Gregor 119
Shaffy, Ramses 39, 50, 146, 172, 175, 176, *177*, 192
Shaffy Chantant, Cabaret 167, 175, 176

Simplisties Verbond 201, 204, 206, 228
Slats, Elsje 173, *174*, 216, 227, 229
Sleeswijk, René 13, 118
Sluijter, Beatrijs 222, 229
Smithuysen, Mary 138
Smulders, Kees 40, 189
Soesman, Mela 44, 91, 134
Soet, Wim de 14, 44, 56, 135
Solidor, Suzy 48
Sonneveld, Wim 10, 14, 22-24, 26, 40, 41-64, *43*, *46*, *48*, *63*, *65*, 67, 70, 72-75, 77, 83, 86, 87, 89, 101, 107, 108, 116, 117-120, *120*, 122-124, 127, 128, 130, 131, 133, *133*, 135, 136, 138, *138*, 141, 143, 145, 149, 152, *152*, 157, 158, 168, 172, 173, 176, 178, 182, 187, 188, 189, 195, 204, *204*, 223, 227, 233
Spaan, Henk 207
Speenhoff-Cabaret 10
Speenhoff, Coos 44
Speenhoff, Koos 9, 15, 30, 50, 68, 96, 127, 130, 158, 161, 162, 165, 167, 222, 233
Speyck, Truce 13, 174
Spierdijk, Jan 138
Spiers, Jo 14, 44, 88, 90, 91, 119, *122*, *133*, *223*, 229
Spotvogel, De 10
Stalknecht, Roelof 183
Steenbergen, Paul 40
Steggerda, Ben *128*
Stein, Sophie 24, 44, 54, 57, 67, 73, 74, 76, 83, 88, 89, 131, *133*
Steinmetz, Bob *67*
Steinmetz, Thérèse 91
Sten, Lya *18*
Sterneberg, Ferd 147
Stokkermans, Joop 105
Stolz, Robert 134
Stone, Paddy 77
Strienz, Wilhelm 53
Stuart, Conny 44, 51-55, *53*, *55*, 57, 58, 77, 79, 91, 116-119, *117*, 120, 124, 127, 128, *147*, 148, 157, 158, 175, 176, 195, *197*
Susanna, Selma 173
Swidde, Dick 122, 135

Tailleur, Max 174, 188
Tak, Max 104, 125
Tante Leen 174
Tefsen, Carry 23
Tekstpierement Cabaret 222, 223, 226
Terlingen, Aggie 214, *214*
Teulings, Jan 127
Tiemeyer, Hans 138, 229
Timmer, Jos 161

Tingel-Tangel Cabaret 14, 102, 145, 146, 148-150, 152, 163, 167, 170, 212, 232
Tobi, Carl 43, 44, *109*, 110, *115*, 116
Tol, Jacques van 9, 60, 68, 96, 128, 154, 167
Touber, Rob 102, 164, 195
Toussaint, Hans 162
Toverbal, De 10
Trenet, Charles *46*, 48, 111, 116, 130
Tucholsky 51, 123
Tucker, Sophie 119

Ulsen, Henk van 74, 145, 147, *150*, 172
Utrechts Studenten Cabaret 141, *142*, 143, 184

Valesco, Lizzy 14, *18*, *28*, 44, *83*, 87, *133*, 135
Vangrail, Cabaret 173, 222, 227, 231
Veen, Herman van 23, 39, 50, *177*, 178-182, *180*, 204, 212, 213
Veen, Ru van 26, *33*, 34, *37*, 39, 44, 138, 206
Verdenius, Martie 17, 43, 44, 57, 70, 83-93, *83*, *90*, 96, 99, 101, 103, 116, 120, 122, 125, 128, 131, 133, *133*, 171
Verdonck, Pierre 125
Verdoner, Johan 148, 152, 173, 189, 193, 203, 223, 229, *230*, 231
Verhulst, Annie 44
Verkade, Eduard 12, 89
Vermeulen, Bram 168, 197, *201*, 202-207
Verre, Tony van 174
Verstraete, Guus 60, *120*
Verstraete, Jeanne 133
Verstraete, Mieke 74, *76*
Veterman, Eduard 97
Vies, Abraham van der 52, 87
Vischer, Joop 23, 74, *76*, 121
Visser, Edmond 7
Visser, Joop zie Fischer, Jaap
Visser, Tini 44, 91, 122, *122*, 135
Vleugel, Guus 56, 77, 87, 118, 150-155, *152*, 157, *162*, 193-195, 197, 219
Vliet, Paul van 26, 39, 59, 143, 146, 167, 168, *168*, 170, 172, 173, 175, 178, 182, 192, 212, 226
Vonk, Corry *11*, 12-18, *18*, 20, *22*, 23, 24, 26, *28*, 29, 30, *31*, 32, 33, *33*, 41, 53, *84*, 96, 124, 146, 158, 183-188, *217*

Voorbergh, Cruys 22, 24, 29, 64, 86, 102, 122, 123, *123*, 124, 130
Vos, Loes 164
Vreden, Benny 44, 122, *122*, 134
Vreugde, Arend, zie Pleysier, Arie
Vries, Erik de 18, *18*, 74, 164
Vries, Jelle de 56, 125, 174, 195, 219
Vries, Rob de 120
Vries, S. de 54
Vries, Tetman de 173
Vries, Wim de 14, 44, 52, 56, 87, 116
Vrijberghe, Coen van 173
Vrouwencabaret 222, *223*, 226, 227

Wal, Hessel van der 222, *223*
Wallburg, Otto 18
Wallig, Henri 13
Walter, Ruth 227
Wang, Cilly 24
Wayenburg, Alex van 137
Weeme, Mascha ter *90*, 91
Weissman, Ruut 197, 216, 229, 231
Weller, Elly 52, *53*
Wely, Janine van 151
Wely, Paul van 141, *142*, 143
Werven, Beppy van, zie Dorana, Lia
Weytboer, Maria 111
Wiegersma, Friso, 47, 50, 58, 60, 61, *63*, 118, 197, 219
Wiéner, Jean 14
Wijn, Elsje de 222
Wijnants, Olaf 154
Wijs, Ivo de 87, 105, 154, 156, 173, 193, 194, 204, 210, 212-214, *214*, 216, 222, 223, 226
Wijs-Mouton, Manna de 45, 158, 171
Willink, Luc 43, 53
Wilmink, Willem 180, 210
Wind, Lies de *43*, 44, 91, *138*, 140
Wine, Steffa 52, 86
Witte, Dirk 68, 79, 87, 96, 158, 161, 162
Witte Molens, De 10
Wolf, Roeland de 229
Wolzogen, Ernst von 9
Woude, Hans van der 173, *174*
Wunnink, Alex 110
Wurff, Erik van der 179, 180

Xanrof, Léon 124

Zee, Siebe van der 75
Zwaaf, Isidore 13

Literatuur en andere bronnen
(chronologisch)

Pisuisse en Blokzijl, *Avonturen als straatmuzikant.* H. J. Becht, Amsterdam 1907.
Feith, J., *Tingeltangel.* Scheltens en Giltay, Amsterdam 1918.
Visser, E., *Het Nederlandse Cabaret.* A. W. Sijthoff, Leiden 1920.
Blokzijl, M., *Ik trok er op uit.* Andries Blitz, Amsterdam 1928.
Speenhoff, J. H., *Daar komen de schutters.* A. A. M. Stols, Den Haag 1943.
Croo, M. H. du, *Cor Ruys.* Leiter-Nypels, Maastricht 1946.
Kan, W., *Honderd dagen uit en thuis.* Gebroeders Koster, Naarden-Bussum 1946.
Davids, H., *Mijn levenslied.* Johan Mulder, Gouda 1948.
Eysselstein, B. van, *Fie Carelsen.* Leiter-Nypels, Maastricht 1948.
Luger en Aardweg, Van den, *Louis Davids.* Engelhard-Van Embden & Co., Amsterdam 1949.
Carmiggelt, S., *Ieder kent ze.* D. A. Daamen, Den Haag 1949.
Kan, W., *Corry en ik.* De Bezige Bij, Amsterdam 1953.
Haas, A. de, *De minstreel van de mesthoop.* De Bezige Bij, Amsterdam 1958.
Kruissink, R., *Montmartre.* Bakker-Daamen, Den Haag 1960.
Merwe, J. van de, *Nederlandse chansons.* De Arbeiderspers, Amsterdam 1960.
Tak, M., *Onder de bomen van het plein.* Elsevier, Amsterdam 1962.
Lemaire, C., *De muze met de scherpe tong.* Heynis, Amsterdam 1963.
Liber, J., *Altijd maar draaien.* De Arbeiderspers, Amsterdam 1963.
Ferdinandusse, Blokker, Frenkel Frank, *Zo is het.* Polak & Van Gennep, Amsterdam 1966.
Kamp, J. E. van de, *Mens durf te leven.* A. Oosthoek, Utrecht 1967.
Hoving, S., *Tien jaar Tingel Tangel.* Het Wereldvenster, Baarn 1967.
Merwe, J. van de, *'t Oproer kraait.* Bert Bakker, Den Haag 1969.
Ibo, W., *En nu de moraal van dit lied.* Rotogravure-Phonogram, Amsterdam 1970.
Hielkema, M., *Het fenomeen Snip en Snap.* Semper Agendo, Apeldoorn 1970.
Carelsen, F., *Ik heb ze gekend.* Ad. M. C. Stok, Den Haag 1970.
Haas, A. de, *'t Was anders.* Nijgh & Van Ditmar, Rotterdam 1971.
Plas, M. van der, *Schuinschrift.* Ambo, Bilthoven 1971.
Corsari, W., *Liedjes en herinneringen.* Leopold, Den Haag 1972.
Schmidt, A. M. G., *Water bij de wijn.* Querido, Amsterdam 1973.
Vleugel, G., *Teksten.* Querido, Amsterdam 1973.
Merwe, J. van de, *Gij zijt kanalje.* Bruna & Zoon, Utrecht 1974.
Ibo, W., *Cabaret ... wat is dat eigenlijk?* Meulenhoff Educatief, Amsterdam 1974.
Plas, M. van der, *Het 2e schuinschrift.* Ambo, Bilthoven 1974.
Ruys, G., *Cor Ruys.* Walburg Pers, Amsterdam 1974.
Bromet, J., *Conny Stuart.* Bruna & Zoon, Utrecht 1975.
Janssen, H., *Wim Sonneveld,* Semper Agendo, Apeldoorn 1975.
Ibo, W., *40 jaar Wim Kan.* De Bezige Bij, Amsterdam 1976.
Pisuisse, J., *De vader van het Nederlandse cabaret.* De Gooise Uitgeverij, Bussum 1977.
Long, R., *Teksten.* De Viergang, Aarlanderveen 1979.
Merwe, J. van de, *Buurman boven in de boom.* Corrie Zelen, Maasbree 1979.
Plas, M. van der, *Zo'n beetje wat ik voel ...* A.W. Sijthoff, Alphen aan den Rijn 1979.
Gaaikema, S., *Terug naar de bron.* Elsevier-Manteau, Amsterdam-Antwerpen 1980.
Ibo, W., *Brieven aan jou.* Kosmos, Amsterdam 1980.
Jansen, F., *Gelooft u ook niet.* Unieboek, Bussum 1980.
Don Quishocking, *Zolang het maar niet dichterbij komt.* De Viergang, Aarlanderveen 1980.
Kuyper, R., *Clown in klompenland.* Iiebosch, Amsterdam 1981.
Oppenoorth, F., *Neerlands Hoop.* In de Knipscheer, Haarlem 1981.
Bromet en Peekel, *Theateralmanak 81-82.* Het Spectrum, Amsterdam 1981.

Scripties van Jacques Klöters, Ingrid Deddes, Lies Pelger en Hans Duijker, Theo van Aken en Willem van den Berg.

Nederlands Theater Instituut Amsterdam, Gemeentearchief Amsterdam, Gemeentearchief Rotterdam, Letterkundig Museum Den Haag, Stichting Conamus, Universiteitsbibliotheek Amsterdam.

Kranten, tijdschriften en particuliere verzamelingen.

Verantwoording van de illustraties

(*l* = links, *m* = midden, *r* = rechts, *b* = boven, *o* = onder)

ANP: p. 33 *r*, p. 36 *lo*, p. 92, p. 169 *lo*; Maria Austria: p. 190 *lo* p. 196 *rb*; Frits Basart: p. 153 *lb*; Poppe de Boer: p. 220 *r*; Hans van den Busken: p. 153 *lo*, p. 169 *rb*, p. 177 *rb*; Combi Press: p. 90 *ro*, p. 145, p. 156 *l*, p. 159 *lo*, p. 171 *r*, p. 174 *r*, p. 225 *lm*; Foto Diepraam: p. 201; Ger Dijkstra: p. 147; C. Ferguson: p. 153 *ro*; Frits Gerritsen: p. 162, *l*; Godfried de Groot: p. 132 *mo*; Foto Den Haan: p. 208 *lb, rb*; Dick de Herder: p. 36 *b*; Paul Huf: p. 159 *b*; Ton Jansen: p. 169 *ro*; Foto Wubbo de Jong: p. 217 *b*; Kurt Kahle: p. 83; KIPPA p. 224 *lm*, p. 230 *rb*; Lou van Kollem: p. 142 *lo*; Max Koot: p. 22, p. 25 *o*; Hanneke Kortland: p. 217 *o*; Foto Kövesdi: p. 199; Foto Lauwers: p. 85 *ro*; Studio Lemaire: p. 33 *l*, p. 55, p. 59, p. 90 *lo*, p. 117 *lo*, p. 120 *r*, p. 123 *l*, p. 142 *ro*; Philip Mechanicus: p. 153 *rb*; Jan van der Meyde: p. 215 *lo*; Nationaal Fotopersbureau: p. 76 *ro*; NOS: p. 213; N.V. Polygoon: p. 126 *rb*; Jutka Rona: p. 62 *lo*; Aad Speksnijder: p. 196 *lb*; Stevens: p. 132 *mb*; Jan Swinkels: p. 105; Sijthoff: p. 230; Verenigde fotobureaux: p. 28; Vreeland studio's: p. 90 *m*; Joop Wijnand: p. 129 *o*, p. 132 *lo, ro*, p. 134 *l*, p. 224 *lb*.
De overige illustraties zijn afkomstig uit het fotoarchief van Wim Ibo.

De uitgever heeft ernaar gestreefd de relevante auteursrechten te regelen volgens de wettelijke bepalingen. Degenen die desondanks menen zekere rechten te kunnen doen gelden, kunnen zich alsnog richten tot A. W. Sijthoff's Uitgeversmaatschappij bv te Alphen aan den Rijn.

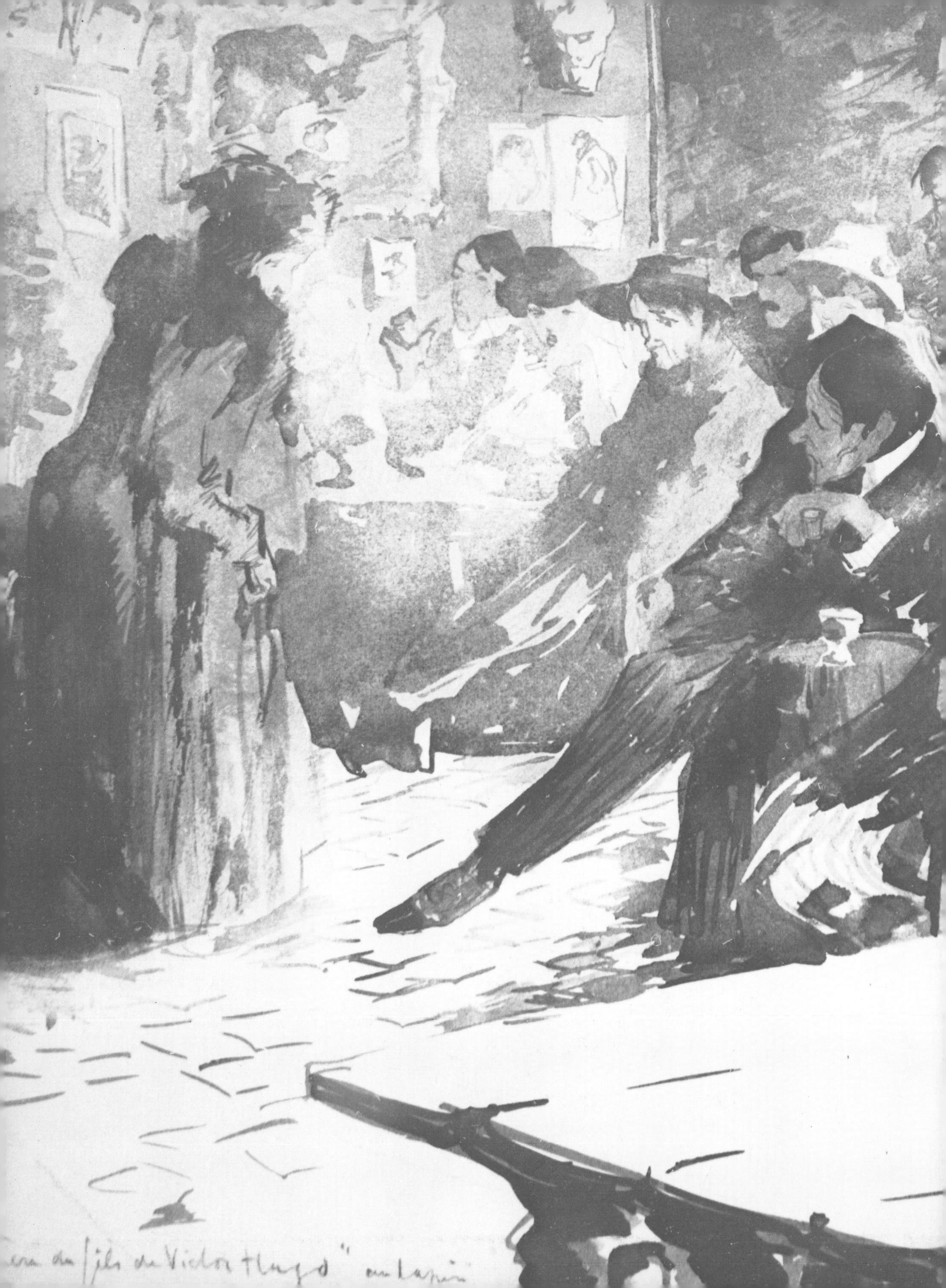

...ra du fils de Victor Hugo" au Lapin